KB057743

동학과 현대 과학의 생명사상

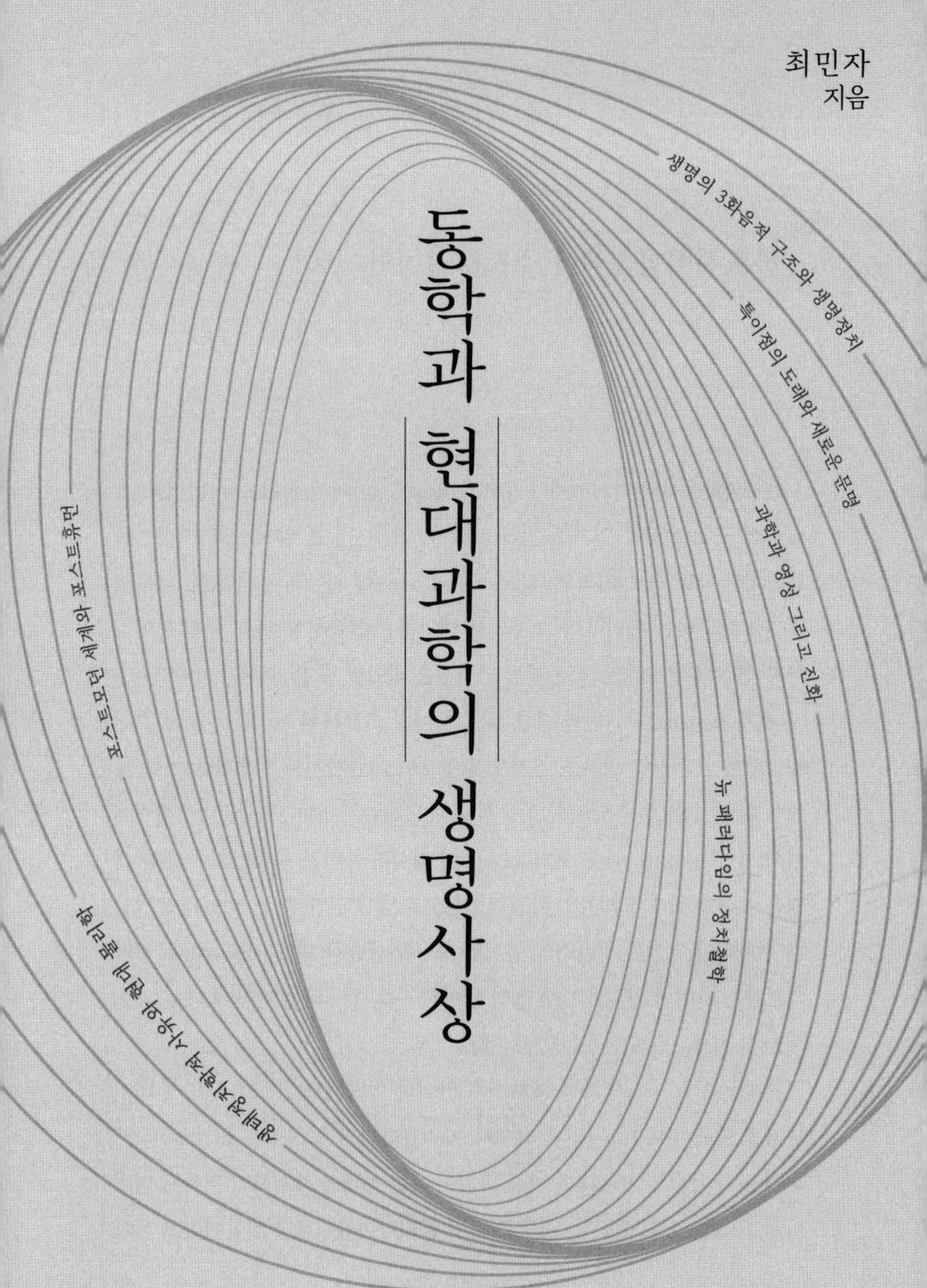

동학과 현대과학의 생명사상

도서출판 모시는사람들

서문

'하드 사이언스'에서 '소프트 사이언스'로

양자역학에서의 미시세계와 우리가 살고 있는 거시세계는 상즉상입(相卽相入)의 구조로 상호 연기(緣起)하고 있다. 전체[실재]를 알지 못하고서는 물리학이란 학문 역시 '지적 유희(intellectual play)'에 지나지 않게 된다. 나무의 줄기에 해당하는 물리학이 그 뿌리에 해당하는 철학사상, 종교 등의 형이상학과 연결되지 못하면 그 존재성과 의미를 파악할 수 없게 된다. 1927년 양자 세계(quantum world)에 대한 닐스 보어의 코펜하겐 해석(CIQM)이 고전 물리학의 근본적인 변화를 가져오게 했으며 지금까지도 유력한 위치를 차지하고 있지만, 파동-입자의 이중성(wave-particle duality) 또는 '미시세계에서의 역설(paradox in the micro-world)'이 의미하는 바가 무엇인지에 대한 설명은 여전히 현대 물리학의 아킬레스건으로 남아 있다. 이는 자연을 설명할 때 수학적인 언어를 일반적인 언어로 바꾸는 단순한 언어 기술상의 문제라기보다는 자연에 대한 심오한 철학적 이해—즉, 우주의 본질인 생명[靈, 靈性]에 대한 이해—를 수반하는 문제이다.

세계는 지금 양자역학이 가져다준 인식의 혁명적 전환으로 문명의 대변곡점을 향해 나아가고 있다. 보어와 아인슈타인의 논쟁으로 유명해진 제5회 솔베이 학술회의(1927)가 마치 교리에 대한 논쟁을 해결하기 위해서 열린 니케아(Nicaea) 종교회의(325)와도 같이 물리학이라기보다 철학이라고 해야 할 양자역학의 의미를 다루도록 고안되었다는 것은, 물리학이 그 뿌리에 해당하는 철학사상, 종교 등의 형이상학과 연결될 필요가 있음을 시사한다. 새로운 물리학이 실재의 본질(the nature of reality)에 대해서 무엇을 밝혔는지를 다루는 것은 당시의 시급한 현안이었을 뿐 아니라 오늘의 현안이기도 하다. 실로 '생명의 나무'의 줄기[드러난 질서, 물질계]에 해당하는 물리학은 그 뿌리[숨겨진 질서, 의식계]에 해당하는 형이상학과의 연결을 통해서만 그 존재성과 의미가 드러나며, 가지에 해당하는 여타의 모든 과학과의 연결을 통해 그 존재성과 의미가 확장되고 구체화된다는 점에서 포스트 물질주의 과학(post-materialist science)으로의 이행은 필연적이다.

포스트 물질주의 과학은 형이상학적인 정신과학의 일반적인 문제들과 내재적으로 깊이 연결되어 있다. 포스트 물질주의 과학은 윤리와 가치관, '의미(meaning)'들을 우선시한다는 점에서 몰가치적(value free) 성향을 띠는 물질주의 과학과는 분명 차이가 있다. 말하자면 과학이 단순히 객관적인 물리 세계를 다루는 것이 아니라 의식과의 접합을 통해 '드러난 질서(explicate order)'와 그 배후의 '숨겨진 질서(implicate order)'가 상호 긴밀하게 작용하는 실제 삶의 세계의 영역으로 깊숙이 들어온 것이다. 그리하여 양자역학을 필두로 한 포스트 물질주의 과학은 이제 과학이란 영역이 과학자들의 전유물이었던 시대는 사실상 끝났다고 보고 철학사상, 종교, 문학 등 다양한 분야와의 대화를 통해 '하드 사이언스(hard science)'에서 '소프트 사이언스(soft science)'로 과학의 외연을 확장시키며 과학의 대중화를 선도하고 있다.

코로나바이러스감염증-19(COVID-19)가 다양한 변이 바이러스의 출현으로 새로운 국면을 맞고 있다. 영국에서 처음 출현한 '알파', 남아프리카공화국의 '베타', 브라질의 '감마' 변이에 이어 전염력이 훨씬 강한 인도의 '델타' 변이 바이러스의 확산 등으로 인해 전 세계적으로 감염자가 급증하고 있는 가운데, 최근 들어 더 치명적인 페루발 '람다' 변이 바이러스가 남미 전역을 휩쓸며 전 세계로 확산되고 있어 코로나 시즌 2가 시작되었다는 우려가 커지고 있다. 통합적 사고로 인간 문명과 미래 전망을 제시한 미국 캘리포니아 주립대 교수 재러드 다이아몬드는 코로나 바이러스가 소멸하지 않고 에이즈·독감·말라리아를 비롯한 다른 질병처럼 지속될 것이며, 어느 나라도 코로나 문제를 단독으로 해결할 수 없고, 기후변화·자원 고갈·불평등 문제처럼 세계적 접근이 필요하다고 말한다.

코로나 변이도 심각하지만, 기후변화는 더 심각할 수 있다고 전문가들은 말한다. 미국 컬럼비아대 교수이자 우즈홀해양연구소(WHOI) 소장 피터 드메노칼은 최근 뉴욕타임스(NYT)에 "지구 온난화로 빠르게 녹고 있는 북극 빙하가 대서양의 해류 순환 시스템을 바꾸고, 이로 인해 곳곳에 기후재앙이 닥칠 수 있다"고 경고했다. 미 항공우주국(NASA)에 따르면 그린란드 빙하는 2002년 이후 매년 2770억t, 남극 빙하는 1510억t씩 녹아 바다로 유입되고 있다. 이로 인해 바닷물 온도가 내려가고 해류 순환 속도가 저하되어 남쪽 바다의 열이 북쪽으로 올라가지 못하고 정체되면 유럽과 북아프리카 등은 가뭄이 심해지고, 대서양에는 허리케인이 증가·증폭되는 등 재앙에 가까운 이상기후가 촉발될 수 있다는 것이다. 우리나라도 최근 30년(1991~2020)간 여름은 20일 길어졌고, 겨울은 22일 짧아졌다고 한다. 기상청의 예측에 따르면 탄소 배출이 현재 수준으로 이어질 경우 '2060년 한반도의 평균 기온은 3.3도 상승, 폭염은 4배 증가'할 것이라고 한다.

뿐만 아니라 현재 과학계에서는 지구 자기장의 급속한 감소와 자기장의 교란으로 지자극(地磁極)의 역전 가능성, 즉 지구 극이동(pole shift)의 가능성이 매우 높은 것으로 전망한다. 지자극 역전으로 북극(N극)과 남극(S극)이 뒤바뀌는 현상이 일어나면 방향 감각을 자력에 의지하는 수천 종의 새와 물고기와 포유동물이 대멸종의 위험에 직면할 수도 있다. 지자극 역전 시 지축

(rotational axis)의 변화도 함께 일어날 것이라는 예측이 나오고 있다. 또한 지구 자기장 및 자전축의 변화가 공전궤도의 이심률(離心率, eccentricity) 변화와 상관관계에 있다는 연구 결과도 나오고 있다. 이심률이 0일 경우 지구의 공전궤도는 정원형(正圓形)이 된다. 한말의 대사상가 일부(一夫) 김항(金恒) 선생은 그의 『정역(正易)』 체계에서 후천개벽의 도래와 함께 지구 궤도가 타원형에서 정원형(正圓形)으로 바뀌는 정역의 시대, 이른바 재조정의 시기가 도래할 것임을 예고한 바 있다. 이러한 우주사적인 대변화가 동시에 일어날 경우 대규모 지진과 쓰나미, 화산 폭발 등으로 지구상의 모든 생명체는 절멸의 위기에 처하게 될 것이다.

한편 또 하나의 전 세계적 현상은 인공지능(AI) 기술의 진화와 사회적 파급효과에 대한 관심의 고조와 더불어 그 역기능에 대한 고민 또한 깊어지고 있다는 것이다. 무기 통솔체계에서부터 민간 상업 분야에 이르기까지 인공지능의 응용범위는 실로 방대하며, 최근의 발전 추세로 볼 때 수없이 많은 우리 사회의 근간을 인공지능이 유·무선 네트워크로 제어하는 위치에 오를 것이 예상된다. 심지어 정보의 바다 자체가 인공지능의 자유의지와 자의식이 싹트는 토양이 될지도 모른다며 인간과 인공지능을 구분하는 마지노선이 무너지게 될 수도 있다는 우려까지 나오고 있다. 따라서 인공지능에 대한 윤리적 제어를 통해 인간과 인공지능의 공존을 추구해야 한다는 목소리가 높아지고 있다. 인공지능 윤리는 개발자와 과학자들의 윤리, 인공지능 시스템에 내재한 윤리 코드, 인공지능 시스템이 학습하고 추론하는 과정에서 발생하는 윤리 문제로 대별될 수 있다. 영국의 세계적인 이론물리학자 스티븐 호킹은 2014년 12월 2일 BBC와의 인터뷰에서 인공지능의 완전한 발전이 인류의 종말을 불러올 수도 있다고 경고했다.

스웨덴의 철학자이며 영국 옥스퍼드대 교수인 닉 보스트롬은 그의 저서

『슈퍼인텔리전스 *Superintelligence*』(2014)에서 인류를 '폭발하지 않은 폭탄을 손에 들고 있는 아이'에 비유했다. 폭발하지 않은 폭탄은 인공지능(AI)이고, 그 폭탄을 들고 있는 아이는 인류라는 것이다. 인간의 지능을 뛰어넘는 인공 초지능이 등장하고 지능 대확산(intelligence explosion)이 일어나면, 특히 인류에게 비우호적인 초지능이 등장하면 인간의 운명은 이 초지능에 의해서 결정될 것이라고 그는 주장한다. 우리 인류가 살아남을 수 있는 단 하나의 희망이 있다면, 그것은 우리 스스로가 초지능 개발 여정의 첫 시작을 선택할 수 있다는 것이다. 말하자면 인간 가치를 수호하도록 초기 조건을 설정하는 선택권이 우리 인류에게 있다는 것이다. 보스트롬은 이 해결책의 단초를 '최선의 인간 본성'에서 찾았다. 최선의 인간 본성이 발현되어 문제를 해결하기를 바라며 이 책은 끝맺고 있다. 그러나 여전히 남은 문제는 결국 인간이다. 인간 의식의 패턴 자체가 근본적으로 바뀌지 않으면 이러한 가이드라인은 실효성을 발휘할 수 없기 때문이다.

이 세상의 모든 문제는 우주의 본질인 생명에 대한 몰인식에서 파생된 것이다. 생명이 곧 영성임을 인식하지 못하면 그 작용인 만물의 존재성 또한 인식할 수 없으므로 공심(公心)이 발현되기 어렵고 따라서 '하나됨'을 자각적으로 실천하는 조화로운 삶을 살 수 없게 된다. 역사상 그 치열했던 철학적 사색과 과학적 탐색은 만물의 근원에 대한 규명을 통해서만이 모든 것의 의미를 이해할 수 있고 미망의 삶을 끝장낼 수 있다는 것을 보여준다. 동학 '시(侍)'의 3화음적 구조—내유신령(內有神靈), 외유기화(外有氣化), 일세지인 각지불이(一世之人 各知不移)—를 이해하는 것은 곧 생명이 무엇인지를 아는 것이다. 생명의 '자기조직화'에 의해 만물이 화생하는 것이니, 우주의 본질인 생명을 아는 것은 곧 '만사지(萬事知)', 즉 만사를 아는 것이다. 따라서 '시'는 모든 문제해결의 바탕이 되는 '마스터 알고리즘(master algorithm)'과도 같은 것이다.

이 책의 특징은 다음 몇 가지로 요약할 수 있다. 첫째는 동학과 현대 과학의 통섭적 생명관에 대한 비교 고찰을 통해 이들을 관통하는 핵심 주제가 '생명'이며, 생명계뿐만 아니라 생명의 본질 그 자체가 주체-객체 이분법이 폐기된 '참여하는 우주(participatory universe)'의 경계임을 밝히고 있다는 점이다. 둘째는 생명을 '하나'인 혼원일기(混元一氣, 至氣)로 보는 동학과, 우주 만물을 잇는 에너지장(場) 즉 매트릭스(Matrix)로 보는 현대 물리학의 관점이 생명을 비분리성(nonseparability)·비이원성(nonduality)을 본질로 하는 영원한 '에너지 무도(energy dance)'라고 보는 점에서 본질적으로 상통함을 밝히고 있다는 점이다. 셋째는 네트워크가 상호작용하며 스스로 만들어내는 다양한 패턴을 '자기조직화(self-organization)'라고 명명하는 복잡계 과학의 관점을, 만물화생(萬物化生)의 근본 이치를 설파한 동학의 관점에 조응시킴으로써 생명의 전일성과 자기근원성의 심원한 의미를 실제 삶의 영역에서 들여다볼 수 있게 한 점이다.

넷째는 생명현상을 전일적 흐름, 즉 홀로무브먼트(holomovement)로 보는 양자물리학의 관점을, 생명의 본체[天·神·靈]와 작용[우주만물]의 묘합 구조인 동학의 '시(侍: 모심)' 철학에 조응시킴으로써 통합적 비전에 의해 세계가 재해석되어야 한다는 것을 밝히고 있다는 점이다. 다섯째는 '신성한 영(神靈, 靈性)'인 동시에 '기화(氣化, 物性)'로 나타나는 일심(一心·天·神·靈)의 이중성을, 파동인 동시에 입자로 나타나는 양자계(quantum system)의 역설적 존재성과 회통(會通)시킴으로써 생명의 본체와 작용, 내재와 초월이 합일이며, 일심[에너지場, 매트릭스] 이외에 다른 실재가 있는 것이 아님을 밝히고 있다는 점이다. 여섯째는 현실 세계가 부분이 전체를 포함하는 홀로그램과 같은 일반원리에 따라 구성—즉, 양자포텐셜(quantum potential 또는 양자 파동장(quantum wave field))이 비국소적으로(nonlocally) 하나로 연결—되어 있다고 보는 홀로그램 우주론과, 우주만물[부분]이 하늘[전체]을 모시고 있다며 생물과 무생물의 경계마저 넘어선 동학의 평등무이(平等無二)의 세계관이 물질의 공성(空性)을 바탕으로 하고 있다는 점에서 본질적으로 상통함을 밝히고 있다는 점이다.

세계는 지금 후천개벽의 티핑 포인트(tipping point)로 다가서고 있으며 한반도는 이원성과 분리성을 대표하는 마지막 사례가 되고 있다. 지구 문명이 대변곡점에 이르렀다는 징후는 지구의 생태 위기와 새로운 테크놀로지의 부상, 그리고 과학과 영성의 접합에서 확연히 드러난다. 인류의 진화 과정에서 획기적인 전기를 맞고 있는 지금, 우리 모두가 이 거대한 개벽의 파도를 타고 넘으려면 삶의 존재론적 반경을 설정하는 '세 중심축', 즉 과학과 영성 그리고 진화에 대한 통섭적 이해가 절실히 요구된다. 동학에서 진화는 '내가 나 되는 것'을 향한 복본(復本)의 여정이다. 해월이 말하는 '양천(養天)'이며 '하나됨'으로의 길'이다. 세상에서 가장 긴 여행, '머리에서 가슴까지'의 머나먼 여정이다. 진화의 바다를 건너기 위해서는 '문명의 배'가 필요하지만 피안의 언덕에 오르기 위해서는 배를 버려야 한다. 우리가 진화의 바다에서 의식의 항해를 하고 있다는 사실을 인지하지 못한 채 '문명의 배' 그 자체에 몰입한다면 생명과 평화의 문명이 개화하는 피안의 언덕에는 결코 오를 수 없다. 동학은 한마디로 심학이다. 만물에 대한 평등무차별한 사랑과 공경의 원천이 되는 것은 일심이다. 실로 동학의 통섭적 사유체계는 포스트휴먼 시대가 처한 존재론적 딜레마를 해결하는 데 유효한 단서를 제공해 줄 수 있을 것이다

이 책은 그동안 필자가 발표한 동학과 현대 과학 관련 논문들을 추려서 수정, 보완하여 펴낸 것이다. 끝으로, 이 책의 출판을 제의한 '도서출판 모시는 사람들'의 박길수 대표와 성심을 다한 편집진 여러분의 노고에 감사드린다.

인류의 집단의식을 높이는 데 공헌한 동서고금의 영적 스승님들과 천지부모(天地父母)님께 이 책을 바친다.

2021년 8월

우주 가을의 초입(初入)에서 최민자

차례

동학과 현대 과학의 생명사상

부록

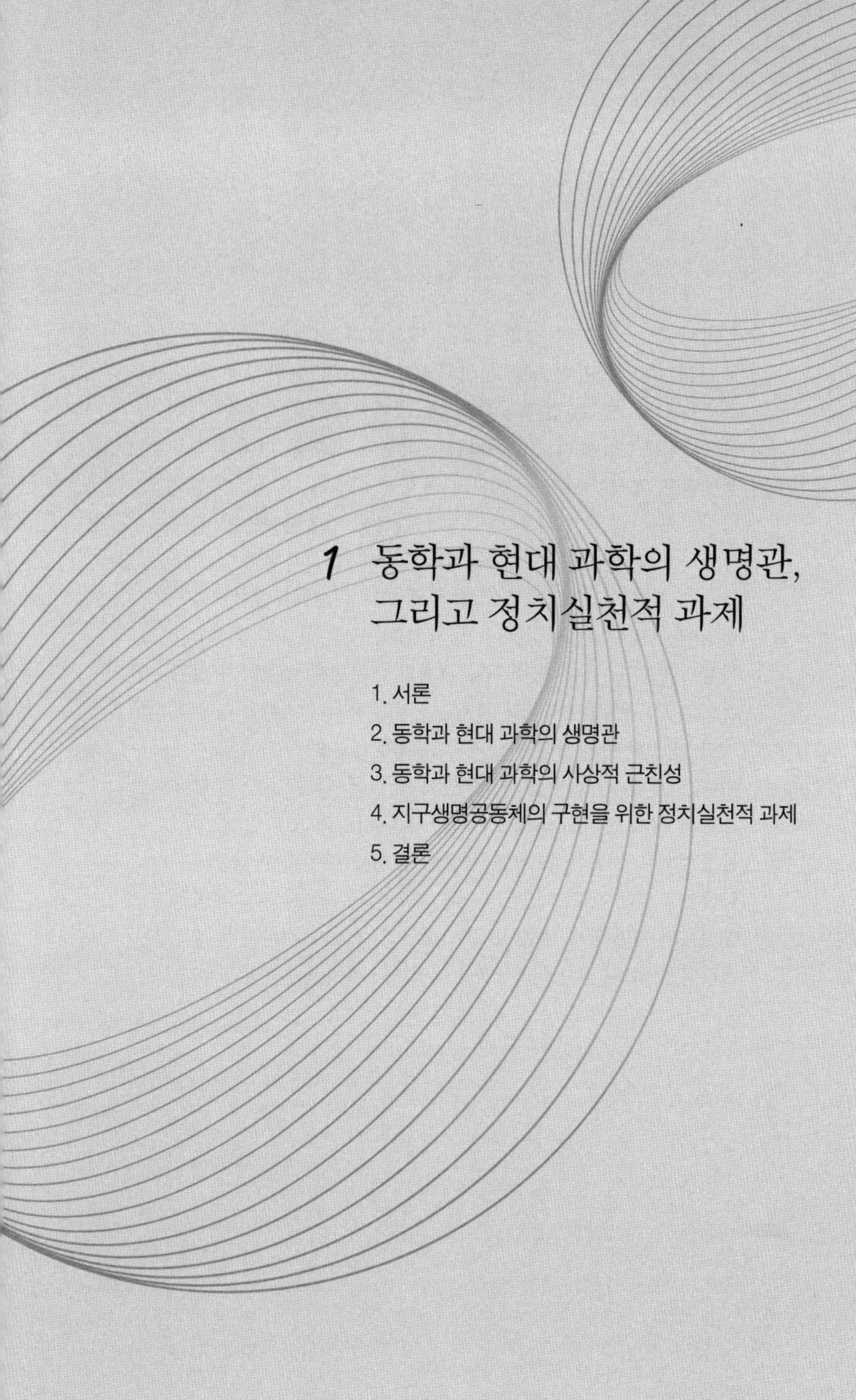

1 동학과 현대 과학의 생명관, 그리고 정치실천적 과제

1. 서론
2. 동학과 현대 과학의 생명관
3. 동학과 현대 과학의 사상적 근친성
4. 지구생명공동체의 구현을 위한 정치실천적 과제
5. 결론

동학과 현대 과학의 생명사상은 지역화와 세계화, 특수성과 보편성, 국민국가와 세계시민사회의 유기적 통합성을 핵심 과제로 삼는 까닭에 일체의 이원성을 넘어선 소통의 생명정치, 즉 풀뿌리민주주의와 이념적 친화성을 갖는다. 동학과 현대 과학의 생명관은 영성이 배제된 객관적 이성 중심주의 내지는 개성과 다양성이 배려되지 않은 전체성의 관점을 거부한다는 점에서 사상적 근친성을 갖는다. 동학과 현대 과학의 사상적 조우의 단초는 현대 물리학의 '의식' 발견에 있다. 동학이 심법이라는 범주에서 벗어날 수 없듯이, 양자역학 또한 '마음의 과학' 그 이상도 이하도 아니다. 주체와 객체의 이분법이 성립하지 않는 것으로 드러난 양자역학적 세계관을 이해하기 위해서는 불연과 기연, 정신과 물질이라는 생명의 본체와 작용의 유기적 관계에 대해 이해할 필요가 있다. 생명의 관점에서 본 동학과 현대 과학의 사상은 비분리성·비이원성에 기초해 있다는 점에서 본질적으로 상통한다. 이들 사상은 근대의 과학적 합리주의가 함축하고 있는 과도한 인간 중심주의와 이원론적 사고 및 과학적 방법론의 한계성에 대한 새로운 대안인 동시에 전일적인 생명 패러다임으로의 전환을 촉구하는 것이라는 점에서 주목할 만하다.

- 본문 중에서

양자물리학은 우리가 관찰하는 대로 세계가 존재하고, 그 결과 세계와 우리 자신 둘 다를 변화시킬 기회를 제공한다는 것을 보여준다.
Quantum physics shows us that our observations bring the world into existence and as such provide us opportunity to change both it and ourselves.

- Fred Alan Wolf, *Dr. Quantum's Little Book of Big Ideas: Where Science Meets Spirit*(2005)

1. 서론

본 연구는 동학과 현대 과학의 사상적 근친성을 생명의 관점에서 재조명하고, 아울러 생명 중심의 가치관으로의 패러다임 전환을 촉진하며, 나아가 지구생명공동체의 구현을 위한 정치실천적 과제를 제시하기 위한 것이다. 동학과 현대 과학의 생명사상은 지역화와 세계화, 특수성과 보편성, 국민국가와 세계시민사회의 유기적 통합성을 핵심 과제로 삼는 까닭에 일체의 이원성을 넘어선 소통의 생명정치, 즉 풀뿌리민주주의와 이념적 친화성을 갖는다. 이러한 생명정치의 가능성은 근원성·포괄성·보편성을 띠는 생명의 영성(spirituality, divinity)을 깨닫는 데 있다. 동학과 현대 과학의 생명관은 영성이 배제된 객관적 이성 중심주의 내지는 개성과 다양성이 배려되지 않은 전체성의 관점을 거부한다는 점에서 사상적 근친성을 갖는다.

동학의 생명사상은 불연기연(不然其然)적 세계관이 말하여 주듯 초월성인 동시에 내재성이며, 전체성[一]인 동시에 개체성[多]이며, 우주의 본원인 동시에 현상 그 자체인 생명의 비(非)이원론적 본질에 기초해 있다. 따라서 논리와 초논리, 이성과 신성, 물질과 정신의 상호 의존·상호 관통을 기반으로 '있음(being)'이 전체와 분리된 개체로서가 아닌, 유기체로서의 관계론적 의미임을 이해할 때 생명을 이해할 수 있다고 본다. 일체의 대립상과 상대적 차별상을 떠나 만물을 평등하게 볼 수 있을 때, 말하자면 평등성지(平等性智)가 드러남으로서 생명의 전일성과 자기근원성을 자각할 수 있을 때, 그리하여 주체와 객체의 이분법이 성립되지 않음을 이해할 때 비로소 생명을 이해할 수 있게 되는 것이다. 삼라만상의 천변만화(千變萬化)가 모두 한 이치 기운의 조화(造化) 작용이므로 하나인 혼원일기(混元一氣)와 우주만물은 상호 연관·상호 관통한다.[1] 이러한 생명의 본체와 작용의 상호 관통은 일(一)과 다(多), 이(理)와 사(事), 정(靜)과 동(動), 공(空)과 색(色)이라는 불가분의 관계로 분석될 수 있다.[2]

현대 과학의 생명사상은 전체를 유기적으로 통찰하려는 세계관이자 방법론인 복잡계 과학[네트워크 과학]의 특성에서 잘 드러난다. 전통 과학에서의 환원론적 분석과는 달리 복잡계 과학은 전일적 접근을 시도하는 핵심 분야로서 포스트 게놈시대(Post-Genome Era)의 새로운 패러다임 구축을 선도하고 있다. 복잡계 과학에서는 네트워크가 상호작용하며 스스로 만들어내는 다양한 패턴을 '자기조직화(self-organization)'라고 부르는데 이러한 자기조직화는 부분과 전체가 함께 진화하는 공진화(co-evolution) 개념을 이해하는 키워드이기도 하다. 이 우주가 자기유사성[자기반복성]을 지닌 닮은 구조로 이루어져 있다는 프랙털(fractal) 구조 또한 자기조직화의 원리에 기초해 있다. 자기조직화의 경계는 무수한 사상(事象)이 펼쳐진 '다(多)'의 현상계와 그 무수한 사상이 하나로 접힌 '일(一)'의 본체계가 상호 조응·상호 관통하는, 말하자면 주체와 객체의 이분법이 폐기된 '참여하는 우주(participatory universe)'의 경계이다. 이러한 질서를 양자물리학자 데이비드 봄(David Bohm)은 부분이 전체를 포함하는 홀로그램(hologram)적 비유로 설명하고, 현실세계 또한 홀로그램과 같은 일반원리에 따라 구성되어 있는 것으로 보았다.[3]

이렇듯 생명의 관점에서 본 동학과 현대 과학의 사상은 비분리성·비이원성에 기초해 있다는 점에서 본질적으로 상통한다. 동학과 현대 과학의 생명사상은 근대의 과학적 합리주의가 함축하고 있는 과도한 인간 중심주의와 이원론적 사고 및 과학적 방법론의 한계성에 대한 새로운 대안인 동시에 전일적인 생명 패러다임으로의 전환을 촉구하는 것이라는 점에서 주목할 만하다. 이는 곧 근대 인간 중심의 시각에서 전체 생명권 내지 우주권으로의 의식 확장과 관계되는 것으로 혼원일기로 이루어진 생명의 유기성과 상호관통을 직관적으로 깨닫는 것이라는 점에서 본질적으로 영적이다. 이러한 생명 중심의 가치관으로의 패러다임 전환은 정신·물질, 자연·문명, 생산·생존 이원론에 입각한 근대 문명의 자기 부정인 동시에 생산성 제일주의 내지 성장 제일주의적 산업문명을 넘어서는 탈근대주의를 내포한다. 나아가 현 세계 자본주의체제는 자원고갈·생태계파괴·정신적 황폐 등으로 더 이상 지속가능하지 않은 만큼, 지구생명공동체의 구현을 위한 정치실천적 과제에 대해서도 살펴볼 필요가 있다. 그러면 동학과 현대 과학의 생명관부터 살펴보기로 하자.

2. 동학과 현대 과학의 생명관

1) 동학의 생명관

동학의 생명관은 본체계[의식계]와 현상계[물질계]를 회통하는 생명의 순환* 고리에 대한 인식에서 출발한다. 천지운행은 잠시라도 그치거나 쉬는 일

---

* 흔히 동양의 순환론이 서양의 직선적인(linear) 변증법적 발전론과는 달리 정태적이

이 없다. 그것은 돌아서 처음으로 되돌아오는 원기(元氣), 즉 무극(無極)[4]이다. 동학에서는 이를 '무극대도(無極大道)'라 하여 '무왕불복지리(無往不復之理)', 즉 '가고 돌아오지 않음이 없는 이법'[5]으로 나타내고 있다. 우주만물은 모두 간 것은 다시 돌아오고 돌아온 것은 다시 돌아간다는 자연의 이법(理法)을 말하는 것이다. 이러한 생명의 순환 고리에 대한 인식은 곧 전체성과 개체성, 내재와 초월, 본체[眞如]와 작용[生滅]을 상호 관통하는 생명의 전일성에 대한 자각을 의미한다. 음양의 이기(二氣)에 의해 오행이 생성되고 음양오행에 의해 만물이 화생하나, 만물은 결국 하나의 음양으로, 그리고 음양은 '하나'인 혼원일기로 돌아간다는 것이다. 음양동정(陰陽動靜)의 원리에 의해 음양이 교체되는 순환은 추호도 어김이 없는 한결같은 하늘의 운행이다. 이는 천시(天時)와 인사(人事)가 상합하므로 천리(天理)에 순응하는 삶을 살아야 함을 가르친 것이다. 사시(四時: 春夏秋冬)가 순환하고, 일월(日月)이 순환하며, 천덕(天德)을 우러르고, 다함이 없는 믿음을 가져야한다는 것이다.

동학의 불연기연적 세계관은 이처럼 끝없이 순환 반복하는 원궤(圓軌)를 이루는 생명의 본체와 작용의 관계를 나타낸 것으로 연기적(緣起的) 세계관과 상통한다. 기연은 불연으로 인하여 존재하는 것으로 모두 불연의 투영에 지나지 않으며, 불연 역시 기연으로 인하여 존재하므로 기연과 둘이 아니다. '그렇지 아니함과 그러함', 즉 불연기연은 체(體)로서의 불연과 용(用)으로서

고 발전적이지 못하다는 주장은 순환론의 본질을 이해하지 못하는 데서 오는 것이다. 서양의 발전론이 의식의 진화과정을 논리적으로 설명하기 위해 직선적인 변증법적 발전 방식을 기용한 것이라면, 동양의 순환론은 의식의 진화과정을 직관적으로 설명하기 위해 영성과 물성의 역동적 통일성에 기초하여 천지운행의 원리에 조응하는 순환적인(circular) 변증법적 발전 방식을 기용한 것이다. 동양의 순환론과 서양의 발전론이 공통으로 지향하는 종국 지점은 주관과 객관의 조화를 함축한, 다시 말해 생명의 전일성에 대한 자각에 기초한 에코토피아(ecotopia)의 구현이다.

의 기연의 상호 관통에 대한 논리로서 '하나'인 생명의 본체와 그 작용인 우주만물이 마치 바닷물과 파도의 관계와도 같이 불가분의 관계에 있음을 보여준다. "무궁한 그 이치를 불연기연 살펴내어…무궁히 알았으면 무궁한 이울 속에 무궁한 내 아닌가"[6]라고 한 것은, 무궁한 하늘의 조화를 깨닫게 되면 조물자[7]인 하늘과 그 그림자인 인간이 분리될 수 없는 하나라는 사실을 알게 된다는 것이다. 만물의 근원을 헤아린다는 것이 아득한 일이요 어려운 일인 까닭에 해월(海月)은 "사람이 음수(陰水) 속에서 살면서 음수를 보지 못하는 것은 마치 고기가 양수(陽水) 속에 살면서 양수를 보지 못하는 것과 같다"[8]는 비유로 불연을 설명한다.

이와 같이 동학의 생명관은 평등무이(平等無二)의 세계관에 기초하여 불연과 기연을 생명의 본체와 작용의 관계로서 상호 회통시키고 있다. 불연과 기연이 본래 한 맛임을 알게 되면, 생(生)·주(住)·이(異)·멸(滅)의 사상(四相)의 변화가 그대로 공상(空相)임을 깨닫게 된다. 만유가 그러하듯 사람 또한 죽음과 더불어 영원히 사라지는 것이 아니라 다른 형태의 에너지로 변환하는 것임을 알게 되면, 생명이 무시무종(無始無終)이고 무소부재(無所不在)이며 불생불멸이라는 사실을 깨달아 한 길로 생사를 초월하게 되는 것이다. 이는 동학의 생명관이 상대적 차별성을 떠난 여실한 대긍정의 세계를 지향하고 있음을 보여주는 것이다. 이러한 평등무이의 세계관은 수운(水雲) 심법의 키워드라 할 수 있는 '오심즉여심(吾心卽汝心: 내 마음이 곧 네 마음)'에서 명료하게 드러난다. 여기서 '오심'과 '여심'은 본체와 작용의 관계로서 하늘마음[근원의식, 전체의식, 보편의식]과 사람마음[부분의식, 특수의식]이 분리될 수 없는 하나임을 보여주는 것이다. 보편자인 하늘은 만유에 편재해 있는 까닭에 만유와 분리될 수 없는 것이다.

생명의 본체인 하나인 혼원일기와 그것의 자기복제(self-replication)인 우주만물의 관계는 보이지 않는 실물과 보이는 그림자의 관계와 같다. 하나인 혼원일기는 만유의 본질로서 내재해 있는 동시에 만물화생의 근본원리로서 작용하므로 보이는 것은 보이지 않는 것의 그림자라고 한 것이다. 이처럼 자본자근(自本自根)·자생자화(自生自化)하는 생명의 파동적 성격을 깨닫게 되면, 다시 말해 하나의 묘용(妙用)을 활연관통(豁然貫通)하게 되면, 불연의 본체계와 기연의 현상계를 회통하게 됨으로써 내재와 초월, 본체와 작용이 결국 하나임을 알게 되어 생명의 순환 고리를 인식할 수 있게 된다. 신·인간 이원론은 본체인 동시에 작용으로 나타나는 생명의 전일적 속성을 파악하지 못한 데 기인한다. 생명의 본체와 작용의 상호 관통을 깨닫게 되면 자기생성적 네트워크 체제로서의 '참여하는 우주'가 그 모습을 드러내게 된다. 창조론과 진화론의 논쟁은 일체의 생명현상이 자기근원성을 가지고 있음을 인식하지 못하고 주체와 객체의 이분법으로 무리하게 설명하려는 데서 오는 것이다.

만인이 하늘을 모시는 영적 주체로서의 자각이 이루어지기 위해서는—해월이 "오직 하늘을 양(養)한 사람에게 하늘이 있고, '양'치 않는 사람에게는 하늘이 없나니…"[9]라고 한 데서도 알 수 있듯이—씨앗으로 존재하는 하늘을 '양'해야 한다. '양'하지 않으면 하늘본성이 발현되지 않으니 그렇게 말한 것이다. '양천(養天)'은 의식의 확장을 말하는 것으로 영적 진화와 관계된다. '성경이자(誠敬二字)'로 이루어진 수심정기(守心正氣)는 각 개인의 내면적 수양에 기초한 자각적 실천 수행으로서 만인이 동귀일체(同歸一體)하여 지상천국을 건설하는 요체가 된다. 이는 해월의 경천·경인·경물의 '삼경(三敬)'사상에서 보다 명료하게 드러난다. 이상에서 볼 때 동학의 생명관은 우주만물을 관통하는 생명의 영성 자각에 그 초점이 맞춰져 있다.

2) 현대 과학의 생명관

현대 과학의 생명관은 20세기 후반에 들어 현대 물리학의 주도로 본격화된 '단순성(simplicity)의 과학'에서 '복잡성(complexity)의 과학'으로의 패러다임 전환—즉, 데카르트-뉴턴의 기계론적, 환원론적인 세계관에서 시스템적, 전일적인 세계관으로의 전환—과 그 맥을 같이 한다. 이러한 패러다임 전환은 21세기 들어 가속화되고 있으며 우리의 세계관과 사고방식 및 가치체계에도 심대한 변화를 초래하고 있다. 시스템적 관점에서 인간과 사회는 외부와의 끊임없는 물질 및 에너지의 교환이 이루어지는 '열린 시스템'이다. 전체는 '상호작용하는 개체 또는 개체군으로 이루어진 총체'인 까닭에 단순히 분석적 방법에 의해 파악될 수 없으며 부분은 단지 전체 조직과의 맥락 속에서만 파악될 수 있다고 하는 시스템적 사고의 출현은 '닫힌 시스템'으로는 파악할 수 없었던 복잡한 생명현상을 파악할 수 있게 하고 나아가 전일적 실재관의 형성에 크게 기여했다.

20세기 들어 실험물리학의 발달로 주체와 객체의 이분법이 허구로 드러나면서 과학적 합리주의에 기초한 기계론적 세계관이 현대 과학의 도전을 받게 된 것은 과학의 아이러니이다. 정신·물질 이원론에 입각한 데카르트-뉴턴의 기계론적 세계관의 합리성을 옹호해온 과학이, '불합리의 합리'라는 역설로 동양의 전일적 실재관에 접근한 것은 분명 과학의 아이러니이다. 데카르트식의 환원주의적 접근은 부분의 성질을 규명함으로써 전체를 파악하는 분석적 사고에 의해 획기적인 과학적 성과를 거두긴 했지만, 부분의 모든 것을 알고서도 전체를 파악하지 못하는 딜레마에 처하게 된 것이다. 근대 합리주의가 함축하고 있는 과도한 인간 중심주의와 이분법적 사고 및 과학적 방법론은 실험물리학의 발달로 그 한계성이 지적되고 서구중심주의의 극복을 위한 새로운 실재관의 정립에 관한 논의가 확산되면서 전일적 패러다임(holistic paradigm)으로의 전환이 촉구되게 되었다. 이러한 패러다임 전환은 생명의 전일성과 자기근원성을 파악할 수 있게 하는 근간이 되었다.

과학관에 있어 두드러진 변화는 '부분을 이해하면 전체를 이해할 수 있다'라는 가정에서 출발한 환원주의적(reductionistic) 관점이 20세기를 거치면서 '부분의 단순한 합으로는 전체를 이해할 수 없다'고 보고 부분과 전체의 상호작용 분석에 초점을 두는 전일적 관점으로 바뀌게 된 것이다. 그리하여 20세기 후반에 이르러 기계론적인 환원주의에 대한 반동으로 복잡계 과학이 나타나게 되었다. 21세기의 주류학문인 생명공학, 나노과학 등의 이론적 토대가 되고 있는 복잡계 과학은 생명계뿐만 아니라 생명의 본질 그 자체를 네트워크로 인식한다. 네트워크 개념은 생태계뿐만 아니라 생명의 본질 그 자체를 과학적으로 이해하는 열쇠이며,[10] 전일적 실재관의 바탕을 이루는 개념이기도 하다. 주체와 객체의 이분법이 성립하지 않는 것으로 드러난 양자역학(quantum mechanics)적 실험결과나 일리야 프리고진(Ilya Prigogine)의 산일구조(dissipative structure)의 자기조직화 원리는 이 우주를 자기생성적 네트워크 체제로 인식한다는 점에서 현대 과학의 전일적 실재관을 보여주는 대표적인 예다.

현대 물리학의 전일적 실재관의 특성은 이 우주가 부분들의 단순한 조합이 아니라 유기적 통일체이며 우주만물은 개별적 실체성을 갖지 않고 전일적인 흐름(holomovement) 속에서만 파악될 수 있다는 것이다. 데이비드 봄은 양자역학에 대한 표준해석으로 여겨지는 코펜하겐 해석(Copenhagen Interpretation of Quantum Mechanics, CIQM)*의 확률론적인 해석에 반대하여

---

* 코펜하겐 해석은 전자의 속도 및 위치에 관한 하이젠베르크(Werner Heisenberg)의 불

파동함수를 존재의 확률이 아닌 실제의 장(場)으로 인식하고, '숨은 변수이론(hidden variable theory)'*에 의해 결정론적인 해석을 내놓았다. 그는 에너지, 마음, 물질 등 우주에 존재하는 모든 것이 초양자장(superquantum field)으로부터 분화된다고 보고 초양자장 개념에 의해 파동과 입자의 이중성(wave-particle duality)을 변증법적으로 통합하고자 했다. 그리하여 물질은 원자(atom)로, 원자는 소립자(elementary particle)로, 소립자는 파동으로, 파동은 다시 초양자장으로 환원될 수 있다고 보았다. 파동인 동시에 입자로 나타나는 초양자장은 본체인 동시에 작용으로 나타나는 하나인 혼원일기와도 같은 것으로 우주의 근본 질료인 셈이다. 이러한 봄의 양자 이론은 과학과 의식의 접합을 추구한 것이라는 점에서 다양한 분야에서 폭넓은 호응을 얻고 있다.[11]**

홀로그램(hologram) 가설의 태두로 여겨지는 데이비드 봄과 신경생리학자 칼 프리브램(Karl Pribram)의 홀로그램 우주론에 따르면 우리가 인지하는 물질세계는 실재하는 것이 아니라 단지 우리 두뇌를 통하여 비쳐지는 홀로그램적 영상에 지나지 않는다고 한다. 말하자면 이 우주는 우리의 의식이 지

확정성 원리와 빛[전자기파]의 파동-입자의 이중성에 관한 보어(Niels Bohr)의 상보성원리(complementarity principle)가 결합하여 나온 것이다.

* 봄에 의하면 양자역학이 확률론적으로 해석되는 것은 아직 발견되지 않은 숨은 변수 때문이다. 양자계에서 전자(electron)의 위치와 운동량과 같이 전자가 어디에 있는지 어떻게 움직이는지 모르기 때문에 불확정성 원리에 따른다고 한 확률론적 해석과는 달리, 그는 스스로의 내재적 법칙성에 따라 운동하는 전자가 반드시 있을 것이라고 보았다.

** 봄의 양자 이론을 인체에 적용한 양자의학(quantum medicine)에서는--인체가 육체만으로 구성되어 있다고 보는 유물론적인 현대의학과는 달리--인체가 몸과 마음으로 구성되어 있으며 이 양자가 긴밀히 연결되어 있다고 본다. 양자의학에서는 인간의 의식 활동을 뇌에서 일어나는 양자의 확률로 설명할 수는 없기 때문에 코펜하겐의 표준해석법인 불확정성 원리는 인체에 적용될 수 없다고 본다. 이러한 봄의 양자 이론은 향후 과학사상의 발전을 추동하는 기제로서 작용할 수 있을 것이다.

어낸 이미지 구조물이라는 것이다. 이는 곧 의식계와 물질계의 유기적 통합성을 보여주는 것으로 우주의 실체가 의식[우주의 창조적 에너지]*임을 말하여 준다. 따라서 우주의 본질인 생명은 일심(一心), 즉 근원의식·전체의식·보편의식이다. 생명은 필연적인 자기법칙성에 따라 스스로 생성되고 변화하여 돌아가는 '스스로(自) 그러한(然)' 자, 즉 자연[12]**이다. 이러한 생명의 전일적, 시스템적 속성이 오늘날 과학적으로 규명된 것은 과학과 영성의 불가분성을 보여주는 것으로 생명의 자기근원성과 진화의 핵심원리를 파악할 수 있게 한다.

3. 동학과 현대 과학의 사상적 근친성

1) 동학의 오심즉여심(吾心卽汝心)과 양자역학적 세계관

동학과 현대 과학의 사상적 조우(遭遇)의 단초는 현대 물리학의 '의식(意識)' 발견에 있다. 이러한 '의식' 발견은 정신·물질 이원론에 입각한 근대 과학의 기반 자체를 흔드는 것이라는 점에서 현대 물리학의 가장 위대한 발견이라 할 만하다. 양자역학과 마음의 접합의 단초는 양자역학의 통섭적 세계관에 있다. 주체와 객체의 이분법이 성립하지 않는 것으로 드러난 양자역

---

* cf. 『大乘起信論疏』: "心生則種種法生 心滅則種種法滅 三界唯心 萬法唯識." 또한 미시세계에 대한 양자역학적 실험에서 관찰자의 의식이 실험결과에 영향을 미친다는 사실은 우주의 실체가 의식임을 말하여 준다.

** 자연은 외재적인 동시에 내재적이다. 내재적 자연(intrinsic nature)이란 일심 즉 한 이치 기운(理氣)을 말하며, 외재적 자연(extrinsic nature)이란 음양의 원리와 기운의 造化작용으로 體를 이룬 것이다.

학적 세계관을 이해하기 위해서는 불연과 기연, 일(一)과 다(多), 공(空)과 색(色), 의식과 존재, 정신과 물질이라는 생명의 본체[본체계]와 작용[현상계]의 유기적 관계에 대해 이해할 필요가 생겨난 것이다. 양자역학의 통섭적 세계관은 아원자(亞原子) 물리학의 '양자장(quantum field)' 개념에서도 분명히 드러난다. 즉, 물질은 개별적인 원자들로 구성된 실재가 아니라 장(場)이 유일한 실재이며 물질은 장이 극도로 강하게 집중된 공간의 영역에 의해 성립되는 것이라고 보는 것이다. 양자계가 근원적으로 비분리성 또는 비국소성(non-locality)[초공간성]을 갖고 파동인 동시에 입자로서의 속성을 상보적으로 지닌다는 양자역학적 관점은, 주체와 객체의 이분법이 폐기된 동학의 불연기연적 세계관과 상통하는 것이다. 불연기연적 세계관은 '오심즉여심'의 심법(心法)*에서 명료하게 드러난다.

동학이 심법이라는 범주에서 벗어날 수 없듯이, 양자역학 또한 '마음의 과학' 그 이상도 이하도 아니다. 양자역학적 세계관의 핵심은—양자역학적 실험에서 관찰자의 의식이 관찰 대상에 영향을 미치는 것으로 밝혀진 데서도 알 수 있듯이—인과론에 기초한 뉴턴의 고전역학의 틀을 벗어나 관찰자와 그 대상이 항상 연결되어 있고 그 경계 또한 고정된 것이 아니라고 보아 주체와 객체를 하나의 연속체로 파악함으로써 이 우주를 자기생성적 네트워크 체제로 인식하는 것이다. 상호배타적인 것이 상보적이라는 양자

---

* 庚申年 4월 5일 수운은 '오심즉여심'의 심법과 함께 무극대도를 하늘로부터 받는 신비체험을 하게 된다. 밖으로는 접령의 기운이 있고 안으로는 降話의 가르침이 있으되 보아도 보이지 아니하고 들어도 들리지 아니하는 내면으로부터의 가르침의 말씀은 '내 마음이 네 마음'이라고 하는 것으로 시작된다. 이는 하늘의 마음이 곧 수운의 마음과 같다는 뜻이다. 이어 세상 사람들은 천지의 형체만을 알 뿐 그 천지의 주재자인 하늘은 알지 못한다고 하고, 이에 수운에게 무궁한 도를 줄 것이니 무궁한 덕을 펼치라고 降靈之文에는 나와 있다(『東經大全』「論學文」).

역학적 세계관은 부분과 전체의 유기적 통일성에 기초한 시스템적 사고(systems thinking)의 특성을 명징하게 보여준다. 시스템적 사고의 주된 특성은 양자물리학, 유기체생물학(organismic biology), 게슈탈트 심리학(Gestalt psychology), 생태학 등에서 찾아볼 수 있는데, 그 핵심은 부분들이 상호작용하는 관계에 있고 전체의 본질은 항상 부분의 단순한 합과는 다르다는 것이다. 일심이 진여인 동시에 생멸로 나타나는 마음의 구조를 이해하면, 초양자장이 파동인 동시에 입자로 나타나는 양자역학적 세계관을 이해할 수 있다. 말하자면 봄의 초양자장 개념은 일심[보편의식]의 통섭적 기능과 조응한다. 일체가 오직 마음이 지어낸 것이라는 '일체유심조(一體唯心造)'의 진수가 양자역학에 이르러 그 모습을 드러낸 것이다.

미시세계에서의 입자와 파동의 이중성은 자연이 불합리해서가 아니라 대립자의 역동적 통일성에 기초하는 '스스로(自) 그러한(然)' 자의 본질인 까닭이다. 이러한 이중성은 생명의 본질 자체가 본체와 작용을 상호 관통하는 완전한 소통성인 데서 기인하는 것이다. 또한 모든 곳에 존재하거나 어느 곳에서도 존재하지 않는다는 '미시세계에서의 역설(paradox)'은 양자역학과 마음의 접합을 통해 살펴볼 수 있다. 일심의 경계는 상대적 차별성을 떠난 여실한 대긍정의 경계로서 긍정과 부정의 양 극단을 상호 관통하므로 상대계의 언어로는 적절히 설명할 수가 없어 그와 같은 역설적 표현을 한 것이다. 따라서 미시세계에서의 역설은 생명의 본체인 일심의 초공간성을 드러낸 것으로, 평등성지(平等性智)가 드러난 '무주의 덕'—마치 비가 대지를 고루 적시고 태양이 사해를 두루 비추는 것과 같은—을 이해하면 역설의 의미 또한 이해할 수 있다. 우리가 인식하지 못한다고 해서 진리가 실재하지 않는 것이 아니듯, 인식 여부와는 상관없이 필연적인 자기법칙성에 따라 움직이는 차원이 실재하는 것은 분명하다. 그와 같은 내재적 법칙성에 의해 우주만물이

간 것은 다시 돌아오고 돌아온 것은 다시 돌아가는 순환운동이 일어나는 것이다. 이처럼 작용과 본체가 하나인 이치를 알게 되면 입자와 파동의 이중성에 대한 규명도 자연히 이루어지게 된다.

본고에서 동학과 현대 과학의 생명사상을 논함에 있어 본체와 작용의 관계에 주목하는 것은, 그것이 우주의 본질인 생명의 비밀을 푸는 열쇠이기 때문이다. 이러한 관계성을 이해하지 못하고서는 생명의 전일성과 자기근원성을 알 길이 없는 까닭이다. 생명은 무시무종이고 무소부재이며 부증불감(不增不減)이고 불생불멸인 궁극적 실재[근원적 일자]로서 이는 곧 진리[根本智]이다.[13] 합일(合一)이 진리이고 분리는 환상이다. 생명은 '드러난 질서(explicate order)'와 '접혀진 질서(enfolded or implicate order)'[14]를 상호 관통하며 무수하게 펼쳐진 다(多)의 현상계와 하나로 접힌 일(一)의 본체계를 끝없이 연출하는 것이다. 삼라만상의 천변만화가 일심 속에 포괄되고, 일심 또한 천변만화 속에 포괄된다. 삼라만상이 생명의 그물망 속에서 상즉상입(相卽相入)의 구조로 상호 연기(緣起)하고 있는 것이다. 번뇌가 집착에서 기인한 망상이라는 것을 아는 것이 곧 깨달음이니, 번뇌와 깨달음의 뿌리가 서로 다른 것이 아니다. 물이 본체라면 얼음이나 수증기는 그 작용이니, 본체와 작용은 결국 하나다. 우주만물은 한 이치 기운(一理氣)이 무수하게 다양한 형태로 나타난 것일 뿐, 그 본체가 다른 것이 아니다.

현대 물리학자들은 우리의 육체가 견고한 물질이 아니라 텅 빈 공간으로 이루어져 있다는 것을 발견했다. 다시 말해 우주의 실체가 의식이며 우리가 딱딱한 육체가 아니라는 사실이 밝혀진 것이다. 우주만물은 지기(至氣)인 하늘의 화현(化現)인 까닭에 「영부주문(靈符呪文)」에서는 '이천식천(以天食天)-이천화천(以天化天)', 즉 하늘로써 하늘을 먹고 하늘로써 하늘을 화할 뿐이라고 한 것이다. 말하자면 우주만물이 모두 한 기운 한 마음으로 꿰뚫어진 까닭에 우주만물의 생성·변화·소멸 자체가 모두 하늘의 조화(造化) 작용[15]인 것으로 나타나는 것이다. 우주가 결정론적이고 방향감각 없이 기계적으로 움직이는, 단지 작은 입자들의 우연한 집합체라는 개념이 더 이상 옳지 않다는 것이 입증된 것이다. 이원론에 빠진 과학이 외면해온 보이지 않는 반쪽의 우주[본체계, 의식계]는 우리의 보이는 우주[현상계, 물질계]와 긴밀하게 연결되어 있어 그 반쪽의 우주를 이해하지 못하고서는 우리의 우주를 온전히 이해할 수가 없다. 우리가 육안으로 보는 분절된 물질적 세계는 개체화 의식의 자기투사에 불과한 것이다. 개체화 의식이 일어나면 시공이 일어난다. 따라서 개체화 의식 속에서는 시공을 초월한 생명을 알 길이 없는 것이다.

2) 「시(侍)」의 3화음적 구조와 자기조직화 원리

동학 「시(侍: 모심)」의 세 가지 뜻인 안으로 신령이 있고(內有神靈) 밖으로 기화가 있어(外有氣化) 각기 알아서 옮기지 아니한다(各知不移)는 내유신령·외유기화·각지불이의 3화음적 구조는 본체-작용-본체·작용의 합일이라는 '생명의 3화음적 구조(the triadic structure of life)'*와 조응한다. 여기서 내유신령은 내재적 본성인 신성[一心, 靈性]을 일컫는 것이고 외유기화는 포태시(胞胎時) 음양의 원리와 기운의 조화 작용으로 체를 이룬 것을 일컫는 것[16]이므로 '신령'과 '기화'는 본체와 작용의 관계로서 둘이 아니다. 각지불이는 「시천주(侍天主)」 도덕의 실천적 측면과 관계되는 것으로 천심에서 벗어나지 않는

---

* '생명의 3화음적 구조'라는 용어는 필자의 저서, 『천부경·삼일신고·참전계경』(2006)에서 천부경 81자의 구조를 천·지·인 삼신일체[법신·화신·보신, 성부·성자·성령, 내유신령·외유기화·각지불이], 즉 생명의 본체-작용-본체·작용의 합일이라는 세 구조로 나누면서 처음 사용한 신조어다.

것이다. 말하자면 각지불이는 본체와 작용의 양 차원을 관통하는 원리가 내재된 것으로 일심의 경계를 일컫는 것이다. 요약하면, 인간의 내재적 본성인 신성과 혼원일기로 이루어진 생명의 유기성 및 상호 관통을 깨달아 순천의 삶을 지향하는 것이다. 따라서 동학의 「시천주」 도덕은 천도에 순응하는 자각적 실천 수행을 통해 만인이 도성입덕(道成立德)하여 무극대도의 세계를 구현하는 이념적 토대가 된다.

동학사상의 바탕을 이루는 「시」의 3화음적 구조는 생명의 본질 자체가 본체와 작용의 상호 관통에 기초해 있는 데서 기인하는 것으로 자본자근(自本自根)·자생자화(自生自化)하는 생명의 자기조직화 원리를 명징하게 보여준다. 한 이치 기운(一理氣)을 함축한 전일적인 의식계와 한 이치 기운의 조화 작용[17]을 나타낸 다양한 물질계는—내유신령과 외유기화, 불연과 기연의 관계와도 같이—본체와 작용의 관계로서 상호 조응해 있으며 상호 관통한다. 본체와 작용의 합일은 이 양 차원을 관통하는 원리가 내재된 것으로 한 이치 기운과 하나가 되는 일심의 경계[各知不移]이다. 바로 이 일심의 경계에서 시스템적 사고의 특성이 드러난다. 시스템적 관점에서 인간과 사회는 외부와의 끊임없는 물질 및 에너지의 교환이 이루어지는 열린 시스템이며, 이러한 동역학적 시스템은 비선형적, 비평형적 속성을 지닌다. 이와 같은 열린 시스템에서는 미세한 변화가 비선형 피드백 과정(non-linear feedback process)에 의해 예측할 수 없는 복잡하고 다양한 파급효과[butterfly effect]를 가져올 수 있으며, 또한 시스템 자체의 자기조직화의 특성에 의해 새로운 형태의 질서의 창발(emergence)이 나타날 수 있는 것이다.

현대 과학자들에 의하면 창발—종교에서 말하는 창조—현상이 가능한 것은 분자가 갖고 있는 '정보-에너지장(information-energy field)' 때문이며, 이 정보-에너지장(場)이 목적과 방향을 알고 있고 필요에 따라 모여서 단세포

생물이 탄생하게 된다고 한다. '디바인 매트릭스(Divine Matrix)'라고도 불리는 이 미묘한 에너지(subtle energy)를 막스 플랑크는 '의식과 지성을 가진 정신(conscious and intelligent Mind)'이라고 명명했다. 여기서 정보-에너지장이란 자기조직화하는 모든 시스템의 조직 원리인 것으로 나타나는 루퍼트 셸드레이크(Rupert Sheldrake)의 '형태형성장(morphogenic field)'과도 같은 것이다. 물리학자 만프레드 아이겐(Manfred Eigen)은 효소가 모여서 임계치에 도달하면 효소 집단은 스스로 효소를 합성할 수 있는 창발성이 생긴다고 하고 이러한 효소의 자기조직화하는 원리를 초사이클(hypercycle)이라고 불렀는데 정보-에너지 의학에서는 이 초사이클을 효소가 갖고 있는 정보-에너지장으로 간주하고 있다.[18] 이 정보-에너지장은 플랑크가 말하는 우주지성이며 이는 곧 창조주다. 우주의 실체는 의식이므로 창조주는 무소부재(無所不在)인 보편자, 즉 보편의식[一心]이다.

생명의 본질적 특성은 자발적인 질서의 창발이 일어나는 자기조직화에 있다고 복잡계 생물학의 선구자 스튜어트 카우프만(Stuart Kauffman)은 말한다. 생명계는 혼돈과 질서가 공존하는 산일구조체로서 생명의 구성요소들은 상호작용에 의해 '기이한 끌개(strange attractor)'로 자기조직화 된다는 것이다. 화학자이자 물리학자이며 사상가인 일리야 프리고진은 일체 생명현상과 진화 그리고 세계의 변혁을 복잡계의 산일구조에서 발생하는 자기조직화로 설명한다. 프리고진이 카오스 이론*에서 밝히고 있듯이 비평형의 열

---

* 비선형적, 비평형적인 복잡계를 다루는 카오스 이론은 일리야 프리고진이 복잡성의 과학을 체계화하고 부분적으로 논의되던 카오스 이론을 통합하여 복잡계 이론을 창시함으로써 1970년대 후반부터 활발하게 논의되기 시작했다. 이 이론은 역학계 이론이 모든 분야로 침투하는 계기를 마련함으로써 다양한 분야에서 학제적 접근을 통해 사고의 변혁과 학문적 진전을 이루는 계기를 제공하고 있다.

린 시스템에서는 자동촉매작용(autocatalysis)에 따른 비선형의 적극적 피드백 과정에 의해 증폭된 미시적 요동(fluctuation)의 결과로 엔트로피(entropy)가 감소하면서 새로운 구조로의 도약이 가능하다는 것이다. 그렇게 생성된 새로운 구조가 카오스의 가장자리인 산일구조, 즉 새로운 창조가 일어나는 임계점이고 그러한 과정이 자기조직화라는 것이다. 부분이 전체와 닮은 구조로 나타나는 자기유사성의 패턴인 프랙털 구조 또한 카오스의 일종이다.

프리고진은 복잡계에서 일어나는 변화가 분기(bifurcation)와 같은 현상 때문에 비가역적(irreversible)인 것이 특징이며 이 비가역성이 혼돈으로부터 질서를 가져오는 메커니즘이라고 보았다.[19] 프리고진의 복잡계 이론은 비평형 상태에서 일어나는 비가역적, 비선형적인 복잡한 변화를 설명하기 위한 것으로 '있음(being)'의 불변적 상태보다 '됨(becoming)'의 가변적 과정을 일반적인 것으로 인식했다.[20] 이러한 그의 과학적 세계관은 홀로무브먼트(holomovement)로서의 생명현상을 파악할 수 있게 한다. 공(空)과 색(色), 일(一)과 다(多)의 상호 관통을 보여주는 봄의 홀로그램 우주론 또한 이와 같은 맥락에서 이해될 수 있다. 프리고진, 헤르만 하켄(Hermann Haken), 만프레드 아이겐, 제임스 러브록(James Lovelock) 등에 의해 더욱 정교화된 자기조직화의 핵심 개념은 산일구조의 유기적, 시스템적 속성을 보여주는 것으로 복잡계 이론을 이해하는 키워드이다.

생명의 자기조직화 원리는 생명의 본체와 작용이 분리될 수 없는 하나임을 보여주는 대표적인 것이다. 양 차원을 관통하는 일심의 경계에서 자기조직화가 이루어지고 보다 높은 단계로의 진화가 가능한 것이다. 의암(義菴) 손병희(孫秉熙)가 "'내유신령'과 '외유접령지기(外有接靈之氣)'라고 가르친 것이, 영과 기운이 본래 둘이 아니요 한 기운"[21]이라고 한 것도 생명의 본체와 작용의 상호 관통을 보여주는 것으로 진화의 핵심 원리를 파악할 수 있게 한다. 우주만물의 개체성은 생명의 본체인 혼원일기의 역동적인 나타남이다.[22] 무수한 것 같지만 기실은 하나의 기(氣)밖에 없는 것이다. 따라서 우주만물이 하늘을 모시지 않음이 없으니 사람을 대하고 물건을 접함에 있어 하늘 대하듯 하라[23]고 한 것이고, "저 새소리도 또한 시천주의 소리니라"[24]라고 한 것이다. 이러한 하늘과 인간의 일원성, 즉 생명의 본체와 작용의 합일은 생명의 유기성과 상호 관통을 엿볼 수 있게 한다. 생명의 시스템적 속성에서 자기조직화가 일어나므로 자기조직화를 이해하기 위해서는 본체와 작용이 하나임을 알아야 하는 것이다. 따라서 '하늘을 모심'은 우주적 본성과의 합일이요, 무주(無住)의 덕의 발현이며, 동시에 생명의 자기조직화와 진화를 추동하는 실천 원리이다. 의식이 확장될수록 시스템적 속성이 드러나게 되므로 에너지의 흐름이 원활하여 자기조직화가 일어나 보다 고차원적인 존재로 진화할 수 있게 되는 것이다.

우주만물은 생명의 본체인 혼원일기의 자기복제로서의 작용으로 나타난 것이므로 창조주와 피조물이라는 이분법은 성립될 수 없다. 말하자면 이 우주는 자기생성적 네트워크 체제로 이루어져 있는 까닭에 창조주와 피조물이 따로 있는 것이 아니다. 자기조직화 원리는 곧 주체와 객체의 이분법이 폐기된 창조성의 원리로서 일체 생명이 스스로 생성되고 변화하여 돌아가는 생명의 전일성과 자기근원성을 여실히 보여준다. 따라서 삶에서 일어나는 모든 현상을 통제하는 주체는 심판자로서의 신이 아니라 인간의 의식이라는 것이다. 이처럼 새로운 우주론에서 우주는 '서로 긴밀히 연결되어 있는 에너지-의식의 그물망'인 까닭에 근대 과학이 물질을 근간으로 삼는 것과는 달리, 진동하는 파동을 근간으로 삼는다. 이러한 파동은 어떤 응결점에 도달하면 원자와 아원자 등으로 바뀌어 물질화되어 나타나 보이지만, 그 본질은 여전히 진동이다. 우리의 상념에 의해 진동이 시작되면 우주적 에너지의 바다에 녹아 있는 질료들이 응축하여 그 진동에 상응하는 형태의 다양한 사물이 생성되어 나오는 것이다. 의식의 질이 중요한 것은, 의식의 질이 높을수록 높은 진동수의 사물이 생성되어 나오고, 낮을수록 낮은 진동수의 사물이 생성되어 나오기 때문이다. 그것은 우주의 절대법칙이다.

3) 과학과 의식의 통섭 필요성과 그 의미

물질과 비물질의 관계를 과학적으로 규명함으로써 과학과 의식의 통섭에 관한 보다 보편적인 논의의 기반을 마련한 것은 20세기 들어 실험물리학이 발달하면서이다. 현대 물리학자들에 의하면 우리가 물질이라고 지각하는 것은 특정 범위의 주파수를 가진 에너지 진동에 지나지 않는다. 우주만물은 쉼 없는 운동으로 진동하는 에너지장(場)이며 텅 빈 공간으로 이루어져 있다. 물질의 외형적인 견고함은 우리의 감각기관이 진동하는 주파수를 그런 식으로 지각한 것일 뿐, 실제로는 분자, 원자, 전자, 아원자 입자들의 쉼 없는 운동이다. 생각도 물질과 마찬가지로 똑같은 에너지로 이루어져 있지만 물질보다 높은 주파수로 진동하는 까닭에 눈에 보이지도 않고 만질 수도 없는 것이다. 생각 또한 특정 범위의 주파수를 가지고 있으며, 긍정적인 생각은 진동 주파수가 높고 부정적인 생각은 진동 주파수가 낮다. 이렇듯 현대 물리학의 관점에서 생명계는 분리 자체가 불가능한 진동하는 에너지장인 것으로 나타난다.

과학과 의식의 통섭에 관한 논의가 획기적인 전기를 맞게 된 것은 현대 물리학의 '의식' 발견에 있다. 이러한 과학과 의식의 통섭 추구는 물리학자 아미트 고스와미(Amit Goswami)의 글에서도 분명히 드러난다.

> 우리가 우리 자신의 의식을 이해할 때 우주 또한 이해하게 될 것이고, 우리와 우주 사이의 분리는 사라질 것이다.
>
> When we understand us, our consciousness, we also understand the universe and the saparation disappears.[25]

인간과 우주의 분리는 의식과 물질의 분리에 기인한다. 눈에 보이는 물질적 우주는 에너지로서 접혀진 보이지 않는 우주가 드러난 것이므로 '드러난 질서'와 '접혀진 질서'는 동전의 양면과도 같이 상호 조응한다. 따라서 감각적으로 지각되고 경험된 것만이 진실은 아니며, 생명의 본체와 작용의 유기적 통합성에 대한 자각이 없이 우주의 본질인 생명현상을 이해하기는 불가능하다. 그런 점에서 이성과 영성, 논리와 직관의 상호 피드백 과정은 미시세계 연구자들에게 인식의 지평을 확장시킴으로써 우주와 생명의 본질에 보다 심층적으로 접근할 수 있는 메커니즘으로 작용할 것이다. 마찬가지로 이러한 상호 피드백 과정은 동양의 거시세계 연구자들에게 인식체계의 논리적 기반 강화 및 이론체계의 정밀화를 가져오는 메커니즘으로 작용할 것이다.

과학과 의식의 통섭에 관한 논의가 본격적으로 이루어지기 시작한 것은 20세기 후반에 들어서이다. 기계론적 세계관에 입각한 합리적 정신과 과학적 방법은 모든 현상을 분할 가능한 입자의 기계적 상호작용으로 파악하여 드디어는 정신까지도 물질화하는 결과를 초래함으로써 물신 숭배가 전 지구적으로 만연하게 된 데 따른 것이다. 이성에 의한 신성의 학대가 만연하면서 반(反)생명 패러다임이 사회 전반을 주도하게 되고, 힘의 논리에 입각한 파워 폴리틱스가 횡행하면서 인류는 총체적인 인간 실존의 위기에 직면하게 되었다. 근대 물질문명의 진보 과정은 과학기술과 밀접한 관련을 가진

'도구적 이성'의 기형적 발달을 극명하게 보여주는 것으로 생태계 파괴, 생산성 제일주의, 공동체의식 쇠퇴와 같은 심각한 폐해를 낳았다. 이에 따라 '도구적 이성'과 '도구적 합리주의'에 대한 자기반성이 촉구되고 패러다임 전환의 필요성이 제기되면서, 생명의 전일성을 자각하지 못하는 근대 합리주의는 기계론적이며 비합리적인 것으로 규정되고 전일적 패러다임에 의해 세계가 재해석되게 되었다.

근대 서구의 민주주의가 지속가능한 사회의 토대를 구축하지 못한 것은 과학과 의식, 물질과 정신의 통섭이 이루어지지 못한 데 기인한다. 그 당연한 귀결로서 생명의 전일성과 자기근원성을 자각하지 못한 채 조직의 합리성·효율성과 같은 제도적 기반에 집중한 나머지 사회적 통합의 단초가 되는 정신적·도덕적 기반이 약화되어 '네거티브 섬 게임(Negativsummen-Spiel)'의 '위험사회(Risikogesellschaft)'[26*]를 초래하게 된 것이다. 봄이 의식을 좀 더 미묘한 형태의 물질로 본 것은 의식과 물질의 연결고리에 대한 인식에 기초한 것이다. 그의 홀로그램 우주론에 따르면 현상계에서 일어난 모든 것은 '접혀진 질서' 속으로 들어가 있으며, 이 '접혀진 질서'는 고도의 유기적 통일성을 띠는 전일성의 차원으로 만유의 바탕을 이루는 것이다. '접혀진 질서'는 우주의 창조적 에너지의 흐름, 즉 홀로무브먼트(holomovement) 그 자체로서 거기에는 과거, 현재, 미래의 모든 형태의 물질과 생명 그리고 의식, 에너지, DNA로부터 은하계의 크기와 모양을 결정하는 힘에 이르기까지 우주의 전

---

* 울리히 베크(Ulrich Beck)는 현대사회가 '불확실한 문명'을 안은 '네거티브 섬 게임'의 '위험사회'라고 천명하고 이 '위험사회'를 극복하기 위해 '국민국가'의 한계를 넘어선 '제2의 근대화' 개념을 제시한다. 특히 환경운동, 여성운동, 비판적인 소비자운동 등 각종 NGO의 활동과 다국적 기업의 다원화된 활동 증대, 그리고 WTO체제의 출범과 FTA 체결의 확산으로 점차 국민국가의 패러다임이 깨어지고 그 결과 '제2의 근대'의 도전에 직면하게 된 것이다.

역사가 다 담겨져 있다는 것이다.[27]

여기서 우리는 전일적 우주에 대한 봄의 명쾌한 통찰에 주의를 기울일 필요가 있다. 그에 의하면 실재하는 것은 전체성이고, 단지 분절적 사고 습관에 따른 미망의 지각작용에 의해 이 우주가 분절적인 것처럼 생각될 뿐이라는 것이다. 다시 말해 이 우주는 실제로는 분리되어 있지 않은데 마치 분리되어 있는 것처럼 착각하고 있다는 것이다. 의식의 자기분열로 인해 의식이라는 거울에 비친 이 우주 역시 분리되어 있는 것처럼 보이는 것이다. 의식과 물질은 상호 연결되어 있으며 상호 조응하는 까닭이다. 따라서 우리가 해야 할 일은 분절적인 사고 습관을 그만두는 것이다.[28] 그러기 위해서는 '나'와 '너', '이것'과 '저것'이라는 분리의식에서 벗어나야 한다. 모든 문제는 사실 그대로의 존재태를 직시하지 못하는 존재와 인식의 괴리에서 비롯된다. 사실 그대로의 전일적인 우주를 직시할 수 있기 위해서는 의식의 자기분열에서 벗어나 일심의 원천으로 돌아가야 한다. 의식의 확장을 통해 잃어버린 참본성을 회복해야만 하는 것이다. 수운이 수심정기(守心正氣)를 강조한 것이나 해월이 향아설위(向我設位)라고 하는 우주적 본성으로의 회귀를 강조한 것도 이 때문이다.

현대 물리학자들은 객관주의와 과학적 합리주의만으로는 우주자연의 궁극적 신비를 풀 수 없다고 보고 과학이 인간의 의식세계와 분리될 수 없음을 분명히 했다. 다시 말해 복잡계인 생명체는 물리·화학적인 분석방법만으로는 그 본질을 이해하는 데 한계가 있으므로 의식과의 통섭을 추구해야 한다는 것이다. 에너지 시스템인 생명계의 비밀이 과학과 의식의 통섭을 추구하는 현대 물리학자들에 의해 벗겨지기 시작하면서 창조론과 진화론 논쟁이 다시 불붙고 있다. 창조론과 진화론 논쟁은 생명의 전일성과 자기근원성에 대한 인식 부재에서 오는 것이다. 유물론·유심론 논쟁, 신·인간 이원론과 마찬가지로 생명의 본체[一]와 작용[多]의 상호 관통에 대한 인식이 이루어지지 못한 데서 오는 것이다. 진화론 또한 생물학적 진화론만으로는 우주의 진행방향인 영적 진화[의식의 진화]에 대해서나, 영적 진화의 지향성을 갖는 우주의 불가분의 한 부분인 인간에 대해 설명할 수 없다. 창조론이나 진화론의 문제의 본질은 이들 모두 보이는 물질세계가 전부라고 생각하는 왜곡된 인식에 기초해 있다는 데 있다. 본체와 작용, 의식계와 물질계의 상호 관통을 이해하지 못하고서는 사실 그대로의 우주를 파악할 수 없다. 우주만물이 다 하늘을 모시는 영적 주체이고 우주만물의 근본이 모두 하나로 연결되어 있다는 영적 자각에서 생명의 존엄성과 평등성 그리고 자율성이 도출되고, 개인의 자유와 공동체의 공공선 또한 조화를 이루어 무극대도의 세계가 구현될 수 있게 되는 것이다.

4. 지구생명공동체의 구현을 위한 정치실천적 과제

1) 지구생명공동체와 생명 패러다임

현재 인류가 직면한 모든 문제는 세상과 분리되어 있다는 믿음에서 오는 것이다. 우리는 지구와 지구에 사는 모든 생명체와 분리되어 있고 인간과 인간 또한 분리되어 있다고 믿는다. 물질이란 마음의 습(habit)이 응결된 것으로 생각과 물질은 표현된 형태만 다를 뿐 동일한 것이다. 우리의 생각은 바꾸지 않은 채 이 물질 세상을 바꾸려고 하는 것은 마치 실물은 그대로 둔 채 그림자를 바꾸려는 것과도 같이 비현실적이다. 전 지구적 위기에 대한 대부분의 해결책이 비현실적인 이유는 그것들이 문제를 일으킨 바로 그 세계관과 사고방식 및 가치체계에서 나온 것들이기 때문이다.[29] 다시 말해 지식의 파편화에 따른 낡은 기계론적 세계관의 관점이 더 이상은 실제 세계를 반영하지도, 문제해결의 유익한 단서를 제공하지도 못한다는 데 있다. 설령 흙이 죽더라도 흙에서 최대한의 양분을 뽑아내는 것이 오늘날의 농법이고, 설령 지구가 멸망하더라도 모든 수단을 동원하여 지구 지배권을 극대화시키는 것이 오늘날의 지구 경영법이다.

오늘날 지구생명공동체 논의의 확산은 교통·통신기술의 발달에 따른 지구적 공간개념의 변화, 인터넷·언론매체 등을 통한 정보 공유 및 다차원적인 세계화 현상에 따른 세계시민사회의 활성화, 지구 생태환경의 변화에 따른 공동대처의 필요성 증대 및 생명장(場)으로서의 지구의 유기체적 속성 강조와 에코토피아(ecotopia)에 대한 인류의 염원 증대 등에 따른 것이다. 이러한 다양한 요소들에 의해 추동되고 있는 지구생명공동체는 국가사회를 포괄한 세계시민사회가 전 지구적 차원에서 제도화되는 것이다. 지구가 생명공동체가 되려면 국민국가와 세계시민사회가 조화를 이룰 수 있어야 한다는 점에서 그것의 성공여부는 지역화와 세계화, 특수성과 보편성을 통섭할 수 있는 인류의 의식 수준에 달려 있다. 이제 우리 인류는 생명에 대한 새로운 철학적·과학적 성찰을 통하여 지구의 재조직화를 단행해야 할 시점에 와 있다. 이는 곧 생태정의(ecological justice)와 초국적 패러다임의 연계를 통해 유기적 생명체 본연의 통합적 기능을 회복하게 함으로써 지구생명공동체를 건설하는 것이다.[30]

현재의 세계자본주의 네트워크가 생태적으로나 사회적 또는 정치적으로 지속가능하지 않다는 것은 주지의 사실이다. 인간의 자기실현과 생태계의 지속가능성을 위해서는 생물학적·인지적·사회적 차원에서의 근본적인 변화가 필요하다는 것이 지배적 관점이다. 세계 자본주의 체제의 이윤극대화의 논리에 의해 인간의 생명이 지구시장의 볼모로 잡혀있는 지금, 평화란 한갓 헛된 신념을 추동하는 공허한 이념에 지나지 않는다. 토플러적인 의미에서 '제2물결'의 낡은 세계관과 사고방식 및 가치 체계 그리고 낡은 정치제도나 조직은 '제3물결' 시대에는 적용될 수 없을뿐더러 오히려 역사발전을 저해하는 질곡이 되어 위기를 증폭시키는 요인이 되는 것이다. 특정 지배 구조와 소비문화의 형태가 바뀌려면 세계관과 사고방식 및 가치체계의 변화가 선행되어야 한다는 것은 두말할 필요도 없다. 세계화의 도덕적 기반 상실에 따른 지구공동체의 구심력 약화는 이제 우리 인류가 정치적 결단을 내려야 할 임계점에 이르렀음을 환기시킨다. 전 지구적인 공조체제의 형성을 위해서는 냉전시대의 국가 중심적 발전전략에서 벗어나 윈-윈(win-win) 구조의 협력체계를 기반으로 초국적 발전패러다임을 모색하는 접근이 필요하다. 오늘날 환경에 대한 선진국과 후진국의 입장 차이나 환경과 발전의 두 마리 토끼를 쫓고 있는 개발도상국의 입장은 지역성과 세계성, 특수성과 보편성을 조화시킬 수 있는 세계시민주의 정신과 '열린사회'를 지향하는 평등주의적 세계관 및 정의관의 확립이 시급함을 말하여준다.

지구생명공동체의 구현을 위해서는 무엇보다도 생명의 전일성[다양성]과 자기근원성에 대한 자각을 전제로 생태합리성에 기초한 새로운 생명 패러다임의 수립이 절실히 요구된다. 생존의 영적 차원의 중요성을 인식해야 하며, 자율성과 평등성을 그 본질로 하는 풀뿌리민주주의가 실현되어야 한다. 생태적 가치가 활성화될 수 있기 위해서는 생태친화적인 문화가 정착될 수 있도록 정치사회화 과정을 재정향화 할 필요가 있으며, 또한 에너지 절약 및 소비저감, 청정생산, 자원재활용 촉진, 환경보호산업 발전, 순환경제 정책 및 법규 마련, 순환경제 기술개발 및 발전기반 조성 등을 통해 경제와 환경이 공존하는 순환경제(circulatory economy) 사회를 구축하는 것이 시급하다.

자유민주주의의 치명적 약점은 과학기술만능주의가 초래한 의식과 제도의 단절에 있다. 평화란 외부로부터 주어지는 것이 아니라 의식의 진화의 산물인 만큼, 의식과 제도의 통섭은 우리 인류의 시대적 과제다.

2) 정치실천적 과제

지구생명공동체의 구현을 위한 정치실천적 과제는 크게 다음 몇 가지로 나누어 살펴볼 수 있다.

첫째, 통섭적 생명관의 정립과 체계적인 생명교육의 실시이다.

이는 가장 근본적이고도 총체적인 실천 과제로서, 이를 위해서는 교육철학 및 교육체계가 지식 차원의 기능적인 형태에서 지성 차원의 통섭적인 형태로 변환되어야 하며 생명교육 이념을 근간으로 재편되어야 한다. 시민사회의 다양한 주체들 또한 이러한 생명교육 이념을 근간으로 생태혁명[존재혁명, 의식혁명]을 통해 사회적 소외극복에 기여할 수 있어야 한다. 특히 21세기 유망 첨단 과학기술로 인식되고 있는 바이오기술(BT), 나노기술(NT), 정보기술(IT), 환경에너지기술(ET), 우주항공기술(ST), 문화기술(CT) 등 이른바 6T와 이들 간 기술융합이 전 지구적 위기에 대처하여 유효하게 작동할 수 있기 위해서는 우주의 본질인 생명에 대한 올바른 인식이 선행되어야 한다. 지구문명을 파국으로 몰고 있는 환경문제와 생태위기는 단순히 유해폐기물 교역이나 공해산업의 해외수출과 같은 국가이기주의적 방식으로 해결될 수 있는 것이 아니다. 국가간·지역간·계층간 분배불균형의 심화와 억압과 차별 및 빈곤의 악순환, 무차별 테러의 만연, 대립 및 분쟁의 격화와 군사비 지출 증대와 같은 현상 또한 국가이기주의적 방식이나 집단이기주의적 방식으로 해결될 수 있는 것이 아니다.

유전자공학을 통하여 개발된 생화학무기, 의료체계와 우생학과정, 유전자조작과 관련된 식품 등은 오늘날 과학기술의 발전이 세계 자본주의 체제의 이윤극대화의 논리와 긴밀히 연계되어 인간의 생명을 볼모로 잡고 있음을 잘 말하여 준다. 더욱이 최근에 들어서는 지구 자체를 무기로 이용하는 다양한 '지구공학(geoengineering) 무기'가 지구환경을 인위적으로 조종하여 적국에게 대규모 환경재앙을 일으키는 전략무기로 악용될 가능성에 대한 우려까지 나오고 있다.[31] 맑은 계곡물도 젖소가 먹으면 젖이 되지만 독사가 먹으면 독이 된다는 것은 자연의 이치다. 같은 칼이라도 의사의 손에서는 활인검이 되지만 살인자의 손에서는 살인검이 되는 것이다. 현재 지구가 위기에 처하게 된 것은 과학기술이 발달하지 않아서가 아니라 생명에 대한 무지로 인해 그것이 오용된 데 따른 것이다.

둘째, 에너지와 식량 문제이다.

화석에너지에 의존한 지구문명이 초래한 물·대기·토양 오염, 오존층 파괴와 지구 온난화, 자연자원의 고갈, 생태계 파괴 등 심각한 환경파괴와 생태재앙은 이제 더 이상 방치할 수 없는 임계점에 이르고 있다. 국제에너지기구(IEA)는 지구 온난화 방지를 위해 2050년까지 원자력 발전시설을 지금의 5배 수준으로 늘려야 한다고 주장한다.[32] 또한 기상이변과 생태재앙에 따른 식량 생산의 절대 감소로 지구촌 곳곳에서 대규모 기아사태가 발생하는 등 심대한 위기의식이 지구촌을 강타하고 있다. 뿐만 아니라 대두, 유채, 오일팜, 코코넛, 자트로파, 피마자 등이 바이오디젤 원료로 사용되면서 식량난은 가중되고 있다. 화석연료시대의 종말 또한 예고된 상태이다 보니 이제 대체에너지 개발은 인류의 사활이 걸린 문제로 떠오르고 있다. 현재 선진 각국에서 실용화 단계에 접어든 대체에너지로는 태양에너지, 풍력에너지가 주종을 이루며, 수소, 바이오매스, 지열, 수력, 해양온도차 등을 이용한 대체에너지 개발이 활발히 진행되고 있다. 특히 무한 청정에너지로서의 수소에너지는 국내외적으로 5년 이내에 상용화 단계에 진입할 것으로 예측되면서 대체에너지 시대의 에너지원이 될 것으로 전망된다.

국제수소협회 의장국인 아이슬란드는 지열을 이용한 대표적인 수소에너지 인프라 국가이다. 미국 캘리포니아주에서는 태양광을 이용한 해수면 수소발생 저장을 통해 농업에너지를 비축하는가 하면, 몽골에서는 태양광과 풍력을 이용한 수소에너지 발전 시스템의 구축으로 고비사막의 녹지화가 진행 중이다. 기존의 축전지 에너지 저장방식과는 달리, 대용량의 에너지를 장기보존 관리, 재사용할 수 있는 수소스테이션을 기본적인 인프라로 구축하고 지구에 미치는 온실가스 영향을 최소화하는 가장 저렴한 방법인 원자력발전으로 수소를 생산 저장한 후 필요한 전력을 생산하는 방식으로 완전한 에너지 독립 단지를 조성할 수 있다면, 생태환경과 산업환경 문제는 획기적이고도 근본적으로 해결될 수 있을 것이다. 태양광 분야 중 폴리 실리콘 전지판 기술과 수소저장합금 조성 및 수소함유율 증진 기술이 획기적으로 개발될 경우, 동북아 지역, 나아가 지구촌의 수소에너지 인프라 구축과 지역별 대규모 에너지·식량 단지 조성에 대해서도 생각해 볼 수 있다. 또한 핵무기 제조와 핵 발전에서 발생하는 핵폐기물 처리 문제도 인류가 해결해야 할 시급한 과제다.

셋째, 건강관리와 보건위생 문제이다.

인류는 지금 대기 오염뿐 아니라 광범위한 종류의 독성 화학 물질에 의한 식수 및 식품의 오염으로 건강을 위협받고 있다. 식수 및 식품에서는 물론이고 일반 생활용품, 문구류, 젖병이나 장난감, 새 가구와 벽지, 바닥재 등에서 광범하게 검출되는 환경호르몬—다이옥신, PCB, PAH, 푸란, 페놀, 그리고 DDT와 같은 일부 살충제 등—은 불임 유발, 기형아 출산, 아토피성 피부

염 발진 등으로 건강을 크게 위협하는 요인이 되고 있다. 또한 핵 방사능 유출, 생화학 무기의 사용, 유전자조작과 관련된 식품의 만연, 인구 증가와 환경 악화 및 자연 재해에 따른 빈곤의 악순환 등도 건강을 심대하게 위협하는 요인이 되고 있다. 제3세계에서는 영양 결핍 및 전염병이 최대의 사망 원인이 되고 있는데, 특히 아프리카의 경우 식량, 식수, 의료 시설 문제는 심각한 수준이다. 한편 산업 사회에서는 '문명병(diseases of civilization)'[33]이라 불리는 만성적인 퇴행성 질환인 심장병, 암, 뇌일혈 등이 주된 사망 원인이 되고 있다. 이 외에도 사회 환경의 악화로 인해 심한 우울증, 정신 분열증 및 정신 의학적 질병들이 많이 발생하고 있고, 특히 청소년 폭력 범죄와 자살의 증가, 알코올 중독과 마약 남용, 기형아·지진아(遲進兒) 및 지체부자유자 증가 등의 현상이 크게 늘어나고 있다. 최근에는 코로나바이러스감염증-19(COVID-19)가 팬데믹 단계에 돌입한데다가 변종 바이러스까지 나타나면서 지구촌 전체가 '패닉' 상태에 빠졌다.

영어로 '건강(health)'이란 말은 '전체(whole)'를 의미하는 앵글로색슨어 'hale'에서 연원한 것이다. 말하자면 건강하다는 것은 전체적이라는 것이다. '신성한(holy)'이란 영어 또한 같은 뿌리에서 나온 것이다.[34] 따라서 전체적인 것이 건강한 것이고 신성한 것이니, 건강하고 가치 있는 삶을 영위하고자 한다면 우주의 본질인 생명이 분리 자체가 근원적으로 불가능한 절대유일의 하나라는 사실을 알아야 한다. 프리초프 카프라(Fritjof Capra)가 전 지구적인 각종 위기 현상을 '인식의 위기(a crisis of perception)'라고 부르는 것은, 오늘의 인류가 처한 딜레마가 다양한 것 같지만 본질적으로는 모두 생명에 관한 문제와 관련되어 있으며 또한 거기서 파생된 것이기 때문이다. 인류가 처한 총체적인 인간 실존의 위기는 하나인 생명의 그물망을 벗어나 존재할 수 없다는 사실을 인식하지 못한 데서 오는 것이다. 질병 치유를 위한 생명공학과 유전공학의 대안적 발전은 생명에 대한 명료한 인식이 전제될 때 가능한 것이다. 생명교육의 이념이 지구촌에 뿌리내리게 되면 생명존중 차원의 자연성을 추구하는 경제가 자리 잡게 될 것이고, 인류의 삶의 패러다임 또한 본질을 우선적으로 추구하는 삶, 자기정체성을 제고하는 삶, 자연성을 추구하는 삶, 사회에 직접 참여하는 삶 등으로 변모하게 될 것이다.

넷째, 유엔(United Nations) 개혁 문제이다.

생명과 평화는 동전의 양면과도 같이 그 가치가 상호 결합되어 있는 까닭에 인류의 생명권에 대한 자각이 없이는 평화란 한갓 헛된 신념을 추동하는 이념에 지나지 않는다. 인류의 평화를 위해서 과연 세계정부가 필요한가? 라는 물음은 세계정부의 이상을 피력한 단테(Alighieri Dante)의 『제정론 *De Monarchia*』[35] 제1권의 논지이기도 하다. 평화와 정의에 대한 단테의 관점은 '정의 없이는 땅 위에 평화가 없다'라는 말을 상기하게 한다. 단테는 제권(帝權)이 인류의 평화, 정의, 행복을 보장할 수 있는 유일한 체제라고 보고, 단일 군주 밑에 통합된 인류와 그리스도교의 보편교회에 상응하는 보편제국(universale Imperium)을 논구하는 것을 과제로 삼고 있다. 그가 사용하는 '제권' 개념은 전 인류의 연대 속에서 이루어지는 고유한 활동과 보편적 평화(pax universalis)와 단일 군주(unus Monarcha)의 개념을 함축하고 있다는 점에서 세계정부의 이상과 상통하는 것으로 볼 수 있다. 그가 말하는 '보편제국'은 전 인류의 유기적 연대에 의해 보편적 평화가 보장되는 유기체적인 세계시민사회라 할 수 있고, 단일 군주는 인류의 생명권에 대한 명료한 자각을 가진 '철인왕(philosopher-king)'의 존재라 할 수 있다. 그런 점에서 단테가 말하는 평화는 팍스로마나(Pax Romana), 팍스브리태니카(Pax Britanica), 그리고 팍스아메리카나(Pax Americana)가 함축하고 있는 로마나 영국, 미국이 주도하는 세계평화와는 본질적으로 다른 것이다. 단테는 보편적 평화가 실제적이고도 영속적으로 보장될 수 있는 유일한 정부 형태가 세계정부라고 보고, 당시 신성로마제국의 패러다임에서 유추하여 그것을 보편 군주제(universalis Monarchia)라고 불렀던 것이다. 단테의 '제권' 개념을 기반으로 한 세계정부의 이상은 유엔의 개혁 방향에 유효한 단서를 제공한다. 전 지구적 차원의 내전이나 다름없는 테러와의 전쟁, 세계화가 가져온 광신도들에 의한 종교적 갈등과 배금주의자들에 의한 경제적, 생태적 재앙으로 인류가 파멸의 위기에 처해 있는 지금, 유엔의 개혁은 인류의 지상과제로 떠오르고 있다.[36]

유엔이 명실상부한 세계정부로서의 기능을 다할 수 있기 위해서는—단테식의 표현을 빌리자면—유엔의 '제권(帝權)'을 위협하는 존재가 있어서는 안 될 것이다. 여기서 유엔의 '제권'은 경직성·타율성을 띤 수직적 구조와 조응하는 개념이 아니라, 탄력성·자율성을 띤 수평적 구조와 조응하는 개념이다. '다스리지 않고도 다스리지 않음이 없는(無爲而無不爲)' 그 강력한 힘은 명령에 의해서가 아니라 자치에 의해 도출되는 것이라는 점에서 더욱 강력한 것이다. 그러나 유엔은 이름 그대로 국익을 기반으로 한 주권국가 간의 연합, 즉 국제연합인 까닭에 강대국의 횡포를 제어할 제도적 장치가 없다. 따라서 유엔은 초국적 실체에 기초한 연합으로 거듭나지 않으면 안 된다. 프랑스 사회학자 에드가 모랭(Edgar Morin)이 제창하는 '세계 연방(Confederation mondiale)'론과 같은 역사적 단계에 대해 생각해 볼 수도 있을 것이다. 이는 국가를 없애지 않으면서 국가가 연방과 관련해 상대적으로 존재하는 단계인데, 이를테면 아랍·이슬람권 전체가 연방에서 하나의 거대한 지방이 되고, 세계 연방은 빈국에 대한 마셜 플랜(Marshall Plan)을 실시하고 의약품과 치료 지원을 전담하는 국제기구를 창설하는 것 등이 그것이다. 그러나 이러한 유엔의 개혁도 인류의 자각과 인식 전환이 선행되지 않고서는 요원한 과

제일 수밖에 없다. 권력을 포함한 모든 제도적 장치는 생명권에 귀속된다는 사실을 자각할 수 있을 때, 세계 연방이 명실상부한 '제권(帝權)'을 확립할 수 있을 때, 공진화(co-evolution)가 삶의 목표가 되어 '섬김'과 '나눔'을 실천하는 사랑의 장(場)이 열릴 수 있을 것이다.[37]

5. 결론

이상에서 우리는 동학과 현대 과학의 생명사상에 대한 비교 고찰을 통해 그 사상적 근친성과 더불어 생명 패러다임의 긴요성에 대해 살펴보고, 나아가 지구생명공동체의 구현을 위한 정치실천적 과제에 대해 일별하였다. 동학과 현대 과학의 생명관은 영성이 배제된 객관적 이성 중심주의 내지는 개성과 다양성이 배려되지 않은 전체성의 관점을 거부한다는 점에서 사상적 근친성을 갖는다. 말하자면 생명의 관점에서 본 동학과 현대 과학의 사상은 비분리성·비이원성에 기초해 있다는 점에서 본질적으로 상통한다. 동학과 현대 과학의 생명관은 우주만물을 관통하는 생명의 영성 자각에 그 초점이 맞춰져 있는 까닭에 일체의 이원성을 넘어선 소통의 생명정치, 즉 풀뿌리민주주의와 이념적 친화성을 갖는다. 이들 사상은 근대의 과학적 합리주의가 함축하고 있는 과도한 인간 중심주의와 이원론적 사고 및 과학적 방법론의 한계성에 대한 새로운 대안인 동시에 전일적인 생명 패러다임으로의 전환을 촉구하는 것이라는 점에서 주목할 만하다.

동학의 생명관은 평등무이의 세계관에 기초하여 본체계와 현상계를 회통하는 생명의 순환 고리에 대한 인식에서 출발한다. 만인이 하늘을 모시는 영적 주체로서의 자각이 이루어지기 위해서는 씨앗으로 존재하는 하늘을 '양

(養)'해야 한다. '양천(養天)'은 의식의 확장을 말하는 것으로 영적 진화와 관계된다. 수심정기는 각 개인의 내면적 수양에 기초한 자각적 실천 수행으로서 만인이 동귀일체하여 지상천국을 건설하는 요체가 된다. 동학과 현대 과학의 사상적 조우의 단초는 현대 물리학의 '의식' 발견에 있다. 주체와 객체의 이분법이 성립하지 않는 것으로 드러난 양자역학적 세계관을 이해하기 위해서는 불연과 기연, 정신과 물질이라는 생명의 본체와 작용의 유기적 관계에 대해 이해할 필요가 있다. 생명공학, 나노과학 등의 이론적 토대가 되고 있는 복잡계 과학은 생태계뿐만 아니라 생명의 본질 그 자체를 네트워크로 인식한다. 네트워크를 바탕으로 한 전일적 실재관의 특성은 이 우주가 부분들의 단순한 조합이 아니라 유기적 통일체이며, 우주만물은 개별적 실체성을 갖지 않고 전일적인 흐름 속에서만 파악될 수 있다는 것이다. 이러한 생명의 전일적, 시스템적 속성이 오늘날 과학적으로 규명된 것은 과학과 영성의 불가분성을 보여주는 것으로 생명의 자기근원성과 진화의 핵심원리를 파악할 수 있게 한다.

동학이 심법이라는 범주에서 벗어날 수 없듯이, 양자역학 또한 '마음의 과학' 그 이상도 이하도 아니다. 양자역학적 세계관의 핵심은 관찰자와 그 대상이 항상 연결되어 있고 그 경계 또한 고정된 것이 아니라고 보아 주체와 객체를 하나의 연속체로 파악함으로써 이 우주를 자기생성적 네트워크 체제로 인식하는 것이다. 본고에서 동학과 현대 과학의 생명사상을 논함에 있어 본체와 작용의 관계에 주목하는 것은, 그것이 생명의 전일성과 자기근원성을 깨닫게 하는 열쇠이기 때문이다. 우주만물은 한 이치 기운이 무수하게 다양한 형태로 나타난 것일 뿐, 그 본체가 다른 것이 아니다. 우주만물이 모두 한 기운 한 마음으로 꿰뚫어진 까닭에 우주만물의 생성·변화·소멸 자체가 모두 하늘의 조화 작용인 것으로 나타난다. 우주가 결정론적이고 방향감각 없이 기계적으로 움직이는, 단지 작은 입자들의 우연한 집합체라는 개념이 더 이상 옳지 않다는 것이 입증된 것이다. 이원론에 빠진 과학이 외면해 온 보이지 않는 본체계[의식계]는 보이는 현상계[물질계]와 긴밀히 연결되어 있어 본체계를 이해하지 못하고서는 현상계를 온전히 이해할 수가 없다. 육안으로 보이는 분절된 물질적 세계는 개체화 의식의 자기투사에 불과한 것으로 개체화 의식 속에서는 시공을 초월한 생명을 알 수가 없다.

동학 「시(侍)」의 세 가지 뜻인 내유신령·외유기화·각지불이의 3화음적 구조는 생명의 자기조직화 원리를 명징하게 보여준다. 내유신령과 외유기화, 불연과 기연의 관계에서 보듯, 한 이치 기운을 함축한 전일적인 의식계와 한 이치 기운의 조화 작용을 나타낸 다양한 물질계는 본체와 작용의 관계로서 상호 조응해 있으며 상호 관통한다. 각지불이는 이 양 차원을 관통하는 원리가 내재된 것으로 한 이치 기운과 하나가 되는 일심의 경계이다. 바로 이 일심의 경계에서 시스템적 사고의 특성이 드러난다. 시스템적 관점에서 인간과 사회는 외부와의 끊임없는 물질 및 에너지의 교환이 이루어지는 열린 시스템이며 시스템 자체의 자기조직화의 특성에 의해 새로운 형태의 질서의 창발이 나타날 수 있다. 일체 생명현상과 진화 그리고 세계의 변혁이 복잡계의 산일구조에서 발생하는 자기조직화로 설명된다. 자기조직화 원리는 주체와 객체의 이분법이 폐기된 창조성의 원리로서 일체 생명이 스스로 생성되고 변화하여 돌아가는 생명의 전일성과 자기근원성을 여실히 보여준다. 따라서 삶에서 일어나는 모든 현상을 통제하는 주체는 심판자로서의 신이 아니라 인간의 의식이다. 이처럼 새로운 우주론에서 우주는 '에너지-의식의 그물망'인 까닭에 근대 과학이 물질을 근간으로 삼는 것과는 달리, 진동하는 파동을 근간으로 삼는다.

현대 물리학자들은 객관주의와 과학적 합리주의만으로는 우주자연의 궁극적 신비를 풀 수 없다고 보고 과학이 인간의 의식세계와 분리될 수 없음을 분명히 했다. 지식의 파편화에 따른 낡은 기계론적 세계관의 관점이 더 이상은 실제 세계를 반영하지도, 문제해결의 유익한 단서를 제공하지도 못하게 되면서 근대의 '도구적 이성'과 '도구적 합리주의'에 대한 자기반성이 촉구되고 패러다임 전환의 필요성이 제기되면서 전일적인 생명 패러다임에 의해 세계가 재해석되기 시작한 것이다. 평화란 외부로부터 주어지는 것이 아니라 의식의 진화의 산물인 만큼, 새로운 생명 패러다임에 의한 의식과 제도의 통섭은 우리 인류의 시대적 과제다. 우주만물이 다 하늘을 모시는 영적 주체이고 우주만물의 근본이 모두 하나로 연결되어 있다는 영적 자각에서 생명의 존엄성과 평등성 그리고 자율성이 도출되고, 지역화와 세계화, 특수성과 보편성, 국민국가와 세계시민사회의 유기적 통합성이 달성되어 지구생명공동체가 구현될 수 있게 되는 것이다.

지구생명공동체의 구현을 위한 가장 근본적이고도 총체적인 정치실천적 과제는 통섭적 생명관의 정립과 체계적인 생명교육의 실시이다. 교육철학 및 교육체계가 통섭적인 형태로의 근본적인 변환이 이루어져야 하며 생명교육 이념을 근간으로 재편되어야 한다. 오늘의 지구 위기는 과학기술이 발달하지 않아서가 아니라 생명에 대한 무지로 인해 그것이 오용된 데 따른 것이라는 점을 감안할 때 생명교육의 중대성은 아무리 강조해도 지나치지 않을 것이다. 에너지와 식량 문제 또한 인류가 직면한 가장 큰 난제 중의 하나다. 인류가 꿈꾸는 수소경제 시대의 모습은 수소를 이용해 온실가스 배출 없는 에너지 생산·소비 환경을 구축하는 것이다. 미래학자들은 2050년경 인류가 사용할 에너지 가운데 상당 부분을 원자력과 함께 수소가 감당할 것으로 내다보고 있다. 핵융합 발전이 상용화되는 시기가 오기까진 기후 붕괴의 연착륙과 안정적인 전력 공급원의 확보를 위해 원전(原電)이 교량 역할을 할 수밖에 없을 것이다. 또한 지역별 대규모 에너지·식량 단지 조성과 더불어 핵무기 제조와 핵 발전에서 발생하는 핵폐기물 처리 문제도 인류가 해결해야 할 시급한 과제다.

다음으로 건강관리와 보건위생 문제도 큰 난제 중의 하나다. 환경호르몬, 핵 방사능, 생화학 무기, 유전자조작과 관련된 식품 등에 노출되면서 인류의 건강은 크게 위협받고 있다. 질병 치유를 위한 생명공학과 유전공학의 대안적 발전은 생명에 대한 명료한 인식이 전제될 때 가능한 것이다. 끝으로 유엔 개혁 문제이다. 유엔이 명실상부한 세계정부로서의 기능을 다할 수 있기 위해서는 유엔의 '제권(帝權)'을 위협하는 존재가 있어서는 안 되므로 초국적 실체에 기초한 연합으로 거듭날 필요가 있다. 그러나 이러한 유엔의 개혁도 인류의 자각과 인식 전환이 선행되지 않고서는 요원한 과제일 수밖에 없다. 모든 제도적 장치는 생명권에 귀속된다는 사실을 자각할 수 있을 때, 세계연방이 명실상부한 '제권'을 확립할 수 있을 때 비로소 '섬김'과 '나눔'을 실천하는 사랑의 장이 열릴 수 있을 것이다.

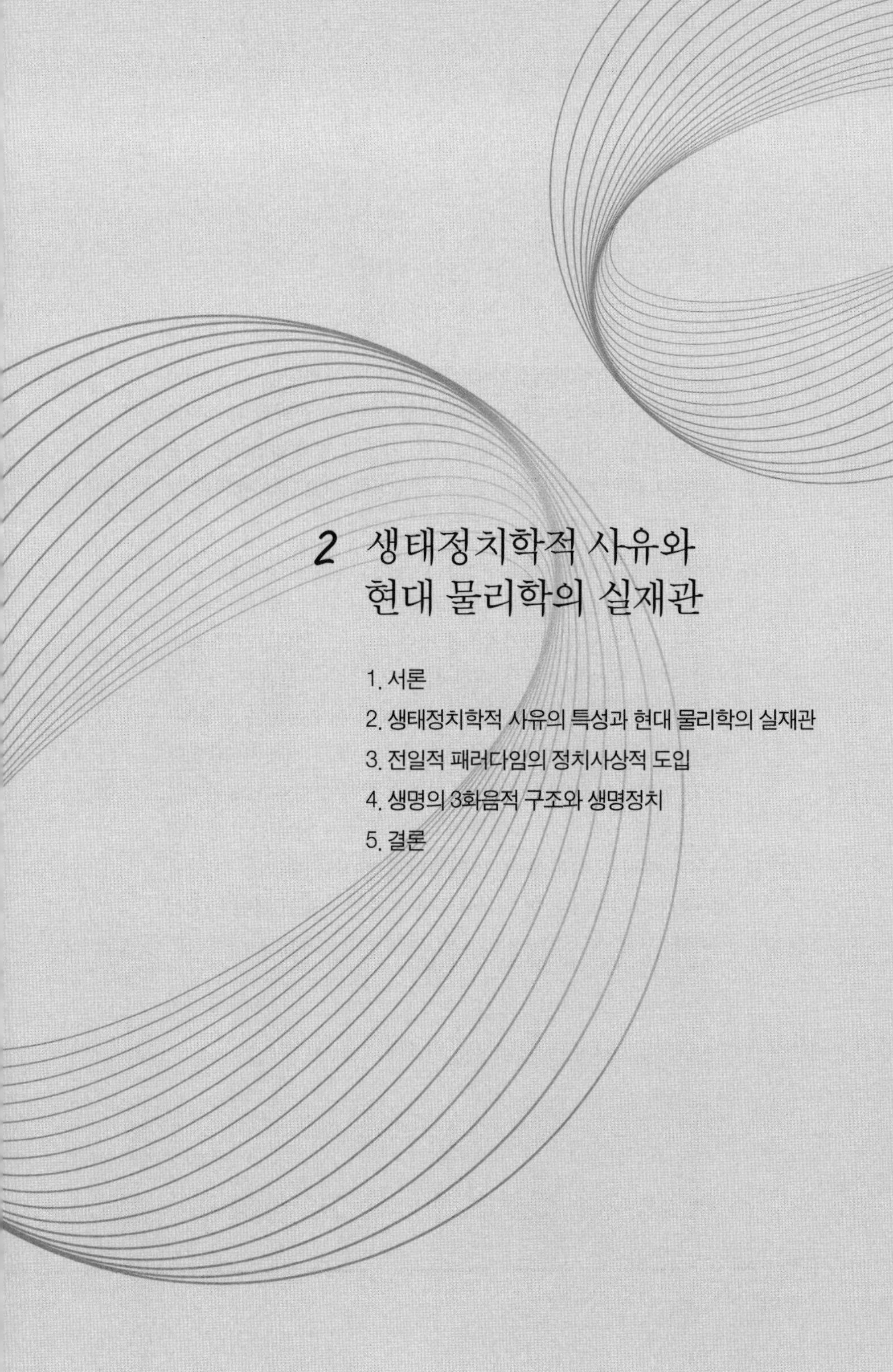

2 생태정치학적 사유와 현대 물리학의 실재관

1. 서론
2. 생태정치학적 사유의 특성과 현대 물리학의 실재관
3. 전일적 패러다임의 정치사상적 도입
4. 생명의 3화음적 구조와 생명정치
5. 결론

전일적 패러다임의 정치사상적 도입은 지배와 복종의 이원화된 구조에 입각하여 리더십의 태생적 한계를 드러내고 있는 서구 정치적 자유주의의 대안 모색을 위한 것이다. 전일적 패러다임 도입의 요체는 자율성과 평등성에 기초한 풀뿌리민주주의를 지향함으로써 조직의 유기성 및 효율성이 최고도로 발휘될 수 있게 하는 것이다. 생태정치학적 사유의 핵심은 천 · 지 · 인 삼재의 조화를 바탕으로 존재의 근원적 평등성과 유기적 통합성에 대한 자각에 있다. 이 우주는 고도의 유기성을 띤 '참여하는 우주'로서 필연적인 자기법칙성에 따라 스스로 생성되고 변화하여 돌아간다. 진리[根本智]에 대한 명료한 인식이 없이는 자각적 삶을 살 수도, 또한 진정한 문명의 개창이 이루어질 수도 없다. 우리 모두는 생태적으로 지속가능한 공동체로 가는 길을 찾고 있다. 생명계가 상호의존성과 유기적 통합성에 의거한 '살아있는 시스템'임을 자각할 수 있을 때, 다시 말해 수천 년에 걸쳐 동양적 사유의 바탕을 이루어 온 천인합일의 이치를 체득할 수 있을 때, 생태적 지속성을 띤 지구공동체는 현실 속에서 현현하게 될 것이다.

- 본문 중에서

양자계의 비국소적 측면은 자연의 일반적인 성질이다.
… the nonlocal aspects of quantum systems is … a general property of nature.

- Paul Davies, *Superforce*(1984)

1. 서론

본 연구는 생태정치학적 사유와 현대 물리학의 실재관에 대한 비교론적 고찰을 통하여 전일적 패러다임(holistic paradigm)의 정치사상적 도입의 필요성을 과학적으로 규명하고 아울러 생명정치의 구현을 위한 진지(眞知)로의 접근을 시도하기 위한 것이다. 전일적 패러다임의 정치사상적 도입은 지배와 복종의 이원화된 구조에 입각하여 리더십의 태생적 한계를 드러내고 있는 서구 정치적 자유주의의 대안 모색을 위한 것이다. 그 요체는 자율성과 평등성에 기초한 풀뿌리민주주의를 지향함으로써 조직의 유기성 및 효율성이 최고도로 발휘될 수 있게 하는 것이다. 또한 생명정치의 구현을 위해서는 '생명의 3화음적 구조(the triadic structure of life)',[1] 즉 본체-작용-본체·작용의 합일[정신-물질-정신·물질의 합일, 보편성-특수성-보편성·특수성의 합일]이라는 변증법적 논리 구조에 대해 명료하게 인식할 필요가 있다. 이를 위하여 본 연구에서는 특히 우리 고유의 천부(天符)사상과 동학사상, 그리고 서구의 생태이론과 양자물리학 등의 전일적 실재관을 중심으로 분석 고찰하고 아울러 필자가 오랫동안 천착해 온 '생명의 3화음적 구조'에 대해 밝힐 것이다.

생태정치학적 사유의 핵심은 천·지·인 삼재의 조화를 바탕으로 존재의 근원적 평등성과 유기적 통합성에 대한 자각에 있다. 말하자면 일체의 생명이 자기생성적 네트워크 체제로서의 우주에 참여하고 있으며 그 근원은 모두 하나로 연결되어 있다고 보는 것이다. 이 우주는 고도의 유기성을 띠는 '참여하는 우주(participatory universe)'로서 필연적인 자기법칙성에 따라 스스로 생성되고 스스로 변화하여 스스로 돌아간다. 오늘의 생태위기(ecological crisis)는 바로 이러한 사실을 자각하지 못하는 데서 오는 것이다. 전일적인 생명과정이나 우주자연-인간-문명의 조화성에 대한 자각 없이 풍요의 허구 속에서 물질적 가치를 지상가치로 신봉하며, 공동체적 삶보다는 고립된 개별아(個別我)라는 관념을 극대화함으로써 자연과 인간, 인간과 인간의 연대관계를 파기시키기에 이른 것이다. 그리하여 인간이 지배권을 행사하는 일체 대상, 즉 인간과 비인간(non-human) 모두로부터 소외(alienation)됨으로써 그 결과 생태위기가 야기되게 된 것이다.

생태정치학적 사유의 전일적 특성은 현대 물리학의 실재관에서도 그대로 드러난다. 물질[色, 有]의 궁극적 본질이 비물질[空, 無]과 둘이 아님은 $E = mc^2$ (질량 m, 에너지 E, 광속 c)이라는 질량-에너지 등가원리를 밝힌 알버트 아인슈타인(Albert Einstein)의 특수상대성이론(special theory of relativity)*에서 잘 나타나고 있다. 또한 소립자의 수준에서 물질은 어디에도 존재하지 않거나 또

---

* 상대성이론은 1905년에 제출된 특수상대성이론(special theory of relativity)과 그로부터 10년 후 발표된 일반상대성이론(general theory of relativity)으로 이루어져 있다. 특수상대성이론은 뉴턴역학 이래 물리학의 대전제였던 시공간의 절대성을 부정하고 그 상대성을 적극적으로 밝힌 것이다. 질량 보존의 법칙과 에너지 보존의 법칙을 하나로 묶는 질량-에너지 등가 개념은 물질의 궁극적 본질이 비물질과 하나임을 보여주는 것이다. 일반상대성이론은 특수상대성이론에서 밝힌 자연법칙의 절대성과 시공간의 상대성 개념을 강화하고 아울러 시공간이 물질의 존재와 밀접한 관련을 맺고 있음을 밝힌 것이다. 일반상대성이론은 중력이 다른 힘들과 같은 힘이 아니며, 시공간이 그 속의 에너지와 질량의 분포에 따라 구부러지거나 '휘어져' 있기 때문에 발생하는 결과라는 혁명적인 주장에 기초하고 있다.

는 모든 곳에 존재하는 비국소성(非局所性, non-locality)[초공간성]*을 띠는 안개와도 같은 것으로 나타나는 양자역학(quantum mechanics)[2]적 실험결과에서도 잘 드러난다. 이러한 비국소성은 양자장(quantum field)[3]이 작용하는 차원에서는 분리 자체가 근원적으로 불가능하기 때문에 위치라는 것이 더 이상 존재하지 않음을 시사한다. '보이지 않는 우주'[본체계, 의식계]는 시공개념을 초월해 있으며 일체가 '에너지'로서 접혀있는(enfolded), 하여 고도의 유기적 통일성을 띠는 전일성의 차원이라고 미국의 양자물리학자 데이비드 봄(David Bohm)은 말하고 있다.

전일적 패러다임의 정치사상적 기용은 동양에서는 이미 수천 년 전에 이루어진 것이다. 서양의 경우 전일적인 생태이론의 등장은 현대 물리학의 진보와 조응하여 근대적 합리성을 대체할 필요성에서 생겨난 것이다. 서구 산업문명의 몰가치적 정향을 대변하는 이른바 '도구적 이성(instrumental reason)'[4]의 발흥으로 생명의 전일적 과정은 도외시한 채 목표 달성의 효과성·효율성만을 강조하는 '도구적 합리성(instrumental rationality)'은 근대적 합리성의 허구를 여실히 보여준다. 인간 중심의 가치관에서 생태 중심의 가치관으로의 패러다임 전환을 통해 근대의 과학적 합리주의 내지 실증주의는 이제 전일적인 생명과정을 포괄하는 생태합리주의로 대체되고 있다. 근대 인간중심(anthropocentric)의 시각을 넘어 전체 생물권(biosphere) 내지 우주권(cosmosphere)으로의 의식 확장을 통해 생태적 지속성(ecological sustainability)을 띤 지구공동체 건설에 기여할 수 있기 위해서는 생태정치학적 사유의 바탕을 이루는 생명의 전일성에 대한 인식이 필수적이다.

---

* 여기서 비국소성 또는 초공간성이란 3차원에서는 따로 떨어져 있는 두 개의 圓이 4차원에서는 서로 연결된 것으로 나타나는 것과 같은 공간을 초월하는 성질을 말한다.

생명 과정의 전일성을 인식할 수 있기 위해서는 '생명의 3화음적 구조'에 대한 인식이 선행되어야 한다. 생명은 본래 분리 자체가 근원적으로 불가능한 절대유일의 하나인 까닭에 때론 신[유일자, 混元一氣]으로 명명되기도 한다. 본체-작용-본체·작용의 합일이라는 '생명의 3화음적 구조'는 생명의 본체인 '하나'인 혼원일기의 자기복제로서의 작용으로 나타난 것이 우주만물이라는 점에서 분명히 드러난다. 이러한 생명의 본체와 작용의 합일, 즉 천인합일(天人合一)에 대한 인식은 생명정치의 구현을 위한 필수요건이다. 다시 말해서 인간과 인간, 인간과 우주자연의 연대성을 회복함으로써 윈-윈(win-win) 구조의 협력체계에 기초한 공존의 대안적 사회를 구현하기 위해서는 전일적 패러다임의 정치사상적 도입이 필수적이다. 그러면 생태정치학적 사유의 특질과 현대 물리학의 실재관부터 살펴보기로 하자.

2. 생태정치학적 사유의 특성과 현대 물리학의 실재관

1) 생태정치학적 사유의 특성

(1) 천부사상에 나타난 생태정치학적 사유

천부사상이란 천·지·인 삼신일체(三神一體)의 천도(天道)에 부합하는 사상으로 흔히 『천부경(天符經)』·『삼일신고(三一神誥)』·『참전계경(參佺戒經)』[5]의 사상을 일컫는 것이다. 일체의 생명이 천·지·인 혼원일기(混元一氣: 무어라 형용할 수 없는 태초의 한 기운)에서 나와 다시 그 하나인 혼원일기로 돌아감을 보여주는 천부사상은 생명의 본질을 일즉삼(一卽三)·삼즉일(三卽一)*의 논리구조로써 명징하게 밝히고 있다. 우주의 근본 질료인 '하나(一)'에서 우주만물[三, 多]이 나오고 다시 그 '하나'로 돌아가는 다함이 없는 이 과정은 생명의 근원적 평등성과 유기적 통합성을 명료하게 보여준다.[6] 여기서 '일즉삼·삼즉일'은 생명의 전일적 흐름(holomovement)을 이해하는 기본 공식과도 같은 것이므로 이를 필자는 '생명의 공식(formula of life)'이라고 명명한다. 삼라만상이 무수한 것 같지만 기실은 하나의 기(一氣)밖에 없는 것이다. 생명은 과정인 동시에 유기체이다. 흐름으로 보면 과정이지만, 관계로 보면 유기체인 것이다.[7] 생명의 본체인 이 '하나(ONE, 천·지·인)'인 혼원일기[8]는 하늘(天)·천주[하느님, 하나님, 창조주, 유일신, Allah]·도(道)·불(佛)·태극[無極]·브라흐마(Brahma: 梵, 創造神)·전체의식[근원의식, 보편의식, 우주의식, 一心, 참본성, 神性]·우주의 창조적 에너지[至氣, 一氣]·우주섭리[진리, 自然] 등으로 다양하게 명명되고 있는 근원적 일자[유일자] 또는 궁극적 실재로서의 우주의 본원을 일컫는 것이다.

존재의 자기근원성과 전일성에 대한 천부사상의 인식은 생명의 본질 자체가 초월성인 동시에 내재성이며, 전체성[一]인 동시에 개체성[多]이며, 우주의 본원인 동시에 현상 그 자체라는 점에서 확연히 드러난다. 말하자면 우주

---

* 『桓檀古記』「太白逸史」蘇塗經典本訓에서는 "所以執一含三者 乃一其氣而三其神也 所以會三歸一者 是易神爲三而氣爲一也"라 하여 一卽三·三卽一을 '집일함삼(執一含三)'과 '회삼귀일(會三歸一)'로 나타내고 있다. 즉, '하나를 잡아 셋을 포함하고 셋이 모여 하나로 돌아감'이란 뜻으로 천·지·인 三神一體를 의미하는 것이다. 混元一氣인 '하나(ONE)'가 곧 천·지·인 삼신이요, 천·지·인 삼신이 곧 혼원일기 '하나'인 것이다. 여기서 기본수 '三'은 사람과 우주만물을 나타내므로 '多'와 그 뜻이 같은 것이다. 따라서 一卽三·三卽一은 곧 一卽多·多卽一이다. cf. 『華嚴一乘法界圖』: "一中一切多中一 一卽一切多卽一 一微塵中含十方 一切塵中亦如是."

만물은 '하나'인 혼원일기의 자기복제(self-replication)인 까닭에 일체 생명은 자기근원성을 가지며 주체-객체 이분법은 성립되지 않는다. 말하자면 우주 만물의 개체성은 생명의 본체인 '하나'인 혼원일기가 다양한 모습으로 현현한 것이다.[9] 생명의 본체인 '하나'와 그것의 자기복제로서의 작용인 우주만물이 결국 하나임은 만유가 근원적으로 평등하고 유기적으로 통합되어 있음을 말하여 주는 것이다. 이러한 생명의 본체와 작용의 합일이라는 논리 구조는 천·지·인 삼재의 융화를 바탕으로 일즉삼·삼즉일의 원리가 인간 존재 속에 구현되는 함의를 지니는 것으로 생태정치학적 사유의 바탕을 이루는 것이다.

『천부경』에 나타난 생태정치학적 사유의 특질은 천부경 81자의 본체-작용-본체·작용의 합일이라는 변증법적 논리 구조 속에 잘 드러나 있다. 즉, 상경(上經)「천리(天理)」에서는 '하나'의 이치를 드러내고, 중경(中經)「지전(地轉)」에서는 '하나'의 이치와 기운의 조화 작용을 나타내며, 하경(下經)「인물(人物)」에서는 '하나'의 이치와 그 조화 기운과 하나가 되는 일심(一心)의 경계를 보여준 것이 그것이다.[10]「태백일사(太白逸史)」 삼한관경본기(三韓管境本紀) 마한세가(馬韓世家) 상편에서는 하늘의 기틀과 마음의 기틀, 땅의 형상과 몸의 형상, 그리고 사물의 주재함과 기(氣)의 주재함이 조응하고 있음[11]을 보고 천·지·인 삼신일체(三神一體, 三位一體)의 천도가 인간 존재 속에 구현(人中天地一)되어 있음을 명징하게 나타내 보이고 있다. 여기서 삼신일체란 각각 신이 있는 것이 아니고 작용으로만 삼신(三神)이며 그 체는 일신[唯一神]이다.[12] 다시 말해서 '하나'인 혼원일기[唯一神]에서 천·지·인 셋[三神]이 갈라져 나온 것이므로 천·지·인이 각각 있는 것이 아니고 작용으로만 셋이라는 뜻으로 천·지·인 삼신이 곧 유일신이다. 이미 9,000년 이상 전부터 모든 종교와 진리의 모체가 되어 온 우리의 신교(神教)는 바로 이러한 일즉삼·삼즉일의 원리에 기초한 삼신사상에서 나온 것이다.

삼라만상의 천변만화가 모두 혼원일기인 한 이치 기운의 조화 작용인 까닭에 '하나(一)'와 우주만물(人物, 三)은 분리될 수 있는 것이 아니므로 '하나를 잡아 셋을 포함하고 셋이 모여 하나로 돌아간다(執一含三 會三歸一)'[13]고 한 것이다. 무시무종(無始無終)이며 무소부재(無所不在)이고 불생불멸(不生不滅)인 생명의 본체인 '하나'[天主 · '하늘'(님), 유일신]는 곧 우리의 참본성[自性, 一心, 神性, 근원의식, 전체의식, 보편의식]이다. 천·지·인 삼신은 참본성 즉 자성의 세 측면을 나타낸 것이다. 참본성을 알지 못하고서는 인간의 자기실현은 불가능한 까닭에 모든 경전에서는 그토록 우상숭배를 경계했던 것이다. 참본성이 바로 절대유일의 '참나'인 유일신이다. 이 세상의 모든 반목과 갈등은 우주만물에 내재하는 유일신 즉 절대유일의 '참나'를 깨닫지 못하고 서로 다른 것으로 분리시킨 데서 오는 것이다. 따라서 유일신은 특정 종교의 신도 아니요 섬겨야 할 대상도 아니다. 바로 우리 자신이며 우주만물 그 자체다. 참본성(性)이 곧 하늘(天)이요 신(神)이다.

『삼일신고』[14]에서도 천(天)과 성(性)과 신(神)은 하나인 것으로 나타난다. 이는 생명의 본체와 작용의 합일, 즉 천인합일(天人合一)에 대한 인식을 보여주는 것으로 생태정치학적 사유의 바탕을 이루는 것이다. 『삼일신고』의 "성기원도 절친견 자성구자 강재이뇌(聲氣願禱 絶親見 自性求子 降在爾腦)"라는 구절은 천인합일의 정수를 보여준다. 즉, 소리 내어 기운을 다하여 원하고 기도한다고 해서 '하나'님을 친견할 수 있는 것이 아니라고 한 것은, 자성[本性]에 대한 직관적 지각을 통해서만이 내재적 본성인 신성이 발현될 수 있다는 의미이다. '하나'님[神]은 이미 머릿골에 내려와 계시므로 자성(自性, 참본성)에서 '하나'님의 씨를 구하라는 뜻이다. 말하자면 참본성이 곧 하늘이요 신이라는 말이다. '하나'님은 이미 머릿골에 내려와 계시므로 참본성에 대한 자각이 없는 기도행위는 아무리 소리 내어 기운을 다하여 한다고 해도 공허한 광야의 외침과도 같이 헛되고 헛되다는 것이다.[15] 따라서 참본성이 곧 하늘임을 알지 못하고서는 경천(敬天)의 도를 바르게 실천할 수 없고 따라서 인간의 자기실현은 불가능하게 된다.

『삼일신고』는 천·지·인 삼신일체에 기초한 삼일(三一)사상을 본령(本領)으로 삼고 삼신(三神) 조화(造化)의 본원과 세계 인물의 교화를 상세하게 논한 것이다. 삼일사상이란 집일함삼(執一含三)과 회삼귀일(會三歸一)을 뜻하는데 이는 곧 일즉삼·삼즉일을 말하는 것으로 우주만물(三)이 '하나(一)'라는 사상에 기초해 있다. 삼일(三一) 원리의 실천성은 한마디로 성통공완(性通功完)에 함축되어 있다. 우주만물은 '하나'의 자기복제인 까닭에 '하나'는 우주만물에 편재해 있으며 이러한 '하나'의 진성(眞性, 참본성)을 통하면 태양과도 같이 광명하게 되니 성통광명(性通光明)이라고 한 것이다. 이는 곧 사람[人物]이 하늘임을 알게 되는 것으로, '성통(性通)'은 재세이화(在世理化)·홍익인간(弘益人間)의 구현이라는 '공완(功完)'을 이루기 위한 전제조건인 동시에 인간의 자기실현을 위한 필수조건이다. 느낌을 그치고(止感) 호흡을 고르며(調息) 부딪침을 금하여(禁觸) 오직 한 뜻으로 이 우주가 '한생명'이라는 삼일의 진리를 닦아 나가면, 삼진(三眞: 眞性·眞命·眞精) 즉 근본지(根本智)로 돌아가 천인합일을 이룰 수 있게 되는 것이다.

『참전계경』[16]은 천부경의 '인중천지일(人中天地一)', 삼일신고의 '성통공완(性通功完)'에 이르는 구체적인 길을 366사로써 제시한 것이다. 재세이화·홍익인간의 구현을 위해서는 천·지·인 혼원일기(混元一氣)의 조화(造化) 기운과 하나가 됨으로써 진실로 우주만물의 근본이 하나임을 아는 것이 필수적이다. 참전계경의 가르침의 정수는 제345사에 나오는 '혈구지도(絜矩之道)'로 압축될 수 있다. '혈구지도'란 남을 나와 같이 헤아리는 추기탁인(推己度人)의

도를 말한다. 남을 나와 같이 헤아린다는 것은 내 마음으로 미루어 남의 마음을 헤아리는 것으로 재세이화·홍익인간을 구현하는 요체인 것으로 나타난다. 이는 단군팔조교(檀君八條敎) 제2조[17]의 가르침과도 일치하는 것으로 부여의 구서(九誓) 제2서(誓)에서는 우애와 화목과 어짊과 용서함(友睦仁恕)으로 나타나고 있다.[18] 『대학(大學)』「전문(傳文)」 치국평천하(治國平天下) 18장에서는 제가(齊家)·치국·평천하 함에 있어 군자가 지녀야 할 '혈구지도'를 효(孝)·제(悌)·자(慈)의 도(道)로 제시하고 있다.[19]

재세이화·홍익인간을 구현하는 요체인 '혈구지도'는 『참전계경』에서 성(誠)·신(信)·애(愛)·제(濟)·화(禍)·복(福)·보(報)·응(應)의 8강령으로 구체적으로 제시되고 있다. 이 여덟 강령은 천·지·인 삼재의 조화에 기초하여 하늘(天)과 사람(人)과 만물(物)을 하나로 관통하는 생태정치학적 사유의 전형을 보여준다. 그 논리 구조는 성·신·애·제 4인(因)과 화·복·보·응 4과(果)의 인과관계로 이루어져 있어 참본성이 열리지 않고서는 세상을 밝힐 수 없음을 나타내고 있다. 그런 까닭에 참전계경에서는 8강령에 따른 삼백 예순 여섯 지혜(366事)로 뭇 사람들을 가르침으로써 천인합일의 이치를 터득하게 하고 사람으로서의 도리를 깨우치게 하여 재세이화·홍익인간의 세계를 구현하고자 했던 것이다. '무위이화(無爲而化)'의 덕과 그 조화 기운과 하나가 되는 것, 바로 여기에 마음을 밝히고 세상을 밝히는 성통공완(性通功完)의 비밀이 있으니, 참전계경은 거기에 이르는 구체적인 길을 366사로써 제시한 것이다.

이상에서 천부사상이 마음을 밝히는 가르침을 근본으로 삼은 것은 정치의 주체인 인간의 마음이 밝아지지 않고서는 밝은 정치가 구현될 수 없기 때문이다. 마음이 밝아진다고 하는 것은 내재적 본성인 신성을 깨달아 우주만물이 결국 하나임을 알게 된다는 것이고 이는 곧 상생의 삶을 실천하게 되는 것이다. 천·지·인 삼재의 조화에 기초한 천부사상은 일체의 생명현상이 자기근원성을 가지고 있음을 인식하고 생명현상을 개체나 종(種)의 차원이 아닌 생태계 그 자체로 파악한다. 생명의 본체인 '하나'와 그 작용인 우주만물이 하나임을 깨닫게 되면, 본체계와 현상계가 둘이 아님을 직시하게 되면, 주체·객체, 정신·물질, 유심·유물, 신·인간 등 일체의 이분법은 종식될 것이다. 현대 민주주의가 정치의 요체를 사람이 아닌 제도와 정책에 둠으로써 인간소외현상을 야기했다면, 천부사상은 자연과 인간, 인간과 인간의 대립성과 분절성을 지양하고 융합과 조화에 그 토대를 둠으로써 현대사회가 안고 있는 인간소외문제를 극복할 수 있게 할 것이다.

(2) 동학사상에 나타난 생태정치학적 사유

생태정치학적 사유의 바탕을 이루는 존재의 근원적 평등성과 유기적 통합성에 대한 자각은 동학사상에서도 명료하게 드러난다. 즉, 수운(水雲) 최제우(崔濟愚)의 『동경대전(東經大全)』과 『용담유사(龍潭遺詞)』, 해월(海月) 최시형(崔時亨)의 법설집인 『해월신사법설(海月神師法說)』, 그리고 의암(義菴) 손병희(孫秉熙)의 법설집인 『의암성사법설(義菴聖師法說)』 등에 나타난 사상이 그 대표적인 것이다. 일체 생명이 근원적으로 평등하고 유기적으로 통합되어 있음을 자각할 수 있기 위해선 무엇보다도 생명의 본체인 '하나'인 혼원일기와 그 작용인 우주만물이 하나임을 깨닫지 않으면 안 된다. 말하자면 본체계와 현상계를 회통하는 평등무이(平等無二)의 세계관이 전제되어야 하는 것이다. 인내천(人乃天)으로 집약되는 동학의 평등무이의 세계관의 정수는 경신년(庚申年, 1860) 4월 5일 수운이 하늘[天主]로부터 받은 '오심즉여심(吾心卽汝心, 내 마음이 네 마음)'[20]이라는 강화(降話)의 가르침에서 명징하게 드러난다. 이는 하늘마음(天心)이 곧 수운의 마음과 같다는 뜻으로 천인합일의 이치를 보여주는 것이다. 수운은 그가 하늘로부터 받은 도를 '무왕불복지리(無往不復之理)' 즉 '가고 돌아오지 않음이 없는 이법'이라고 하고 이를 천도(天道)라고 명명하였다.

수운의 천도와 천덕(天德)의 진수는 '시천주조화정영세불망만사지(侍天主造化定永世不忘萬事知)'라고 하는 주문 열세 자에 함축되어 있는 것으로 나타난다. 「시(侍: 모심)」의 세 가지 뜻인 내유신령(內有神靈)·외유기화(外有氣化)·각지불이(各知不移)는 모두 일심의 세 측면[21]을 나타낸 것이다. "안으로 신령이 있고(內有神靈) 밖으로 기화가 있어(外有氣化) (온 세상 사람이) 각기 알아서 옮기지 아니한다(各知不移)"는 뜻은 인간의 내재적 본성인 신성[神靈, 靈性]과 혼원일기로 이루어진 생명의 유기성 및 상호관통을 깨달아 순천의 삶을 지향하는 것이다. 그리하여 무위이화(無爲而化)의 덕과 그 기운과 하나가 되어(造化定) 천도와 천덕을 평생 잊지 아니하면(永世不忘) 일체를 관통하게 된다(萬事知)는 뜻이다. 이는 곧 생명의 본체와 작용의 합일을 보여주는 것으로 '신령'과 '기화'는 애초에 둘로 된 이치가 아니라 하나의 이치를 양 방향에서 관찰한 것이다. 『의암성사법설』 「강론경의(講論經義)」에서 "영과 기운이 본래 둘이 아니요 도시 한 기운이니라"[22]라고 한 것도 이와 같은 의미에서이다.

수운의 「시천주」 도덕의 요체는 마음의 본체를 밝혀서 세상 사람들이 본래의 천심[참본성]을 회복하여 동귀일체(同歸一體)하게 하려는 지행합일의 '심법(心法)'[23]이다. 말하자면 이분법적인 사유체계[分別智]에서 벗어나 하나인 마음뿌리[根本智]로 돌아가는 것이다. "나는 도시 믿지 말고 한울님(天主)만 믿었어라. 네 몸에 모셨으니 사근취원(捨近取遠)하단말가"[24]라고 한 데서 하늘과 인간의 일원성, 즉 생명의 본체와 작용의 합일은 명징하게 드러난다. 『해월신사법설』 「삼경(三敬)」에서도 천인합일의 이치는 분명히 드러난다. "경천(敬天)은 결단코 허공을 향하여 상제를 공경하는 것이 아니라 내 마음을 공경함이 곧 경천의 도를 바르게 아는 길이니, 내 마음을 공경치 않는 것이 곧 천지를 공경치 않는 것이라"[25]고 하여 천지만물이 하나인 마음(一心)의 법으로 돌아감을 보여 준다. 「영부주문(靈符呪文)」에서는 "마음이란 것은 내게 있는 본연의 하늘이니 천지만물이 본래 한 마음이라"[26]고 하고, 우주만물은 지기(至氣)인 하늘(天)의 화현(化現)인 까닭에 '이천식천(以天食天)-이천화천(以天化天)', 즉 하늘로써 하늘을 먹고 하늘로써 하늘을 화할 뿐이라고 한 것이다. 우주만물에 대한 차별 없는 사랑과 공경의 원천인 바로 그 하나인 마음(一心)을 공경함이 곧 하늘을 공경함이다. 그런 까닭에 「천지인(天地人)·귀신(鬼神)·음양(陰陽)」에서는 "사람이 바로 하늘이요 하늘이 바로 사람이니, 사람 밖에 하늘 없고 하늘 밖에 사람 없다"[27]고 한 것이다.

「영부주문」에서 "저 새소리도 또한 시천주의 소리니라"[28]라고 한 것은 사람만이 홀로 생명의 본체인 하늘[天主]을 모신 것이 아니라 우주만물이 다 하늘을 모시고 있다는 뜻이다. 하늘은 생명의 본체로서 우주만물에 편재해 있으므로 "사람을 대하고 물건을 접함에 있어 하늘 대하듯 하라"[29]고 한 것이다. 우주만물이 모두 한 기운 한 마음으로 꿰뚫어진 까닭에[30] 우주만물의 생성·변화·소멸 자체가 모두 하늘의 조화 작용인 것으로 나타난다. 무궁한 하늘의 조화를 깨닫게 되면 조물자(造物者)인 하늘과 그 그림자인 우주만물이 분리될 수 없는 하나라는 사실을 알게 된다는 것이다.[31] 그러나 그러한 묘각(妙覺)의 경지는 매순간 깨어있는 의식이 아니고서는 이를 수 없는 까닭에 "오직 하늘을 양(養)한 사람에게 하늘이 있고, 양치 않는 사람에게는 하늘이 없나니…"[32]라고 한 것이다. '하늘을 기름(養天)'은 자각적 실천을 강조한 것으로 '하늘을 모심(侍天)'과 그 의미가 다르지 않다. 그것은 곧 일심의 원천으로 돌아가 경천(敬天)·경인(敬人)·경물(敬物)의 삶을 실천하는 것이다. 천·지·인 혼원일기에서 만유가 비롯되므로 천지포태의 이치와 기운을 알지 못하고서는, 다시 말해서 천지가 그 부모인 이치[33]를 알지 못하고서는 하나인 참본성을 깨달을 수가 없는 것이다.

본체계와 현상계를 회통하는 평등무이의 세계관은 수운의 불연기연(不然其然)적 세계관에서도 분명히 드러난다. '그렇지 아니함과 그러함' 즉 불연기연은 사물의 근본 이치와 관련된 초(超)논리·초이성·직관의 영역과 사물의 현상적 측면과 관련된 감각적·지각적·경험적 판단의 영역이 본체와 작용의 관계로서 상호 의존(interdependence)·상호 전화(interchange)·상호 관통(interpenetration)하고 있음을 보여 준다. 해월은 "사람이 음수(陰水) 속에서 살면서 음수를 보지 못하는 것은 마치 고기가 양수(陽水) 속에 살면서 양수를 보지 못하는 것과 같다"[34]는 비유로 '불연'을 설명한다. 수운의 불연기연은 이분법적 사유체계를 초월하여 여실한 대긍정(大肯定)의 세계를 지향한다. 수운이 「불연기연」의 말미에서 "하늘의 섭리에 부쳐 살펴보면 불연은 또한 기연이라"[35]고 한 것은 그의 즉자대자적(卽自對自的) 사유체계의 단면을 드러낸 것이다. 실로 우주만물은 '하나'인 혼원일기의 역동적인 나타남이다. 이러한 그의 생태적 통찰은 생명의 전일성과 자기근원성을 명징하게 보여준다. 불연기연의 논리는 내재와 초월, 본체와 작용의 합일에 대한 인식을 바탕으로 '사람이 곧 하늘(人乃天)'임을 선언한 데서 절정에 이른다. 하늘과 인간의 이원화는 본체계와 현상계의 통합성[전일성]을 자각하지 못하고 생명의 본체인 하늘로부터 인간을 분리시킨 데서 비롯된 것으로 반생태적·반생명적 사유의 전형이다. 수운은 그의 천도가 서학과는 달리 아무런 작위함이 없는 천지운행의 이치를 그 도법으로 삼은 것이라 하여 '무위이화(無爲而化)'라고 하고, 이는 "마음을 지키고 기운을 바르게 하여 하늘의 본성을 거느리고 그 가르침을 받게 되면 자연한 가운데에 화해져 나오는 것"[36]이라고 하고 있다.

이상에서 보듯 동학의 사상체계는 생태정치학적 사유의 바탕을 이루는 존재의 근원적 평등성과 유기적 통합성에 대한 자각에 기초해 있다. 우주만물의 개체성은 누가 누구를 창조한 것이 아니라 생명의 본체인 천·지·인 혼원일기가 스스로 다양한 모습으로 현현한 것이므로 일체 생명은 자기근원성을 가지며 동시에 그 근원은 '하나'인 혼원일기로 연결되어 있으므로 전일성의 속성을 띠는 것이다. 「시천주」의 자각적 주체가 되어 생명의 전일성과 자기근원성을 인식하는 삶을 사는 것이 천인합일의 대공(大公)한 경계에 이르는 길이다. 귀천·빈부·반상(班常)·적서(嫡庶) 등의 경계는 말할 것도 없고 생물과 무생물의 경계마저도 폐기시키는 「시천주」의 원리는 일체 생명이 근원적으로 평등하고 유기적으로 통합되어 있음을 말하여 준다. 동학의 생태정치학적 논의는 바로 이러한 동학사상의 본질에 내재된 에코토피아(ecotopia)적 지향성과 관계된 것이다.

(3) 서구 생태이론에 나타난 생태정치학적 사유

서구의 급진적 생태담론은 기존 제도권의 이른바 '환경관리주의'에 대한 비판적 개념으로 1970년대에 등장하여 1970년대 말과 1980년대 초에 들어 비평담론으로서 확고한 위치를 굳히게 된다. 기존 제도권의 생태문제에 대한 논의가 주로 '환경적으로 건전하고 지속가능한 발전(environmentally sound and sustainable development)'*의 개념에 입각한 환경개량주의 내지는 환경기

* '환경적으로 건전하고 지속가능한 발전(environmentally sound and sustainable development, ESSD)'이 인류 차원의 새로운 성장 패러다임으로 채택된 것은 1992년 6월 3일부터 14일까지 브라질의 수도 리우데자네이로에서 개최된 유엔 리우(Rio) 지구정상회의(Global Summit)에서이다. 「의제(Agenda) 21」은 당시 각국 정부대표단의 리우회의(유엔환경개발회의 UNCED)를 통해 채택된 '리우선언'의 실천계획으로, 각국 정부의 행동강령을 구체화한 지구환경 보전 종합계획이다.

구의 창설 등과 같은 온건한 형태로 나타난 반면, 급진적 생태론자들의 논의는 산업주의의 극복이라는 공통된 지향점을 가지고 기존의 지배적 패러다임의 변화를 요구하는 훨씬 심층적이고 포괄적인 형태로 나타나고 있다. 여기서는 급진적 생태주의의 트로이카(troika)로 불리는 심층생태론(deep ecology)과 사회생태론(social ecology), 그리고 에코페미니즘(ecofeminism)에 나타난 생태정치학적 사유에 대해 간략하게 살펴보기로 한다.

아른 네스(Arne Naess)와 빌 드볼(Bill Devall) 및 조지 세션(George Sessions)의 심층생태론[37]은 일체 생명이 동일한 내재적 가치(intrinsic value)를 지니며 인간은 단지 생명의 그물(web of life)의 한 가닥이라고 본다. 일체 생명이 내재적 가치를 지닌다는 관점은 자연과 자아(the self)가 하나라고 보는 데서 비롯된 것이다. 여기서 자아는 곧 '생태적 자아(ecological self)'로서 생명계[생태계]를 불가분의 전일성, 즉 '살아있는 시스템(living systems)'[38]으로 인식하는 우주적 자아[우주의식, 전체의식, 근원의식, 보편의식]와도 같은 것이다. 이러한 '생태적 자아'와 자연의 동일시는 심층생태론의 바탕을 이루는 것으로 대상으로서의 자연이 더 이상 존재하지 않게 되면 자연보호는 곧 우리 자신의 보호로 인식되게 되는 것이다. 말하자면 심층생태론은 생태적 평등을 지향하는 생태중심의(ecocentric 또는 earth-centered) 가치에 입각해 있는 까닭에 자연의 도구적 존재성만을 인정하는 인간중심의(anthropocentric 또는 human-centered) 가치에 기초한 '표피(shallow)'생태론과는 구별된다. 심층생태론이 지향하는 생태적 평등은 자연의 내재적 가치에 대한 인식을 바탕으로 한 '생물중심의(biocentric) 평등'으로 인간과 비인간 모두가 평등하다는 점에서 인간중심의 평등과는 질적으로 다른 것이다. 말하자면 생명은 전일적이어서 위계가 있을 수 없다는 일종의 존재론적 평등과도 같은 것으로 생명을 지배하거나 통제하는 것 자체가 근원적으로 불가능한 것임을 강조한다.

심층생태론에 내재된 생태정치학적 함의는 일체 생명이 근원적으로 평등하고 유기적으로 통합되어 있다는 것이다. 심층생태론자들은 생태문제의 주된 원인이 자연과 인간을 이분화시키는 근대 서구의 기계론적 세계관에 있다고 보고 그 해결책으로 인간의 의식개조에 의해 경제, 과학, 정치, 사회 전반의 패러다임을 전일적인 생태 패러다임으로 변형시킬 것을 주장한다. 특히 현대 과학에 생태윤리적인(ecoethical) 표준을 도입하는 것이 긴요한 것으로 나타난다. 정치실천적 차원에서는 계층구조에서 네트워크 구조로의 사회구조적 변화와 더불어 현대 산업기술사회의 거대 공동체가 소규모의 분권화된 체제로 대체되어야 할 필요성을 역설하고 풀뿌리민주주의, 분권화, 비폭력, 사회적 책임, 영성의 강조 등과 같은 정치적 원칙을 제시한다. 말하자면 자율적이고 상부상조적이며 생태적으로 조화를 이루는 소규모의 분권화된 공동체가 심층생태론의 대안체제이다.[39]

사회생태론자 또는 에코아나키스트로 널리 알려진 머레이 북친(Murray Bookchin)에 의해 주창되고 이론적 체계화가 이루어진 사회생태론은 생태문제가 곧 사회문제라는 인식에 기초하여 생태위기의 근본 원인을 사회구조의 위계질서에서 찾고 있다. 말하자면 생태문제를 야기한 사회 내부의 지배구조, 즉 사회조직의 형태 및 문화적 특성에 초점을 두고 소외계층과 지배계층이 갖는 책임의 차이에 주목하는 것이다. 그리하여 모든 사람들이 생태문제에 동등하게 책임이 있다는 심층생태론의 주장은 사회 내부의 지배구조를 간과한 것으로 제3세계·노동자·여성에게는 해당되지 않는다고 본다. 그런 점에서 인간중심주의(anthropocentrism)에 대한 심층생태론의 비판이 지나치게 일반화의 오류를 범하고 있다는 것이다. 따라서 추상적인 지배적 세계관에 대한 규명보다는 특정한 지배구조와 구체적인 사회문화적 특성 및 제도에 대한 규명이 선행되어야 한다고 본다. 이렇듯 사회생태론은 사회적, 경제적 구조와 기술의 반생태적 본질이 근본적으로 사회조직의 지배체계에 뿌리를 두고 있다는 인식에 기초해 있는 까닭에 생태위기의 해결방안으로 자본주의 위계질서만이 아니라 인류역사 속의 모든 사회적 지배관계를 근절시킬 것을 주장한다.[40] 다시 말해서 오늘의 생태위기는 인간중심주의에 의해서가 아니라 사회의 지배구조와 위계질서가 초래한 사회적 산물로서 인간에 의한 자연지배는 인간에 의한 인간지배에서 비롯되므로 인간사회에 존재하는 모든 형태의 지배관계는 근절되어야 한다는 것이다.

북친에 의하면 원초적 자연인 제1자연과 인간화된 또는 사회화된 자연인 제2자연의 조화가 깨어지면서 자연은 한갓 '자원의 저장고'와 같은 대상으로 전락하게 되었지만, 자연적 삶과 사회적 삶 간의 대립적 관계를 변증법적으로 통일하고 자연의 생태질서와 자각적 조화를 이루는 제3의 자연인 '자유자연(free nature)'의 단계가 자연스럽게 도래할 것으로 보았다. 지구 유기체의 관리자로서의 인간이 자연과의 연대성을 회복하고 자연의 일원으로서 생태공동체를 구성하는 단계인 것이다.[41] 이러한 진화과정에 있어 사회생태론은 이성과 생태적 합리성에 기초한 인간의 역할 내지는 책무를 강조한다. 사회생태론이 추구하는 에코토피아는 생태학적 원리와 아나키즘(anarchism 무정부주의)이 결합된 에코아나키즘적 사회이다. 말하자면 인간과 자연의 다양성이 존중되는 호혜적 네트워크로서의 생태공동체의 실현을 추구하는 것이다. 에코아나키즘의 원리는 생태적으로 지속가능하고 특정의 '생물구(生物區, bioregion)'와 연계된 분권화된 지역공동체에 최대한의 정치적·경제적 독자성을 부여하고, 모든 형태의 지배를 거부하며, 풀뿌리 사회운동을 지지하되 목표와 수단의 일관성을 강조한다.[42] 이러한 에코아나키즘의 원리는 사회생태론의 에코토피아적 지향성을 드러낸 것으로 생태정치학적 사유의 단면을 엿볼 수 있게 한다.

에코페미니즘(ecofeminism 생태여성론)은 남성에 의한 여성 지배와 인간에 의한 자연 지배가 구조적으로 깊이 연결되어 있음을 인식하고 정교한 이론화 작업을 거쳐서가 아니라 여성들의 평화운동과 생태운동이 결합된 풀뿌리 생태운동의 과정에서 형성되고 발전된 것이라는 점에서 강한 실천성을 내포하고 있다.* 여성운동과 결합된 반핵 평화운동에 참여하는 과정에서 여성들은 자연과 인간의 유기적 연관성을 부정하는 산업문명과 여성 지배와 자연 지배를 자행해 온 가부장제적 사회체제가 문제의 근원이 된다는 사실을 직시함으로써 생태계 복원과 평화실현의 문제가 여성해방의 문제와 깊이 연계되어 있음을 느끼게 된 것이다. 이러한 에코페미니즘은 기존의 지배적 패러다임의 변화를 통해 인간과 자연의 관계 재정립을 시도하는 점에서는 심층생태론이나 사회생태론과 일정한 공유점을 가지고 있지만, 모든 계급체계와 인간 억압의 뿌리가 남성의 여성 지배에 있고 가부장제에 의해 유지, 강화되어 왔으며 여성 억압에서 자연 억압이 비롯되는 것으로 보는 점에서는 양자와 논점을 달리 한다. 에코페미니스트들에게 있어 생태계 파괴나 계급적 지배, 인종차별, 군국주의 등은 성차별에 의한 여성 억압의 다른 표현에 지나지 않으며 남성중심의 지배구조를 외면한 생태운동은 실천성을 발휘할 수 없으므로 페미니즘과의 결합은 필수적이라는 것이다.

---

* 에코페미니즘 운동의 대표적인 사례로는 1973년 인도의 칩코운동(Chipko movement: 1980년대 인도의 여성들이 대규모 벌목에 저항하여 나무둥치를 껴안고 시위를 벌인 데서 유래한 이름)과 1980년대 중반부터 시작된 나르마다 강(江) 댐 건설 반대운동, 1973년 프랑스의 라작 군사훈련장 건설 반대운동, 1975년 독일의 빌(Whyl) 핵발전소 건설 반대 운동, 1980년 영국 그린햄 코먼(Greenham Common)의 반핵 저항운동, 1979년 미국 펜실베이니아주 쓰리마일 섬 핵발전소 방사능 유출사고 항의운동, 1980~1981년 미국 여성들의 펜타곤 봉쇄운동, 그리고 1980년대 케냐 여성들이 주축이 된 그린벨트 운동 등을 들 수 있다.

에코페미니즘은 오늘날 생태위기의 근본 원인이 자본주의도 사회주의도 아니며 가부장제적인 사회, 경제 및 정치체계가 여성 착취와 자연 착취를 자행하도록 방조하는 남성중심의 사회적 지배구조에 있다고 본다.[43] 그런 까닭에 진정한 생태혁명은 생태오염과 착취의 결과를 몸으로 체험하면서 공동체와 자연의 가치를 재발견한 진정한 '여성성'에 의해서만 수행될 수 있으며 지속가능한 사회의 핵심 개념 또한 남성의 생산(production)이 아니라 여성의 재생산[생식 reproduction]이라고 보고 여성과 자연, 남성과 과학문명을 동일시하는 시도를 하였다. 핵물리학자이며 에코페미니스트인 반다나 쉬바(Vandana Shiva)는 마리아 미즈(Maria Mies)와의 공저에서 가부장제적인 자본주의 세계정치경제구조가 남성중심의 개발 위주 경제정책에 의해 여성과 자연을 무차별적으로 착취함으로써 생태계 파괴와 여성 억압을 초래했다고 보고 개발 관점 대신에 인간과 자연의 재생 능력과 다양성 및 생존 기반 보존에 입각한 '생존 관점(subsistence perspective)'을 그 대안으로 제시한다. 서구의 '지속가능한 발전' 모델은 '지속가능한 생존' 모델로 대체되어야 한다는 것이다. 이들이 제시하는 생존 관점의 특성은 지역경제체제, 참여적 풀뿌리 민주주의, 정신/물질, 자연/문명, 생산/생존 이원론의 극복 등이다.[44] 대안체제 제시와 관련하여 에코페미니즘 논의의 핵심은 '여성성' 내지는 '여성적 원리'에 대한 인식이다. 여성과 자연의 이미지의 동일시는 대지의 여신 '가이아'의 영적인 본질에서 도출된 '여성성[靈性]'과, 음(陰)과 양(陽)의 역동적 통일성을 그 본질로 하는 자연[靈性]의 이미지가 동일하다는 것이다. 생태학과 영성간의 심오한 연계에 비추어 볼 때 에코페미니즘은 본질적으로 에코토피아적 지향성을 띨 수밖에 없다.

2) 현대 물리학의 전일적 실재관

근대 과학혁명 이후 1920년대 초반까지도 물질의 최소 단위를 알면 우주 전체를 이해할 수 있다는 결정론적 세계관이 지배적이었으나, 원자와 아(亞)원자 세계에 대한 탐구로 물질, 시간, 공간, 인과율과 같은 고전 물리학의 기본 개념에 대한 근본적인 수정이 불가피해지면서 그와 같은 세계관은 서서히 빛을 잃게 된다. 아인슈타인의 상대성이론과 양자론에 이르러 뉴턴의 3차원적 절대 시공(時空)의 개념이 폐기되고 4차원의 '시공' 연속체가 형성됨으로써 우주는 본질적으로 역동적이며 불가분적인 전체로서, 정신적인 동시에 물질적인 하나의 실재로서 인식되게 된 것이다. 1920년대 중반에 들어 하이젠베르크(Werner Karl Heisenberg)의 행렬역학(matrix mechanics, 1925)과 슈뢰딩거(Erwin Schrödinger)의 파동역학(wave mechanics, 1926)이 정립됨에 따라 원자 이하 수준의 소립자들이 개별적 실체성을 갖지 않으며 상호연관성의 확률의 패턴으로만 이해될 수 있는 것으로 받아들여지게 되면서 '부분의 단순한 합으로는 전체를 이해할 수 없다'는 비결정론적 관점이 나타나게 된다. 이어 1927년 하이젠베르크의 불확정성 원리(uncertainty principle)에 의해 미시적 양자세계에서의 근원적 비예측성(unpredictability)이 입증되면서 결정론적 세계관은 결정적으로 빛을 잃게 되고 그에 따라 결정론적 세계관에 기초한 뉴턴의 고전역학은 양자역학이라는 새로운 패러다임으로 전환되게 된다. 전자의 속도 및 위치에 관한 하이젠베르크의 불확정성 원리는 빛[전자기파]의 파동-입자의 이중성(wave-particle duality)에 관한 닐스 보어(Niels Bohr)의 상보성원리(complementarity principle)와 결합하여 양자역학에 대한 코펜하겐 해석(Copenhagen Interpretation of Quantum Mechanics, CIQM)[45]을 낳았다. 1927년에 형성된 양자세계에 관한 코펜하겐 해석은 주체와 객체를 대립적인 관계가 아닌 하나의 연속체로 파악함으로써 결정론과 인과론의 근본적인 변화를 가져오게 했으며 지금까지도 유력한 위치를 차지하고 있다. 그 핵심은 양자계가 근원적으로 비분리성 또는 비국소성[초공간성]을 갖고 파동인 동시에 입자로서의 속성을 상보적으로 지니며 서로 양립하지 않는 물리량들(예컨대 위치와 운동량)은 불확정성 원리에 따른다는 것이다.

데이비드 봄에 따르면 우주에 존재하는 모든 것은 초양자장(超量子場, superquantum field)이다. 그리하여 물질은 원자(atom)로, 원자는 소립자(素粒子, elementary particle)로, 소립자는 파동으로, 파동은 다시 초양자장으로 환원될 수 있다고 보았다. 양자(quantum)는 관측되기 전에는 불확정적이어서 존재인지 비존재인지를 알 수가 없고 관측하는 순간 비로소 파동 혹은 입자로서의 존재성이 드러난다는 코펜하겐 해석에 비해, 봄의 양자 이론에서는 파동은 관측되기 전에도 확실히 존재하며 파동이 모여서 다발(packet)을 형성할 때 입자가 되는 것이고 그 파동의 기원은 우주에 미만(彌滿)해 있는 초양자장이라고 본 점에서 코펜하겐 해석과는 상당한 해석상의 차이가 있다.[46] 파동인 동시에 입자로 나타나는 초양자장은 본체인 동시에 작용으로 나타나는 '하나(ONE, 天地人)'인 혼원일기와도 같은 것으로 우주의 근본 질료인 셈이다.[47] 입자(물질)란 정확하게 말하면 입자처럼 보이는 파동(의식)일 뿐이다. 봄의 '숨은 변수이론(hidden variable theory)'에 의해 '보이는 우주'[물질계, 입자]와 '보이지 않는 우주'[의식계, 파동]의 상관관계[48]가 밝혀지게 되면 '보이는 우주'는 '보이지 않는 우주'가 물리적 세계로 현현한 것임을 알게 된다는 것이다.[49]

생명은 카오스의 가장자리에서 생겨난다. 복잡계(complex system) 생물학의 선구자 카우프만(Stuart Kauffman)이 말한 '카오스의 가장자리에 있는 생명(life at the edge of chaos)'이란 이를 두고 한 말이다. 카우프만은 생명의 본질적 특성이 자기조직화(self-organization)에 있는 것으로 보았다. 카오스의 가장자리에서 생명의 구성요소들은 상호작용에 의해 '기이한 끌개(strange attractor)'로 자기조직화 된다는 것이다. 자기조직화란 불안정한 카오스 상태에서 자발적으로(저절로) 질서의 창발(創發, emergence)이 일어나는 것을 말한다. 말하자면 비평형(nonequilibrium)의 열린 시스템에서 자기강화적인 비선형 피드백 과정(non-linear feedback process)에 의해 일어나는 새로운 구조 및 행동 양식의 자발적인 창발현상이다.[50] 따라서 카오스는 단순한 무질서가 아니라 오히려 진화(evolution)를 가능하게 하는 조건으로 볼 수 있다. 오늘날 복잡계 이론을 이해하는 키워드가 되고 있는 자기조직화는 부분과 전체가 함께 진화하는 공진화(共進化, co-evolution) 개념을 이해하는 키워드이기도 하다.

벨기에의 화학자이자 물리학자이며 사상가인 일리야 프리고진(Ilya Prigogine)[51]에 의하면 비평형의 열린 시스템에서는 자기가 자기를 만드는 자동촉매작용(autocatalysis)에 따른 비선형의 적극적 피드백 과정에 의해 증폭된 미시적 요동(搖動, fluctuation)의 결과로 엔트로피(entropy, 무질서)가 감소하면서 새로운 구조로의 도약이 가능하다고 한다. 그렇게 생성된 새로운 구조를 그는 산일구조(散逸構造 또는 消散構造, dissipative structure)라고 하고, 그러한 과정을 자기조직화라고 했다. 일체 생명현상과 진화 그리고 세계의 변혁이 복잡계의 산일구조에서 발생하는 자기조직화로 설명된다. 전체와 부분간의 비선형 피드백 과정에 의한 자기조직화는 산일구조의 유기적, 시스템적 속성을 보여주는 것이다. 산일구조와 자기조직화는 그의 비평형 열역학을 이해하는 핵심 개념으로서 평형 열역학으로는 설명할 수 없는 생명의 기원을 알려주는 단서를 제공한다. 개체의 생명이나 종으로서의 진화는 바로 이러한 산일구조에서 비롯되는 것이다. 새로운 질서가 출현하는 기초는 비가역성(irreversibility)·비선형성(nonlinearity)에 있으며 질서가 출현하는 카오스의 가장자리인 산일구조는 에너지와 물질의 흐름이 증가하면 새로운 불안정성을 거치면서 복잡성이 증가된 새로운 구조로 변환될 수 있다.

모든 생명체는 산일구조체로서 지속적인 에너지 유입에 의해서만 생존이 가능한 까닭에 독자적으로는 생존할 수 없다. 물의 흐름이 있을 때에만 존재하는 소용돌이와도 같이 생명체는 영원히 변화하는 분자들로 이루어진 구조로서, 그 구조와 형태를 유지하기 위해 에너지의 항상적 흐름에 의존하는 것이다.[52] 에너지 보존과 엔트로피 증가의 법칙을 바탕으로 한 종래의 평형 열역학에서는 아무런 변화가 없는 '있음(being)'의 상태가 일반적이고 '됨(becoming)'의 과정은 예외적 현상으로 여겨진 데 비해, 프리고진은 비평형 열역학을 통해 '됨'의 과정이 일반적이고 '있음'의 상태는 오히려 예외적 현상인 것으로 인식했다.[53] '있음'의 불변적 상태보다 '됨'의 가변적 과정을 일반적인 것으로 인식한 그의 과학적 세계관은 전일적 과정으로서의 생명현상을 파악할 수 있게 한다.

오늘날 복잡계 과학은 전체를 유기적으로 통찰하려는 세계관이자 방법론으로서 전체와 분리된 개체성이란 실재하지 않으며 어떤 것이라도 고립시키면 진화에 역행하게 된다는 사실을 말하여 준다. '도구적 이성'의 발흥으로 기계론적, 환원론적 사고가 지배했던 반생태적, 반생명적인 근대 서구문명이 엔트로피가 증가하는 방향으로 진행되어왔음은 부인할 수 없는 사실이다. 이제 그 무질서와 불안정성이 임계점에 이르면 새로운 구조 및 질서의 창발이 일어나게 될 것이다. 일체 생명현상과 거시세계의 진화, 그리고 세계의 변혁이 복잡계의 산일구조에서 발생하는 자기조직화로 설명될 수 있다. 생명의 자기조직화는 의식의 진화과정과 조응해 있다. 개체의 존재성은 이러한 영원히 변화하는 분자들로 이루어진 산일구조체로서의 생명체의 속성과 분리시켜 파악할 수 없다. 이러한 생명의 전일적, 시스템적 속성이 오늘날 과학적으로 규명된 것은 생명의 자기근원성과 진화의 핵심원리를 파악할 수 있게 한다는 점에서 그 의미가 실로 크다.

3) 생태정치학적 사유와 현대 물리학

이상에서 자연계를 비선형 피드백 과정에 의한 자기조직화의 창발현상으로 보는 현대물리학의 전일적 실재관은 이 우주를 자기생성적 네트워크 체제로 보는 천부사상과 동학 속에 이미 구현되어 있음을 알 수 있다. 이러한 생명의 본체와 작용의 합일, 즉 주체-객체 이분법이 폐기된 '참여하는 우주'의 경계는 앞서 살펴본 서구 생태이론에서도 찾아볼 수 있다. 다만 서구 생태이론의 경우 생명의 전일성과 자기근원성에 대한 인식론적 기반이 천부사상이나 동학사상만큼 철저하지는 못한 것으로 나타난다. 그럼에도 서구 생태이론에서 존재의 근원적 평등성과 유기적 통합성에 대한 자각이 일어나고 있음은 주목할 만한 것이다. 서구의 생태학 논의가 이원론에 입각한 서구의 과학문명을 비판하면서도 이원론에서 완전히 자유롭지 못함은 서구 패러다임의 전 지구적 지배가 너무 깊기 때문인지도 모른다. 이러한 이원론은 의식의 자기분열에서 오는 것으로 여기에서 벗어나지 못하는 한 생태학의 차원 전환은 이루어지기 어렵다. 생명 자체가 영성(靈性, spirituality)인데 생명 논의를 제외하고 생태학을 논한다는 것은 속 빈 강정에 불과한 것이기 때문이다. 인간과 자연의 화해가 이루어지지 못하는 것은 없는 곳이 없이 실재하는 생명 그 자체인 자연의 영성을 인식하지 못하고 외재화, 물화(物化)시킨 데 있다. 서구 생태이론에 나타난 생태정치학적 사유의 인식론적 기반의 취약성은 바로 영성에 대한 인식 결여에서 오는 것이다.

복잡계인 생명체는 전체가 부분의 총화 이상의 것이라는 점에서 물리·화학적인 분석방법만으로는 우주와 생명의 본질을 이해하는 데 한계가 있을 수밖에 없다. 그런 점에서 이성과 영성, 논리와 직관의 상호 피드백 과정은 인식의 지평을 확장시킴으로써 우주와 생명의 본질에 보다 심층적으로 접근할 수 있는 메커니즘으로 작용하게 될 것이다. 실로 인간 존재의 '세 중심축'이랄 수 있는 천·지·인의 통합성에 대한 자각 없이 생명현상을 이해하기는 불가능하며, 이에 대해 천부사상이나 동학은 많은 시사점을 제공해 줄 수 있을 것이다. 양자역학적 실험에서 나타난 파동과 입자의 이중성은 곧 본체와 작용의 관계로서 생명의 전일성과 자기근원성을 인식하게 하는 키워드이다. 생명의 본체를 일컫는 천부사상의 '하나(ONE, 天地人)'·하늘(天)·일신(一神), 동학사상의 하늘(天, 天主)·일심·혼원일기(至氣) 등은 전일적 속성을 지니는 우주의 근본 질료로서 데이비드 봄의 초양자장이나 자기조직화의 창발현상을 가능하게 하는 '정보-에너지장(information-energy field)' 또는 효소의 자기조직화하는 원리(hypercycle), 루퍼트 쉘드레이크(Rupert Sheldrake)의 '형태형성장(morphogenic field)'과도 조응한다. 천부사상이나 동학에서 생명은 본체인 동시에 작용으로 나타나며 본체계와 현상계를 상호 관통하고 있다는 점에서 파동인 동시에 입자로 나타나며 양 차원을 아우르는 봄의 초양자장과 조응하는 것이다.

천부사상이나 동학에서 이 우주를 자기생성적 네트워크 체제로 보는 관점은 우주만물의 개체성이 누가 누구를 창조한 것이 아니라 자기조직화된 것이라고 보는 현대 물리학의 관점과 조응한다. 프리고진의 산일구조에서 일어나는 자발적인 자기조직화 과정이나 주체와 객체를 하나의 연속체로 파악한 양자역학적 실험결과가 그것이다. 말하자면 생명의 원리는 자동성이며, 보편의식에 기초한 자발성이다. 이 우주가 자기유사성을 지닌 닮은 구조로 이루어져 있다는 프랙털(fractal) 구조 또한 자기조직화의 원리에 기초해 있다는 점에서 우주만물[多]을 전일성[一]의 자기복제로 보는 일즉다·다즉일의 원리와 조응한다. 우주만물은 생명의 본체인 근원적 일자가 스스로 화현한 것이니 주체와 객체의 이분법(the dichotomy of subject and object)은 성립되지 않는다. 우주의 창조적 에너지의 흐름 그 자체인 생명은 분리될 수 없는 절대유일의 하나인 것이다. 홀로그램(hologram) 우주론에서 이 우주를 의식이 지어낸 이미지 구조물로 보는 것과도 같은 것이다. 생명의 자기조직화에 대한 현대 물리학의 규명은 - 아직 갈 길이 멀기는 하지만 - 생명의 본체에 과학적으로 접근할 수 있는 단초를 마련한 것이라 할 수 있다.

전체와 부분간의 상호 피드백에 의한 자기조직화는 전체 속에 포괄된 부분이 동시에 전체를 품고 있을 때 가능한 것으로 천부경의 '인중천지일(人中天地一)'은 사람이 천지를 품어 하나가 된 것이니 의식의 진화[영적 진화] 또한 이로써 설명이 가능하다. 생명의 본체와 작용이 일심 속에서 하나가 되는 천부경의 3화음적 구조를 이해하게 되면, 파동과 입자가 초양자장에 의해 통합되는 구조 또한 이해할 수 있게 된다. 우리의 특수의식[부분의식]이 보편의식[전체의식]과 하나가 되면 일체의 이분법에서 벗어나 의식과 존재가, 본체와 작용이 합일하게 되는 것이다. 다양하게 분리된 것처럼 보이는 물리적 세계[물질계, 현상계]와 일체의 이원성을 넘어선 전일성의 세계[의식계, 본체계]는 본체와 작용의 관계로서 내재적 질서에 의해 하나의 고리로 연결되어 있으며 분해되지 않는 전체성을 그 본질로 한다. 다시 말해서 무수한 사상(事象)이 펼쳐진 '다(多)'의 세계와 그 무수한 사상이 하나로 접힌 '일(一)'의 세계는 상호 조응해 있으며 상호 관통한다.

이러한 생명의 전일적, 시스템적 속성이 오늘날 과학적으로 규명된 것은 과학과 영성의 불가분성을 보여주는 것으로 생명의 자기근원성과 진화의 핵심원리를 파악할 수 있게 한다는 점에서 그 의미가 실로 크다. 천부사상이나 동학에서 본체와 작용의 합일에 대한 인식이 진화의 요체인 것으로 드러나듯, 현대 물리학에서도 파동과 입자의 이중성에 대한 규명이 자기조직화의 핵심과제인 것으로 드러난다. 재세이화·홍익인간을 구현하는 방법을 제시한 삼일신고와 참전계경의 가르침은 전체 속의 부분이 동시에 전체를 품고 있을 때 자기실현이 가능하며 공진화(co-evolution) 또한 가능함을 보여준다. 이는 현대 물리학에서 자기강화적인 비선형 피드백 과정이 산일구조의 유기적, 시스템적 속성과 맞물려 자기조직화의 창발현상이 일어나는 것과 상통한다.

이상에서 보듯 전일적 패러다임으로 압축되는 현대 물리학의 핵심 원리는 이미 9,000년 전부터 정립되어 약 6,000년 전 환웅천황 때 녹도문자(鹿圖文)로 기록되면서 정치교본이자 삶의 교본으로서 활용되었던 것이다. 전일적 패러다임을 기용하여 혼돈 속의 질서를 찾아내려 하는 복잡계 과학 또한 그 당시에 정립되어 실생활에서도 활용되었던 것으로 드러난다. 1부터 10까지 숫자들의 순열 조합으로써 삼라만상의 천변만화에 질서를 부여하는 천부경의 3화음적 구조 자체가 복잡계인 생명체에 대한 이해가 없이는 정립될 수 없는 것이다. 우주만물은 모두 간 것은 다시 돌아오고 돌아온 것은 다시 돌아간다는 자연의 이법(無往不復之理)은 일체가 초양자장에서 나와 다시 초양자장으로 환원한다는 양자 이론과 조응한다. 이렇듯 상생상극(相生相剋)하는 천지운행의 현묘한 이치는 양자역학의 비국소성의 원리, 복잡계의 특성인 프랙털 구조, 자기조직화, 비평형, 비가역성, 비선형성, 초기조건에의 민감성, 분기(bifurcation), 피드백 과정, 요동(fluctuation)현상, 창발현상을 함축하고 있어 생명의 기원과 세상사의 신비를 연구하는 오늘날의 복잡계 과학에 많은 시사점을 제공해 준다.

3. 전일적 패러다임의 정치사상적 도입

1) 전일적 패러다임의 긴요성

생명현상은 개별 유기체의 속성이 아니라 시스템의 속성이다. 생명의 자기조직화는 이러한 유기적(organic), 시스템적(systematic) 속성에서 일어나는 까닭에 생명은 전일성(oneness)과 다양성(diversity)의 속성을 동시에 지닌다. 우주만물의 근원적 평등성과 유기적 통합성에 기초한 전일적 패러다임이 통용되지 못하는 것은 생명의 다양성이 손상되었기 때문이다. 오늘날 생태계 보전의 노력이 생물종 다양성(biodiversity) 구현을 중시하는 것은 자연이 허용하는 범위 내에서 생태계의 생물종 다양성이 구현된 곳일수록 안정성과 자체 복원력이 더 강한 것으로 드러났기 때문이다.* 전일성[理, 본체]이 곧 다양성[事, 작용]이며 다양성이 곧 전일성이다. 다양성이 살아 숨쉬는 곳에는 전일성과 다양성의 소통체계가 확립되어 고도의 사회적 응집력(social cohesion)이 생겨나 일체감이 형성되게 마련이다.

오늘의 인류가 겪고 있는 반생태적, 반생명적 삶은 허위의식(false consciousness)에서 비롯된 존재와 인식의 괴리에 기인한다. 시력이 낮아 보이지 않는 물체가 없는 것으로 간주되듯, 의식의 진동수가 낮아 보이지 않는

* 1970년대 초 대기학자 제임스 러브록(James Lovelock)은 지구 유기체가 단순히 주위 환경에 적응해서 생존을 영위하는 소극적이고 수동적인 존재가 아니라 지구의 물리/화학적 환경을 변화시키는 살아있는 생명 실체라는 '가이아 가설(Gaia hypothesis)'을 내놓았다. 그는 컴퓨터 모의실험(computer simulation)을 통하여 지구상의 생명체가 무생명계와 상호작용함으로써 스스로 항상성(恒常性, homeostasis)을 유지할 수 있음을 밝혔다. 그 데이지 행성(Daisyworld) 모의실험 결과, 생태계의 생물종 다양성이 구현된 곳일수록 안정성과 자체 복원력이 더 강한 것으로 드러났다.

본체계[의식계]가 실재하지 않는 것으로 간주되면서 허위의식이 둥지를 틀게 된 것이다. 허위의식이란 의식의 자기분열로 인해 사실 그대로의 존재태를 반영하지 못하는 왜곡된 인식이 일어나게 하는 의식을 말한다. 예컨대 유기적 통일체인 자연을 제각기 분리된 부분들의 단순한 집합으로 인식하는 것은 다름 아닌 허위의식에서 비롯된 것이다. 이렇듯 허위의식이 왜곡된 인식을 낳고 왜곡된 인식은 왜곡된 행태로 이어져 인간성 상실과 생태위기, 나아가 공동체 해체현상까지 초래하게 된 것이다.

이러한 허위의식의 만연으로 생명의 전일성을 직시하지 못하고 사실 그대로의 존재태를 인식하지 못함으로 해서 심각한 존재론적 갈등과 대립을 양산해내고 있다. 그 대표적인 예가 생명의 본체인 유일신['하나'(님), '하늘'(님)]의 존재를 둘러싼 기독교와 이슬람교간의 종교충돌이다. 생명은 분리 자체가 근원적으로 불가능한 절대유일의 하나인 까닭에 유일신이라 이름한 것인데 그 이름으로 실상을 구분하려고 하니 문제가 야기될 수밖에 없는 것이다. 이러한 종교충돌은 문명충돌의 중핵을 이루고 있으며 정치적 대립을 야기하는 단초를 제공하고 있다.

중세적 인간이 신을 맹신했던 것과 마찬가지 방식으로 근대적 인간은 이성을 맹신하고 있다. 문제의 본질은 중세적 인간이나 근대적 인간 그 어느 쪽도 신[神性]과 이성의 불가분성을 인식하지 못했다는 데 있다. 다시 말해서 신과 인간의 이원론에 입각해 있는 까닭에 전일적 패러다임을 수용하지 못한 것이다. 그러나 이성적 힘의 원천은 참본성인 신성[神]에 있으므로 이성이 신성을 배격하면 생명의 본체에 대한 인식은 사실상 불가능하게 된다. 그에 따라 생명의 본체와 작용의 상호 관통에 대한 인식도 이루어질 수 없게 되므로 허위의식이 자리 잡게 되는 것이다. 물질문명의 상흔을 치유해줄 진정한 문명의 개창은 신성과 이성의 합일, 즉 천인합일에 대한 인식에서부터 시작되어야 한다. 오늘날 전일적 패러다임의 긴요성은 생태적으로 지속가능한 사회로의 전환이 단순히 기술적인 문제가 아니라 세계관과 사고방식 및 가치체계의 문제이며 정치적 의지와 결단의 문제라는 데 있다. 진정한 문명의 개창은 생명의 전일성에 기초한 전일적 패러다임의 수용으로부터 시작될 것이다.

2) 정치사상적 도입의 필요성과 그 과제

근대적 사유의 특성은 정신·물질 이원론에 입각한 데카르트-뉴턴의 기계론적 세계관에 잘 함축되어 있다. 이러한 기계론적 세계관에 힘입어 과학기술이 발전하고 자본주의가 발달하면서 이를 운용하기 위한 제도로서의 민주주의가 등장하게 되어 근대세계가 열리게 된 것이다. 근대세계는 인간의 이성을 무한한 진보를 가능하게 하는 메커니즘으로 간주하여 오로지 합리적 정신과 과학적 방법에 의해 일체 현상을 분할 가능한 입자의 기계적 상호작용으로 파악하였다. 이성적이고 과학적이며 합리적인 근대세계의 특성은 흔히 근대성으로 통칭되어 근대세계를 규정짓는 근본 원리가 되었을 뿐 아니라 인류의 보편적인 세계관과 가치체계를 추동해내는 원리로 작용하였으며, 오늘에 이르기까지도 과학적 방법론과 합리주의는 연구영역은 물론 자본주의적 원리를 따르는 경제활동과 사회정치적인 실천영역에서도 충실하게 이행되고 있다.

그러나 20세기 후반에 들어 역사상 유례없는 풍요를 이룩한 근대 산업사회의 원리와 구조 자체가 파멸적인 재앙의 근원으로 변모하는 근대성의 역설(paradox)에 직면하게 된다.[54] '도구적 이성'과 '도구적 합리성' 및 과학적 방법에 대한 과도한 신뢰는 정신까지도 물질화하는 결과를 초래함으로써 반생태적[반생명적]·반윤리적인 물신 숭배가 만연하게 된 것이다. 신에 맞서는 인간 이성의 위대한 발견이 이루어졌음에도 근대가 진정한 인간학을 수립하지 못한 것은 이성이 스스로를 참본성인 신성으로부터 분리시켰기 때문이다. 그리하여 '도구적 이성'과 '도구적 합리성'의 발흥에 따른 인간성 상실과 인간소외현상, 전 지구적 차원의 환경문제와 생태위기가 총체적인 인간 실존의 위기로 이어지면서 근대합리주의의 비합리성이 비판받기에 이른 것이다.

이러한 근대합리주의에 대한 비판에 기용되고 있는 과학적 방법론은 주로 현대 물리학이 제공한 것이다. 근대합리주의와 과학적 객관주의가 함축하고 있는 과도한 인간중심주의와 이원론적 사고 및 과학적 방법론은 20세기에 들어 실험물리학의 발달로 그 한계성이 지적되면서 서구 문명의 지양을 위한 새로운 패러다임, 즉 전일적인 새로운 실재관의 정립에 관한 논의가 확산되게 된 것이다. 주체와 객체의 이분법이 폐기된 것으로 드러난 양자역학적 실험결과나 산일구조의 자기조직화 원리, 환원주의적(reductionistic) 관점에서 전일적 관점으로의 과학관의 변화, 포스트모더니즘적인 과학 풍토, 그리고 생명계뿐만 아니라 생명의 본질 그 자체를 네트워크로 인식하는 복잡계 과학 등은 전일적 패러다임의 정치사상적 도입을 추동하는 과학적 기제로서 작용해오고 있다.

현재 인류가 직면하고 있는 지구환경의 급격한 변화와 더불어 복합적이며 다차원적인 세계적 변화는 우리의 세계관과 사고방식 및 가치 체계의 근본적인 변화의 필요성을 제기하며 인류 문명의 대전환을 예고하고 있다. 울리히 베크(Ulrich Beck)가 제시하는 이른바 '제2의 근대화' 개념은 NGO와 다국적 기업의 활동 증대 및 초국가적 실체의 등장, 그리고 WTO체제의 출범과 FTA 체결의 확산에 따라 서구적 근대화의 추동체인 국민국가의 패러다임이 중대한 도전에 직면해 있음을 보여주는 것으로 이분법적인 근대합리주의의 해체(deconstruction)와 그 맥을 같이하는 것으로 볼 수 있다. 1990년대에 들어 '지속가능한 사회(sustainable society)' 개념과 연결되면서 특히 환경사회학과 정치학 분야에서 세계적으로 주목을 받기 시작한 생태적 근대화는 자본주의 정치경제 및 사회문화체제를 생태적으로 건전하고 지속가능한(ecologically sound and sustainable) 수준으로 재구성하는 것이라는 점에서 '제2의 근대화' 개념과 연관성을 가지는 것으로 산업사회에서 생태사회로의 전환과 그 맥을 같이 하는 것이다. 탈근대적이고 탈이념적인 포스트모더니즘 사조의 등장 또한 이러한 획일화된 근대성의 틀과 형식의 해체에 입각한 것으로 전일적 패러다임의 확산에 주요한 계기를 마련하였다.

전일적 패러다임의 정치사상적 도입은 서구적 근대의 태생적 한계를 극복하고 생태적 합리성에 기초한 새로운 사회과학적 패러다임의 수립과 더불어 전체 생물권 내지 우주권으로의 의식 확장을 통해 공존의 대안적 사회를 구현하기 위한 것이다. 전일적 패러다임의 정치사상적 도입은 의식[본체계, 정신계]과 제도[현상계, 물질계]가 하나의 고리로 연결되어 있다는 사실을 인식하는 것에서부터 시작된다. 국가를 포함한 모든 제도는 궁극적으로는 인간의 의식 확장[의식의 진화]에 필요한 조건의 창출에 관계하며 그 필요가 다하면 사라지기 마련이다. 물질계는 의식의 진화를 위한 학습의 장으로서의 의미를 지니며, 권력·부·명예 등 모든 것은 그러한 학습을 위한 교육기자재로서의 의미를 지닌다. 의식의 확장은 곧 참본성의 회복으로의 길이며 성통공완(性通功完)을 이룩하는 길이다. 실로 의식과 제도의 합일에 대한 인식이야말로 전일적 패러다임의 정치사상적 도입을 위한 선결과제이다.

4. '생명의 3화음적 구조'와 생명정치

오늘날 지구촌의 정치는 생명의 유기체적 본질을 반영하지 못함으로 해서 생명을 살리는 '생명정치'가 되지 못하고 정치학 또한 '생명정치학'이 되지 못하고 있다. 특정 지배 구조와 소비문화의 형태가 바뀌려면 세계관과 사고방식 및 가치체계의 변화가 선행되어야 한다는 것은 주지의 사실이다. 생명은 '스스로(自) 그러한(然)' 자, 즉 자연의 숨결이다. 자연은 외재적인 동시에 내재적이다. 인간과 자연의 연대성이 인식되지 못하는 것은 이러한 사실을 간과했기 때문이다. 내재해 있는 자연을 흔히 신성 또는 영성이라고 한다. 영성을 부인하는 것은 곧 자연을 부인하는 것이니, 영성을 배제한 이성과 자연의 화해란 현란한 말잔치에 지나지 않는다. 영성을 배제한 이성이라면 비판의 대상이 되고 있는 근대의 합리적 이성과 다를 바가 없는 것이다. 공허한 설(說)이 난무하면서 세상은 더 어지럽게 되었다. 영성과 자연을 동일시하지 못하는 것은 자연을 단지 외재적인 것으로 분리시키는 허위의식이 자리 잡고 있기 때문이다. 이러한 허위의식은 생명에 관한 진지(眞知)의 빈곤에서 비롯된 것이다. 생명정치의 구현을 위해서는 생명 과정의 전일성에 대한 인식이 필수적이며 이를 위해서는 '생명의 3화음적 구조'에 대한 인식이 선행되어야 한다.

생명은 본래 분리 자체가 근원적으로 불가능한 절대유일의 하나로서 본체-작용-본체·작용의 합일, 정신-물질-정신·물질의 합일, 보편성-특수성-보편성·특수성의 합일이라는 3화음적 구조를 지니고 있다. 우주의 실체는 의식이므로 절대유일의 하나는 곧 하나인 마음, 즉 일심[自性, 참본성, 신성, 混元一氣, 근원의식, 전체의식, 보편의식, 우주의식]이다. 천부경의 삼신일체(天·地·人), 불교의 삼신불(法身·化身·報身), 기독교의 삼위일체(聖父·聖子·聖靈), 그리고 동학 「시(侍: 모심)」의 세 가지 뜻인 내유신령(內有神靈) · 외유기화(外有氣化) · 각지불이(各知不移)는 모두 일심의 세 측면을 나타낸 것이다. 천부경의 삼신일체는 그 체가 일신[유일신, 天]이며 작용으로만 삼신(천·지·인 三神)이다. 말하자면 우주의 본원인 '하나'가 천·지·인 셋으로 갈라진 것이다. 체(體)·용(用)·상(相)*을 나타낸 불교의 삼신불, 기독교의 성부·성자·성령의 삼위일체, 그리고 동학의 내유신령·외유기화·각지불이는 모두 천부경에서 말하는 '생명의 3화음적 구조', 즉 천·지·인 삼신과 조응한다. 천·지·인 삼신이 곧 일신(一神, 唯一神)이다. 합하면 하나(一, 天[神])이고 나누면 셋(三, 天·地·人)이니, 일즉삼(一卽三)이요 삼즉일(三卽一)이다.

성(性)·명(命)·정(精) 또한 일심의 세 측면을 나타낸 것으로 천·지·인 삼신과 조응한다. 「단군세기(檀君世紀)」에서는 "조화(造化)의 신(神)이 강림하여 나의 '성품(性)'이 되고 교화(敎化)의 신이 강림하여 나의 '목숨(命)'이 되며 치화(治化)의 신이 강림하여 나의 '정기(精)'가 된다"[55]라고 하여 조화·교화·치화의 신이 각각 성·명·정을 이룬다고 밝히고 있고, 또한 "'성품(性)'의 영을 깨달음은 천신[天]과 그 근원을 함께 하고 '목숨(命)'의 나타남은 산천[地]과 그 기(氣)를 함께 하며 '정기(精)'가 영속되는 것은 창생[人]과 그 업(業)을 함께 하는 것이니, '하나를 잡아 셋을 포함하고 셋을 모아 하나로 돌아감'이란 바로

---

* 1~2세기경 인도의 초기 대승불교 학자이자 불교시인이며 大論師인 馬鳴 (Ashvaghosha 80?~150?)의 『大乘起信論 *Mahāyānaśraddhotpāda-sastra*』은 주로 일심에 대한 해명을 목적으로 眞如門과 生滅門의 二門을 설정하고 이 一心 즉 自性의 세 측면을 體·相·用 삼대로 나타내고 있다. 體는 우주만물의 근원인 眞如 그 자체, 相은 형태 및 속성, 用은 작용 또는 기능을 일컫는 것이다. 여기서 體는 法身(dharmakya), 법신의 相은 報身(sambhogakya), 법신의 用은 化身(nirmakya)[應身]으로 일컬어지는 바, 법신인 體를 초논리·초이성·직관의 영역인 眞諦라고 한다면, 법신의 用인 화신은 감각적·지각적·경험적 영역인 俗諦이다. 진제와 속제의 관계는 곧 본체와 작용의 관계이며, 이 양 세계를 관통하는 원리가 내재된 것이 보신이다. 말하자면 보신은 본체와 작용의 합일의 영역이다.

이를 말한다"[56]라고 하여 성·명·정이 천·지·인 삼신과 조응하여 '하나'인 혼원일기(混元一氣)로 돌아감[57]을 밝히고 있다.

일심은 '하나'인 참본성, 즉 생명의 본체를 일컫는 것이다. 3화음적 구조의 본체는 '하나'의 이치를 함축한 전일적인 의식계[본체계]이고, 작용은 '하나'의 이치와 기운의 조화 작용을 나타낸 다양한 물질계[현상계]이다. 다시 말해서 본체가 내재적 본성인 신성[靈性]이라면, 작용은 음양의 원리와 기운의 조화(造化) 작용으로 체(體)를 이룬 것이다. 본체가 초논리·초이성·직관의 영역인 진제(眞諦)라고 한다면, 작용은 감각적·지각적·경험적 영역인 속제(俗諦)이다. 본체와 작용의 합일은 이 양 세계를 관통하는 원리가 내재된 것으로 '하나'의 이치와 그 조화 기운과 하나가 되는 일심의 경계이다. 말하자면 일심의 경계에 이르면 본체와 작용이 하나임을 알아 생명의 전일성과 자기근원성을 체득하게 되므로 순천(順天)의 삶을 실천하게 되는 것이다. 따라서 일심은 본체와 작용의 합일을 추동해내는 메커니즘인 셈이다. 이 경계는 천·지·인 삼신일체가 인간 존재 속에 구현되는 것으로 인간의 자기실현이란 이를 두고 하는 말이다 그 비밀은 인간의 의식 확장에 있다. 인간의 의식이 확장되면 본체와 작용이 하나임을 자연히 알게 된다.

우리들 자신의 깊은 의식이 하늘로 통하는 문이다. 하늘은 생명의 본체로서 우주만물에 편재해 있다.[58] '하늘로써 하늘을 먹고 하늘로써 하늘을 화할 뿐'이라고 한 것은 우주만물이 모두 한 기운 한 마음으로 꿰뚫어졌기 때문으로, 생명의 유기성과 상호 관통을 보여준다. 따라서 우주만물이 하늘을 모시지 않음이 없으니 "사람을 대하고 물건을 접함에 있어 하늘 대하듯 하라"고 한 것이다. 『참전계경』에도 하늘의 이치를 따름에 어긋남이 없게 되면 그 정성어린 뜻이 하늘에 통한다며 마음 속 깊이 하늘을 믿고 의지해야 한다고 나와 있다.[59] 우리는 물질이 아니라 본래 순수의식[근원의식, 전체의식, 보편의식]

이다. 의식은 확장될수록 걸림이 없어져 자유롭게 되나, 물질은 확장될수록 걸림이 커져 구속되게 된다. 생멸하는 우주만물[多]과 불생불멸인 궁극적 실재[一]가 불가분의 하나[60]임을 직시하게 되면 '생명의 3화음적 구조'는 저절로 드러나게 된다.

오늘날 자유민주주의의 문제는 전일성과 다양성간의 소통이 원활하게 이루어지지 못한다는 데 있다. 전체주의가 전일성을 강조함으로써 전일성 속에 내재한 다양성의 본질을 놓친 것과 마찬가지로 자유민주주의는 다양성을 강조함으로써 다양성 속에 내재한 전일성의 본질을 놓친 것이다. 그러나 그 어느 쪽도 본래의 목적을 달성하지는 못했다. 왜냐하면 전일성과 다양성이, 본체와 작용이 하나의 고리로 연결되어 있다는 사실을 놓쳤기 때문이다. 다시 말해서 생명의 유기적 본질에 대한 인식이 이루어지지 못했기 때문이다. 결과적으로 이러한 이데올로기들의 실험은 우리에게 소통의 중요성을 일깨워주는 학습기제가 된 셈이다. 이러한 소통성은 개인적 가치와 공동체적 가치가 결합될 때 최대화된다.

자유민주주의 정치사상의 치명적인 결함은 개인적 가치를 공동체적 가치와 결합시키지 못하는 데 있다. 오늘의 자유민주주의 정치사상은 힘의 논리에 입각한 파워 폴리틱스(power politics)에 편승하여 단순히 지배-복종의 단선적 구조를 강화시키는 전략이나 기술과 친화력을 갖는 것으로 나타난다. 심지어는 권력·부(富)·명예로 통하는 통로와 연결되기도 한다. 또한 생산성 제일주의 내지 성장 제일주의를 기반으로 병리적 소비행태와 공급과잉이 구조적으로 맞물려 있는 오늘의 자본주의세계를 추동하는 이데올로기로서 작용해오기도 했다. 자유민주주의의 결함을 극복하고자 나타난 것이 생태민주주의이다.

생태민주주의[61]는 지구촌의 새로운 구성 원리로서의 생태 패러다임에 입각하여 만물의 조화성과 유기적 통합성을 그 본질로 한다. 개인적 가치와 공동체적 가치의 단절은 부분과 전체, 다양성과 전일성의 소통이 이루어지지 못하는 데 있다. 따라서 생태민주주의가 진정한 의미에서 생태적 근대화를 추동하는 원리로서 작용할 수 있기 위해서는 양 차원의 원활한 소통이 이루어질 수 있는 의식의 확장과 더불어 이원론적 세계관의 극복이 전제되어야 한다. 그런 점에서 그것은 물질적 성장 제일주의가 아닌 인간의 의식 성장을 전제로 하는 것이어야 한다. 이는 곧 근대 서구의 세계관과 가치체계의 근본적인 변화를 의미하는 것으로 패러다임 전환과 맥을 같이 하는 것이다. 이러한 생태민주주의 담론은 포스트모더니즘이나 포스트구조주의의 해체이론과도 동일한 맥락으로 연계되어 있는데, 이러한 다원적이고 탈중심적인 경향이 자유민주주의의 전철을 밟지 않기 위해서는 무엇보다도 '생명의 3화음적 구조'에 대한 이해를 통하여 작용과 본체, 다원성과 전일성의 소통체계를 확립하는 것이 급선무일 것이다.

5. 결론

20세기 후반에 들어 현대 물리학의 주도로 본격화된 패러다임 전환은 21세기에 들어 가속화되고 있으며 우리의 세계관에도 심대한 변화를 초래하고 있다. 즉, 데카르트-뉴턴의 기계론적, 환원론적인 세계관에서 시스템적, 전일적인 세계관으로의 전환이 그것이다. 부분과 전체의 유기적 통합성에 기초한 시스템적 사고는 상호배타적인 것이 상보적이라는 양자역학적 세계관에 잘 나타나 있다. 이는 근대 과학사상의 본질적 특성인 부분으로부터 전체를 유추해내는 분석적, 환원주의적 접근방법과는 달리, 상호작용하는 부분들은 전체 조직과의 맥락 속에서만 파악될 수 있다고 보는 점에서 생태계를 하나의 네트워크로 인식하는 생태학적 관점과 그 맥을 같이 한다.

앞서 살펴본 바와 같이 전일적이고 생태적이며 영적인 현대 물리학의 새로운 실재관은 파동[정신]인 동시에 입자[물질]이며 본체인 동시에 작용으로 나타나는 생명의 전일적 과정과 조응해 있다.[62] '보이지 않는 우주'와 '보이는 우주', 다시 말해서 본체계[의식계, 정신계]와 현상계[존재계, 물질계]의 양 세계는 상호 조응해 있으며 상호 관통한다. 전자가 시공개념을 초월하여 일체가 '에너지'로서 접혀있는 전일성의 세계[63]라면, 후자는 무수한 사상(事象)이 펼쳐진 다양성의 세계로서 이 양 세계는 내재적 질서에 의해 하나의 고리로 연결되어 있다. 현상계에서 일어난 모든 것은 보이지 않는 질서 속으로 접혀져 들어가 있으므로 보이지 않는 질서는 우주의 전 역사를 다 담고 있는 것이다. 따라서 이러한 보이지 않는 질서에 접근할 수 있는 방법을 알게 되면 우주의 모든 비밀을 푸는 마스터키를 소지한 셈이 된다.

데이비드 봄과 신경생리학자 칼 프리브램(Karl Pribram)의 홀로그램 우주론에 따르면 우리가 인지하는 물질세계는 실재하는 것이 아니라 단지 우리 두뇌를 통하여 비쳐지는 홀로그램적 투영물에 불과하다고 한다. 다시 말해서 우리의 의식이 지어낸 이미지 구조물이라는 것이다. 일체가 오직 마음이 지어낸 것이라는 '일체유심조(一體唯心造)'와도 상통하는 것이다. 이는 곧 의식계와 물질계의 유기적 통합성을 보여주는 것으로 우주의 실체가 의식[우주의 창조적 에너지]임을 말하여 준다. 생명의 본체인 혼원일기[一]에서 우주만물[多]이 나오고 다시 그 본체인 혼원일기로 돌아가는 것이니 일즉다·다즉일인 것이다. 이러한 원리는 전일적 실재관의 바탕을 이루는 것으로 우주만물의 근원적 평등성과 유기적 통일성은 여기에서 비롯된다.

자유민주주의의 치명적 약점은 과학기술만능주의가 초래한 의식과 제도의 단절에 있다. 그러나 양자물리학, 양자의학, 유기체생물학, 게슈탈트 심리학, 신경생리학, 홀로그램 모델, 복잡계 이론, 생태이론 등에서 광범하게 나타나고 있는 전일적인 생태학적 관점의 특성이 말하여 주듯, 의식과 제도를 분리시킬 수 없는 것은 마치 샘에서 솟아나오는 물줄기를 샘과 분리시킬 수 없는 것과 같은 이치다. 현대 물리학의 전일적 실재관과 서구 생태 담론의 도입으로 우리 학계에도 전일적 패러다임의 정치사상적 수용가능성이 열리게 된 것은 사실이지만, 서구 생태이론에 기초한 연구가 대개 제도적 측면에 치중해있는 관계로 전일적 패러다임을 구체적이고도 체계적으로 적용한 경우는 드물다. 따라서 전일적 패러다임의 정치사상적 기용이 아직까지 정교한 이론적 틀을 갖추고 있는 것은 아닌 것으로 나타난다.

오늘날 생명정치가 구현되지 못하고 있는 것은, 다시 말해서 오늘의 지구촌의 정치가 본질적으로 반생태적이며 반생명적인 것은, 생명의 유기적 본질과 3화음적 구조에 관한 진지(眞知)의 빈곤 때문이다. 말하자면 본체계와 현상계를 상호 관통하는 '하나'인 혼원일기의 조화 작용을 깨닫지 못함으로 해서 생명의 전일성과 자기근원성을 인식하지 못한 데 기인한다. 오늘의 생태민주주의가 서구적 근대의 태생적 한계를 극복하고 생태적 지속성(ecological sustainability)을 띤 지구공동체의 구현이라는 본래적 기능을 실천적으로 수행할 수 있기 위해서는 세계관과 사고방식 및 가치체계의 변환이 필수적이며 이를 위해서는 무엇보다도 전일적 패러다임의 정치사상적 도입이 선행되어야 한다. 전일적 패러다임의 기용으로 만유의 근원적 평등성과 유기적 통합성에 대한 자각이 이루어지게 되면 그에 따라 우주적 질서에 순응하는 삶을 살 수 있게 되는 것이다.

근대 과학혁명을 통해 새 패러다임에 의한 새로운 정상과학(正常科學)이 기존의 정상과학을 대체하였듯이, 이제 현대 과학혁명을 통해 전일적인 새 패러다임에 의한 새로운 정상과학이 기존의 정상과학을 대체하려 하고 있다. 그 선두주자가 현대 물리학이다. 전일적이고 생태적이며 영적인 실재관에 기초한 현대 물리학의 안내로 인류의 가치지향성은 대(大)에서 소(小)를 거쳐 극미세(極微細)에서 공(空)으로 진입하고 있다. 이제 우리 인류는 인간 사회의 지배관계가 선(善)도 악(惡)도 아니며 단지 거칠고 방종한 자아를 길들이는(taming), 그리하여 의식을 확장시키는 교육기자재로서의 의미가 내재되어 있음을 직시할 수 있어야 한다. 이와 같은 물질계의 존재이유를 직시하지 못하고서는 지배적 쾌감이 주는 사디즘(sadism)적 유혹에서 벗어날 수가 없고 따라서 생태적 지속성을 띤 지구공동체의 구현이라는 이상은 한갓 공론에 불과한 것이 되기 때문이다.

생명의 본체인 '하나'인 참본성을 잃어버리고도 잃어버렸다는 사실조차 까맣게 잊어버리고 사는 사람들로 꽉 찬 곳이 오늘의 지구촌이다. 진리[根本智]에 대한 명료한 인식이 없이는 자각적 삶을 살 수도, 또한 진정한 문명의 개창이 이루어질 수도 없다. 우리 모두는 생태적으로 지속가능한 공동체로 가는 길을 찾고 있다. 생명계가 상호의존성과 유기적 통합성에 의거한 '살아 있는 시스템'임을 자각할 수 있을 때, 다시 말해서 수천 년 전부터 동양적 사유의 바탕을 이루어 온 천인합일의 이치를 체득할 수 있을 때, 생태적 지속성을 띤 지구공동체는 현실 속에서 현현하게 될 것이다.

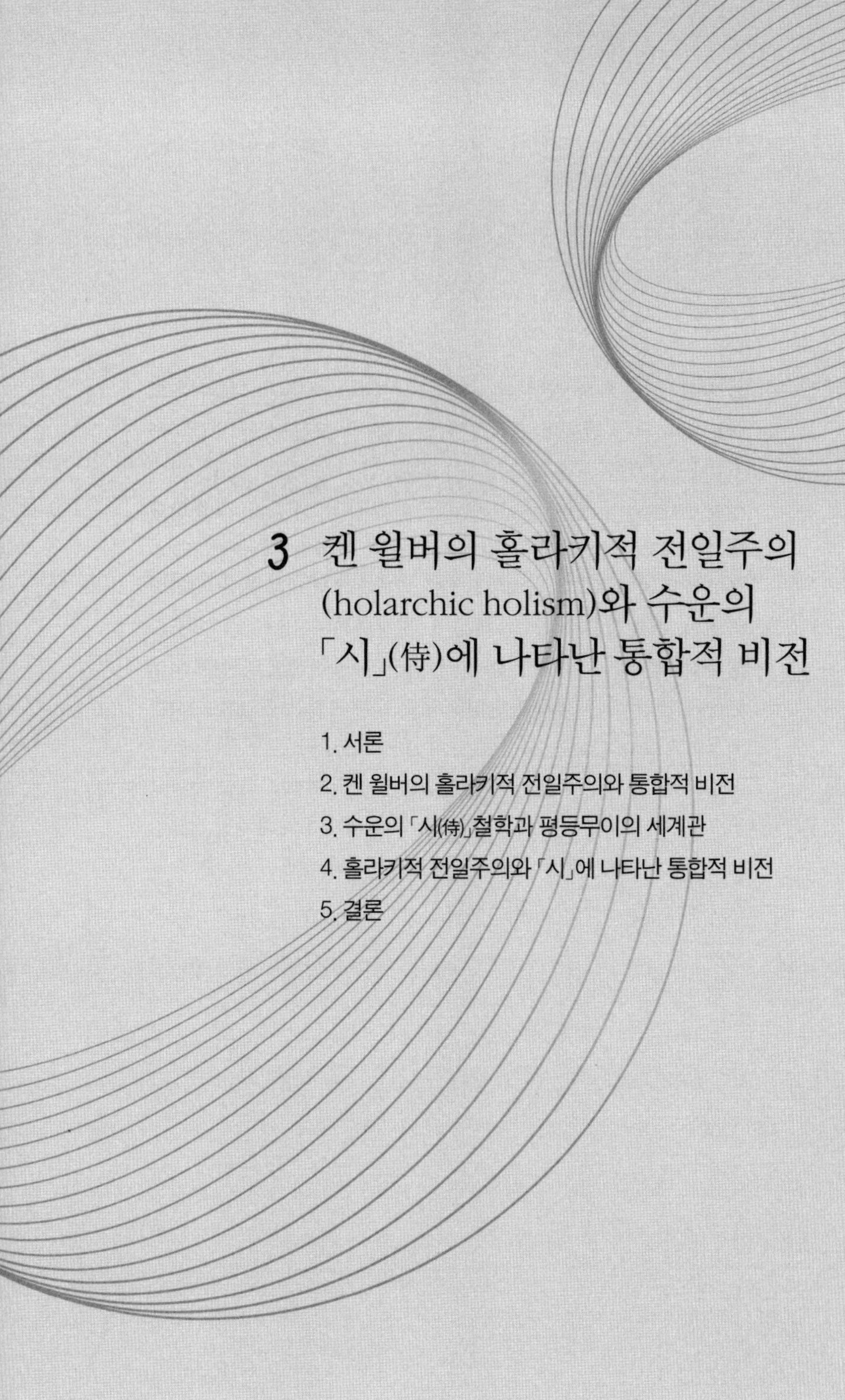

3 켄 윌버의 홀라키적 전일주의 (holarchic holism)와 수운의 「시」(侍)에 나타난 통합적 비전

1. 서론
2. 켄 윌버의 홀라키적 전일주의와 통합적 비전
3. 수운의 「시(侍)」철학과 평등무이의 세계관
4. 홀라키적 전일주의와 「시」에 나타난 통합적 비전
5. 결론

윌버의 홀라키적 우주론(Holarchic Kosmology)과 수운의 「시(侍)」철학은 만물의 전체적인 전일성, 즉 모든 것을 포괄하는 거대한 전체를 상정한다. 다시 말해 이 우주 속의 모든 것이 상호 연결되어 있어 홀라키적인 다차원적 생명의 그물망을 형성한다고 보는 것이다. 윌버와 수운의 통합적 비전은 그들의 홀라키적 전일주의와 비이원론적인 세계관에서 비롯된다. 통합적 비전의 필요성은 낡은 기계론적 세계관의 관점이 더 이상은 생물적, 심리적, 사회적, 환경적 현상이 상호적으로 연결되어 있는 오늘의 실제 세계를 반영하지도, 문제해결의 유익한 단서를 제공하지도 못한다는 사실에 있다. 하여 근대의 '도구적 이성'과 '도구적 합리주의'에 대한 자기반성이 촉구되고 패러다임 전환의 필요성이 역설되면서 통합적 비전에 의해 세계가 재해석될 필요가 생겨난 것이다. '영적인, 그러나 종교적이지 않은'—이 말 속에 지구생명공동체의 가능성이 있다.

-본문 중에서

나(참자아)는 불멸인 동시에 죽음이며,
존재하는 것과 존재하지 않는 모든 것이다.
I am life immortal and death; I am what is and I am what is not.

- *The Bhagavad Gita*, 9. 19

1. 서론

본 연구는 켄 윌버(Ken Wilber)의 홀라키적 전일주의(holarchic holism)와 수운의 「시(侍)」에 나타난 통합적 비전(integral vision)을 비교 고찰하고 그 실천적 함의를 밝히기 위한 것이다. 이러한 비교론적 연구는 근년에 들어 지식사회 전반에 걸쳐 확산되고 있는 통합 패러다임과 통합 학문의 비전을 제시함은 물론, 무엇보다도 우주의 본질인 생명의 전일성에 대한 통찰력을 제고함으로써 소통·자치·자율에 기초한 지구생명공동체의 구현에 기여할 수 있다는 점에서 그 의미가 크다. 뿐만 아니라 이들 통합적 비전에 대한 비교론적 고찰은 주체와 객체의 이분법(the dichotomy of subject and object)에 근거한 기계론적·환원론적 세계관의 편협성에서 벗어나 보편적인 전일적 시각으로의 패러다임 전환을 촉구함으로써 생명시대의 도래를 추동하는 한 요인으로 작용할 수 있다는 점에서 그 의의를 찾을 수 있다.

이 시대의 초개인심리학(transpersonal psychology) 분야의 대가이자 대표적 포스트모던 사상가인 켄 윌버의 홀라키적 전일주의가 함축하고 있는 통합 패러다임은 통합 학문의 연구에 유용한 틀을 제시한다. 윌버는 '통합적(integral)'이란 용어를 '다양성 속의 통일(unity-in-diversity)'[1]이라는 의미로 사용한다. 즉, 의식과 물질(consciousness and matter), 내면과 외면(interior and exterior), 자아와 세계(self and world), 주관과 객관(subject and object)이 모두 '한맛(One Taste)'이라는 것이다.[2] 따라서 그가 사용하는 '통합적'이란 용어는 다양성이 배려되지 않은 전체성의 관점이나 제국주의적 기획과는 확연히 구별된다. 그의 홀라키적 우주론(Holarchic Kosmology)은 이 우주 속의 모든 것이 상호 연결되어 있어 홀라키적인 다차원적 생명의 그물망을 형성한다고 보는 것이다.

윌버의 우주론은 대승불교의 중관(中觀)·유식(唯識)·화엄(華嚴)사상, 힌두교의 베단타 철학 등에 그 뿌리를 두고 있으며 모든 실재가 홀론(holon)으로 구성되어 있다고 본다. 아서 쾨슬러(Arthur Koestler)의 저서 『기계속의 유령 *The Ghost in the Machine*』(1967)에서 처음 사용된 이 홀론이란 용어는 그리스어 홀로스(holos 전체)와 온(on 부분)의 합성어로 전체와 부분이 상즉상입(相卽相入)의 구조로 상호 연기(緣起)하고 있음을 나타낸 것이다. 그는 모든 홀론이 작인(作因, agency), 공생(communion), 초월(transcendence), 분해(dissolution)라는 네 가지 추동력을 공유하며 홀라키적으로 창발한다고 본다. 홀론(holons)이 홀라키적으로 창발하는 것을 그는 쾨슬러의 자연적 위계(natural hierarchy)라는 용어를 사용하여 설명하면서, 점증하는 전체성의 질서(an order of increasing wholeness)인 자연적 위계가 곧 홀라키(holarchy)라고 말한다.[3]

동학의 창시자 수운(水雲) 최제우(崔濟愚)의 「시(侍: 모심)」철학은 전일적인 생명의 역동적 본질을 보다 명료하게 보여준다. 「시」의 세 가지 의미인 내유신령(內有神靈)·외유기화(外有氣化)·각지불이(各知不移)는 법신·화신·보신의 삼신불(三身佛), 성부·성자·성령의 삼위일체(三位一體), 그리고 천·지·인 삼신일체(三神一體)와 마찬가지로 본체-작용-본체·작용의 합일이라는 '생명의 3화음적 구조(the triadic structure of life)'*를 나타낸 것으로 홀로무브먼트(holomovement)로서의 생명현상을 파악할 수 있게 한다. 이 3화음적 구조는 본체와 작용이라는 이분법의 툴(tool)을 사용해 생명의 전일성과 자기근원성을 논증하기 위한 것으로 본체·작용의 합일을 추동해내는 메커니즘은 일심(一心, 聖靈)이다. 성령이 임해야 성부[본체]와 성자[작용]가 한 분 하느님[본체·작용의 합일]임을 알게 된다는 말이 바로 이것이다. 수운의 체계 속에서 본체와 작용, 내재와 초월, 의식과 물질, 주관과 객관은 그의 불연기연(不然其然)의 논리가 말하여 주듯 상호 조응·상호 관통한다. 이처럼 수운의 「시」철학은 본체계[의식계]와 현상계[물질계]를 회통하는 생명의 비(非)이원론적 본질에 기초해 있다.

'신령(神靈)'과 '기화(氣化)'는 애초에 둘로 된 이치가 아니라 하나의 이치를 본체와 작용의 양 측면에서 관찰한 것이다. 생명은 본체의 측면에서는 전일성의 속성을 갖지만, 작용의 측면에서는 다양성의 속성을 갖는 것이다. 따라서 전일성과 다양성이 둘이 아니므로 일즉다(一卽多)요 다즉일(多卽一)이다. 삼라만상의 천변만화(千變萬化)가 모두 한 이치 기운의 조화(造化) 작용이므로 하나인 혼원일기(混元一氣)와 우주만물은 상호 조응·상호 관통한다. 우주만물의 개체성은 그 본체인 하늘이 다양한 모습으로 현현한 것[4]이므로 만유

---

* '생명의 3화음적 구조'란 용어는 필자가 『천부경』 81자의 구조를 궁구하다가 그것이 생명의 본체-작용-본체·작용의 합일을 나타낸 것이라 생각되어 주조한 신조어다. 역사상 지성세계를 뜨겁게 달구었던 논쟁들, 이를테면 플라톤의 이데아계와 현상계, 아리스토텔레스의 형상과 질료, 성 아우구스티누스(어거스틴)의 『삼위일체론』, 중세 스콜라철학의 보편논쟁, 베네딕투스 데 스피노자의 실체와 양태, 宋代와 조선시대의 理氣論 등은 천·지·인 삼신일체와 마찬가지로 모두 생명의 본체[天·神·靈]와 작용[우주만물]의 관계성에 관한 것이었다. 따라서 '생명의 3화음적 구조'에 대한 이해는 진리의 중추를 틀어쥐는 것이다.

가 하늘을 모시지 않음이 없으니 사람을 대하고 물건을 접함에 있어 하늘 대하듯 하라[5]고 한 것이다. 일(一)과 다(多), 이(理)와 사(事)를 회통시킬 수 있는 근거가 여기에 있다. 이처럼 수운의 「시」철학은 본체와 작용의 상호 관통을 통하여 평등무이한 생명의 역동적 본질을 생생하게 보여준다.

이상에서 볼 때 윌버와 수운의 통합적[통섭적] 비전은 그들의 홀라키적 전일주의와 평등무이(平等無二)의 세계관에서 비롯됨을 알 수 있다. 통합적 비전의 필요성은 지식의 파편화에 따른 낡은 기계론적 세계관의 관점이 더 이상은 생물적, 심리적, 사회적, 환경적 현상이 상호적으로 연결되어 있는 오늘의 실제 세계를 반영하지도, 문제해결의 유익한 단서를 제공하지도 못한다는 사실에 있다. 말하자면 지구와 지구상의 모든 생명체가 분리되어 있고, 인간과 인간 또한 분리되어 있다는 믿음에서 모든 문제가 생겨나는 것이다. 위기에 대한 대부분의 해결책이 실효성이 없는 것은, 그것들이 바로 문제를 야기한 그 패러다임에서 나온 것들이기 때문이다. 하여 근대의 '도구적 이성'과 '도구적 합리주의'에 대한 자기반성이 촉구되고 패러다임 전환의 필요성이 역설되면서 통합적 비전에 의해 세계가 재해석될 필요가 생겨난 것이다. 그러면 이들 통합적 비전의 단초가 되는 윌버의 홀라키적 전일주의와 수운의 평등무이의 세계관에 대해 차례로 살펴보기로 하자.

2. 켄 윌버의 홀라키적 전일주의와 통합적 비전

1) 앎의 세 양태와 '존재의 대둥지'

현대 물리학자들은 객관주의와 과학적 합리주의만으로는 우주자연의 궁극적 신비를 풀 수 없다고 보고 과학이 인간의 의식세계와 분리될 수 없음을 분명히 했다. 보이지 않는 무한의 대우주[비존재]와 보이는 유한의 소우주[존재]는 영성과 물성의 관계로서 상호 의존·상호 관통한다. 윌버는 이원론적이고 상징적인 앎의 방식에만 관심을 갖게 되면 비이원론적 앎의 방식인 '진정한 목표'를 알지 못한다고 말한다.[6] 현상적인 우주를 창조한 최초의 분리 행동, 우리 자신을 현상의 세계에 가둬버린 최초의 분리 행동을 윌버는 '근본적인 이원주의(the Primary Dualism)'라고 부른다. "인식론적으로 그것은 인식자(the knower)를 인식 대상(the known)으로부터 분리하는 것이고, 존재론적으로 무한자(the Infinite)를 유한자(the finite)로부터 분리하는 것이고, 신학적으로 그것은 원죄(original sin)이며, 일반적으로 우리는 그것을 주체와 객체간의 가공의 분리(the illusory split between subject and object)라고 말할 수 있다"[7]는 것이다.

그것은 제1질료(Prima Materia)로부터 세계의 창조를 설명하며, 인류가 지식의 나무에서 선악과(善惡果)라는 열매를 따먹었을 때 타락이라 불리는 이원론적 지식이 발생한 것을 설명한다. "아담과 이브의 타락은 사고와 감각에서 이원론적 상황에 대한 인간 정신의 종속이다. 선과 악, 쾌락과 고통, 삶과 죽음이라는 해결할 수 없는 갈등에로의 종속을 의미하는 것이다."[8] 이러한 근본적인 이원주의에서 야기된 '두 개의 절반(two halves)'은 다양한 이름으로 불릴 수 있지만, 주체와 객체, 자아와 타자, 또는 단순히 유기체와 환경으로 압축될 수 있다. 인간은 자신이 이런 가공의 한계를 설정했다는 사실을 잊어버린 채, 이런 한계로부터 자유를 추구한다는 것이다.

> 사실 인간이 비참해하거나 불행해야 할 이유는 없다. 스스로 무한한 존재의 참 본성에 한계를 지우고는 자신이 유한한 존재라며 슬퍼하는 것이다. 따라서 당

> 신 자신이 참으로 무한자이고, 순수 존재이고, 절대 자아임을 알라고 하는 것은, 당신은 항상 다른 어떤 것이 아닌 그 자아이므로 결코 자아를 모를 수 없기 때문이다. 당신의 무지는 단지 형식적인 무지일 뿐이다.[9]

근본적인 이원주의가 환영(幻影)이 아니라 진짜라고 상상하는 순간, '의식의 스펙트럼(the spectrum of consciousness)'이 발생하기 시작한다. 윌버는 의식의 스펙트럼의 진화에 대한 연구에서 여섯 개의 주요 의식 수준을 제시하며 의식 차원의 통섭에 기초한 통합 학문의 전망을 펼쳐 보이고 있다. 즉, 정신 수준(Mind Level), 초개인 수준(Transpersonal Level), 실존 수준(Existential Level), 생물사회적 수준(Biosocial Level), 에고 수준(Ego Level), 그림자 수준(Shadow Level),[10] 이상의 여섯 가지가 그것이다. 그의 체계 속에서 통합은 분화를 포괄하는 동시에 초월하는 것으로서 이 우주가 오직 마음뿐(Mind-only)임을 나타내는 비이원론적인 앎의 방식과 일치한다.[11] '존재의 대사슬(The Great Chain of Being)'로 지칭되는 윌버의 비이원론적인 앎의 방식은 인류의 전승된 지혜의 정수를 함축한 '영원의 철학(perennial philosophy)' 속에 잘 나타나 있다.

> 영원의 철학의 핵심은 물질에서 몸, 마음, 혼, 영에 이르기까지 실재가 다양한 존재의 수준과 앎의 수준으로 이루어져 있다고 보는 것이다. 각 상위 차원은 그것의 하위 차원을 초월하는 동시에 포괄한다. 따라서 이는 속성(俗性)에서 신성에 이르기까지 무한계적으로 전체 속의 전체 속의 전체와도 같은 개념이다.[12]

이러한 '존재의 대사슬'은 〈그림 1〉에서 보듯 흡사 일련의 동심원(同心圓) 혹은 동심구(同心球)와도 같이 각 상위 차원이 그것의 하위 차원을 포괄하는,

사실상 '존재의 대둥지(The Great Nest of Being)'이다. '의식의 스펙트럼'의 가장 낮은 곳은 물질의 영역이고, 가장 높은 곳은 영(靈)의 영역이다. 영은 최고 수준의 인과의(causal) 영역이며, 모든 수준의 비이원적(nondual) 기초이다. 그 사이의 등급은 단순하게는 몸, 마음, 영의 세 주요 영역으로 구분하기도 하고, 물질(matter), 몸(body), 마음(mind), 혼(魂, soul), 영(靈, spirit)의 다섯 영역으로 구분하기도 한다. 하지만 쿤달리니 차크라(kundalini chakras)와 같이 일곱 영역으로 구분하기도 하고, 어떤 전통에서는 심지어 108개 세부 영역으로 구분하기도 한다. 윌버는 이 존재의 대둥지가 영원의 철학의 골간을 이루고 있으며, 따라서 진정한 통합심리학의 중대한 요소가 될 것이라고 본다.

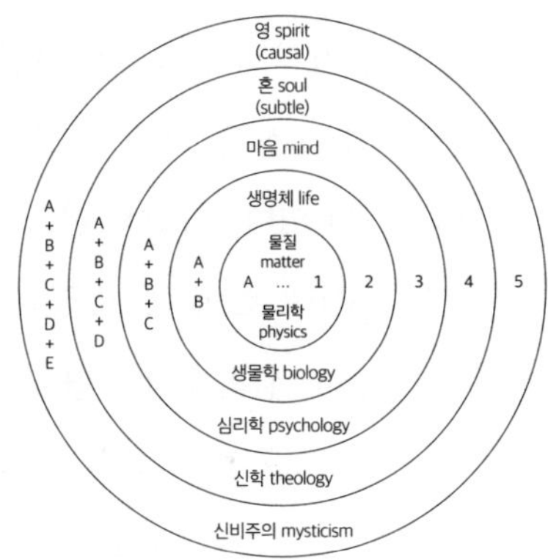

〈그림 1〉 존재의 대둥지(The Great Nest of Being)[13]

윌버는 중세 프란시스코 수도회의 신비주의 철학자 성 보나벤처(St. Bonaventure)의 '세 가지 눈(three eyes)', 즉 육의 눈(eye of flesh), 이성의 눈(eye of reason), 관조의 눈(eye of contemplation)을 원용하여, 앎의 세 양태로 육의 눈(肉眼), 마음(정신)의 눈(心眼, eye of mind or mental eye), 영의 눈(靈眼, eye of spirit)[14]에 대해 말하고 있다. 우선 육의 눈은 감각적 경험(sensory experience)의 세계에 참여한다. 시공(時空)과 물질의 영역이며, 유사한 육의 눈을 가진 모든 자들이 공유하는 영역이다. 인류는 어느 정도로는 다른 고등동물(특히 포유동물)과도 이러한 영역을 공유할 수 있다. 육의 눈을 윌버는 '경험적인 눈(empirical eye)'이라고 말한다. 다음으로 마음의 눈[이성의 눈]은 관념, 이미지, 논리, 그리고 개념들의 세계에 참여한다. 이 정묘(精妙)한 정신의 영역은 감각적인 영역을 포괄하면서 초월한다. 마지막으로 '영'의 눈[관조의 눈]은 감각과 이성의 저 너머에 있는 초월의 세계에 참여한다. 이성의 눈이 초경험적이라면, '영'의 눈은 초합리적, 초논리적, 초정신적이다. 인과의 궁극적인 '영'의 영역은 감각과 이성의 영역을 포괄하면서 초월한다. '영'의 눈을 통하여 우리는 궁극적 실재인 신성[神]과 만나게 된다.[15]

이처럼 이 세 가지 눈은 각각 감각적(sensory), 정신적(mental), 초월적(transcendental)인 고유한 앎의 대상을 가지고 있으며 진화적 홀라키(evolutionary holarchy)로 이루어져 있다. 이러한 진화적 홀라키는 각 상위 차원이 하위 차원을 초월하는 동시에 포괄하므로 궁극적으로는 통합 패러다임의 모색에 기여할 수 있게 한다. 윌버에 의하면 물질에서 생명체로, 마음으로, 혼으로, 그리고 '영'으로의 모든 성장 과정은 자연적 홀라키 혹은 점증하는 전일성과 전체성의 질서(orders of increasing holism and wholeness)—-새로운 전체의 부분이 되는 전체—를 통하여 일어난다. 그것이 자연적 위계 혹은 홀라키라고 하는 것이다.[16] 새로운 통합 패러다임은 감각적·경험적인 조야(粗野: 거칠고 천함)한 영역(gross realms)의 육의 눈과 정신적·지적인 정묘한 영역(subtle realms)[17]의 마음의 눈, 그리고 초월적·관조적인 인과의 궁극적인 영역(causal and ultimate realms)[18]의 '영'의 눈, 이 세 가지를 모두 사용하고 통합할 수 있게 할 것이다. 윌버에 의하면 경험분석적 과학은 육의 눈에 속하고, 현상학적인 철학과 심리학은 마음의 눈에 속하며, 종교와 명상은 영의 눈에 속한다. 따라서 새로운 통합 패러다임은 경험주의(empiricism), 합리주의(rationalism), 그리고 초월주의(transcendentalism)가 이상적으로 그리고 궁극적으로 통합된 것이라 할 것이다.[19]

2) 사상한(四象限)과 통합적 비전

우주의 본질인 생명은 심리·물리적 통합체일 뿐만 아니라 정신·영적 통합체이므로 올바른 이해를 위해서는 다양한 분야를 포괄하는 통합적 비전(integral vision)이 요망된다. 윌버는 "새로운 인간은 통합적이다"라고 말한다. 그의 저서 『통합적 비전: 삶, 신, 우주, 그리고 모든 것에 관한 혁명적인 통합적 접근 *The Integral Vision: A Very Short Introduction to the revolutionary Integral Approach to Life, God, the Universe, and Everything*』(2009)[20]은 '모든 것의 의미를 이해하는 방식'을 통하여 개인적인 변형과 사회적 변화 그리고 삶의 질과 만족도를 높일 수 있다고 본다. 그는 '통합적인 삶을 위한 훈련(Integral Life Practice, ILP)'의 한 방법으로 사상한[四分面 four quadrants], 수준(levels), 라인(lines), 상태(states), 타입(types)의 다섯 가지 요소로 구성된 통합지도[통합 모델] 또는 통합운영체계(Integral Operating System, IOS)[21]를 만들어 보이고 있다.

이 통합 모델의 다섯 가지 요소 중 '수준'은 의식의 진화 단계 또는 수준을 일컫는 것으로 각 수준에서 그 수준의 독특한 특성이 발현되며, 단계가 진행될수록 복잡화 수준이 증대된다. 세 단계로 된 단순 모델을 사용하면, 진화 단계 또는 수준은 '나'(자기중심적 egocentric), '우리'(민족중심적 ethnocentric), 그리고 '우리 모두'(세계중심적 worldcentric)로 나타낼 수 있다. 이러한 3단계는 몸, 마음, '영'의 3단계와도 조응한다. 다음으로 '발달 라인'은 인간이 소유하고 있는 다양한 지성, 즉 인식 지성, 대인관계 지성, 도덕적 지성, 정서적 지성, 심미적 지성 등의 여러 측면이 균등하게 발전하는 것이 아니라 저마다의 성장과 발달 정도를 지니고 있음을 일컫는 것으로 이들 복합 지성을 구성하는 각 지성은 중요한 3단계, 즉 '나', '우리', 그리고 '우리 모두'의 진화 단계 또는 수준을 거치면서 성장한다.[22]

다섯 가지 요소 중 '의식 상태'는 깨어 있는 상태, 꿈꾸는 상태, 형상이 없는 깊은 잠 상태가 있으며, 각 의식 상태에 상응하는 몸이 있다. 즉, '거칠고 밀도가 높은 몸(gross body)', '정묘한 몸(subtle body)', '원인이 되는 몸(causal body)'이 그것이다. 이는 몸, 마음, '영'의 3단계와도 조응한다. 의식이 깨어 있는 상태에 있으면 육체적이고 감각에 반응하는 밀도가 높은 몸을 자각하지만, 꿈꾸는 상태에서는 밀도가 높은 몸은 더 이상 존재하지 않으며 액체처럼 흐르는 이미지로 된 정묘한 몸이 존재한다. 정묘한 몸과 마음은 그 세계에서 가능성을 향해 비상한다. 형체가 없는 깊은 잠 상태로 들어가면 '나'라는 생각과 이미지마저 사라지고 광대한 공(空)만이 존재한다. 이 무형(無形)의 영역은 그에 상응하는 무한한 몸 또는 무한한 에너지인 원인이 되는 몸을 갖는다. 이 상태에 들어가면 성장 가능성이 도출되며 비상한 자각이 계발된다. 다음으로 '타입'은 모든 단계나 모든 상태에 존재할 수 있는 감정 타입, 사고 타입, 감각 타입, 직관 타입 등과 같은 것이다. 타입의 한 예로 '남성 타입'과 '여성 타입'을 사용할 수 있는데, 이 역시 '나', '우리', '우리 모두'의 단계를 거치며 성장하여 종국에는 남성성과 여성성이 결합하여 하나가 된다.

〈그림 2〉 사상한(four quadrants)과 대둥지의 통합[23]

다섯 가지 요소 중 마지막 '사상한(四象限)'은 〈그림 2〉에서 보듯 이 세상에 드러나는 모든 것은 '그것(IT)' 차원(객관적인 사실 차원), '우리(WE)'(나만이 아니라 다른 사람들은 어떻게 보는가)의 차원, 그리고 '나(I)'(내가 어떻게 보고 느끼는가)의 차원이 있다. 통합적인 접근은 이 모든 차원을 함께 고려함으로써 보다 포괄적이고 효과적으로 접근할 수 있다. 〈그림 2〉의 '사상한'은 어떤 경우에라도 조망해 볼 수 있는 기본적인 차원들로서 무엇을 살펴보는 기본적인 방식이다. 좌상상한(左上象限, Upper Left)은 '나'(개인의 내면), 우상상한(右上象限, Upper Right)은 '그것'(개인의 외면), 좌하상한(左下象限, Lower Left)은 '우리'(집단의 내면), 그리고 우하상한(右下象限, Lower Right)은 '그것들'(집단의 외면)을 표현한 것이다. 요약하면, 사상한은 개인과 집단의 내면적·주관적 영역과 외면적·객관적 영역을 일컫는 것이다.

윌버는 근대 이전의 세계에서 미분화된 과학, 도덕, 예술의 삼대 권역이 근대 세계에서 각기 그것, 우리, 나로 분화되었다고 보고 이를 인간 진화의 필연적인 과정으로 이해한다. 과학은 객관적 영역을 가리키며 3인칭 언어 또는 '그것' 으로 묘사된다. 도덕은 상호주관적 영역을 가리키며 2인칭 언어 또는 '우리' 로 묘사된다. 예술은 주관적 영역을 가리키며, 일인칭 언어 또는

'나'로 묘사된다. 이러한 삼대 권역을 윌버는 자연, 문화, 자기에 조응시키기도 하고, 진(The True), 선(The Good), 미(The Beautiful)에 조응시키기도 한다. '진'은 객관적 진리의 영역으로 '그것'으로 묘사되고, '선'은 상호주관적 진리의 영역으로 '우리'로 묘사되며, '미'는 주관적 진리의 영역으로 '나'로 묘사된다.[24] 윌버는 이러한 근대성의 삼대가치(the Big Three)의 분화 및 진화가 자유민주주의의 발전, 페미니즘 운동의 전개와 노예제 폐지, 경험과학과 의학, 물리학, 생물학, 생태학의 발전에 기여한 반면, 이러한 분화가 통합의 형태로 나아가지는 못했음을 지적하고 있다.[25]

윌버의 통합적 비전은 전근대성과 근대성 그리고 탈근대성의 통합이라는 맥락에서 살펴볼 수 있다. 윌버의 '온수준·온상한(all-level, all-quadrant)'의 통합적 접근법(integral approach)에 기초한 통합 모델은 전근대성의 최상(존재의 대등지)과 근대성의 최상(진·선·미, 과학·도덕·예술 삼대가치의 분화와 진화), 그리고 탈근대성의 최상(진·선·미, 과학·도덕·예술의 통합)을 포괄하는 통합적인 진리인 것으로 나타난다.[26] 말하자면 온수준이지만 온상한은 아닌(all-level but not all-quadrant) 전근대성과, 온상한이지만 온수준은 아닌(all-quadrant but not all-level) 근대성, 그리고 극단적 해체와 허무주의로 이어진 탈근대성에 대한 비판적 대안으로 제시된 것이다.[27]

윌버의 통합적 비전[28]에 의하면 인류의 영적 진화는 특정 수준이나 특정 상한(象限)에 집착하지 않는, 삼대가치의 '온수준·온상한'의 통합적 접근을 전제로 한다. 새로운 변형은 개인의 의식과 집단의 문화, 사회 제도 모두에서 일어나야 한다는 것이 윌버의 통합 패러다임의 요체다. 윌버는 우리가 사는 지구를 포함한 모든 것에 대한 역사, 즉 온 우주의 역사에 관한 이론을 제시하는데, 모든 것은 '절대영(spirit)'의 자기현현이라는 것이다. 극도로 분절되어 있는 현 세계가 필요로 하는 것은 순수한 전일적 양태로 이들을 다시 통합할 수 있는 비전이다. '온수준·온상한'의 통합적 비전이 성공한다면, 그것은 사업, 교육, 의학, 건강관리, 정치, 문화 연구, 심리학, 인간 계발 등 즉시 응용할 수 있는 분야는 헤아릴 수 없이 많다는 것이다. 그의 통합적인 접근은 '모든 것의 의미를 이해하는 방식'으로 알려져 있다. 통합 모델의 다섯 가지 요소를 함께 고려하면 '모든 것의 의미를 이해하는' 과정이 시작될 것이고, 그에 따라 개인적 변형과 더불어 사회적 삶 자체의 변화를 가져올 수 있다는 것이다.

3. 수운의 「시(侍)」철학과 평등무이의 세계관

1) 「시」철학의 본질과 그 의미

수운은 그가 하늘로부터 받은 도를 '무왕불복지리(無往不復之理)', 즉 '가고 돌아오지 않음이 없는 이법'이라고 하고 이를 천도(天道)라고 명명하였다.[29] 우주만물은 모두 간 것은 다시 돌아오고 돌아온 것은 다시 돌아간다는 자연의 이법(理法)을 말하는 것이다. 수운의 천도와 천덕(天德)의 진수는 '시천주조화정영세불망만사지(侍天主造化定永世不忘萬事知)'라고 하는 주문 열세 자에 함축되어 있다. 이 열세 자를 한 자로 압축하면 그것은 바로 「시(侍)」, 즉 '모심'이다. 생명의 본체인 하늘[混元一氣]의 자기복제(self-replication)로서의 작용으로 만유가 생겨나고 그 만유의 중심에 하늘이 참본성으로 자리 잡고 있으니,[30] 만유가 하늘을 모시고 있는 것이다. 따라서 생명의 본체인 하늘과 그 작용으로 나타난 우주만물은 결국 하나다.* 수운의 「시」철학은 한마디로 우주의 본질인 생명의 본체와 작용, 내재와 초월의 합일에 관한 것이다.

수운은 「시」를 세 가지 의미로 풀이하고 있다. 내유신령(內有神靈)·외유기화(外有氣化)·각지불이(各知不移)가 그것이다. 즉, 안으로 신령[神性]이 있고 밖으로 기화가 있어 (온 세상 사람이) 각기 알아서 옮기지 아니한다는 뜻이다. 이는 곧 인간의 내재적 본성인 신성(영성)과 혼원일기(混元一氣)로 이루어진 생명의 유기성 및 상호 관통을 깨달아 순천의 삶을 지향하는 천인합일의 대공(大公)한 경계를 말하는 것이다. 여기서 안과 밖은 분리할 수 없는 하나의 이치를 본체와 작용, 내재와 초월의 양 측면에서 관찰한 것으로 생명의 전일성과 자기근원성을 표징한다. 말하자면 생명의 본체인 하나인 혼원일기와 그 본체의 작용으로 나타난 우주만물과의 관계를 나타낸 것으로 안과 밖은 상호 조응·상호 관통한다. 이러한 안과 밖의 구분은 형상이 사라지면 그 구분 또한 사라지게 되므로 형상을 전제로 한 가설일 뿐이다. 따라서 수운의 「시」철학은 본체계[의식계]와 현상계[물질계]를 회통하는 생명의 비(非)이원론적 본질에 기초해 있다.

수운의 법은 한마디로 심법(心法)이다. 수운의 '오심즉여심(吾心卽汝心: 내 마음이 곧 네 마음)'은 심법의 키워드라 할 수 있는 것으로 그의 인식론의 바탕을 이루고 있다. 근원성·포괄성·보편성을 지닌 이 하나인 마음(一心)을 수운은 하늘의 법이라고 부르는 것이다. 이는 일심 이외에 다른 실재가 있는 것

---

* 程朱(程頤와 朱子)에 의하면 상이한 종류의 사물들이 생겨나는 것은 氣의 응집이 상이한 理에 따라서 상이하게 작용하기 때문이라는 것이다. 즉, 꽃에는 꽃의 理가, 잎에는 잎의 理가 각각 다르게 작용한다는 것이다. 氣가 질료라면, 理는 그 질료가 어떤 형태로 나타날 것인지를 결정해주는 원리인 셈이다. 따라서 일시적인 형태는 다를지라도 그 본질은 같은 것이다.

이 아님을 분명히 한 것으로 내재와 초월이 둘이 아님을 말해준다. 우주적 본성인 신성은 내재해 있는 동시에 지기(至氣)로서 만물화생(萬物化生)의 근본원리가 되고 있는 것이다. "영(靈)과 기운이 본래 둘이 아니요 도시 한 기운이니라"[31]라고 한 것이 그것이다. 내유신령과 외유기화는 『대승기신론(大乘起信論)』에서 일심에 대한 해명을 목적으로 진여문(眞如門)과 생멸문(生滅門)의 이문(二門)을 설정한 것과 같다. 내유신령이 진여문에 조응한다면, 외유기화는 생멸문에 조응하는 것으로 이 둘은 결국 하나이며, 생명의 본체와 작용, 내재와 초월의 합일에 대한 인식을 보여주는 것이다. 그러한 합일에 대한 인식이 없이는 생명의 전일성과 자기근원성을 자각할 길이 없다는 점에서 그러한 인식은 모든 진리의 중추를 틀어쥐는 것이다.

내유신령과 외유기화는 그 체가 둘이 아니므로 모두 '일심법'이다. 그런 까닭에 해월은 "마음이란 것은 내게 있는 본연의 하늘이니 천지만물이 본래 한마음이니라"[32]라고 한 것이다. 만물의 중심인 '신령'과 통한다는 것은 본래의 천심을 회복하는 것으로 이는 공심(公心)의 발현을 위한 전제조건이다. 수운이 '서학의 도는 허무에 가깝고 학(學)은 하늘의 학이 아니다'라고 한 것은 서학이 내재와 초월의 합일에 대한 인식 없이 하늘과 인간을 이원화하고 마음 수양에는 힘쓰지 않고 오직 제 몸만을 위하여 사심으로 비는 기복신앙(祈福信仰) 차원의 수행방법을 두고 한 말이다. 하늘마음이 곧 내 마음이니, 오직 일심을 회복하는 일이 있을 뿐 따로이 소원을 빌 대상이 있는 것이 아니다. 생명은 본체의 측면에서는 전일성의 속성을 갖지만, 작용의 측면에서는 다양성의 속성을 갖는다. 전일성과 다양성이 둘이 아님을 알지 못하고서는, 다시 말해 우주섭리에 대한 올바른 인식이 없이는 공심이 발현될 수도, 영적 진화를 도모할 수도 없다.

수운의 「시」철학이 우주만물을 전일성의 현시(顯示)로 본 이면에는 일심의 근원으로 되돌아가 성속일여(聖俗一如)의 세계를 구현하려는 수운의 통합적(통섭적) 비전이 담겨져 있다. 「시」의 세 가지 의미 중에서 '각지불이'는 「시」철학의 실천적 측면과 연결된다. 여기서 '옮기지 않음'은 천심에서 벗어나지 않는 것, 다시 말해 우주적 본성에 부합되는 순천의 삶을 지향하는 것이다. 해월(海月)이 "오직 한울(天)을 양(養)한 사람에게 한울이 있고, '양'치 않는 사람에게는 한울이 없나니…"라고 한 것이나, "한울을 '양'할 줄 아는 자라야 한울을 모실 줄 아느니라"[33]라고 하여 「시천(侍天)」을 「양천(養天: 하늘을 기름)」으로 풀이한 것은, 씨앗으로 존재하는 한울을 '양'하지 않으면 하늘본성이 발현되지 않는다는 의미이다. 「양천」은 의식의 확장을 말하는 것으로 영적 진화와 관계된다. 이렇듯 「시」철학은 자각적 실천이 수반될 때 그 진면목이 드러나는 것이다.

이렇듯 내재와 초월, 본체와 작용, 필연과 자유의지를 회통시키는 「시」의 원리를 체득하면 대승(大乘) 윤리가 발휘되어 일체의 미망과 상호 각쟁에서 벗어나게 된다. 그 요체는 각 개인의 자각적 실천을 중시한 수심정기(守心正氣)에 있다.[34] 본래의 진여한 마음을 지키고 기운을 바르게 하는 것이 '옮기지 않음'의 핵심이다. 진여한 마음이란 일(一)과 다(多), 이(理)와 사(事)를 회통시키는 우주적 본성을 이름이고, 기운을 바르게 하는 것이란 혼원일기로 이루어진 생명의 유기성과 상호 관통을 깨달아 더불어 사는 삶을 실천하는 것이다. 따라서 수심정기란 우주적 본성의 자리를 지키는 것인 동시에 우주 '한생명'에 대한 자각적 실천의 나타남이다. 인간은 자기 내부의 신성에 대한 자각을 통해서만 만유의 근원에 대한 믿음과 맡김, 만유에 대한 존중과 사랑이 일어날 수 있다.

수운은 수심정기를 성경(誠敬) 두 자로 설명하고 있다. 「도수사(道修詞)」에서는 성경 두 자만 지켜내면 무극대도(無極大道)에 이르고 도성입덕(道成立

德)이 되는 것으로 보았다.[35] 실로 성(誠)은 "도를 이루는 전부이고 일을 성사시키는 가장 큰 근원"[36]이다. '순일(純一)하고 쉬지 않는 정성'[37]을 다하면, 마치 티끌이 모여 산을 이루는 것과도 같이 정성으로 된 산(誠山)을 이룰 수 있다.[38] 사람은 성(誠)으로 깨달음을 얻으며, '성'은 신(神)에서 완성된다. 그리하여 스스로의 신성을 자각하게 되므로 공심의 발현이 이루어지는 것이다. 다음으로 경(敬)은 만물을 대할 때 하늘 대하듯 공경을 다하는 것으로, 덕을 세우는 전부이고 조화적 질서를 이루는 원천이다. 말하자면 경천(敬天)·경인(敬人)·경물(敬物)의 '삼경(三敬)'사상을 실천하는 것이다. 그 비밀은 '신령'과 '기화', 즉 생명의 본체와 작용, 내재와 초월을 회통하는 일심의 통섭적 기능에 있다.

2) 동귀일체와 평등무이의 세계관

수운이 자신의 학을 심학(心學)이라고 표현한 데서도 알 수 있듯이, 그의 「시」철학의 요체는 마음의 본체를 밝혀서 세상 사람들이 천심을 회복하여 동귀일체(同歸一體)하게 하려는 지행합일의 심법이다. 동귀일체는 이분법적인 사유체계를 초월하여 하나의 마음뿌리로 돌아가는 것이다. 각 개인의 내면적 수양에 기초한 자각적 실천 수행을 통해 다 같이 천심으로 돌아간다는 동귀일체란 말 속에는 지상천국을 건설하려는 수운의 통합적 비전이 담겨져 있다. 본래의 진여한 마음, 즉 우주적 본성을 회복하여 원융무이(圓融無二)한 진리를 체득하면 생명의 유기성과 상호 관통을 깨달아 분절되지 않은 온전한 삶을 지향할 수 있게 되는 것이다. 그런데 진여[天]를 따르는 신심 그 자체는 완덕(完德)의 실천이 수반될 때 비로소 완전해질 수 있는 것으로 바로 여기에 수심정기 하는 수행의 필요성이 생겨난다.

'성경이자(誠敬二字)'의 실천을 통하여 하늘[神性]과 인간[理性]의 일원성을 자각하면[39] 동귀일체는 저절로 이루어진다. "실로 이 마음으로 말미암아 이 세상의 모든 것이 다 포괄되며 이 세상의 모든 것 자체는 오직 일심일 따름"[40]이므로 하나인 마음의 근원성·포괄성·보편성을 자각하지 않고서는 통섭적 비전을 가질 수가 없는 것이다. "내 마음을 공경치 않는 것이 곧 천지를 공경치 않는 것이라(「吾心不敬이 卽天地不敬이라」)"[41]고 한 것은, 우주만물에 대한 차별 없는 사랑과 공경의 원천인 바로 그 하나인 마음을 공경함이 곧 하늘을 공경함이란 뜻이다. 경천(敬天)은 결단코 허공을 향하여 상제를 공경하는 것이 아니라는 말이다. 일심의 근원으로 되돌아가면 만유가 하늘을 모시고 있음을 저절로 알게 되는 법. 이는 곧 평등성지(平等性智)의 나타남이다. 주관과 객관으로 분리되지 않은 하나인 마음을 공경함으로써 내재적 본성인 신성을 깨닫게 될 것이고, 일체의 우주만물이 내 동포라는 전체의식에 이를 수 있을 것이며, 기꺼이 헌신하고자 하는 마음, 책임과 의무를 다하고자 하는 마음이 우러나올 수 있는 것이다.

실로 하나인 마음에 대한 공경이야말로 모든 진리의 중추가 되는 것이다. 그러나 마음의 본체를 밝히지 않고서는 하나인 마음을 이해할 수도, 그것에 대한 공경이 일어날 수도 없기 때문에 일심에 대한 해명을 목적으로 내유신령과 외유기화의 둘로 나눈 것일 뿐, 그 체가 둘이 아니다. 내유신령이란 본래의 진여한 마음(一心, 神性)을 일컬음이요, 외유기화란 생명이 형성될 때 음양의 원리와 기운의 조화 작용으로 체를 이룬 것을 일컬음이다. 이러한 본체와 작용, 내재와 초월의 합일을 인식하면 만유에 내재한 '참자아', 즉 영원한 신성을 보게 될 것이고, 만유가 결국 하나임을 알게 될 것이며, 보편적 실재인 그 '하나['하늘'(님), 일심]'를 깨닫게 되어 동귀일체하게 되는 것이다. 우주의 실체는 의식이므로 생명의 본체인 하늘은 보편의식[근원의식, 전체의식,

순수의식, 우주의식], 즉 일심이다. 만유의 개체성은 근원적 일자[混元一氣]*인 하늘이 다양한 모습으로 현현한 것이다. 모든 존재 속에 내재하는, 동시에 초월하는 이 근원적 일자를 깨닫게 되면 일체의 이분법에서 벗어나 걸림이 없는 의식에 이르게 된다.

수운의 평등무이(平等無二)의 세계관은 인내천(人乃天)으로 대표되는 수운의 불연기연(不然其然)의 논리에 잘 나타나 있다. '그렇지 아니함과 그러함', 즉 불연기연은 체(體)로서의 불연과 용(用)으로서의 기연의 상호 관통에 대한 논리로서 본체계와 현상계가 본래 하나임을 말해준다. 불연이 인간의 지식과 경험으로는 분명하게 인지할 수 없는 사물의 근본 이치와 관련된 초논리·초이성·직관의 영역이라면, 기연은 상식적인 추론 범위 내의 사물의 현상적 측면과 관련된 감각적·지각적·경험적 판단의 영역이다. 기연은 불연으로 인하여 존재하므로 모두 불연의 투영에 지나지 않으며, 불연 역시 기연으로 인하여 존재하므로 기연과 둘이 아니라고 한 것[42]은 본체계와 현상계를 회통하는 수운의 독특한 논리로서 일종의 연기적(緣起的) 세계관으로 풀이할 수 있다. 수운이 '불연을 조물자에 부쳐 보면 또한 기연'[43]이라고 한 것이 이것이다.

'만물이 만물되고 이치가 이치된 대업이 얼마나 먼 것인가'라는 대목에서도 알 수 있듯이, 수운은 만물의 근원을 헤아린다는 것이 아득한 일이요 어려운 일이라고 하고 있다. 해월은 '사람이 음수(陰水) 속에서 살면서 음수를 보지 못하는 것은 마치 고기가 양수(陽水) 속에 살면서 양수를 보지 못하는

---

* 根源的 一者는 우주의 窮極的 實在, 즉 우주의 창조적 에너지(至氣)를 의미하는 것으로, 하늘(天)·天主[한울님, 造物者, 하느님, '하나'님, 創造主, 유일신]·道·佛·一心·太極[無極]·브라흐마((Brahma, 梵)·우주의식[전체의식·순수의식·보편의식·근원의식] 등으로 병칭되고 있다.

것과 같다'[44]는 비유로 불연을 설명한다. 이분법적 사유체계를 초월하여 여실한 대긍정의 세계를 지향하는 불연기연의 비밀 또한 일심에 있다. 모든 것을 낳는 근원이 바로 우리 각자의 마음이기 때문이다. 불연기연의 논리는 평등무이한 자성(自性)을 그 본질로 하고 있다. 하늘은 만유의 참본성으로 만유 속에 편재(遍在)해 있는 까닭에 천(天)이 곧 성(性)이다. 만물만상은 하나인 혼원일기[天]의 역동적인 나타남이다. 그럼에도 이를 자각하지 못하는 것은 물질의 견고함을 실재하는 것으로 인식하기 때문이다. 다시 말해 우리의 육체 또는 우리가 물질이라고 지각하는 것이 기실은 특정 주파수대의 에너지 진동으로 99.99%가 텅 빈 공간으로 이루어져 있음에도 견고한 것으로 인식하기 때문이다. 그리하여 분리 자체가 근원적으로 불가능한 파동체인 생명현상을 단순한 물리 현상으로 귀속시킴으로 해서 모든 것이 분리되어 있다고 생각하는 것이다.

이처럼 우리가 보는 세상은 사실 그대로의 세상이 아니라 왜곡된 인식에 기초한 해석이라는 프리즘을 통과한 세상이다. 「시」의 세 가지 의미인 내유신령·외유기화·각지불이는 법신·화신·보신의 삼신불, 성부·성자·성령의 삼위일체, 그리고 천·지·인 삼신일체와 마찬가지로 '생명의 3화음적 구조'에 대한 이해를 통하여 전일적인 생명의 역동적 본질을 파악할 수 있게 한다. 우주만물이 모두 한 기운 한 마음으로 꿰뚫어져 있으며,[45] 우주만물의 생성·변화·소멸 자체가 모두 하늘의 조화 작용인 까닭에 '이천식천-이천화천(以天食天－以天化天)', 즉 하늘로써 하늘을 먹고 하늘로써 하늘을 화(化)하는 기화(氣化)작용이 있게 되는 것이다. 이처럼 수운의 「시」철학은 '생명의 3화음적 구조'를 명료하게 드러냄으로써 생명의 본질 자체가 본체와 작용의 상호 관통에 기초해 있음을 보여준다. 이러한 '생명의 3화음적 구조'는 생명의 유기성과 상호관통을 보여주는 것으로 수운의 통섭적 세계관의 바탕을 이루는 것이다.

4. 홀라키적 전일주의와 「시」에 나타난 통합적 비전

1) 통합적인 앎과 통합적인 삶

통합적인 앎이 없이는 통합적 비전이 일어날 수 없고, 통합적 비전이 없이는 통합적인 삶이 전개될 수 없다는 것은 자명하다. 앞서 고찰한 바와 같이 윌버는 통합적인 앎의 세 단계를 몸과 마음과 영으로 나누어 고찰하고 있다. 1단계는 조야한 물질적인 실체의 지배를 받는 '몸(body)' 단계이다. '나' 또는 자기중심적 단계라고도 일컬어지는 물질로 이루어진 몸 단계에서는 다른 것과 분리되어 존재하는 육체적인 유기체를 자신과 동일시하며, 육체적 생존을 위해 힘쓰는 단계이다. 2단계는 분리되어 있는 조야한 '몸' 단계에서 자신의 정체성이 다른 사람들과의 관계를 맺는 상태로 확장되는 '마음(mind)' 단계이다. 자신의 정체성이 '나'에서 '우리'로, 자기중심적에서 민족중심적으로 확장되는 마음 단계에서는 타인과 가치관이나 상호 관심사, 공통의 이상이나 꿈 등을 공유하게 된다. 마음으로 다른 사람의 입장이 되어서 느낌을 공유하는 데까지 정체성이 확장되는 단계이다. 3단계는 인간과 문화의 다양성, 유사성과 공통점을 이해하기 시작하는 '영(spirit)' 단계이다. 자신의 정체성이 '우리'에서 '우리 모두'로, 민족중심적에서 세계중심적으로 확장되는 영 단계에서는 모든 존재의 유익을 구하며, 영적인 것이 모든 생명체의 공통분모가 되는 단계이다.[46]

여기서 몸에서 마음을 거쳐 영으로 전개되는 과정은 각자의 관심과 의식이 자기중심적인 상태에서 민족중심적인 상태를 거쳐 세계중심적인 상태로 확장되는 단계, 즉 '나'에서 '우리'를 거쳐 '우리 모두'로 진화하는 단계이다. 이러한 의식의 진화 단계는 잠재된 가능성이 전개되는 심리학적인 발전 단계 또는 수준으로서 의식의 확장에 따른 사랑의 크기와 관계된다. 몸, 마음, 영의 3단계는 윌버가 제시한 통합 모델의 다섯 가지 요소 중 각 '의식 상태'에 상응하는 몸, 즉 '거칠고 밀도가 높은 몸', '정묘한 몸', '원인이 되는 몸'과도 조응한다. 또한 모든 단계나 모든 상태에 존재할 수 있는 감정 타입이나 사고 타입, 또는 인간이 소유하고 있는 다양한 지성, 즉 인식 지성, 정서적 지성 등 복합 지성의 '발달 라인'과도 조응하며, 이 모두 '나', '우리', '우리 모두'의 단계를 거치며 진화한다. 그리고 개인과 집단의 내면적·주관적 영역과 외면적·객관적 영역을 일컫는 윌버의 '사상한(四象限)'은 전근대성과 근대성 그리고 탈근대성의 통합이라는 맥락에서 '온수준·온상한'의 통합적 비전을 보여준다.

수운의 경우에도 통합적인 앎과 통합적인 삶 간에는 긴밀한 함수관계가 있다. 수운의 천도와 천덕의 진수가 담겨진 '시천주조화정영세불망만사지'라고 하는 열세 자 주문은 「시」로 시작하여 '만사지(萬事知)'로 끝나고 있다. '만사를 아는 것'으로 끝나는 것은, 만사를 알면 조화세계는 저절로 열리기 때문이다. 여기서의 앎은 분절적 앎이 아니라, '내유신령'과 '외유기화', 즉 생명의 본체와 작용, 내재와 초월의 합일에 관한 통섭적인 앎이다. 본체와 작용, 내재와 초월이 상호 조응·상호 관통함을 안다는 것은 곧 천인합일의 대공(大公)한 경계를 자각한다는 것이다. 다시 말해 생명의 순환을 이해한다는 것이다. 「시천주」, 즉 '천주(하늘)를 모심'은 천인합일의 대공한 경계를 자각함으로써 순천의 삶을 지향하는 것이다. 이는 곧 참자아[하늘(님)]의 자각적 주체가 되는 것이다. 내재와 초월, 본체와 작용의 합일에 대한 인식은 참자아의 자각적 주체가 되기 위한 필수요건이다. 그러한 합일에 대한 인식 없이 하늘과 인간을 이원화시키며, 복본(復本)에는 힘쓰지 않고 단순히 기복신앙 차원에 머물러서는 결코 공심이 발현될 수 없는 것이다.

이처럼 「시」에 나타난 수운의 통합적 비전은 '생명의 3화음적 구조'를 바탕으로 생명의 순환을 이해하는 것으로부터 시작된다. 수운이 「시천주」의 천(天)에 대한 풀이를 제외시킨 것은 진리 그 자체인 '천'을 문자로 나타낼 수 없기 때문인 것으로 보인다. "주(主)라는 것은 존칭해서 부모와 더불어 같이 섬기는 것이고, 조화(造化)라는 것은 무위이화(無爲而化)이며, 정(定)이라는 것은 '합기덕 정기심(合其德定其心)'이다."[47] 즉, 무위이화의 덕과 그 기운과 하나가 되는 것이 '조화정'이다. 다음으로 '영세불망 만사지'란 그 덕을 밝게 하여 늘 생각하며 잊지 아니하면 일체를 관통하게 된다는 뜻이다. 말하자면 분절적 지식이 아니라 대통(大通)의 지성에 이르게 된다는 뜻이다. 따라서 통합적인 앎을 갖게 되므로 통합적 비전이 일어나고 통합적 삶이 전개되는 것이다. 지극한 성인에 이르게 되어 무극대도(無極大道)의 세계가 열리는 것이다. '만사지'에 기초한 무극대도의 세계, 그것은 천심에서 벗어나지 않는 '각지불이'의 경계에서 열리는 새 세상이다.

윌버는 '의식의 스펙트럼'의 가장 낮은 곳인 물질의 영역과 가장 높은 곳인 영(靈)의 영역 사이의 등급을 단순하게는 몸, 마음, 영 또는 육안(肉眼), 심안(心眼), 영안(靈眼)의 세 주요 영역으로 구분하기도 하고, 물질(物理的), 몸(生物的), 마음(心的), 혼(魂, 精妙的), 영(靈, 因果的)의 다섯 영역으로 구분하기도 하지만, 이러한 존재의 대등지가 분리될 수는 없다고 본다. 그는 각 단계가 비대등(non-equivalence)의 다차원적 상호 침투(interpenetration)를 하는 것으로 보았다. 윌버는 이러한 계층적 구분을 인간의 의식구조에 뿐만 아니라 인지발달과정과 인류문명사의 전개과정에도 적용하고 있는데, 그의 『에덴에서 현재까지 *Up From Eden*』(1981)는 이러한 적용을 보여주는 대표작이다. 지금으로부터 150억 년 전에 우주 대폭발과 함께 1단계인 물리적 단계가 형성되었고, 30억 년 전에 생물적 단계인 2단계가 형성되었으며, 3단계에 완전히 도달한 것이 인간이다. 4단계에서 이성적인 합리적 자아가 등장하였고, 기원전 500년경 이후부터 5단계에 들어가 그리스도, 붓다, 크리슈나 같은 인물들이 등장하였다는 것이다.[48]

월버의 계층적 구분이 보여주는 전체와 부분간의 다차원적 상호 침투는, 수운의 「시」가 보여주는 생명의 본체와 작용, 내재와 초월간의 상호 관통과 일맥상통하는 바가 있다. 그러나 '생명의 3화음적 구조'를 바탕으로 전일적인 의식계[본체계]와 다양한 물질계[현상계]를 상호 관통하며 생명의 역동적 본질을 생생하게 보여주는 「시」철학과는 달리, 월버의 홀라키적 전일주의는 의식과 물질, 내면과 외면, 자아와 세계, 주관과 객관이 모두 '한맛'이라고 하면서도 전일적인 생명의 역동적 본질을 생생하게 보여주고 있지는 못하다. 우주만물의 생성·변화·소멸 자체가 모두 하늘의 조화 작용임을 알지 못하고서는, 생명의 전일적인 흐름을 파악하지 못하고서는 '한맛'임을 이해하기 어려운 것이다. 우주만물의 근원인 이(理)와 기(氣)의 전일적 관계를 명료하게 이해하지 못하고서는, 다시 말해 "천지, 음양, 일월, 천만물의 화생한 이치가 한 이치 기운(一理氣)의 조화 아님이 없다"[49]는 사실을 알지 못하고서는 통섭적 비전을 가질 수가 없는 것이다. 생명의 본체는 천지이기(天地理氣)이고, 기운이 곧 이치(氣則理)이며 이치가 곧 기운(理則氣)이니 이치와 기운은 하나이며, '천지이기'를 알지 못하고서는 생명을 논할 수 없는 것이다.

월버가 말하는 '모든 것의 의미를 이해하는 방식', 즉 통합적인 앎 또는 비전은 생명의 순환을 이해하는 것으로부터 시작되어야 한다. 생명의 순환을 이해하기 위해서는 생명의 본체와 작용이 하나임을 명료하게 보여줄 수 있어야 한다. 월버는 근대에 들어 문화적 가치권이 예술(美), 도덕(善), 과학(眞)의 3대 가치로 분화했다고 보고, 이 3대 권역을 주관적 영역[예술]을 가리키는 1인칭 언어 '나', 상호 주관적 영역[도덕]을 가리키는 2인칭 언어 '우리', 객관적 영역[과학]을 가리키는 3인칭 언어 '그것'의 영역이라고 명명했다. 이 세상에 드러나는 모든 것은 이 세 개의 차원으로 이루어져 있으며, 통합적인 접근은 이 모든 차원을 함께 고려함으로써 보다 포괄적이고 효과적으로 접근할 수 있다고 보았다. 나아가 그는 어떤 경우에라도 조망해 볼 수 있는 기본적인 차원들로서 '나', '우리', '그것', '그것들'이라는 네 개의 영역[차원]을 설정하고서 '사상한(四象限)'이라고 명명했다. 앞의 〈그림 2〉에서 보듯 위의 두 상한(上限)은 개체의 영역이고, 아래 두 상한은 집합의 영역이며, 왼쪽의 두 상한은 내면적·주관적 영역이고, 오른쪽 두 상한은 외면적·객관적 영역이다. 윌버는 모든 현상이 개체와 집합, 내면과 외면의 네 측면을 동시에 지닌다고 보고, 이 네 측면에서 통합적인 앎에 접근하고 있다.

그러나 통합적인 앎은 3대 권역이나 '사상한'에 대한 지식 차원의 분석적 접근만으로 도달할 수 있는 것이 아니다. 통합적 또는 통섭적 앎은 생명의 전일성과 자기근원성에 대한 인식에서 비롯되며, 이러한 인식은 본체계와 현상계의 상호 관통에 대한 이해를 전제로 한다. 윌버가 말하는 3대 권역이나 '사상한'만으로 이러한 상호 관통을 이해하기에는 한계가 있다. 하나인 혼원일기의 조화 작용을 알아야 하기 때문이다. 그럼에도 윌버의 정치(精緻)한 학문적 기준과 분석틀은 통합 패러다임과 통합 학문의 비전을 제시하고, 나아가 생명의 전일성에 대한 통찰력을 제고할 수 있다는 점에서 그 의의가 있다. 또한 수운의 「시」에 나타난 통합적 비전을 보다 체계적이고도 효과적으로 구체적 실천의 장에 적용할 수 있게 하는 분석틀을 제시한다는 점에서 윌버의 정밀함과 수운의 명료함은 상호 보완적인 측면이 있다고 할 것이다. 나아가 이들의 통합적 비전은 보편적인 전일적 시각으로의 패러다임 전환을 촉구함으로써 생명시대의 도래를 추동하는 한 요인으로 작용할 수 있다는 점에서 그 의의를 찾을 수 있다.

2) 초(超)이성 단계의 통일적인 영(靈)과 통합적 비전

과학적이고 경험적인 연구에 따르면 확실히 대비되는 의식의 진화 단계가 있다고 윌버는 말한다. 즉, 전(前)이성적이고, 전(前)관습적이고, 나르시스적인 환상에 빠져 있는 단계가 있으며, 탈(脫)관습적이고, 초(超)이성적이고, 초(超)개인적인 자각적 단계가 있다는 것이다. 그런데 초(超)이성과 초(超)개인 단계의 어떤 모습은 전(前)이성과 전(前)개인 단계의 어떤 모습들과 매우 유사하다고 윌버는 지적한다. 전(前)관습 단계와 탈(脫)관습 단계가 둘 다 관습적이지 않기 때문에 구별하기 어렵듯이, 전(前)이성 단계와 초(超)이성 단계 또한 둘 다 이성적이지 않기 때문에 혼동되며, 에고(ego 個我) 이전 단계와 초(超)에고 단계도 둘 다 에고가 없다는 이유로 혼동되고, 그리고 둘 다 비언어적이라는 이유로 언어 이전 단계와 언어를 초월한 단계도 혼동된다는 것이다. 전(前)이성 단계의 신화적인 신(神)과 초(超)이성 단계의 통일적인 영(靈), 이 둘의 차이는 밤과 낮의 차이와 같으며, 그 사이에 새벽 역할을 하는 이성이 있다고 윌버는 말한다.[50]

과학적 탐구 결과에 따르면 인간 의식의 진화는 전(前)개인적-개인적-초(超)개인적, 또는 전(前)이성적-이성적-초(超)이성적, 또는 잠재의식-자아의식-초(超)의식 등으로 3개의 폭이 넓은 호(弧)를 그리며 전개해 나간다고 한다. 원자에서 분자로, 분자에서 세포로, 세포에서 유기체로 발전하는 것처럼, 이전 단계를 품고 전개되는 이 과정에서 유실되는 것은 없으며 모든 것이 보존되는 형태로 의식의 진화가 진행된다는 것이다. 윌버에 따르면 통합적인 접근은 이전 단계를 포괄하는 동시에 초월하는 방식으로 진행되므로 초(超)이성적인 것을 전(前)이성적인 것으로 환원시키거나, 전(前)이성적인 것을 초이성적인 것으로 격상시키는 오류에 빠지지 않는다고 한다. 3개의 대원호(大圓弧)는 저마다의 궁극적인 진실을 지니고 있는 바, 이에 관한 윌버의 관점을 요약하면 다음과 같다.

> 이성적인 단계를 향해 나아가는 첫 번째 원호(圓弧) 단계에서는 마법적이고 신화적인 힘이 지배한다. 세계의 주요 종교가 가르치고 있는 교의의 80% 정도가 여기에 속한다. 비(非)종교적이고 심지어는 반(反)종교적인 것처럼 보이는 두 번째 원호 단계는 개인적이고 이성적인 단계로서 문명의 이기와 더불어 합리적인 과학이 전면에 등장한다. 이성을 초월하여 더 넓은 관심과 의식 영역으로 발달해 나가는 세 번째 원호 단계에서는 궁극적 실재가 첫 번째 원호의 컬러인 의인화된 개념이나 두 번째 원호의 컬러인 합리적인 개념이 아니라 존재의 근거, 비어있음, 우주의식, 비(非)이원적인 그러함, 신성, 참자아, 영원한 현재 등의 개념으로 표현된다.[51]

윌버는 대중매체가 전(前)개인적이고 전(前)이성적인 영성과 초개인적인 비이원적 영성을 혼동하는 것에 대해 심대한 우려를 표명하고 있다. 그에 의하면 보수주의자들은 첫 번째 원호를 지지하는 경향이 있는 반면, 자유주의자들은 두 번째 원호를 지지하는 경향이 있다고 한다. 하지만 그들 중 어느 누구도 세 번째 원호를 의식하는 사람이 없기 때문에 그들은 세 번째 원호를 완전히 무시하든지, 아니면 첫 번째 원호와 완전히 혼동하는 '전(前)/초(超) 오류'에 빠지게 된다는 것이다. 이러한 오류에 빠져 있는 사람은 이 두 영성이 실제로는 '반대편 끝'임에도 불구하고 기본적으로 같은 것으로 취급함으로써 전(前)이성 단계의 신화적인 신(神)과 초이성 단계의 비이원적인 의식을 혼동하게 된다는 것이다.

초(超)이성 단계의 비이원적인 의식은 그것이 나타나는 모든 정황에서 궁극적인 자유와 충만함, 소외와 분열과 고통으로부터 해방을 가져다준다. 반면에 전(前)이성 단계의 신화적 신은 어떤 역사를 보더라도 인간이 만들어 낸 수많은 고통의 원인으로 작용했다. 그래서 이 둘을 혼동하는 것은 우리를 해방시키는 길과 인류가 겪은 대부분의 비참함을 빚어낸 원인을 혼동하는 것이다.[52]

그리하여 고통의 원인인 것처럼 보이는 것을 회피하려는 시도가 실제로는 구원의 길을 등지고 다시 고통의 원인 속으로 들어가는 형국이 되고 만다는 것이다. 윌버의 체계 속에서 각 호 안에 포함된 단계들은 이전 단계를 포괄하는 동시에 초월하여 다음 단계로 이행하는 방식으로 계속 전개되므로 이전 단계들이 축적되는 통합적인 효과가 생겨난다. 윌버의 '사상한(四象限)'이 전근대성과 근대성 그리고 탈근대성의 통합이라는 맥락에서 '온수준·온상한'의 통합적 비전을 보여주는 것도 이 때문이다. 세 번째 원호를 언급할 때 가장 많이 쓰는 표현 가운데 하나로 윌버는 '영적인, 그러나 종교적이지 않은'이라는 말을 쓰고 있다. '영적인, 그러나 종교적이 아닌' 사람들은 둘이 아니고, 비어 있고, 열려 있고, 무한계적이며 무규정적인 '그것(Thusness)'을 직접 자각한다는 것이다.

수운의 「시」철학의 세 가지 의미 가운데 내유신령의 '신령(神靈)'은 최고 수준의 영성 또는 신성의 의미로서 그 스스로의 작용인 '기화(氣化)'와 비이원적 관계임을 보여주고 있다. 말하자면 '영(靈)과 기운이 본래 둘이 아니라 한 기운'이라는 말이다. 모든 존재의 근거가 되는 궁극적 실재인 '영'은 그 스스로의 자기복제로서의 기화작용으로 우주만물로 나타나는 것이니, 생명의 본체인 '영'과 그 작용인 우주만물은 둘이 아니다. '신령'과 '기화'를 안과 밖의 관계로 나타낸 것은 물질의 관점에서 그렇게 표현한 것일 뿐, 내재와 초월이 결국 하나라는 말이다. 비유컨대, '신령'과 '기화'는 동전의 양면과도 같이 분리될 수 없는 것이다. 윌버는 이 세상에 드러나는 모든 것이 세 개의 차원, 즉 '나', '우리', '그것'으로 이루어져 있다고 보고 '온수준·온상한'의 통합적 비전을 보여주고자 한 데 비해, 수운은 '영'과 '기화'가 모두 하나인 혼원일기라는 직시를 통해 본체계와 현상계의 상호 관통을 보여주는 방식으로 통합적 비전을 제시하였다.

윌버가 전(前)이성 단계의 신화적인 신(神)과 초이성 단계의 통일적인 영(靈)의 구분을 강조한 것은, 통일적인 '영'의 단계에 이르지 않고서는 존재의 비이원성을 직시할 수가 없기 때문이다. 이 세상의 모든 문제는 모든 것이 서로 분리되어 있다는 믿음, 즉 영적 일체성(spiritual identity)의 결여에서 기인하는 것인 만큼, 영성에 대한 자각이 없이는 개인적인 변형과 사회적 변화 그리고 삶의 질을 제고하는 실효성 있는 대안을 강구할 수가 없다. '이 세상 모든 것은 상호 유기적인 관련 속에 있으며 전체와 부분은 함께 있다'고 보는 통합적 진리관[53]은 초(超)이성 단계의 통일적인 영(靈)에 대한 자각을 전제로 한다. 내유신령의 '영'은 초이성 단계의 통일적인 '영'이며, 그런 점에서 윌버가 말하는 '영적인, 그러나 종교적이지 않은' 범주에 속한다. 이 범주에 속할 때 비로소 생명의 전일성과 자기근원성, 근원적 평등성과 유기적 통합성에 대한 자각이 이루어지고 통합적 비전이 활성화된다.

최고 수준의 영성에 대한 인식, 그것은 언어가 끊어진 비이원적 경계이며 초종교적이다. 수운의 불연기연의 논리는 본체계와 현상계의 회통을 보여주는 것으로 최고 수준의 영성에 대한 자각을 전제로 한다. "저 새소리도 또한 시천주(侍天主)의 소리니라"[54]라고 한 것은 사람만이 홀로 하늘[神靈]을 모신 것이 아니라 만유가 다 하늘을 모시고 있다는 뜻이다. 말하자면 하늘은 생명의 본체로서 만유에 편재해 있다는 뜻이다. 그래서 인내천이고 천인합일*인 것이다. 「시」에 나타난 수운의 통합적 비전은 윌버와 마찬가지로 전근대성과 근대성 그리고 탈근대성을 관통한다. 「시」철학이 지향하는 무극대도의 세계는 이러한 최고 수준의 영성에 대한 자각을 전제로 한다.

윌버의 『영의 눈 *The Eye of Spirit*』(2001) 제3장에는 '그러나 신은 어디에 있는가(But Where is God?)'[55]라는 절이 나온다. '신은 어디에 있는가'라는 존재론적 물음 이전에 '신은 무엇인가(What is God)'라는 인식론적 물음이 먼저 제기되었어야 했다. 신이 무엇인지를 모른다면 어디에 있는지를 어떻게 알 수 있겠는가? 생명의 본체인 신이 무엇인지를 인식할 수 있다면 '신은 어디에 있는가'라는 따위의 질문은 하지 않게 될 것이다. 생명의 본체인 신[神靈, 天]이 무엇인가에 대해 동학은 「시」, '불연기연', '인내천' '이천식천-이천화천', '인시천(人是天)', '물물천 사사천(物物天 事事天)' 등에서 명료하게 보여준다. 생명의 본체인 신은 그것의 기화(氣化)작용으로 나타난 우주만물과 둘이 아니라는 것이다. 만유의 중심에 만유의 참본성[一心]으로 편재해 있으니 만유가 다 하늘을 모시고 있는 것이다. 만유가 하늘을 모시고 있음을 자각할 때, 다시 말해 초이성 단계의 통일적인 '영[神靈, 神性]'을 자각할 때 통합적 비전이 발휘되어 경천(敬天)·경인(敬人)·경물(敬物)의 삶을 실천할 수 있는 것이다.

---

* 人乃天의 '人'은 天人合一의 '人'과 마찬가지로 '人物', 즉 사람과 우주만물의 의미를 함축하고 있다. 사람이 만물의 영장인 까닭에 대명사 '人'을 사용한 것이다.

5. 결론

이상에서 우리는 켄 윌버의 홀라키적 전일주의와 수운의 「시」에 나타난 통합적 비전을 비교 고찰하고 그 실천적 함의에 대해 살펴보았다. 우선 윌버의 홀라키적 전일주의에서는 앎의 세 양태와 '존재의 대둥지'에 대해, 그리고 사상한(四象限)과 통합적 비전에 대해 살펴보았다. 윌버는 앎의 세 양태로 육의 눈, 마음의 눈, 영의 눈에 대해 말하고 있는데, 이 세 가지 눈은 각각 감각적, 정신적, 초월적인 고유한 앎의 대상을 가지고 있으며 진화적 홀라키로 이루어져 있다. 이러한 진화적 홀라키는 '의식의 스펙트럼'의 가장 낮은 곳인 물질의 영역에서 가장 높은 곳인 영(靈)의 영역으로의 성장 과정에서 각 상위 차원이 하위 차원을 초월하는 동시에 포괄하는 사실상 '존재의 대둥지'이며, 궁극적으로는 통합 패러다임의 모색에 기여할 수 있게 한다. 새로운 통합 패러다임은 감각적·경험적인 조야(粗野)한 영역의 육의 눈과 정신적·지적인 정묘한 영역의 마음의 눈, 그리고 초월적·관조적인 인과(因果)의 궁극적인 영역의 '영'의 눈, 이 세 가지를 모두 사용하고 통합할 수 있게 한다는 점에서 경험주의, 합리주의, 그리고 초월주의가 이상적으로 그리고 궁극적으로 통합된 것이다.

'사상한'과 통합적 비전에 대한 고찰에서 윌버는 '통합적인 삶을 위한 훈련'의 한 방법으로 '사상한', 수준, 라인, 상태, 타입의 다섯 가지 요소로 구성된 통합 모델을 제시한다. 이 통합 모델의 다섯 가지 요소 중 '수준'은 의식의 진화 단계 또는 수준을 일컫는 것으로 단순하게는 '나'(자기중심적), '우리'(민족중심적), 그리고 '우리 모두'(세계중심적)로 나타낼 수 있고, 이러한 3단계는 몸, 마음, '영'의 3단계와도 조응한다. '발달 라인'은 인간이 소유하고 있는 복합 지성의 여러 측면이 균등하게 발전하는 것이 아니라 저마다의 성장과 발달 정도를 지니고서 3단계 진화과정을 거치면서 성장한다. '의식 상태'는 깨어 있는 상태, 꿈꾸는 상태, 형상이 없는 깊은 잠 상태가 있고, 각 의식 상태에 상응하는 '거칠고 밀도가 높은 몸', '정묘한 몸', '원인이 되는 몸'이 있으며, 3단계 진화과정을 거치면서 성장한다. '타입'은 모든 단계나 상태에 존재할 수 있는 감정 타입이나 사고 타입 등을 말하는데, 이 역시 3단계의 진화과정을 거치면서 성장한다. 끝으로, '사상한'은 개인과 집단의 내면적·주관적 영역과 외면적·객관적 영역을 '나', '그것', '우리', '그것들'로 나타내고 있다. 윌버의 통합적 비전에 의하면 인류의 영적 진화는 특정 수준이나 특정 상한에 집착하지 않는, 삼대가치(진·선·미)의 '온수준·온상한'의 통합적 접근을 전제로 한다.

다음으로 수운의 「시」철학에서는 「시」철학의 본질과 그 의미, 동귀일체와 평등무이의 세계관에 대해 살펴보았다. 내유신령· 외유기화· 각지불이의 세 가지 의미를 갖는 수운의 「시」철학은 우주의 본질인 생명의 본체와 작용, 내재와 초월의 합일에 관한 것으로 본체계와 현상계를 회통하는 생명의 비(非)이원론적 본질에 기초해 있다. 우주적 본성인 신성[神靈]은 내재해 있는 동시에 지기(至氣)로서 만물화생의 근본원리가 되고 있으므로 본체와 작용, 내재와 초월은 합일이다. 「시」란 동학의 진액(眞液)이 응축된 것으로 생명의 전일성과 자기근원성을 표징하는 천인합일의 대공(大公)한 경계다. 수운의 법은 한마디로 심법이다. 그의 심법의 키워드라 할 수 있는 '오심즉여심'은 일심 이외에 다른 실재가 있는 것이 아님을 분명히 한 것이다. 내유신령과 외유기화는 그 체가 둘이 아니므로 모두 '일심법'이다. 「시」의 원리를 체득하면 만유의 근원에 대한 믿음과 맡김, 만유에 대한 존중과 사랑이 일어날 수 있다. 그 요체는 각 개인의 자각적 실천을 중시한 수심정기에 있다.

「시」철학의 요체는 마음의 본체를 밝혀서 세상 사람들이 천심을 회복하여 동귀일체하게 하려는 지행합일의 심법이다. 동귀일체는 각 개인의 내면적 수양에 기초한 자각적 실천 수행을 통해 이분법적인 사유체계를 초월하여 다 같이 천심으로 돌아가는 것이다. 만유에 내재한 '참자아', 즉 영원한 신성을 보는 사람은 만유가 결국 하나임을 알게 되고, 보편적 실재인 그 '하나[하늘(님), 일심]'를 깨닫게 되어 동귀일체하게 된다. '성경이자'의 실천을 통하여 하늘[神性]과 인간[理性]의 일원성을 자각하면 동귀일체는 저절로 이루어진다. 이러한 동귀일체란 말 속에는 일심의 근원으로 되돌아가 무극대도의 세계를 구현하려는 수운의 통합적 비전이 담겨져 있다. 수운의 평등무이의 세계관은 인내천으로 대표되는 수운의 불연기연의 논리에 잘 나타나 있다. 불연기연의 논리는 평등무이한 자성을 그 본질로 하고 있다. 수운의 통섭적 세계관의 바탕을 이루는 「시」의 세 가지 의미는 '생명의 3화음적 구조'에 대한 이해를 통하여 우주만물이 모두 한 기운 한 마음으로 꿰뚫어져 있음을 알 수 있게 한다.

다음으로 홀라키적 전일주의와 「시」에 나타난 통합적 비전에서는 통합적인 앎과 통합적인 삶에 대해, 초이성 단계의 통일적인 영(靈)과 통합적 비전에 대해 윌버와 수운의 관점을 비교 고찰해 보았다. 윌버는 통합적인 앎의 세 단계를 몸과 마음과 영으로 나누어 고찰하고 있다. '나' 또는 자기중심적 단계라고도 일컬어지는 '몸' 단계, 자신의 정체성이 '나'에서 '우리'로, 자기중심적에서 민족중심적으로 확장되는 '마음' 단계, 자신의 정체성이 '우리'에서 '우리 모두'로, 민족중심적에서 세계중심적으로 확장되는 '영' 단계가 그것이다. 윌버는 각 단계가 비대등의 다차원적 상호 침투를 하는 것으로 보았다. 수운의 체계 속에서도 통합적인 앎과 통합적인 삶 간에는 긴밀한 함수관계가 있다. 수운의 천도와 천덕의 진수가 담겨진 열세 자 주문은 「시」로 시작하여 '만사지'로 끝나고 있다. 왜 그런가? 만사를 알면 무극대도의 세계는 저절로 열리기 때문이다. 여기서의 앎은 '내유신령'과 '외유기화', 즉 생명의 본체와 작용, 내재와 초월의 합일에 관한 통섭적인 앎이다. '만사지'에 기초한 무극대도의 세계, 그것은 천심에서 벗어나지 않는 '각지불이'의 경계에서 열리는 새 세상이다.

윌버의 계층적 구분이 보여주는 전체와 부분간의 다차원적 상호 침투는, 수운의 「시」가 보여주는 생명의 본체와 작용, 내재와 초월간의 상호 관통과 일맥상통하는 바가 있다. 윌버는 이 세상에 드러나는 모든 것이 '나', '우리', '그것'의 세 차원으로 이루어져 있다고 보고 '온수준·온상한'의 통합적 비전을 제시했다. 반면, 수운은 '영'과 '기화'가 모두 하나인 혼원일기라는 직시를 통해 본체계와 현상계의 상호 관통을 보여주는 방식으로 통합적 비전을 제시했다. 그러나 '생명의 3화음적 구조'를 바탕으로 전일적인 의식계와 다양한 물질계를 상호 관통하며 전일적인 생명의 역동적 본질을 생생하게 보여주는 「시」철학과는 달리, 윌버의 홀라키적 전일주의가 제시하는 3대 권역이나 '사상한'의 분석틀은 하나인 혼원일기의 조화 작용을 보여주지 못함으로 해서 이러한 상호 관통을 이해하기에는 한계가 있다. 그럼에도 윌버의 정치(精緻)한 학문적 기준과 분석틀은 통합 패러다임과 통합 학문의 비전을 제시하고, 나아가 생명의 전일성에 대한 통찰력을 제고할 수 있다는 점에서 그 의의가 있다.

윌버가 전(前)이성 단계의 신화적인 신(神)과 초이성 단계의 통일적인 영(靈)의 구분을 강조한 것은, 통일적인 '영'의 단계에 이르지 않고서는 존재의 비이원성을 직시할 수가 없고 따라서 통합적 비전을 가질 수가 없기 때문이다. 이 세상의 모든 문제는 영적 일체성의 결여에서 기인하는 것인 만큼, 영성에 대한 자각 없이는 지구생명공동체의 구현을 위한 실효성 있는 대안을 강구할 수가 없다. 내유신령의 '영'은 초이성 단계의 통일적인 '영'이며, 그런 점에서 윌버가 말하는 '영적인, 그러나 종교적이지 않은' 범주에 속한다. 이 범주에 속할 때 비로소 생명의 전일성과 자기근원성에 대한 자각이 이루어지고 통합적 비전이 발휘된다. 「시」철학이 지향하는 무극대도의 세계는 이러한 최고 수준의 영성에 대한 자각을 전제로 한다. 윌버의 정밀한 이론적 분석틀과 수운의 명료한 직관은 개인적인 변형과 사회적 변화 그리고 삶의 질을 제고함에 있어 상호 보완적으로 작용할 수 있을 것이다.

윌버는 묻고 있다. "이 세상에서 종교가 왜 이렇게 복잡하고, 혼란스럽고, 대립하는 세력이 되었는가? 한편으로는 사랑과 생명을 그토록 가르치면서, 다른 한편으로는 엄청난 죽음과 파멸의 원인이 되고 있다. 어떻게 이럴 수 있는가?"[56]라고. 그는 통합적인 접근이 이 문제를 해결하는 데 도움이 될 수 있다고 본다. 그에 따르면 사람들은 저마다 '사상한', 수준, 라인, 상태, 그리고 타입에 입각한 최소 다섯 가지 의미로 영성을 말하고 있으며, 이 다섯 가지 요소를 함께 고려하면 '모든 것의 의미를 이해하는' 과정이 시작될 것이고, 그에 따라 개인적 변형과 더불어 사회적 삶 자체의 변화를 가져올 수 있다는 것이다. 윌버의 정밀한 분석틀은 각자가 어떤 단계에 있는지를 점검하고 알 수 있게 하는 데는 분명 도움이 되겠지만, 만유의 생성·변화·소멸 자체가 하나인 혼원일기의 조화 작용임을 알지 못하고서는 초이성 단계의 통일적인 '영'을 자각할 수가 없고, 따라서 '모든 것의 의미를 이해하는' 데도 한계가 있을 수밖에 없다. '영적인, 그러나 종교적이지 않은'이란 윌버의 말은 일체의 장벽이 해체된 최고 수준의 영성에 도달할 때 진정한 통합적 비전이 발휘될 수 있음을 시사한다. '영적인, 그러나 종교적이지 않은'—이 말 속에 소통·자치·자율에 기초한 지구생명공동체의 가능성이 있다.

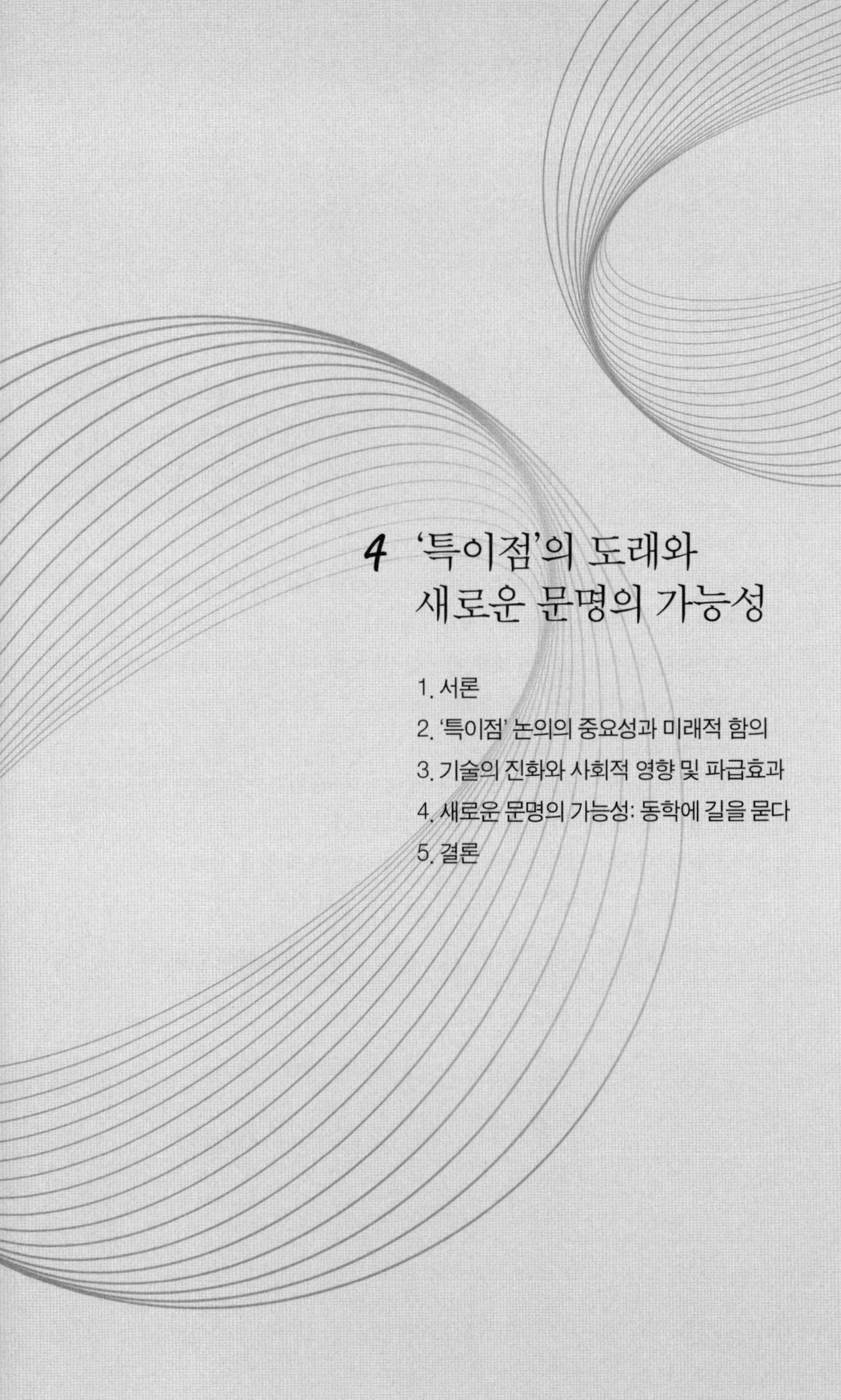

4 '특이점'의 도래와 새로운 문명의 가능성

1. 서론
2. '특이점' 논의의 중요성과 미래적 함의
3. 기술의 진화와 사회적 영향 및 파급효과
4. 새로운 문명의 가능성: 동학에 길을 묻다
5. 결론

‘특이점주의자’들은 미래 문명의 지능 대부분이 결국에는 비생물학적인 형태가 될 것이라고 본다. 그러나 비생물학적인 지능은 생물학적 설계에서 파생되어 나올 것이기 때문에 인간성에 대한 이해가 생물학적인 기원을 넘어서긴 하겠지만 여러 가지 면에서 미래 문명은 현재보다 더 인간적인 전형이 될 것이라고 본다. 특이점을 완전히 이해하면 인생관이나 삶의 태도가 본질적으로 바뀌기 때문에 이 시기에 대한 대처 능력을 증대시킬 수 있다. 인공지능은 인류의 집합의식이 이입된 것이기 때문에 정확히 말하자면 인공지능 윤리 문제는 인간 자체의 윤리 문제다. 동학의 통섭적 사유체계는 공공성을 극대화할 수 있는 추동력을 제공함으로써 인공지능 윤리의 딜레마를 근원적으로 해소할 수 있게 한다. 동학의 후천개벽은 정신개벽과 사회개벽 그리고 천지개벽이 변증법적 통합을 이루어 새 하늘과 새 땅을 창조하는 ‘다시개벽’으로 새로운 휴머니즘의 길, 신문명의 길을 제시한다.

- 본문 중에서

최초의 초지능 기계가 인간이 만들게 될 마지막 발명품이 될 것이다.
… the first ultraintelligent machine is the last invention that man need ever make.

- Irving John Good,
"Speculations Concerning the First Ultraintelligent Machine"(1965)

1. 서론

인공지능(artificial intelligence, AI) 딥블루가 체스에서 처음 인간을 이긴 후 왓슨이 퀴즈에서, 그리고 알파고가 바둑에서 잇단 승리를 거두면서 '특이점(singularity)'의 도래가 임박했다는 예단이 나오고 있다. 인공지능이 체스에서 처음 인간을 이긴 후 20년도 안 걸려 체스와는 비교가 안 될 정도로 복잡한 패턴 이해력을 요구하는 바둑에서 이겼다는 것은 인공지능이 인간 고유의 영역까지 깊이 들어왔음을 확인시켜 주는 것이다. 1950년대에 헝가리 태생의 미국 수학자 존 폰 노이만(John von Neumann)은 '점점 가속화하는 기술의 발전이 인류 역사상 특이점의 도래를 촉발할 것이며, 그 후의 인간사는 우리가 알고 있는 것과는 전혀 다른 방향으로 진행될 것이다'[1]라고 예단한 바 있다. 수학뿐만 아니라 양자역학 연구, 게임이론 연구, 컴퓨터 구조 연구 등으로 물리학과 경제학 그리고 컴퓨터 과학에도 지대한 영향을 미친 그는 기술의 가속적 발전과 특이점의 상관관계를 규명함으로써 인간의 발전이 선형적이지 않고 기하급수적이며 이러한 기하급수적 증가의 폭발성이 완전한 변화를 가져올 것이라고 예견했다.

'특이점'이란 용어는 천체물리학에서는 '빅뱅 특이점'이라고 하여 대폭발(Big Bang) 전의 크기가 0이고 밀도와 온도가 무한대인 상태를 일컫는 것이지만, 이를 사회경제적인 의미로 원용하여 돌이킬 수 없는 인류 문명의 대변곡점을 지칭하는 것으로 광의로 사용되고 있다. 기술 발전의 가속화로 인류가 무한히 가파른 변화의 지점을 향해 나아가고 있으며 육체적으로나 지적으로 또는 영적으로 생물학적 한계를 뛰어넘는 시점, 이른바 '양자 변환(quantum transformation)'으로 일컬어지는 새로운 우주 주기에 곧 도달하게 된다는 것이다. 프랑스 고생물학자 피에르 테야르 드 샤르댕(Pierre Teilhard de Chardin)은 점증하는 복잡성과 상호연결로 표징되는 진화의 방향을 연구한 끝에 인류가 '오메가 포인트(Omega Point 영적 탄생)'를 향해 나아가고 있다고 주장했다. 샤르댕은 오메가 포인트로 이어지는 마지막 단계가 그리스도 의식의 탄생, 즉 '집단 영성의 탄생'이라고 보았는데, 그가 사망하기 직전 최초의 컴퓨터 개발을 목격하면서 이 같은 신기술이 오메가 포인트를 훨씬 더 앞당길 것이라고 예측했다.

독보적인 인공지능 개발자로서 현재 구글에서 인공두뇌 개발을 이끌고 있는 미국의 미래학자 레이 커즈와일(Ray Kurzweil)은 구글의 알파고가 이세돌 9단과의 대결에서 4승1패로 압승한 것은 가까운 미래에 두 개의 중요한 시점이 도래할 것임을 확신하게 하는 사건이라고 말한다. '우리 시대 최고의 미래학자'라는 평판을 얻고 있는 커즈와일에 따르면, "2029년에는 인공지능이 사람과 똑같이 생각하고 말하고 느끼게 되어 인류와 인공지능이 협업하는 시대가 되고, 2045년에는 인공지능과의 결합으로 인류의 육체적·지적 능력이 생물학적 한계를 뛰어넘는 특이점이 온다"는 것이다.[2] 이러한 커즈와일의 예단은 알파고의 딥러닝(deep learning: 머신러닝 알고리즘의 집합) 기술이 인공일반지능(AGI) 개발에 크게 기여할 것이라는 인공지능 분야 전문가들의 전망과 맥을 같이 한다. 최근 컴퓨터와 통신기술의 급속한 진보로 인공지능과 로봇의 결합이 가속화되고 있고 또한 인공지능을 갖춘 '로보 사피엔스

(Robo sapiens)'가 '호모 사피엔스'와 공생하는 시대가 임박한 것으로 예측되면서 특이점의 도래에 대한 커즈와일의 주장이 힘을 얻고 있다.

커즈와일은 알파고와 같은 인공지능이 앞으로 우리의 신체적·지적 역량을 확장하고 인류와 공생하며 인류의 삶을 더욱 풍요롭게 해줄 도구라는 점을 강조하면서 인공지능의 발전을 두려워할 필요는 없다고 말한다. 이러한 그의 기술적 낙관론(technological optimism)은 희망적인 것이긴 하지만, 아무런 대비 없이 실현될 수 있는 것은 아니다. 인공지능은 혜택과 잠재적 위험이라는 양면성을 동시에 지니고 있기 때문이다. 인공지능의 미래에 대한 우려는 전문가들에 의해 끊임없이 제기돼 왔다. 인공지능 기술의 발전에 따른 '일자리 대체'나 '통제 불능' 문제에 대한 논의도 활발히 전개되고 있지만, 이와는 별개로 '인간 역할의 변화'와 '삶의 모습 변화'에 대한 논의도 꾸준히 제기돼 왔다. 미국의 컴퓨터 과학자이자 SF 작가 버너 빈지(Vernor Vinge)는 인류의 발전에도 특이점이 있을 것이라는 의견을 처음 제안하면서 인공지능이 '기술적 특이점(technological singularity)'에 도달하면 인간의 시대는 종말을 고할 것이라고 예견했다. 또한 인류 역사상 최초의 사이보그(cyborg)* 가 되는 길을 선택한 인공두뇌학의 세계적 권위자 케빈 워릭(Kevin Warwick)은 그의 『기계들의 행진 *March of the Machines*』(1997)에서 21세기 지구의 주인은 로봇이라고 단언했다.

우리는 지금 인공지능, 사물인터넷(Internet of Things, IoT), 빅데이터(Big Data) 등 정보통신기술(ICT) 분야에서의 기술 혁신이 기존의 모든 것을 송

* 사이보그는 cybernetic organism의 약자로 수족이나 내장 등 뇌 이외의 부분을 교체한 개조인간, 즉 유기체와 기계장치의 결합체를 뜻하는 것으로 1950년대에 의학자들이 창안한 개념이다.

두리째 바꿔놓을 것으로 예상되는 시점에 살고 있다. 이 외에도 가상현실(virtual reality, VR)과 증강현실(augmented reality, AR), 클라우드 컴퓨팅, 3D 프린팅, 웨어러블 디바이스 등의 신기술이 우리 삶 깊숙이 들어오면서, 인공지능 기계들이 진화의 선봉에 설 것이라는 의견과 더불어 우리의 의식을 컴퓨터에 다운로드 하는 형식으로 인간과 기계 사이에 지능의 융합이 이루어질 것이라는 의견도 나오고 있다. 인간과 인공지능 기계가 공생하는 메타트렌드(metatrend: 사회 문화 전반에 걸친 광범위하고 보편적인 경향) 시대의 키워드는 '창조, 융합, 연결, 확장'[3]이다. 이원성과 분리성의 원천인 인간중심의 협소한 사고체계로는 인간과 기술의 공존을 담보하기 어렵다. 이미 스마트폰으로 시작된 인간과 인공지능의 공생관계는 '의미 있는 인간 제어' 없이는 기계에 권리를 넘기는 일이 발생할 것이라는 우려가 제기되고 있다.

따라서 자연지능과 인공지능이 소통하는 새로운 통합모델, 다시 말해 인공지능 윤리가 준수될 수 있는 새로운 휴머니즘의 모색이 시급하다. 특이점은 아무런 윤리적 제약 없이 일사불란하게 핵폭탄 제조에 매진했던 '맨해튼 프로젝트(Manhattan Project)'가 되어서는 안 되기 때문이다. 본 연구는 이러한 문제의식을 기반으로 우선 특이점 논의가 왜 중요하며, 그것의 미래적 함의는 무엇인지에 대해 살펴볼 것이다. 다음으로 지식혁명, 산업혁명, 디지털 혁명을 넘어 '특이점'을 향하고 있는 기술의 진화와 그것의 사회적 영향 및 파급효과에 대해 고찰할 것이다. 끝으로 새로운 문명의 가능성을 현실화하기 위한 인류의 선택과 과제에 대해, 특히 인공지능 윤리에 관한 논의와 그 활동들에 대해 살펴보고 동학(東學)에 새로운 문명의 길을 묻고자 한다.

2. '특이점' 논의의 중요성과 미래적 함의

1) '특이점' 논의가 왜 중요한가

'특이점' 논의가 중요한 것은 많은 과학자들에 의해 특이점의 도래가 임박한 것으로 판단되고 있고 또한 그것이 우리 삶의 전 영역에 치명적인 변화를 가져올 것으로 예상되기 때문이다. 특이점은 '지난 백만 년간의 모든 변화들보다 더 큰 변화를 단 5분만에도 일으킬 수 있는 큰 사건'이기 때문에 깊은 이해와 통찰력이 요구된다. 정보기술의 경우 기하급수적인 기술 변화의 속도 자체가 기하급수적으로 증가하는, 이른바 '이중의(double)' 기하급수적 증가를 보이고 있고, 또한 인간을 능가하는 지능의 출현으로 진화의 역사가 새로운 국면을 맞게 될 것이라는 예측이 나오고 있다. 그렇다면 우리는 과연 버크민스터 풀러(Buckminster Fuller)가 말한 '진화의 기말고사'를 성공적으로 치를 수 있을 것인가? 특이점이란 대체 무엇이며, 특이점의 이해가 갖는 의미는 무엇인가? 방대하면서도 깊은 통찰력을 제공하는 커즈와일의 『특이점이 가까워지고 있다 *The Singularity is Near*』(2005)라는 저서에는 이렇게 나와 있다.

> 그것(특이점)은 미래에 기술 변화의 속도가 매우 빨라지고 그 영향이 매우 깊어서 인간의 삶이 되돌릴 수 없게 변화되는 시기이다. 유토피아도 디스토피아도 아닌 이 시기에는 비즈니스 모델로부터 삶과 죽음의 사이클에 이르기까지, 우리가 삶에 의미를 부여하기 위해 의거해 있는 개념들에 변화가 일어날 것이다. 특이점을 이해하면 과거의 의미와 미래의 결과에 대한 시각이 바뀐다. 진실로 특이점을 이해하면 일반적 삶이나 개별적 삶에 대한 인생관이 본질적으로 바뀐다.[4]

커즈와일에 따르면 특이점은 기하급수적인 기술 변화와 그 영향으로 인해 인간의 삶이 되돌릴 수 없게 완전히 변화되는 시기이다. 그는 세상의 역사를 근본적으로 패턴의 진화로 설명할 수 있다고 본다. 진화는 우회적으로 작동하는데, 각 단계나 시기마다 이전 시기의 정보 처리 방법을 철저히 활용해 다음 시기를 창조하는 방식이다. 그는 진화의 역사—생물학적 진화와 기술적 진화 모두—를 여섯 시기로 개념화하고 있다. 특이점은 제5기에 시작되어 제6기에는 지구로부터 우주까지 확대될 것이라고 본다. '물리학과 화학'으로 표징되는 제1기는 정보가 원자 구조에 있고, '생물학'으로 표징되는 제2기는 정보가 DNA에 있으며, '뇌'로 표징되는 제3기는 정보가 신경 패턴에 있고, '기술'로 표징되는 제4기는 정보가 하드웨어와 소프트웨어 설계에 있으며, 기술과 인간 지능이 융합하는 제5기는 생물학(인간 지능을 포함한)의 방법론이 인간 기술 기반(기하급수적으로 확장되는)과 융합하는 시기이고, 우주가 잠에서 깨어나는 제6기는 우주의 물질과 에너지의 패턴이 지적 과정과 지식으로 가득 차서 무한히 확장된 인간 지능이 우주로 퍼지는 시기이다.[5]

커즈와일이 제시한 '특이점을 향한 카운트다운' 도표를 보면, 생물학적 진화와 인간 기술이 모두 연속적인 가속을 나타내며 다음 사건까지 걸리는 시간이 점점 짧아진다. 진화의 선형 관점에서 보면 대부분의 주요 사건은 '최근'에 발생했으며, 질서와 복잡성 또한 기하급수적으로 증가한 것을 볼 수 있다. 10억 년 전에는 백만 년 동안에도 그다지 많은 사건이 발생하지 않은 반면, 25만 년 전에는 십만 년 정도의 기간에 인류의 진화와 같은 획기적인 사건들이 발생했다. 기술사를 보더라도 5만 년 전에는 천 년 동안에도 그다지 많은 일이 일어나지 않은 반면, 가까운 과거에는 단 10년 동안에 월드와이드웹(www) 같은 새로운 패러다임들이 시작되어 대중들에게 퍼지는 것을 볼 수 있다. 지능의 생물학적 진화와 기술적 진화의 발전 속도를 비교해 보더라도 생명이 시작된 후 세포가 등장하기까지 20억년이 걸렸다면, PC가 등장한 후 월드와이드웹이 등장하기까지는 불과 14년이 걸렸다. 또한 대부분의 고등 포유류의 뇌는 10만 년마다 1세제곱인치씩 커진 반면 컴퓨터의 연산 용량은 1년마다 대략 2배씩 늘고 있다.[6]

영국 브리스톨대 교수 피터 러셀(Peter Russell)은 이러한 변화의 가속화 현상이 비단 인류에게만 국한된 것은 아니며 지구가 생성된 이래 끊임없이 지속되고 있는 일종의 '패턴'으로 그 속도는 점점 더 빨라지고 있고 이런 패턴은 미래에도 계속될 것이라고 본다. 1990년대 이전까지만 해도 월드와이드웹이 무엇이며, 이로 인해 우리 삶이 얼마나 극적으로 변하게 될지 조금이라도 이해했던 사람은 극소수에 불과했듯이, 어떤 기술의 혁신이나 발전이 향후 10년 뒤 우리 삶을 어떻게 변화시킬지는 아무도 알 수 없다며, 모든 진화의 방향이 특이점을 향해 나아가고 있다고 했다. 방정식이 붕괴하면서 규칙 자체가 바뀌고 이전과는 완전히 다른 무언가가 일어나는 시점을 향하고 있다는 것이다. 그 이후에도 진화는 가파른 속도로 계속될 것이며, 걸리는 시간 단위는 10년 단위에서 1년 단위로, 1개월 단위에서 1일, 1초로…변화의 속도가 무한대인 0에 마침내 접근하게 되는데, 이것이 수학에서 말하는 진정한 의미의 특이점이라는 것이다.[7]

특이점을 이해하고 그것이 자신의 삶에 주는 의미를 숙고하는 사람을 커즈와일은 '특이점주의자(singularitarian)'라고 부른다. 특이점주의자들이 특이점의 도래가 임박했다고 보는 근거는 상기에서 보듯 기술의 변화속도가 가속화되고 있고 기술의 힘이 기하급수적으로 확대되고 있다는 데 있다. 오늘날 컴퓨터 지능은 의료 진단 및 치료 시스템, 항공기 운항 시스템, 자동화 무기 제어시스템, 금융거래 시스템 등으로 활동 영역을 점차 확대해 나가고 있으며, 이들 시스템은 다양한 유형의 인공지능을 점점 더 통합적으로 운영하고 있다. 20세기 패러다임 전환의 속도는 10년마다 두 배씩 증가해 오늘날의 발전 속도에 이르렀다. 2000년도의 발전 속도는 20세기 100년 동안 성취한 것을 20년 만에 이룰 정도로 빨라졌고, 다음에는 그만한 성취를 14년 내로(2014년까지) 이룰 정도로 빨라졌으며, 또 다음에는 7년 내로 이룰 정도로 빨라져, 결과적으로 21세기 기술 향상은 20세기에 이룬 것보다 천 배 더 큰 발전을 이룰 수 있으리라는 전망이다.[8]

특이점은 생물학적 사고 및 존재와 기술의 융합이 이룬 절정으로 우리 삶이 의거해 있는 온갖 개념들에 총체적인 변화가 일어날 것이 예상되는 시기이다. 이러한 특이점을 이해하면 우리의 세계관이나 사고방식 및 가치체계와 인생관이 본질적으로 바뀔 수밖에 없고, 그렇게 되면 이 시기에 대한 대처 능력 또한 증대될 수 있기 때문에 특이점에 대한 충분한 논의가 필요한 것이다. 인공지능은 생물학적으로는 인간의 뇌에서 비롯되고 기술적으로는 인간의 창의력에서 비롯된 것이기 때문에 인공지능의 추구 방향에 대한 핵심 키는 인간이 가지고 있다. 그런 까닭에 현재 인공지능 윤리 문제에 대한 논의가 활발하게 일어나고 있고, 또한 컴퓨터에 도덕코드(moral code)를 심는 문제까지 제기되고 있다. 우리가 신뢰할 수 있고 인류에게 혜택을 주는 방향으로 기술과 인간 지능의 융합이 일어나려면 결국 그 원천인 인간 자체의 문제와 맞닥뜨리게 된다. 인간의 몸과 뇌의 패턴들을 개선하지 않으면 안 되는 것은 이 때문이다. 사실 인공지능이란 것도 결국 인간 자신의 산물이니 자연지능과 인공지능을 뚜렷이 구분하기란 어려운 것이다.

2) '특이점'의 미래적 함의

2016년 1월 스위스 다보스포럼(세계경제포럼 WEF)에서는 제조업과 정보통신기술(ICT)이 융합한 제4차 산업혁명의 도래로 로봇과 인공지능이 인간의 일자리를 대체하면서 향후 5년간 일자리 710만개가 사라질 것이라는 예측이 나왔다. '일자리 대체'나 '통제 불능'의 문제를 야기할 수 있는 인공지능의 미래에 대해 우려를 표명한 전문가는 한둘이 아니다. 슈퍼컴퓨터들의 연산능력이 매년 더욱 강력해지고 있는데다가 '뇌의 지도화'작업이 완성되어 인간의 뇌를 시뮬레이션 할 수 있게 되면 마침내 인간을 능가하는 지성이 출현할 수 있다는 예측도 나오고 있다. 생물의 뇌신경 알고리즘을 내재화한 인공지능이 자의식에 눈을 떠서 인간이 명령하지도 않은 것을 스스로 생각해내고 제멋대로 행동한다고 상상해 보라. 실로 끔찍하지 않겠는가. 커즈와일은 2045년쯤이면 1000달러짜리 컴퓨터가 오늘날 인류의 모든 지혜를 합친 것보다 10억 배 더 강력해질 것이라고 예견했다. 이제 인공지능은 〈매트릭스(The Matrix)〉나 〈터미네이터(The Terminator)〉, 〈아이로봇(I, Robot)〉 같은 SF 영화 속에서만이 아니라 현실 속에서 두려움의 대상으로 떠오르고 있다.

그러나 '특이점'을 향한 인류의 기하급수적 달음박질을 멈추게 할 수단은 없어 보인다. 미국의 '뇌 이니셔티브(BRAIN Initiative)'나 유럽연합(EU)의 '인간 뇌 프로젝트(Human Brain Project)'와 같은 많은 연구기관들의 활동을 잠재적 위험성이 내재해 있다는 이유로 멈추게 할 수는 없을 것이다. 그것은 가능하지도 않을뿐더러 오히려 진화에 역행하는 결과를 초래할 수도 있다. '창조, 융합, 연결, 확장'을 통한 진화로의 길은 거역할 수 없는 대세이기 때문이다. 커즈와일의 『지적 기계의 시대 *The Age of Intelligent Machines*』(1989)와 『영적 기계의 시대 *The Age of Spiritual Machines*』(1999), 그리고 한스 모라벡(Hans Moravec)의 『로봇: 단순한 기계에서 초월적 마음으로 *Robot: Mere Machine to Transcendent Mind*』(1999)와 데미안 브로데릭(Damien Broderick)의 『스파이크: 상상할 수 없는 미래로의 가속화 *The Spike: Accelerating into the*

Unimaginable Future』(1997)[9]는 특이점을 향한 인류의 질주가 필연적임을 분명히 보여준다. 특히 커즈와일이 밝히고 있는 특이점의 원리는 의미심장한 미래적 함의를 지니고 있으며, 특이점 이후를 준비하는 인류에게 많은 시사점을 제공한다. 그 핵심 내용을 요약하면 다음과 같다.

인간 뇌 스캔은 기하급수적으로 향상되고 있으며 2020년대 말까지는 인간 지능을 완벽하게 모방하는 데 필요한 하드웨어와 소프트웨어가 모두 갖춰지면서 컴퓨터가 튜링 테스트(Turing test: 인간과의 대화를 통해 기계의 지능을 판별함)를 통과해 컴퓨터 지능을 생물학적 인간의 지능과 구별할 수 없게 될 것이다. 이러한 수준의 발전이 이루어지면 컴퓨터가 인간 지능의 전통적인 강점(패턴 인식 능력)과 기계 지능의 강점(속도, 메모리 용량과 정확성, 지식과 기술 공유 능력)을 결합할 수 있을 것이고, 기계는 인터넷을 통해 인간-기계 문명의 모든 지식에 접근해서 모든 지식을 습득할 수 있을 것이다. 기계 지능이 자신의 설계를 반복적으로 개선하는 주기가 점점 빨라지면서 생물학적 뇌보다 뛰어나게 될 것이고, 비생물학적 지능의 개선 주기가 가속되면서 나노기술로 나노봇(nanobots)을 설계할 수 있을 것이다. 나노봇은 인간의 노화를 되돌리고 생물학적 뉴런과 상호작용하며 신경계 내에 가상현실을 창조함으로써 인간의 경험을 확장하며, 수십억 개의 나노봇이 뇌의 모세혈관에 이식됨으로써 인간의 지능은 크게 확장될 것이다. 미래 기계는 생물학적인 인간의 몸보다 훨씬 역량 있고 내구성 높은 '몸'과 지능을 가지고 인간의 감정을 이해하고 이에 대응하는 능력을 습득하며 세계와 상호작용할 것이다. 수확 가속의 법칙은 비생물학적 지능이 우리 주변 우주의 물질과 에너지를 인간-기계 지능으로 가득 채울 때까지 계속될 것이며, 궁극적으로 전 우주가 우리의 지능으로 포화될 것이다'[10]

커즈와일은 이것이 우주의 운명이며 우리가 스스로의 운명을 결정하게 될 것이라고 보았다. 그에 따르면 우주가 이 정도의 지능을 갖게 되기까지 걸리는 시간은 광속이 불변의 한계인가 아닌가에 달려 있으며, 이 한계를 벗어날 수 있는 미묘한 조짐이 보이고 있기 때문에 광대한 미래 문명의 지능이 이를 충분히 이용할 수 있다는 것이다. 인간 사고의 한계로 인해 특이점의 함의에 관해 완벽하게 이해하기는 어렵지만 특이점 이후의 삶에 관해 커즈와일은 의미 있는 진술을 하고 있다. 그는 미래 문명의 지능 대부분이 결국에는 비생물학적인 형태가 될 것이고, 금세기 말까지는 비생물학적 지능이 인간 지능보다 수조 배의 수조 배만큼 강력해질 것이라고 본다. 그러나 비생물학적인 지능은 생물학적 설계에서 파생되어 나올 것이기 때문에 생물학적 지능이 진화의 우위를 잃는다고 해서 그것이 곧 생물학적 지능의 종말을 뜻하는 것은 아니며 우리의 문명은 여전히 인간적일 것이라고 본다. 비록 인간성에 대한 이해가 생물학적인 기원을 넘어서긴 하겠지만, 실로 여러 가지 면에서 미래 문명은 현재보다 더 인간적인 전형이 될 것이라고 커즈와일은 말한다.[11]

근년에 들어 스마트폰 게임인 '포켓몬 고' 열풍으로 증강현실(AR)에 대한 관심이 고조되고 있다. 사실 우리의 현실은 스마트폰에 의해 이미 한 단계 증강됐다. 증강현실이란 "3D 가상현실(VR) 물체가 3D 현실 환경에 실시간으로 접목되는 것" 또는 "기술·정보·코드 등을 통해 현실과 가상현실이 합쳐지고 이에 따른 형상이 특정 공간과 시간 속에서 구현되는 것"[12]으로 정의될 수 있다. 포켓몬 고에 출현하는 포켓몬 형상들은 3D로 구현되지 않는다는 점에서 엄밀한 기술적 잣대를 적용하면 포켓몬 고는 증강현실 게임이 아니다. 그러나 전문가들은 포켓몬 고가 증강현실 기술의 기초적인 요소를 보여줬을 뿐만 아니라 게임이자 동시에 '소셜네트워크'로서 크라우드소싱(crowd sourcing: crowd+outsourcing)을 단계적으로 활용했고 또한 이미 20년 이상

세계적인 인기를 모은 '포켓몬스터'라는 강력한 콘텐츠를 이용해 스마트폰 사용자들의 향수를 불러일으켜 열광하게 만들었다는 점에서 IT 관련 산업의 첨단 트렌드와 스타트업의 다양한 성공방정식이 들어 있다고 말한다.[13] 이처럼 실제 세계와 가상현실의 융합으로 인간의 경험은 더욱 확장되고 진화의 역사는 새로운 전기를 맞게 됐다.

3. 기술의 진화와 사회적 영향 및 파급효과

1) '특이점'을 향한 기술의 진화

특이점은 커즈와일이 말하는 수확 가속의 법칙(law of accelerating returns)—즉 진화 과정이 가속적이며 그 과정의 산물 또한 기하급수적으로 증가하는 것을 나타내는 법칙—이 가져올 필연적 결과다. 그가 제시하는 수확 가속 법칙의 원칙들을 이해하면 진화 알고리즘(algorithm)의 핵심을 파악할 수 있다. 그 원칙들을 요약하면 다음과 같다.

'진화는 발전(질서의 증가)의 한 단계에서 생겨난 유용한 기법이 다음 단계를 만드는 데 사용되는 포지티브 피드백(positive feedback 陽의 되먹임) 방법을 써서 기하급수적 속도로 진행되며, 시간이 흐를수록 진화 과정에 내재된 정보의 '질서(order)'도 기하급수적으로 증가한다. 특이점에 이르면 기계가 인간 이상으로 발전할 것이기 때문에 인간과 기술 간의 구별이 사라질 것이다. 정보 기반 기술의 힘과 가격 대 성능비의 기하급수적 성장은 컴퓨터뿐만 아니라 모든 정보기술과 다양한 인간 지식에도 적용되며, '정보기술'이라는 용어가 점점 더 포괄적으로 사용되어 궁극적으로는 모든 경제활동과 문화

현상을 포함하게 될 것이다. 특정 진화 과정이 더 효과적이 될수록—예컨대, 연산의 용량과 비용 대비 효과(cost-effectiveness)가 높아질수록—활용되는 자원의 양도 커지므로 이중의 기하급수적 증가가 일어난다. 생물학적 진화는 완전히 열린 계(open system)에서 일어나기 때문에 체계가 여러 수준에서 동시에 진화하며, 기술의 진화는 생물학적 진화를 뛰어넘고 있다. 특정 패러다임은 잠재력이 고갈될 때까지 기하급수적으로 성장하며, 마침내 패러다임 전환이 일어나고 이로 인해 기하급수적 성장이 계속된다.'[14]

생명체든 기술이든 점점 증가하는 질서 위에 올라서고 또 정보를 기록하고 조작하는 기법들도 점점 세련되기 때문에 진화의 속도는 빨라질 수밖에 없다. 진화가 창조해낸 기술혁신이 더 빠른 진화를 촉진하고 기술의 역량을 기하급수적으로 증가시키는 것이다. 미국 펜실베이니아대 교수이며 미래학자인 제러미 리프킨(Jeremy Rifkin)에 따르면 역사상 위대한 경제적 변혁은 새로운 커뮤니케이션 기술이 새로운 에너지 체계와 만날 때, 다시 말해 커뮤니케이션과 에너지 매트릭스가 만들어내는 승수효과(乘數效果)의 힘에 따라 발생한다. 즉, 18세기 말 인쇄술과 석탄 동력의 증기기관이 조우하여 1차 산업혁명을 일으켰고, 20세기 초 전기 커뮤니케이션 기술과 석유 동력의 내연기관이 조우하여 2차 산업혁명을 일으켰으며, 그리고 오늘날 인터넷 커뮤니케이션 기술과 재생에너지가 결합하여 3차 산업혁명을 일으키고 있다는 것이다.[15] 그는 이러한 기술의 진화 과정이 수평적 권력으로의 패러다임 전환을 촉구하고 에너지, 경제, 그리고 세계를 근본적으로 바꾸게 될 것이라고 전망했다. 그가 사용한 분석 틀은 오늘의 세계를 규정하는 기본 틀로서 여전히 유효하며 이러한 산업혁명의 연장선에서 이제 인류는 제4차 산업혁명의 여명기를 맞고 있다.

현재 인류는 지식·산업·디지털 혁명을 넘어 '혁신 4.0' 시대를 맞고 있다.

금속활자 발명으로 촉발된 지식혁명(혁신 1.0)으로 책 보급이 폭발적으로 증가하면서 근대가 시작됐고, 증기기관 발명으로 촉발된 산업혁명(혁신 2.0)으로 생산성이 획기적으로 향상되어 농업사회에서 산업사회로 이행했으며, 컴퓨터 발명으로 촉발된 디지털 혁명(혁신 3.0)으로 정보폭발이 일어나고 후기산업사회로 이행하게 되었다. 이제 네트워크 융합, 빅데이터, 인공지능 등으로 촉발된 제4차 산업혁명(혁신 4.0)으로 산업 간 융합 활성화와 더불어 개방형 공유경제로 이행하고 있다.[16] 스위스 다보스에서 개최된 2016 세계경제포럼에서 제4차 산업혁명이 공식적으로 제기되면서 제4차 산업혁명을 견인할 인공지능과 로봇, 3D 프린팅과 퀀텀 컴퓨팅(quantum computing), 빅데이터와 클라우딩, 나노·바이오 기술 등 신산업을 둘러싼 세계 각국의 주도권 경쟁이 치열해지고 있고, 국내의 경우 특히 사물인터넷[17]과 스마트 헬스케어가 유망 신산업으로 떠오르고 있다. 기술혁신에 따른 현실과 가상현실의 융합으로 모든 것이 연결되고 확장되어 보다 지능적인 사회로의 진화가 가속화되고 있다.

스위스 세계경제포럼(WEF)의 창립자이자 회장인 클라우스 슈밥(Klaus Schwab)은 그의 『제4차 산업혁명 *The Fourth Industrial Revolution*』에서 제4차 산업혁명이 그 규모와 속도, 범위와 복잡성(complexity) 면에서 과거에 인류가 경험했던 것과는 완전히 다르게 진전될 것이며, 우리의 삶과 일, 인간관계의 방식 또한 근본적으로 변화하게 될 것이라고 전망한다. 그는 제4차 산업혁명이 진행 중이라는 사실을 뒷받침할 만한 근거로 다음 세 가지를 들고 있다. 즉, 우선 속도 면에서 제4차 산업혁명은 선형적 속도가 아닌 기하급수적인 속도로 진행되고 있다는 점, 다음으로 범위와 깊이 면에서 제4차 산업혁명은 디지털 혁명을 기반으로 다양한 과학기술을 융합해 개인뿐만 아니라 경제, 기업, 사회를 근본적인 패러다임 전환으로 유도하며 인간의 존재양식에 대해서도 변화를 일으키고 있다는 점, 끝으로 시스템 충격 면에서 제4차 산업혁명은 국가 간, 기업 간, 산업 간, 그리고 사회 전체 시스템의 변화를 수반하고 있다는 점[18]이 그것이다. '유비쿼터스 컴퓨팅(ubiquitous computing)', 더 작고 저렴하며 스마트해진 센서, 인공지능과 머신러닝(machine learning)은 제4차 산업혁명의 특징을 잘 보여준다.

슈밥은 세계경제포럼의 연구와 포럼 내부 글로벌어젠다카운슬(Global Agenda Councils)의 다양한 결과물을 바탕으로 제4차 산업혁명을 견인할 세 분야의 기술을 소개하고 있다. 상호 깊이 연관된 세 분야의 기술은 물리학 기술, 디지털 기술, 생물학 기술이다. 메가트렌드(megatrend)를 이루는 주요 물리학 기술로는 자율주행자동차, 드론, 트럭, 항공기, 보트를 포함한 다양한 무인운송수단, 3D 프린팅, 첨단 로봇공학, 신소재가 있고, 주요 디지털 기술로는 사물인터넷, 블록체인(blockchain)* 시스템, 디지털 플랫폼 등이 있으며, 주요 생물학 기술로는 유전학과 합성생물학(synthetic biology) 분야의 기술, 바이오프린팅(bioprinting: 생체조직 프린팅 기술) 등이 있다.[19] 2015년 9월 출간된 『세계경제포럼보고서』는 미래의 디지털 초연결사회(hyper-connected society)를 구축하는 21가지 티핑 포인트(tipping point)를 밝히고 있다. 800명이 넘는 정보통신기술 분야의 경영진과 전문가가 참여한 조사를 바탕으로 작성된 이 보고서는 제4차 산업혁명으로 촉발된 변화와 관련하여 2025년까지 발생할 일들을 구체적으로 짚고 있다는 점에서 특이점을 향한 기술 진화의 현주소를 가늠할 수 있게 한다. 다음 내용은 해당 항목을 꼽은 설문 응답자의 비율이 70% 이상인 것들이다.

"인구의 10%가 인터넷에 연결된 의류를 입는다. 인구의 90%가 무한 용량의 무료 저장소를 보유한다. 1조 개의 센서가 인터넷에 연결된다. 미국 최초의 로봇 약사가 등장한다. 10%의 인구가 인터넷이 연결된 안경을 쓴다. 인구의 80%가 인터넷상 디지털 정체성을 갖게 된다. 3D 프린터로 제작한 자동차가 최초로 생산된다. 인구조사를 위해 인구센서스 대신 빅데이터를 활용하는 최초의 정부가 등장한다. 상업화된 최초의 (인체) 삽입형 모바일폰이 등장한다. 소비자 제품 가운데 5%는 3D 프린터로 제작된다. 인구의 90%가 스마트폰을 사용한다. 인구의 90%가 언제 어디서나 인터넷 접속이 가능하다. 미국 도로를 달리는 차들 가운데 10%가 자율주행자동차다. 3D 프린터로 제작된 간이 최초로 이식된다. 인공지능이 기업 감사의 30%를 수행한다. 블록체인을 통해 세금을 징수하는 최초의 정부가 등장한다."[20]

제4차 산업혁명은 사물인터넷(IoT)·만물인터넷(Internet of Everything, IoE), 사이버 시스템과 물리적 시스템이 연동되는 복합시스템인 가상 물리 시스템(Cyber Physical System, CPS), 빅데이터와 그것들의 게임체인저로서 인공지능(AI)이 내포하고 있는 기술혁신의 총체라는 함의를 지니고 있다. 그것의 본질은 '현실세계의 디지털화', '디지털 세계의 지능화', '지능화 시스템의 사회적 탑재와 적용'으로 설명될 수 있다. 기술적 관점에서 디지털 혁명의 방향성은 세 가지 진로로 나타낼 수 있다."첫째는 현실세계의 디지털화와 네트워크화, 즉 사물인터넷과 만물인터넷이 인공지능을 만나 모든 것의 수평적 연결성이 지수함수적으로 확장되는 초연결화(IoT·IoE+AI)이다. 둘째는 초연결된 만물들이 생성하는 빅데이터에 대한 고도의 해석, 즉 AI의 진화로 판단의 고도화와 자율 제어가 가능해짐으로써 기존 사회·경제 시스템의 구조를 근본적으로 재구축하는 수직적 지능성이 지수함수적으로 강화되는 초지능화(CPS+AI)이다. 셋째는 초연결된 현실세계와 빅데이터 해석 역량이 강화된 사이버 세계와의 상호 관련이 심화된 유기체 복합시스템(CPS) 운용을 통해 미래의 불확실성을 감소시키고 합리성을 증대시키는 예측 가능성(빅데이터+AI)의 확장이다."[21]

커즈와일은 21세기 전반부에 'GNR'이라는 세 개의 혁명이 중첩적으로 일어날 것이라고 전망한다. 즉 'G(Genetics, 유전학: 정보와 생물학의 交集合)'혁명, 'N(Nanotechnology, 나노기술: 정보와 물리세계의 交集合)'혁명, 'R(Robotics, 로봇공학: 강력한 AI)'혁명이 그것이며, 그가 제5기(Epoch Five)라 칭한 시점인 특이점이 이 세 가지 혁명으로써 시작될 것이라고 본다. 현재 우리가 처한 시점은 'G'혁명*의 초기 단계로서 생명의 근원적인 정보 처리 과정을 이해함으로써 질병을 근절하고 인간의 잠재력을 극적으로 확장하고 수명을 획기적으로 연장할 수 있도록 인체의 생물학을 재편하는 법을 익혀나가고 있다. 또한 'N'혁명은 우리의 몸과 뇌 그리고 우리가 사는 세상을 분자 수준으로 재설계하고 재조립할 수 있게 함으로써 생물학의 한계를 뛰어넘게 할 것이다. 그리고 'R'혁명은 가장 강력하고도 가장 의미 있는 변화가 될 것으로 여겨지는데 이는 지능이 우주에서 가장 강력한 '힘'이기 때문이다.[22] '뉴럴 네트워크(neural network)'[23]—알파고의 핵심기술도 뉴럴 네트워크다—에 기반한 딥러닝이라는 인공지능 기술의 가속적 발전으로 머지않아 인간의 지능을 훨씬 능가하는 인간 수준의 로봇들이 등장하게 될 것이다.

2) 기술의 사회적 영향 및 파급효과

전문가들은 우리 인류가 기술의 진화 과정에서 '어떻게 기술을 올바르게 다룰 것인가'에 대한 답을 찾기도 전에 기술의 역량이 기하급수적으로 증대되는 현상에 대해 우려를 표명한다. 기술의 사회적 영향 및 파급효과에 대해서는 인공지능 기술의 발전이 수백만 개의 일자리를 대체하고 통제 불능의 위기를 초래할 것이라고 보는 기술 회의론자들의 시각이 있는가 하면, '기계 문제(machinery question)'에 따른 실업 공포는 200여 년 전 증기기관 발명과 기계화가 진행되던 때에도 똑같이 있었다며 오히려 더 많은 일자리를 창출해낼 가능성이 높다고 보는 기술 낙관론자들의 시각도 있다. 그러나 제4차 산업혁명의 물결이 거스를 수 없는 대세이고 혜택과 잠재적 위험이라는 양면성을 동시에 지니고 있으며 또한 경제 생태계와 우리 삶 전반에 미치는 파급효과가 심대할 것이 예상된다는 점에서 이분법적인 접근보다는 '열린 혁신'을 향한 총합적인 접근이 도전과제들에 대한 적극적인 대응 전략을 마련하는 데에도 실효성이 있지 않을까 생각된다.

커즈와일은 기술의 발달로 비생물학적 지능이 생물학 지능을 능가하게 되면 인간 경험의 본질이란 대체 무엇이며, 또한 강력한 인공지능과 나노기술로 우리가 상상하는 어떤 상품이나 상황, 환경을 마음대로 만들어낼 수 있다면 인간-기계 문명이 의미하는 바는 무엇인가에 대해 묻고 있다. 인간의 상상을 현실로 만들어내는 도구가 기하급수적으로 강력해지면서 특이점이 다가오면 우리는 인간의 역할과 삶 자체에 대해 다시 생각해봐야 하고 각종 조직들도 재편해야 한다는 것이다. 기술의 진화가 초래할 사회적 파급 영향 및 효과는 헤아릴 수 없이 많다. 커즈와일은 그 영향 및 파급효과를 인체, 뇌, 인간 수명, 전쟁, 학습, 일, 놀이, 우주의 지적 운명에 미칠 영향이라는 여덟 가지 측면에서 고찰하고 있는데 그 요점은 다음과 같다.

우선 인체에 미칠 영향 및 파급효과에 대해 살펴보면, 'G, N, R 혁명이 중첩적으로 일어나면 우리의 연약한 버전 1.0 몸은 훨씬 더 내구성 있고 역량 있는 버전 2.0으로 변화될 것이다.* 소화계 재설계(redesigning the digestive system), 나노기술을 바탕으로 적혈구·혈소판·백혈구 재설계를 통한 혈액 프로그래밍, 자동 혈구 나노봇들로 심장과 혈관계 대체, 뇌 재설계가 가능해지는 버전 2.0 인체에서는 나노봇 수십억 개가 몸과 뇌의 혈류를 타고 흐르며 병원체를 박멸하고 DNA 오류를 수정하고 독소를 제거하는 등 육체적 건강을 향상시키기 위한 다양한 임무를 수행할 것이다. 뇌에 널리 퍼진 나노봇들이 우리의 생물학적 뉴런과 상호작용하고, 우리의 생물학적 사고와 우리가 만들어낸 비생물학적 지능이 융합됨으로써 인간의 지능은 심대하게 확장될 것이며 점차 사이보그가 되어갈 것이다. 2030-2040년대가 되면 보다 근본적인 인체의 재설계가 이루어져 버전 3.0 인체가 탄생할 것이다. 그 특징 중 하나는 분자나노기술(MNT) 조립법을 인체에 적용해 현실에서도 신체를 마음대로 순식간에 변화시킬 수 있을 것이다.'[24]

뇌와 수명에 미칠 영향 및 파급효과에 대해 살펴보면, '나노봇 기술이 한층 발전하면 완전몰입형 가상현실이 가능할 것이다. 가상현실에서는 현실의 육체는 그대로 둔 채 가상환경에서만 모습을 바꿔 동시에 여러 사람에게 서로 다른 모습을 보여주거나, 상대방의 모습을 택해서 보거나 두 사람이 모습을 바꿔보는 식의 선택들이 쉽게 가능하다. 또한 다른 사람의 경험파에 접속해 그 사람으로 산다는 게 어떤 느낌인지 경험할 수 있다. 2030년 무렵 나노봇으로 할 수 있는 가장 중요한 일은 생물학적 지능과 비생물학적 지능을 융합함으로써 우리 마음을 확장하는 것이다. 사고의 방법과 구조가 바뀌고 패턴 인식능력이나 기억력 및 전반적 사고력이 크게 향상되며 강력한 비생물학적 지능과 직접 소통하거나 뇌끼리 무선통신 할 수도 있을 것이다. …현재 인간은 육체라는 하드웨어가 망가지면 삶이라는 소프트웨어도 함께 죽는다. 하지만 뇌 속에 패턴을 이루고 있는 수천조 바이트의 정보들을 다른 곳에 저장할 방법을 알아내면 '마음 파일(mind file)'의 수명은 생물학적 몸이나 뇌와 같은 특정 하드웨어의 항구성에 좌우되지 않을 것이다. 인간이라는 소프트웨어는 인체라는 한계를 넘어 널리 확장될 것이고 웹에서 살며 필요할 때에만 육체를 가질 것이다.'[25]

전쟁에 미칠 영향 및 파급효과에 대해 살펴보면, '차세대 전투 시스템

(FCS)은 "더 작고 더 가볍고 더 빠르고 더 치명적이고 더 스마트한" 특징을 지니며, 자기조직적인 집단 지능 원리와 고도로 분산된 통신망을 갖추고 군사 시스템이 원격화, 자율화, 소형화, 로봇화하는 추세다. 2025년에는 전투 병력이 대부분 로봇일 것이며 여기에는 일정 수준의 자율성을 갖는 전략적 자율 전투원들(TAC)—나노봇, 초소형 로봇, 대형 무인비행기 등의 탈 것과 자동화된 시스템—이 포함된다. 복잡한 감지 시스템인 '스마트 먼지(smart dust)'를 개발해 적진에 떨어뜨려 정탐하고 공격 임무를 뒷받침할 것이다. 나노기술을 적용한 무기, 지능형 스마트 무기가 등장하고 가상현실 환경을 통한 원격 조종이 이뤄지며 모든 전쟁의 핵심은 컴퓨터 전쟁이 될 것이다.' 학습에 미칠 영향 및 파급효과에 대해 살펴보면, '교육도 다른 모든 조직과 마찬가지로 분산화된 체제로 나아갈 것이고, 학생들은 완전몰입형에 초고해상도를 갖춘 시청각 가상현실에서 가상 수업을 통해 언제 어디서나 세계 최고의 교육에 접속할 수 있을 것이다. 우리가 비생물학적 지능과 융합하게 되면 그때는 지식이나 기술을 다운로드 받을 수 있기 때문에 교육의 본질 자체가 바뀔 것이다.'[26]

일과 놀이에 미칠 영향 및 파급효과에 대해 살펴보면, '분자나노기술 제조법이 현실화하면 상품을 만드는 데 드는 비용은 감소하고 제조과정에 대한 정보비용은 빠르게 상승하여 결국 100%에 가까워질 것이다. 비즈니스 모델의 입장에서는 지적 재산권을 보호하는 일이 매우 중요하게 된다. 첫 번째 산업혁명이 육체의 한계를 넘어서게 했다면, 두 번째 혁명은 마음의 한계를 넘어서게 할 것이다. 향후 몇 십 년 동안 거의 모든 일상적인 육체적, 정신적 작업이 자동화될 것이며, 몸이 어디에 있든 가상현실에서 거의 모든 일을 볼 수 있게 된다. 나노기술의 발전으로 연료전지나 태양에너지 활용에 박차가 가해지면 에너지원이 넓게 분산되어 하부구조 속으로 통합될 것이다. 버전 3.0 인체가 등장해 마음대로 몸의 형태를 바꿀 수 있고 뇌가 생물학의 구조적 한계를 넘어서게 되면, 인간이란 무엇인가에 대해 깊이 생각하게 된다. …2020년대가 되면 완전몰입형 가상현실의 등장으로 다채로운 환경과 경험을 가능하게 하는 방대한 놀이터가 생겨날 것이다. 2020년대 말이 되면 가상현실은 모든 감각을 포함하고 신경학적으로 우리의 감정과 연결되어 현실과 차이가 없게 된다. 2030년대가 되면 인간과 기계, 현실과 가상현실, 일과 놀이 사이에는 뚜렷한 차이가 없게 된다.'[27]

우주의 지적 운명에 미칠 영향 및 파급효과에 대해 살펴보면, '금세기말이 되면 지구에서는 비생물학적 지능이 생물학적 지능보다 수조 배 강력해져서 인류 문명도 비생물학적인 것이 되어 있을 것이다. 태양계 너머로 지능을 확장하는 임무는 생물학적 인간들을 보내는 방식이 아니라 자기복제력이 있는 나노봇으로 하여금 수행하게 할 것이다. 최고 수준의 지능이 빛의 속도로 우주 너머로 확장해갈 것이며 웜홀(wormholes)을 통해 다른 장소로 빠르게 이동할 수 있을 것이다. 문명은 결국 중력과 다른 우주적 힘들을 제어하고 조작할 수 있게 될 것이다. 우주를 원하는 대로 만드는 것이 특이점의 목표다.'[28*]

한편 슈밥은 제4차 산업혁명의 사회적 영향 및 파급효과와 관련하여 그것이 경제적 성장을 고취시키고 일부 세계적 문제를 완화할 수 있을 것이라고 보면서도 동시에 부정적 영향도 있기 때문에 특히 불평등, 고용, 노동시

---

* 웜홀은 공간상의 가상터널을 지칭하는 용어로 이 공간(지름길)을 이용하면 광속 이상의 속도로 다른 공간으로 순식간에 이동할 수 있다. 다시 말해 웜홀은 3차원을 넘어선 우주의 차원들에 접힌 주름'을 활용하는 것으로 어디에나 존재하기 때문에 이 지름길을 통해 다른 공간으로 빠르게 이동할 수 있다. 웜홀은 물리학자 알버트 아인슈타인의 상대성이론에 근거를 두고 있다.

장에 관련된 문제들을 제대로 인식하고 다룰 필요가 있다고 본다. 제4차 산업혁명의 특징은 글로벌 플랫폼의 출현이며 기업은 물리학, 디지털, 생물학 기술을 다차원적으로 융합해 파괴적 혁신을 도모할 수 있어야 하고, 정부는 업계와 시민사회와의 효율적 소통을 통해 정의, 경쟁력, 공정성, 포용적 지적 재산, 안전, 신뢰를 유지하기 위한 새로운 규정을 만들고 견제와 균형을 이룰 필요가 있다는 것이다. 또한 초연결사회에서 증가하는 심대한 불평등이 분열과 분리, 사회불안을 심화시키며 폭력적 극단주의가 발생하는 상황을 만들 수 있으므로 다양한 개인·조직·국가들이 '모더스 비벤디(modus vivendi)'와 같은 타협안을 찾아내고 더 안전한 세상을 위하여 상호 협력해야 한다는 것이다. 그는 생명공학에서 인공지능까지 제4차 산업혁명으로 촉발된 기술혁신이 인간이란 무엇인가에 대한 개념을 재정립하고 있다며 이러한 혁신이 공공의 이익이 아닌 특정 집단의 이익을 위해 악용될 수 있음을 경계한다.[29]

인간의 신체능력이나 인지능력과 직결된 기술 트렌드의 등장이 인간의 존재양식에 큰 변화를 가져오면서 단순히 기술개발자 또는 서비스제공자의 관점을 넘어 기술과 인간의 상호작용에 대한 인문사회과학적 탐구가 그 어느 때보다도 중요해지고 있다. 정보통신정책연구원(KISDI)의 『포스트휴먼(Post-Human)시대 기술과 인간의 상호작용에 대한 인문사회 학제간 연구』 보고서는 최근 정보통신기술(ICT) 혁신의 파급효과가 물리적 시스템 변화뿐만 아니라 지금까지 사회생태계를 지탱해온 인간중심의 사고체계에 커다란 도전이 되고 있다며, 이러한 ICT 트렌드를 포스트휴먼 기술로의 전환이라는 관점에서 인간 주체의 역할 변화에 주목하고 있다. 최근 ICT에 의해 추동되고 있는 융합사회는 '초대형 복잡계'로서 ICT 생태계에서의 인간의 역할 변화와 더불어 인간과 사물의 융합까지도 포함함으로써 인간 중심의 사회에서 배제되었던 사물에 대한 새로운 정의, 역할, 기능 및 의미가 부활하는 새로운 생태계를 형성할 수 있기 때문에 이러한 현상에 대한 철학적·사회적 진단과 전망이 필요하다는 것이다. 특히 구글 글래스로 대표되는 웨어러블 디바이스나 모바일 헬스케어와 같은 기술이나 서비스의 인문학적 함의는 "인간과 기술의 상호작용이 인간 신체의 '연장'이라는 차원에서 인간의 존재 양식을 변화시킨다는 데에 있다"고 말한다.[30]

근년에 들어 ICT 영역에서 인문학적 가치 또는 인문학적 상상력이 강조되고 빅데이터 기반의 사회과학적 분석이 보편화되고 있는 것은 인문사회과학적 지식이 기술혁신의 새로운 규범으로 자리 잡고 있음을 의미한다.[31] 그러면 ICT 융합사회의 가장 중요한 성공 조건은 무엇일까? 단순히 고부가가치 기술을 확보하고 새로운 비즈니스 모델을 개발하고 빅데이터를 활용해 품질을 향상하고 서비스를 혁신한다고 성공하는 것은 아니다. ICT 융합사회의 핵심은 역시 사람이다. ICT 융합사회의 성공적인 안착은 다양한 사람들의 지속적인 피드백을 통해 이루어지는 플랫폼 방식의 의사소통[32] 능력에 달려 있다. 사물과 제조, 서비스의 중심에 의사소통 플랫폼을 구축하고 사물과 제조업, 제조업과 서비스, 서비스와 사물을 유기적으로 연결하며 조절할 수 있다면 최대한의 시너지를 낼 수 있을 것이다. 기술이 진화할수록 인문사회과학적 분석 및 진단이 수반되어야 하는 것은 이 때문이다.

4. 새로운 문명의 가능성: 동학에 길을 묻다

1) 인류의 선택과 과제: 인공지능 윤리의 딜레마

영국 『이코노미스트 *The Economist*』(2016.06.25)지에 따르면 기술 발전에 따른 실업 공포는 200년 전 산업혁명기에도 있었고, 기업들이 처음 컴퓨터와 로봇을 설치하기 시작한 1960년대와 PC가 책상 위에 놓이기 시작한 1980년대에도 있었지만 그때마다 사라진 것에 비해 더 많은 일자리와 노동 수요를 창출해냈다.* 단기적인 일자리 감소가 장기적인 일자리 창출에 의해 상쇄될 것으로 보이지만, 지금은 200년 전보다 기술이 더 급속하게 확산됨에 따라 전환이 보다 신속하게 충격적으로 이뤄질 것으로 예상된다. 기술이 일자리를 대체하는 시기에 숙련된 근로자들에게 혜택이 집중되면서 소득 불균형은 이미 증가하고 있다. 이는 고용주와 정책입안자에게 두 가지 과제를 제시한다. 즉 '어떻게 기존 근로자들이 새로운 기술을 습득하도록 도울 것인가', 그리고 '어떻게 미래 세대를 인공지능으로 채워진 일터에 대비시킬 것인가' 하는 문제다. 고용정책 차원에서는 '평생교육'과 '현장중심의 직업교육', '시뮬레이션형 직능교육 확대', '인공지능을 활용한 맞춤형 교육과 재교육 기회 확대', 그리고 (기계가 대신할 수 없는) 사회적 공감능력과 소통능력이 요구되는 일에 근로자 역할 확대 등이 제시되고 있다. 복지정책 차원에서는 '고용유연성(flexicuruty)' 시스템 확보와 더불어 연금과 의료복지 혜택을 고용주들에게서 분리해 근로자 개인과 연계시키는 정책이 제시되고 있다.[33]

『이코노미스트』지에서 다루고 있는 이러한 이슈들은 본격적인 인공지능의 시대를 대비하는 보편적인 가이드라인을 제시해 준다. 인공지능 기술의 진화와 사회적 파급효과에 대한 관심이 고조되고 고민 또한 깊어지고 있는 것은 전 세계적 현상이다. 무기 통솔체계에서부터 민간 상업분야에 이르기까지 인공지능의 응용범위는 실로 방대하며 최근의 발전 추세로 볼 때 수없이 많은 우리 사회의 근간을 인공지능이 유·무선 네트워크로 제어하는 위치에 오를 것이 예상된다. 심지어 정보의 바다 자체가 인공지능의 자유의지와 자의식이 싹트는 토양이 될지도 모른다며 인간과 인공지능을 구분하는 마지노선이 무너지게 될 수도 있다는 우려까지 나오고 있다. 인간을 죽이는 자동화된 기계를 승인하는 순간, 다른 모든 곳에서 기계에 권리를 넘기는 일이 발생할 것이라는 우려도 있다. 그렇게 되면 인간이 기계의 아바타로만 존재하는 상황이 벌어질 수도 있다는 것이다. 인공지능에 대한 윤리적 제어를 통해 인간과 인공지능의 공존을 추구해야 한다는 목소리가 높아지고 있는 것은 이 때문이다. 여기서 제기되는 것이 인공지능 윤리 문제다.

영국의 세계적인 이론물리학자 스티븐 호킹(Stephen Hawking) 등은 『인디펜던트 *The Independent*』(2014.05.02)지에서 인공지능의 혜택은 누리면서 위험은 피할 수 있는 확률을 높이기 위해 우리가 지금 무엇을 할 수 있는지 함께 고민해야 할 때라며, "인공지능의 영향력은 단기적으로는 누가 통제하느냐에 달렸지만, 장기적으로는 결국 인공지능이 통제될 수 있을 것인가에 달려 있다"[34]고 함으로써 인공지능에 대한 인간 제어의 필요성을 역설했다. 2015년 7월 27일(현지시간) 스티븐 호킹과 테슬라 최고경영자 일런 머스크(Elon Musk), 애플 공동창업자 스티브 워즈니악(Steve Wozniak) 등 인공지능 분야 전문가 1000여명은 미국 미래생명연구소(Future of Life Institute, FLI)의 공개서한을 통해 "자동화 무기 시스템은 암살이나 국가 전복, 시위 진압, 특정 인종에 대한 선택적 살인 등의 임무를 수행하는데 최적화돼 있다"며, 인간의 개입 없이도 스스로 공격 대상을 파악해 공격하는 '킬러 로봇(killer robot)'이 원자폭탄보다 더 심각한 위협이 될 수 있다고 경고하며 화약과 핵

무기에 이어 '제3의 전쟁 혁명'을 일으킬 수 있는 킬러 로봇의 개발 규제를 촉구했다.[35]

인공지능 윤리는 개발자와 과학자들의 윤리, 인공지능 시스템에 내재한 윤리 코드, 인공지능 시스템이 학습하고 추론하는 과정에서 발생하는 윤리 문제로 대별될 수 있다. 인공지능 윤리와 관련된 연구를 하는 기관으로는 각 대학 내 연구기관, 국제적 기구 등 다양한 유형이 있다. 이들 기관이나 단체는 '인류의 공동선을 어떻게 추구할 것인가?' 그리고 '인류에게 해가 될 수 있는 무분별한 개발을 어떻게 억제하면서 기술 진보를 이루어낼 것인가'를 핵심 연구 주제로 삼고 있다. 이 중에서 가장 적극적인 활동을 하는 기관은 '오픈 로봇윤리 이니셔티브(Open Roboethics initiative, ORi)'로 로봇 공학의 윤리, 법률, 사회적 이슈에 대해 적극적 토의를 주도하는 싱크 탱크이다. 이 외에도 2014년에 마이크로소프트 창업자 폴 앨런(Paul Allen)이 세우고 컴퓨터 과학자 오렌 에치오니(Oren Etzioni)가 리드하는 '앨런 연구소(AI2)', 일런 머스크와 와이콤비네이터(Y Combinator, YC) 최고경영자 샘 알트만(Sam Altman)이 설립을 주도한 비영리 '오픈 AI 연구소' 등이 있다. 학교 내에 있는 기관으로는 옥스포드대 철학교수 닉 보스트롬(Nick Bostrom)이 주도하는 인류미래연구소(Future of Humanity Institute, FHI), 마이크로소프트의 과학자 에릭 호로비츠(Eric Horovitz)가 주도하는 스탠포드대학의 '인공지능 100년 연구 프로젝트(One Hundred Year Study on Artificial Intelligence, AI100)' 등이 있다.[36]

그러나 인공지능 윤리를 구현하는 작업은 그렇게 단순하지가 않다. 인공지능 시스템에 보편적인 윤리 코드를 설정[37]할 경우 그것은 독일 철학자 이마누엘 칸트(Immanuel Kant)의 정언명법(categorical imperative)과도 같이 어떤 동기나 목적, 결과와는 무관하게 자율과 선(善)의지에 따라 무조건적이고 절대적으로 지켜야하는 도덕법칙을 구체화하는 방식이 될 것이다. 스스로 도덕적 결정을 내리는 '인공 도덕 행위자(artificial moral agent, AMA)', 과연 그는 우리가 신뢰할 만한 인간의 아바타가 되어줄 수 있을까? 미국의 SF 작가이자 생화학자 아이작 아시모프(Isaac Asimov)의 단편 『술래잡기 로봇 *Runaround*』(1942)에서 처음 제시된 '로봇공학의 삼원칙(Three Laws of Robotics)'은 이러한 의무론적 윤리를 구체화한 사례로 널리 알려져 있다. 세 가지 원칙은 다음과 같다: "1) 로봇은 인간에게 해를 가하거나, 행동하지 않음으로써 인간에게 해가 가도록 해서는 안 된다. 2) 로봇은 제1원칙에 위배되지 않는 한, 인간의 명령에 복종해야 한다. 3) 로봇은 제1, 2원칙에 위배되지 않는 한, 자신을 지켜야 한다."[38]

그러나 로봇 3원칙은 제1원칙의 '인간'에 대한 개념 정의부터 딜레마를 안고 있다. '인간에게 해를 가하거나 해가 가도록 해서는 안 된다'고 했지만, 인류 사회 자체가 인종적, 민족적, 국가적, 종교적, 이념적 갈등과 대립으로 서로 죽이고 죽임을 당하는 판국에 행동의 결과가 누구에게 해가 될 수 있는지 모든 변수를 정확히 찾아내어 일일이 제어하기란 실로 불가능하다. 또한 인간 자체가 분열성을 획책하는 일을 그만두지 않는 한, 착한 로봇들만 구현되기를 기대할 수는 없기 때문에 로봇은 인간적인 상황과 더불어 다른 로봇들의 상황도 파악할 수 있어야 한다. 더욱이 앞으로 생물학적 지능과 비생물학적 지능이 융합하는 융합사회가 도래하면 생물학적 특징만으로 인간을 정의하기가 어려워질 수 있기 때문에 로봇에 이를 구현하기란 쉬운 일이 아니다. 제2원칙 역시 어디까지가 제1원칙과 위배되지 않는 명령인지를 파악하기가 어렵고, 또 제1원칙과 제2원칙에 따라 행동하더라도 원칙에서 이탈하는 경우의 수가 얼마든지 발생할 수 있으며, 그리고 인간이 느끼는 위협의 시기와 강도를 로봇이 어떻게 판단할 수 있을 것인가 하는 문제가 제기될 수 있다.

공리주의를 로봇에 구현하는 경우 역시 딜레마를 안고 있다. 영국 공리주의의 개조 제러미 벤담(Jeremy Bentham)에 따르면 '최대다수의 최대행복'이라는 공리주의 원리가 의거하는 기초는 쾌락의 극대화와 고통의 극소화다. 그는 쾌락과 고통을 측정할 일곱 가지 기준으로 쾌락과 고통의 강도(intensity), 지속성(duration), 확실성 또는 불확실성(certainty ot uncertainty), 원근성(propinquity or remoteness), 생산성(fecundity), 순수성(purity), 그리고 범위 또는 연장성(extent or extension)[39]을 들고 있다. 하지만 모든 사람의 행복을 어떻게 정량화할 것이며, 또한 쾌락과 고통의 양을 어떻게 정확히 측정할 수 있을 것인가 하는 문제가 제기될 수 있다. 한편 벤담의 양적 공리주의를 수정해 질적 공리주의로 발전시킨 존 스튜어트 밀(John Stuart Mill)은 다수의 횡포의 위험성을 지적하고 소수 의견의 존중을 역설했다. 그렇다면 소수 의견을 존중하면서 최대다수의 최대행복을 구현하기 위해 로봇의 윤리적 의사 결정에 관련되는 모든 정보를 어떻게 고려할 수 있을 것인가 하는 문제가 제기된다.[40]

이 외에도 윤리적 판단 능력이나 '인공 도덕 행위자(AMA)'를 윤리 학습을 통해 구현하는 방법도 있다. 그러나 현재로서는 컴퓨터 과학자나 인공지능 연구자들의 윤리 학습이 더 시급한 과제다. 왜냐하면 인공지능의 윤리 문제는 결국 이들 과학자나 연구자들의 윤리 코드가 이입되어 나타난 결과이기 때문이다. 그럼에도 이들 분야 연구자들은 윤리학과의 관련성을 별로 인지하지 못하는 경우가 대부분이다. 따라서 인공지능 기술의 발전이 인류 사회의 이익을 극대화하고 지구 공동체 전체에 혜택을 주는 방향으로 이루어져야 한다는 내용의 공개서한이 온라인 서명을 통해 더욱 확산될 필요가 있다. 최근 수년 간 컴퓨터 과학 및 인공지능 전공자들의 윤리 학습 방법으로 주목받고 있는 방안은 'SF를 통한 컴퓨터 윤리학' 코스로 유니온 칼리지의 아나스타시아 피스(Anastasia Pease), 켄터키대의 쥬디 골드스미스(Judy Goldsmith), 호주 뉴사우스웨일스대의 니콜라스 마테이(Nicholas Matej) 등이 이러한 시도에 앞장서고 있다.[41]

오늘날 과학의 대중화와 더불어 인문사회과학적 지식이 기술혁신의 새로운 규범으로 자리 잡고 있는 지금, 인공지능 윤리 논의가 실효를 거두기 위해서는 과학, 공학, 인문학, 사회과학, 법학, 의학 등 다양한 분야의 전문가들이 통섭적 접근을 통한 공동연구와 더불어 이에 관한 토론을 활성화하고 플랫폼 방식의 의사소통 능력을 확대할 필요가 있다. 인공지능에 관한 과학과 공학 그리고 의학 차원의 기술발전 외에도 인공지능과 로봇의 법적 인격 및 권리와 책임문제, 인공지능과 로봇 관련 법제도와 지역적·세계적 거버넌스 등에 대한 논의와 연구를 국제협력을 통해 더욱 활발하게 전개해 나가야 할 것이다. 지속적인 윤리 학습 강화와 플랫폼 방식의 의사소통 능력 그리고 공동연구 확대와 온라인 공론장 활성화를 통한 서명운동 확산, 이러한 것들은 다가올 다중의 인공지능 에이전트 사회에서 '인공지능 시스템이 자기 코드를 수정하거나 스스로 다른 인공지능 시스템을 제작하는'것을 방지하는 일정한 가이드라인 역할을 할 수 있다. 그러나 여전히 남은 문제는 결국 인간이다. 인간 자체가 근본적으로 변화하지 않으면 이러한 가이드라인은 실효성을 발휘할 수 없기 때문이다. 하여 우리는 인간 자체의 근본적인 변화를 바탕으로 한 새로운 휴머니즘의 길, 신문명의 길을 동학에 묻고자 한다.

2) 동학에 신문명의 길을 묻다

19세기 서세동점(西勢東漸)의 시기에 수운(水雲) 최제우(崔濟愚)가 동학을 창도(1860)한 이후 해월(海月) 최시형(崔時亨)과 의암(義菴) 손병희(孫秉熙)로 그 사상적 맥이 이어지는 과정에서 동학은 보국(輔國)의 주체로서의 근대적 민중의 대두를 촉발시키고 근대적 민족국가 형성의 철학적·사상적 토대를 마련하였을 뿐 아니라 개화혁신운동을 주도하고 민족혼을 일깨우며 거국적인 독립운동을 전개하는 데 크게 기여했다. 그렇다고 동학이 단순히 한국만의 동학이 아니라는 점은 본 절의 주제와 관련하여 분명히 적시해 둘 필요가 있다. 그것은 동학이라는 이름을 넘어선 보편적인 사상체계라는 점에서 광의의 동학으로 인식돼야 할 것이다. 수운이 하늘로부터 받은 도 자체는 경계가 없는 천도(天道)[42]이지만, 땅이 동서로 나뉘어 있고 수운 또한 동(東)에서 나서 동에서 받았으니 학(學)으로는 이름하여 동학이라고 한 것이다. 말하자면 동학은 서양에서 일어난 서학에 빗대어 동양에서 일어난 학(學)이라는 의미로 수운이 그렇게 명명한 것일 뿐, 동학의 도 자체는 일체의 경계를 넘어선 것이다. 동학이 특정 이념체계에 갇힌 협의의 동학이 아니라는 사실은 『동경대전(東經大全)』「논학문(論學文)」의 다음 구절에서 분명히 드러난다.

> 내가 또한 동에서 나서 동에서 받았으니 도는 비록 천도이나 학(學)인 즉 동학이다. 하물며 땅이 동서로 나뉘었으니 서를 어찌 동이라 이르며, 동을 어찌 서라고 이르겠는가.[43]

세계는 지금 유례없는 과학과 기술 문명의 발전에도 불구하고 인류 의식은 아직도 '구석기 동굴'에 갇힌 채 '부족적' 증오와 갈등을 확대 재생산해내며 지구를 일촉즉발의 위기상황으로 몰아가고 있다. 무기체계의 개발에서 보듯 인간이 삶의 기술보다는 죽음의 기술 개발에 더 능한 것은 생명과 삶의 과학에 대한 깊은 통찰력을 갖지 못한 데 기인하는 것으로 인류가 개체화(particularization) 의식에 사로잡혀 있다는 반증이다. 근년에 들어 ICT 분야에서의 기술혁신이 가속화됨에 따라 고삐 풀린 과학기술이 재앙이 될 수 있다는 인식이 확산되면서 특히 인공지능 윤리 문제가 핵심 이슈로 떠오르고 있다. 그러나 지금까지 인공지능 윤리에 대한 분석과 표피적인 가이드라인은 많이 제시되고 있지만, '인공지능 시스템이 자기 코드를 수정하거나 스스로 다른 인공지능 시스템을 제작하는' 최악의 상황을 막을 근본적이고도 실효성 있는 대책은 강구되지 못하고 있다. 뿐만 아니라 많은 과학자들은 현재 인류가 '죽음의 소용돌이(vortex of death)'에 직면해 있으며 생태학적인 재해가 경제적 및 사회적 허리케인으로 연결되는 '대붕괴(great disruption)'[44]를 맞게 될 것이라고 경고한다. 과연 인류는 문명 전체의 파국으로 이어지는 이 위기를 새 하늘과 새 땅을 여는 기회로 바꿀 수 있을까? 이에 동학이 제시하는 새로운 휴머니즘의 길, 신문명의 길을 다음의 몇 가지 점에서 살펴보기로 한다.

첫째, 동학은 완전한 소통성과 평등무이(平等無二)의 세계관에 기초하여 근본지(根本智)로의 회귀를 촉구함으로써 무극대도(無極大道)의 세계를 지향한다는 점이다. 동학은 천하를 만인의 공유물로 생각하는 까닭에 귀천(貴賤)·빈부(貧富)·반상(班常)·적서(嫡庶) 등 일체의 봉건적 신분차별이 철폐된 무극대도의 세계를 지향한다. 또한 동학은 배타적인 국가주의·민족주의·인종주의·종파주의 등을 거부한다는 점에서 국가·민족·인종·성·종교의 경계를 넘어선 것이며 나아가 생물과 무생물의 경계마저도 해체시키는 광대한 학(學)이다. 광대한 '학'으로서의 동학은 불연기연(不然其然)[45]적 세계관이 보여주는 완전한 소통성과 평등무이의 세계관에서 명징하게 드러난다. 동학의 불연기연적 세계관은 본체계[의식계]와 현상계[물질계]를 회통하며 하나의 이치를 양 방향에서 관찰한 내유신령(內有神靈: 안으로 신령[神性]이 있음)[46]과 외유기화(外有氣化: 밖으로 기화의 작용이 있음) 그리고 각지불이(各知不移: 각기 알아서 옮기지 않음)라는 「시(侍: 모심)」의 3화음적 구조에서 확연하게 드러난다. 여기서 '신령'과 '기화'는 생명의 본체와 작용, 내재와 초월의 합일을 보여주는 것이고, '불이(不移)'는 '부동지(不動地)' 또는 '불이(不二)'와 같은 뜻으로 이 세 가지는 '생명의 3화음적 구조(the triadic structure of life)'를 나타내며 생명의 전일성과 자기근원성을 명료하게 보여준다.

동학의 평등무이의 세계관은 불연기연적 세계관에서 뿐만 아니라 동학 심법(心法)의 키워드인 '오심즉여심(吾心卽汝心: 내 마음이 곧 네 마음)'에서도 분명히 드러난다. 경신년(庚申年) 4월 5일 수운은 '오심즉여심'의 심법과 함께 무극대도를 하늘로부터 받는 신비체험을 하게 된다. 밖으로는 접령(接靈)의 기운이 있고 안으로는 강화(降話)의 가르침이 있으되 보이지도 들리지도 않는 가르침의 말씀은 '내 마음이 곧 네 마음'[47]이라고 하는 것으로 시작된다. 이는 곧 하늘마음(天心)이 수운의 마음(人心)과 같다는 뜻으로 천인합일(天人合一)의 정수를 보여준다. 세상 사람들이 천인합일의 심오한 의미를 파악하지 못하는 것은 우주만물의 생성·변화·소멸의 전 과정이 하늘의 조화 작용임을 알지 못하기 때문이다. 말하자면 천지의 형체만 알 뿐 천지의 주재자인 하늘은 알지 못하기 때문에 우주섭리와 인사(人事)의 긴밀한 연계성을 파악하지 못하는 것이다. 그러나 '체'로서의 '신령[不然]'과 '용'으로서의 '기화[其然]'가 하나임을 알면, 다시 말해 우주만물이 지기(至氣, 混元一氣, 神靈)인 하늘기운의 화현임을 알게 되면 생명의 전일성과 유기적 통합성을 깨닫게 되므로 각자위심(各自爲心)에서 벗어나 동귀일체(同歸一體)가 이루어져 천리(天理)에 순응하는 삶을 살 수 있게 된다.

둘째, 동학은 하늘과 인간, 인간과 사물의 융화에 기초하여 조화적 통일과 대통합을 지향하는 강한 실천성을 띤 사상적 특색을 보여주고 있다는 점이다. 동학의 「모심(侍)」은 사람뿐만 아니라 우주만물이 다 하늘을 모시고 있다는 전제에서 출발한다. 하늘은 곧 지기(至氣)이며 내재적 본성인 신성(神性, 참본성)[48]으로서 만유 속에 만유의 본질로서 내재해 있는 까닭에 이 세상에 하늘(기운) 아닌 것이 없다(物物天 事事天). '하늘을 모심(侍天)'은 천·지·인 삼신일체의 천도가 인간 존재 속에 구현되는 일심의 경계로 '내가 나 되는 것'[49]이다. 「시천주」의 자각적 주체로서 도성입덕(道成立德)이 되면 생명의 유기성과 상호 관통을 자각하게 되므로 공공성의 발현이 극대화되어 조화로운 통일체로서의 무극대도의 세계가 구현되게 된다. 인공지능, 사물인터넷 등 최근 ICT 혁신의 파급효과가 물리적 시스템의 변화뿐만 아니라 사회생태계를 지탱해온 인간중심의 사고체계에 커다란 도전이 되고 있고 또한 ICT 생태계에서의 인간의 역할 변화와 더불어 인간과 사물의 융합에 따른 새로운 생태계 형성이 예상되고 있는 지금, 인간과 사물의 융화에 기초한 동학은 ICT 융합의 새로운 전망을 제시할 수 있게 한다.

동학의 통섭적 사유체계는 조화적 통일과 대통합을 지향하는 강한 실천성을 띤 사상적 특색을 보여준다. 「모심(侍)」은 참자아의 자각적 주체가 되는 것으로 경천(敬天)·경인(敬人)·경물(敬物)의 '삼경(三敬)'사상의 실천을 통하여 이루어진다. 하늘과 사람과 만물을 다 같이 공경하는 자각적 실천을 통해 씨앗으로 존재하는 하늘을 '양(養)'해야 참본성이 발현된다는 점에서 해월은 「시천(侍天)」을 「양천(養天)」으로 풀이한다.[50] 그리하여 그는 '오직 하늘을 양한 자에게 하늘이 있고, 양치 않는 자에게는 하늘이 없다'라고 했다. 「양천」은 의식의 확장을 말하는 것으로 영적 진화와 관계된다. 이렇듯 동학의 「시천주(侍天主: 하늘(님)을 모심)」도덕은 자각적 실천이 수반될 때 그 진면목이 드러난다. 「시(侍)」의 세 가지 뜻 중에서 '각지불이'는 「시천주」 도덕의 실천적 측면과 관계된다. '불이(不移)' 즉 '옮기지 않음'은 천심에서 벗어나지 않는 것으로 우주적 본성에 부합하는 순천(順天)의 삶을 지향하는 것이다. 「시천주」 도덕의 요체는 '성경이자(誠敬二字)'로 설명되는 수심정기(守心正氣)에 있다. 마음을 지키고 기운을 바르게 하는 자각적 실천이 '옮기지 않음'의 요체다. 생물과 무생물의 경계마저도 해체시키는 '삼경'사상의 실천을 통해 마음을 지키고 기운을 바르게 함으로써 복본(復本)하면 개체화 의식에서 벗어나 대공(大公)한 경계[51]가 열리게 된다.

셋째, 동학의 후천개벽(後天開闢)은 인류 문명의 대변곡점을 지칭하는 광의의 '특이점'과 조응하며 천시(天時)와 인사(人事)의 상합[52]에 기초해 있다는 점에서 포괄적이고도 총합적인 개념이라는 점이다. 특히 '기술적 특이점'에 착안한 레이 커즈와일이나 버너 빈지의 협의의 특이점과는 달리 동학의 후천개벽은 인위(人爲)의 정신개벽과 사회개벽[53] 그리고 무위자연(無爲自然)의 천지개벽이 분리될 수 없는 하나라고 보고 우주적 본성으로의 회귀를 통해 후천개벽의 새 세상이 열리는 길을 제시한다. 여기서 후천개벽은 특정 종교의 주장이나 사상은 결코 아니다. 그것은 생장염장(生長斂藏) 사계절로 순환하는 과정에서 후천 가을의 시간대로 접어들면서 일어나는 대격변 현상으로 천지운행의 원리에 따른 것이다. 다시 말해 일원(一元: 宇宙曆 1년)인 12만 9천6백 년이라는 시간대를 통해 우주가 봄·여름·가을·겨울의 '개벽(開闢: 天開地闢)'으로 이어지는 천지개벽의 도수(度數)에 따른 것이다. 우주의 봄·여름인 선천(先天) 5만 년이 끝나고 우주의 가을이 되면 우주섭리에 따라 후천개벽이 찾아오는 것이다.[54] 이러한 우주자연의 필연적 법칙성에 대한 참된 인식이 결여되면 참자아의 자각적 주체로서의 삶을 살 수가 없으므로 도덕적 실천으로 나아가지 못하게 된다.

동학의 후천개벽은 인위의 정신개벽과 사회개벽 그리고 무위자연의 천지개벽이 변증법적 통합을 이루어 새 하늘과 새 땅을 창조하는 '다시개벽'[55]이다. 정신개벽과 사회개벽 그리고 천지개벽이 분리될 수 없는 하나인 것은 천시(天時)와 지리(地理) 그리고 인사(人事)가 조응관계에 있기 때문이다. 정신개벽을 통해 체(體)로서의 불연과 용(用)으로서의 기연의 상호관통을 깨달으면 불연과 기연이 본래 하나이며[56] 우주섭리의 작용과 인류역사의 전개 과정이 긴밀히 연계되어 있음을 알게 되고 따라서 무위자연의 천지개벽이 인위의 사회개벽과 둘이 아님을 알게 된다. '다시개벽'은 우주의 대운(大運) 변화의 한 주기에 해당하는 것으로 이제 시운(時運)이 다하여 선천이 닫히고 후천이 새롭게 열린다는 의미를 함축하고 있다. 동학의 시운관은 쇠운(衰運)과 성운(盛運)이 교체하는 역학적 순환사관(易學的 循環史觀)[57]에 입각해 있다. 수운은 당시의 시대상을 역학상(易學上)의 쇠운괘(衰運卦)인 '하원갑(下元甲)'에 해당하는 '상해지수(傷害之數)'로 파악하고, 곧 새로운 성운(盛運)의 시대인 상원갑(上元甲) 호시절이 올 것임을 예견하고 있다.[58] 수운은 새로운 성운의 시대를 맞이하여 천지개벽의 도수에 조응하여 인위의 정신개벽과 사회개벽이 이루어지면 천지가 합덕(合德)하는 후천의 새 세상이 열리게 된다고 보았다.[59]

넷째, 동학은 천지개벽의 도수에 따른 후천 곤도(坤道)시대의 도래와 맥을 같이 하여 음양의 조화를 특히 강조하며 진보된 여성관을 보여주고 있다는 점이다. 천지비괘(天地否卦 ䷋)인 음양상극(陰陽相剋)의 선천 건도(乾道)시대—민의가 제대로 반영되지 못하고 빈부 격차가 심하며 여성이 제자리를 찾지 못하는 시대—와는 달리 지천태괘(地天泰卦 ䷊)인 음양지합(陰陽之合)의 후천 곤도(坤道)시대는 대립물의 통합이 이루어지고 여성이 제자리를 찾으며 종교적 진리가 정치사회 속에 구현되는 성속일여(聖俗一如)·영육쌍전(靈肉雙全)의 시대라고 할 수 있을 것이다. 해월은 아녀자를 포함한 모든 사람이 하늘(님)이므로 하늘같이 공경해야 한다는 혁명적인 가르침을 폈으며, 음양의 조화를 강조하여 '부화부순은 도의 제일 종지(宗旨)'라고 했다. 또한 후천 곤도시대의 도래와 맥을 같이 하여 "부인은 한 집안의 주인이다"[60]라고 하며 부인수도를 도의 근본으로 삼았다. 이러한 해월의 여성관과 실천적 삶에 대한 깊은 통찰은 하늘과 사람과 만물의 일원성에 대한 영적 자각에 기초한 것이다. 이러한 자각이 없이는 생명의 존엄성과 평등성 그리고 자율성이 도출될 수 없으며 공공선에 대한 명료한 인식이 일어날 수 없다.

동학의 여성관은 인류의 집단무의식 속에 자리 잡은 인류 구원의 '여성성' 마고(麻姑)를 떠올리게 한다. 여기서 '여성성'은 그리스 신화에 등장하는 대지의 여신 '가이아(Gaia: 지구를 어머니처럼 보살펴준다는 뜻에서 붙여진 지구의 영적인 이름)'의 영적인 본질에서 도출된 '여성성'으로 이는 곧 영성(靈性)이다. 영성은 만유의 내재적 본성인 신성(神性, 참본성)이며 생명 그 자체로서 종교적 외피와는 무관하다. 인간 억압과 자연 억압이 만연한 것은 없는 곳이 없이 실재하는 만유의 영성을 인식하지 못하고 외재화, 물화(物化)시킴으로써 생명을 물성(物性)으로만 간주했기 때문이다. 오늘날 인류 구원의 '여성성'에 대한 관심의 고조는 지천태괘인 후천 곤도시대의 도래와 맥을 같이 하는 것이다. 세계는 지금 기계론적이고 분석적이며 추론적이고 물질적이며 환경 파괴의 남성적이고 양적(陽的)인 특성을 지닌 서구 문명이 쇠퇴해 가는 반면, 전일적이고 종합적이며 직관적이고 정신적이며 환경 회생의 여성적이고 음적(陰的)인 특성을 지닌 새로운 문명이 대두하고 있으며, 많은 사람들은 새 시대가 근본적인 패러다임 전환을 가져올 것이라고 예측한다.[61] 문명의 대전환이라는 관점에서 볼 때 인류 구원의 '여성성'은 서구 휴머니즘의 극복으로서의 새로운 휴머니즘의 길, 신문명의 길을 제시해야 할 과제를 안고 있다.

이상에서 우리는 동학이 제시하는 새로운 휴머니즘의 길, 신문명의 길에 대해 살펴보았다. 동학이 제시하는 길은 근본적이고도 종합적이며 적실성이 있고 시대적 트렌드에도 부합한다. 동학의 지향점은 단순히 수심정기를 통한 도덕적 인격의 완성에 그치는 것이 아니라 도덕과 정치의 묘합에 기초한 무극대도의 세계이다. 영성 공동체로서의 성격과 정치적·사회적 운동체로서의 성격이 복합된 동학의 접포제(接包制)는 자율성과 공공성이 조화를 이루는 '디비너틱스(divinitics)'[62]의 원형을 제시한 것으로 볼 수 있다. 새로운 휴머니즘의 길, 신문명의 길은 물성(物性)에서 영성(靈性)으로, 파워 폴리틱스(power politics)에서 디비너틱스로의 이행과 맥을 같이 하며, 그런 점에서 동학은 근본적인 패러다임 전환을 통한 문명의 대전환의 한 축을 담당할 수 있을 것이다.

5. 결론

지금까지 우리는 특이점 논의의 중요성과 그 미래적 함의에 대해, 다음으로 특이점을 향한 기술의 진화와 사회적 영향 및 파급효과에 대해, 그리고 끝으로 새로운 문명의 가능성을 현실화하기 위한 인류의 선택과 과제, 특히 인공지능 윤리의 딜레마에 대해 살펴보고 동학이 제시하는 새로운 휴머니즘의 길, 신문명의 길에 대해 고찰하였다. 우선 특이점 논의가 중요한 것은 특이점의 도래 시기가 많은 과학자들에 의해 임박한 것으로 판단되고 있고 또한 그것이 우리 삶의 전 영역에 총체적이고도 치명적인 변화를 가져올 것으로 예상되기 때문이다. 특이점은 생물학적 사고 및 존재와 기술의 융합이 이룬 절정으로 인간의 삶이 되돌릴 수 없게 완전히 변화되는 시기이기 때문에 깊은 이해와 통찰을 통해 이에 대한 대처 능력을 증대시킬 필요가 있다. 특이점의 미래적 함의와 관련하여 커즈와일은 미래 문명의 지능 대부분이 결국에는 비생물학적인 형태가 될 것이고 금세기 말까지는 비생물학적 지능이 인간 지능보다 수조 배의 수조 배만큼 강력해질 것이라는 의미 있는 진술을 하고 있다. 그러나 그는 인간성에 대한 이해가 생물학적인 기원을 넘어서긴 하겠지만, 비생물학적인 지능 역시 생물학적 설계에서 파생되어 나올 것이기 때문에 여러 가지 면에서 미래 문명은 현재보다 더 인간적인 전형이 될 것이라고 말한다.

다음으로 특이점을 향한 기술의 진화는 수확 가속의 법칙에 의해 그 속도가 기하급수적으로 빨라지고 있다. 현재 인류는 인공지능, 네트워크 융합, 빅데이터 등으로 촉발된 제4차 산업혁명으로 산업 간 융합 활성화와 더불어 개방형 공유경제로 이행하고 있으며, 기술혁신에 따른 현실과 가상현실의 융합으로 모든 것이 연결되고 확장되어 보다 지능적인 사회로의 진화가 가속화되고 있다. 슈밥에 따르면 제4차 산업혁명은 기하급수적인 속도로 진행되고 있으며, 디지털 혁명을 기반으로 다양한 과학기술을 융합해 개인뿐만 아니라 경제, 기업, 사회를 근본적인 패러다임 전환으로 유도하며 인간의 존재양식에도 변화를 일으키고 있고, 국가 간, 기업 간, 산업 간, 그리고 사회 전체 시스템의 변화를 수반하고 있다. 제4차 산업혁명의 본질은 '현실세계의 디지털화', '디지털 세계의 지능화', '지능화 시스템의 사회적 탑재와 적용'으로 설명될 수 있다. 커즈와일은 21세기 전반부에 'GNR'이라는 세 개의 혁명이 중첩적으로 일어날 것이라고 전망하며 이 세 가지 혁명으로써 특이점이 시작될 것이라고 본다. 현재 우리가 처한 시점은 'G'혁명의 초기 단계이며, 'R'혁명은 가장 강력하고도 의미 있는 변화가 될 것으로 여겨진다.

기술의 사회적 영향 및 파급효과에 대해 전문가들은 제4차 산업혁명이 혜택과 잠재적 위협이라는 양면성을 동시에 지니고 있기 때문에 경제 생태계와 우리 삶 전반에 미치는 파급효과가 심대할 것으로 예상하고 있다. 커즈와일은 기술의 발달로 비생물학적 지능이 생물학 지능을 능가하게 되면 인간 경험의 본질이란 대체 무엇이며, 또한 강력한 인공지능과 나노기술로 우리가 상상하는 모든 것을 마음대로 만들어낼 수 있다면 인간-기계 문명이 의미하는 바는 무엇인가에 대해 묻고 있다. 덧붙여 그는 특이점이 다가오면 인간의 역할과 삶 자체에 대해 다시 생각해봐야 하고 각종 조직들도 재편해야 한다고 말한다. 슈밥은 제4차 산업혁명의 사회적 영향 및 파급효과와 관련하여 특히 불평등, 고용, 노동시장에 관련된 문제들을 제대로 인식하고 다룰 필요가 있다고 본다. 그에 따르면 제4차 산업혁명의 특징은 글로벌 플랫폼의 출현이며 기업은 물리학, 디지털, 생물학 기술을 다차원적으로 융합해 파괴적 혁신을 도모해야 하고, 정부는 업계와 시민사회와의 효율적 소통을 통해 상호 신뢰를 유지하기 위한 새로운 규정을 만들고 견제와 균형을 이루어야 한다. ICT 융합사회의 핵심은 역시 사람이며 인문사회과학적 지식이 기술혁신의 새로운 규범으로 정착돼야 한다.

끝으로, 새로운 문명의 가능성을 현실화하기 위한 인류의 노력은 인공지능 윤리의 딜레마에 봉착한다. 인공지능 윤리는 개발자와 과학자들의 윤리, 인공지능 시스템에 내재한 윤리 코드, 인공지능 시스템이 학습하고 추론하는 과정에서 발생하는 윤리 문제로 대별된다. 인공지능의 응용범위가 방대한 만큼 사회적 파급효과에 대한 고민도 깊어지면서 인공지능에 대한 윤리적 제어를 통해 인간과 인공지능의 공존을 추구해야 한다는 목소리가 높아지고 있다. 인공지능 윤리와 관련된 연구를 하는 기관이나 단체는 인류의 공동선을 추구하는 기술 진보를 핵심 연구 주제로 삼고 있지만 인공지능 윤리를 구현하는 작업은 그렇게 단순하지가 않다. 사실 인간 자체가 분열성을 획책하는 일을 그만두지 않는 한, 착한 로봇들만 구현되기를 기대할 수는 없기 때문이다. 인공지능의 윤리 문제는 결국 이들 과학자나 연구자들의 윤리 코드가 이입되어 나타난 결과다. 따라서 지속적인 윤리 학습 강화와 플랫폼 방식의 의사소통 능력 그리고 공동연구 확대와 온라인 공론장 활성화를 통한 서명운동 확산, 이러한 것들이 인공지능의 추구 방향에 대한 일정한 가이드라인 역할을 할 수 있다. 그러나 여전히 남은 문제는 결국 인간이며, 인간 자체가 근본적으로 변화하지 않으면 이러한 가이드라인은 실효성을 발휘할 수 없다.

동학은 인간 자체의 근본적인 변화를 바탕으로 다음의 몇 가지 점에서 새로운 휴머니즘의 길, 신문명의 길을 제시한다. 첫째, 동학은 완전한 소통성과 평등무이의 세계관에 기초하여 근본지(根本智)로의 회귀를 촉구함으로써 무극대도의 세계를 지향한다는 점이다. 둘째, 동학은 하늘과 인간, 인간과 사물의 융화에 기초하여 조화적 통일과 대통합을 지향하는 강한 실천성을 띤 사상적 특색을 보여주고 있다는 점이다. 셋째, 동학의 후천개벽은 인류 문명의 대변곡점을 지칭하는 광의의 '특이점'과 조응하며 천시(天時)와 인사(人事)의 상합에 기초해 있다는 점에서 포괄적이고도 총합적인 개념이라는 점이다. 특히 '기술적 특이점'에 착안한 레이 커즈와일이나 버너 빈지의 협의의 특이점과는 달리 동학의 후천개벽은 인위의 정신개벽과 사회개벽 그리고 무위자연의 천지개벽이 분리될 수 없는 하나라고 보고 우주적 본성으로의 회귀를 통해 후천개벽의 새 세상이 열리는 길을 제시한다. 넷째, 동학은 천지개벽의 도수에 따른 후천 곤도(坤道)시대의 도래와 맥을 같이 하여 음양의 조화를 특히 강조하며 진보된 여성관을 보여주고 있다는 점이다. 동학의 '여성성'은 서구 휴머니즘의 극복으로서의 새로운 휴머니즘의 길, 신문명의 길을 제시해야 할 과제를 안고 있다.

인간이 가진 자연적 능력이 기술과 결합하면 더욱 시너지효과를 낼 수 있다는 것은 자명하다. 그러나 인간이 기계와의 공존을 추구하려면 인간 스스로가 '업그레이드' 되지 않으면 안 된다. 인공지능은 인류의 집합의식이 이입된 것이기 때문이다. 설령 인간이 뇌를 완전히 판독한다 해도 인간 자체의 탐욕과 이기심이 바뀌지 않으면 인공지능은 사악한 자의 아바타가 되어 '킬러 로봇'의 임무에 충실할 것이다. 계곡의 맑은 물도 젖소가 먹으면 젖이 되지만, 독사가 먹으면 독이 되는 것과도 같은 이치다. 인공지능의 윤리 문제는 정확히 말하자면 인간 자체의 윤리 문제다. 모든 것을 조정하는 마스터키는 바로 인간의 의식이며, 의식의 진화가 문제 해결의 열쇠다. 하늘과 사람과 만물의 일원성에 대한 영적 자각이 없이는 생명의 존엄성과 평등성 그리고 자율성이 도출될 수 없으며 공공선에 대한 명료한 인식이 일어날 수 없다. 동학은 바로 이 점을 우리에게 알려주고 있다.

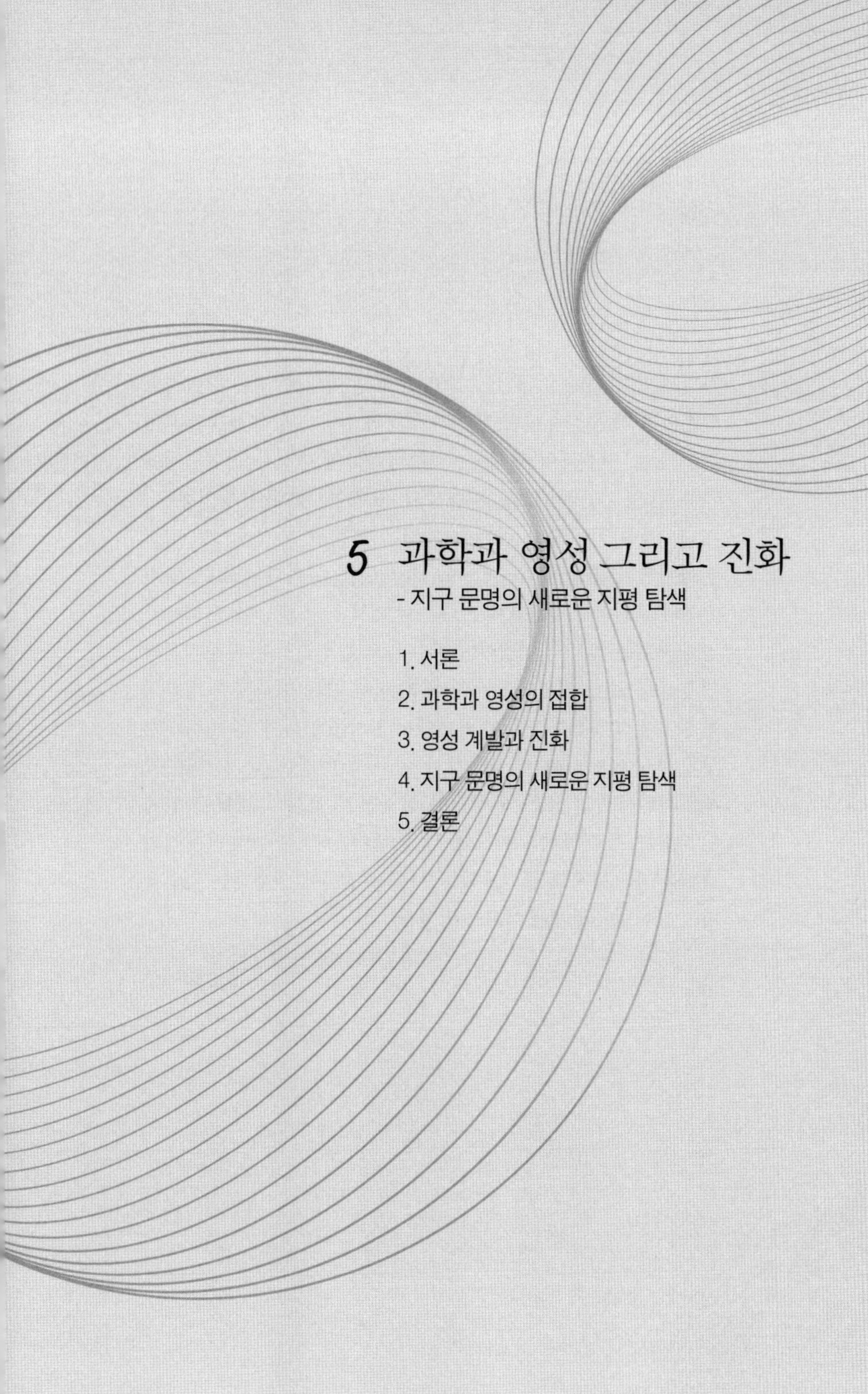

5 과학과 영성 그리고 진화
- 지구 문명의 새로운 지평 탐색

1. 서론
2. 과학과 영성의 접합
3. 영성 계발과 진화
4. 지구 문명의 새로운 지평 탐색
5. 결론

과학과 영성(spirituality) 그리고 진화는 삶의 존재론적 반경을 설정하는 '세 중심축'이다. 과학과 영성의 접합은 우리 세계의 모든 것이 상호 연결되어 있다는 현대 물리학의 관점과 비이원성에 기초한 영적인 관점이 유사성이 있다는 데에서 찾아볼 수 있다. 영성과 진화의 관계적 본질은 진화란 본질적으로 영적 진화이며 공진화(co-evolution)이고 인간 사회의 진화는 영적 진화와 표리의 조응관계에 있다는 점에서 잘 드러난다. 동학에서 진화는 복본(復本)의 여정이며 '하나됨'으로의 길이다. 우주만물의 연결성을 알아차리는 '만사지(萬事知)'에 이르면 생명과 평화의 문명이 열리게 된다는 것이 동학에서 말하는 진화의 진수(眞髓)다. 무극대도(無極大道) 이상세계의 궁극적 비전은 국가, 나아가 세계시민사회의 모든 구성원이 공공선과 조화와 평화를 위해 단결하는 동귀일체(同歸一體) 공동체다. 생명은 곧 영성이며 생명을 개체화하고 물질화하는 시도는 진화에 역행하는 것임을 아는 것이 동귀일체에 이르는 길이다.

- 본문 중에서

우리가 정말로 전체와 분리되어 있다고 느끼고 생각하는 것은 환상이다.
Feeling and thinking that we are really separate from the whole is the illusion.

- Amit Goswami, *The Self-Aware Universe: How Consciousness Creates the Material World*(1995)

1. 서론

과학과 영성(spirituality) 그리고 진화(evolution)는 삶의 존재론적 반경을 설정하는 '세 중심축'이다. 인간은 육적인 동시에 영적이며, 물질적인 동시에 정신적이며, 영적 진화(spiritual evolution)의 지향성을 갖는 우주의 불가분의 한 부분이기 때문이다. 과학이 다양한 물질계를 표징하고 영성이 전일적인 의식계를 표징하는 것이라면, 진화는 양 세계의 변증법적 통합체로서의 일심(一心)의 세계를 지향한다. 천·지·인 삼신일체의 천도(天道)가 인간 존재 속에 구현되는 일심의 경계, 즉 '인중천지일(人中天地一)'의 경계에서 진화는 절정에 달한다. 여기서 과학과 영성 그리고 진화는 천·지·인의 관계로 치환해보면 쉽게 이해될 수 있다. 즉 과학은 물질세계를 표징하는 '지(地)'이고, 영성은 의식세계를 표징하는 '천(天)'이며, 진화는 양 세계—물질계와 의식계—를 변증법적으로 통합하는 일심의 세계를 지향한다. 천·지·인은 본래 삼신일체이므로 물질계[生滅, 用]와 의식계[眞如, 體]는 표리(表裏)의 조응관계로서 하나다. 그런데 지금까지 진화는 물질계와 의식계를 변증법적으로 통합하는 일심의 세계와 연결시키지 못한 채 주로 문명의 외피만 더듬는 수준에 머물렀다.

과학과 영성 그리고 진화가 삶의 존재론적 반경을 설정하는 '세 중심축'으로서 지구 문명의 새로운 지평을 탐색하는 핵심 개념임에도 불구하고 지금까지 개념적 명료화(conceptual clarification)와 더불어 총합적인 연구가 이루어지지 못한 것은 정신·물질 이원론에 입각한 기계론적 세계관의 한계 때문일 것이다. 근대에 들어 과학과 영성 그리고 진화는 주로 과학자와 신학자 그리고 생물학자들에 의해 분절적으로 다뤄졌던 까닭에 삶의 존재론적 반경을 설정하는 총합적 의미로 이해되지 못한 채 실제 삶과는 유리된 칸막이 지식 차원의 소모적인 논쟁을 불러일으켰다. 그리하여 이 세상은 물질일변도의 허위의식(false consciousness)에 빠져 온갖 대립과 갈등, 폭력과 테러를 양산해내는 유해공장이 되어버렸다. 근년에 들어 ICT(정보통신기술) 융합사회로의 이행이 초미의 관심사가 되고 있긴 하지만 아직은 무늬만 그러할 뿐이다. 진정한 융합사회로의 이행은 근본적인 패러다임 전환을 전제하며 그것은 과학과 영성 그리고 진화에 대한 통섭적인 이해와 존재론적 통찰이 필수적이다. 이는 곧 지구 문명의 새로운 지평을 탐색하는 것이기도 하다.

과학이 진정한 의미에서 '삶의 과학'이 되려면, 삶의 혁명적 전환을 추동해낼 수 있는 과학혁명이 수반되어야 한다. 지구촌은 지금 '양자혁명(quantum revolution)' 시대에 진입해 있으며 양자혁명이 가져온 사상적·사회적 및 기술적 영향으로 패러다임 전환이 진행 중에 있다. 상호배타적인 것이 상보적*이라는 양자역학(quantum mechanics)의 전일적 실재관은 동양의 유기론적 세계관과 유사하여 과학과 의식 또는 과학과 영성(spirituality)의 접합에 관한 논의를 촉발시키고 있다. 미국 물리학자이자 신과학 운동의 거장인 프리초프 카프라(Fritjof Capra)의 『물리학의 도 *The Tao of Physics*』(1975)[1]는 현대

* "상호배타적인 것은 상보적이다"라는 명제로 일반화된 닐스 보어(Niels Bohr)의 상보성 원리(complementarity principle)를 말한다.

물리학과 동양사상의 접합을 다룬 것으로 이 분야의 선구적인 저작으로 평가받고 있다. 미국의 양자물리학자 데이비드 봄(David Bohm)과 신경생리학자 칼 프리브램(Karl Pribram)의 홀로그램(hologram) 우주론에 따르면 우리가 인지하는 물질세계는 실재하는 것이 아니라 단지 우리 두뇌를 통하여 비쳐지는 홀로그램적 영상에 지나지 않는다. 말하자면 이 우주는 우리의 의식이 지어낸 이미지 구조물이다. 천·지·인은 본래 일체이므로 과학 또한 우주 진화의 궤도에서 벗어날 수 없다는 점에서 과학이 진보할수록 우리가 살고 있는 복잡계의 실체가 드러나게 되므로 과학과 영성의 경계에 대한 탐색은 더욱 확산될 것이다.

영성은 종교라는 외피를 필요로 하지 않는다. 신학이라는 이론을 필요로 하지도 않는다. 그러나 영성 없는 종교나 신학은 알맹이 없는 껍데기에 불과하다. 영성은 특정 종교나 신학의 전유물이 아니다. 그것은 만유의 내재적 본성인 신성, 즉 참본성을 일컫는 것이다. 동학의 내유신령(內有神靈), 즉 '안에 신성한 영(神靈)이 있다'고 한 것은 사람만이 아니라 우주만물이 다 '신성한 영' 즉 하늘(天·神·한울)을 모시고 있다는 뜻이다. '영(Spirit)'은 곧 '영성'이며 내재적 본성인 신성이고 하늘이며 신이다. 동학 「시(侍: 모심)」 가르침의 진수(眞髓)는 만유의 근원적 평등성을 설파함으로써 일체의 경계를 넘어서, 생물과 무생물의 경계마저도 넘어서 만유의 평등하고도 고유한 존재성을 밝혔다는 데에 있다. 무극대도(無極大道)의 이상세계를 도출해낼 수 있는 근거가 바로 여기에 있다. "물질계는 생명의 본체인 '영' 자신의 설계도가 스스로의 지성[性]·에너지[命]·질료[精]의 삼위일체의 작용으로 형상화되어 나타난 것이므로 만유는 '물질화된 영(materialized Spirit)'이다."[2] 생명의 전일성과 자기근원성, 만유의 근원적 평등성과 유기적 통합성이 이로부터 도출된다. 말하자면 물질계는 '영'의 자기복제(self-replication)로서의 작용 내지는 자기조직화(self-organization)[3]에 의해 나타난 것이라는 점에서 영과 육, 의식계와 물질계는 둘이 아니다.

인간 사회의 진화는 우주의 실체인 의식의 진화와 표리의 조응관계에 있다.[4] 가시권에서 비가시권에 이르기까지 그 어떤 것도 천·지·인 삼신일체의 천도(天道)에서 벗어나 존재할 수 있는 것은 없기 때문이다. 의식의 진화는 곧 의식의 상승(ascendence)이며 이는 영적 자각과 불가분의 관계에 있다는 점에서 본질적으로 영적 진화이며 공진화(co-evolution)[5]이다. 우주의 진행 방향은 영적 진화이며 이는 '영(靈)'의 자기조직화하는 원리인 '우주지성'[6]—헤겔이 말하는 '절대정신(absoluter Geist)' 또는 현대 과학에서 말하는 '정보-에너지장(information-energy field)'—의 작용에 기인한다. 양자 개념을 처음으로 도입해 양자역학의 효시로 알려진 독일의 물리학자 막스 플랑크(Max Planck)는 이 '우주지성'을 '의식과 지성을 가진 정신(conscious and intelligent Mind)'이라고 명명했다. 진화가 본질적으로 공진화인 것은 의식의 확장을 통하지 않고서는 진화가 일어날 수 없기 때문이다. 의식의 확장을 위해서는 생명이 무엇인지를 알아야 하며, 생명의 외연을 어디까지 확장할 수 있는지가 관건이다. 생명은 분리 자체가 근원적으로 불가능한 절대유일의 '하나', 즉 영성[靈] 그 자체다. 생명을 육체적 '나'로 국한시키면 살인도 마다하지 않게 된다. 특정 민족이나 종교로 국한시키면 전쟁을 일으켜 타민족이나 이방인을 살상하게 된다. 육체의 건강을 증진시키고 의식의 영역을 확장하여 몸과 뇌의 패턴들을 개선해야 진화가 이루어진다. 긍정적인 생각으로 부정적인 에너지를 일소해야 패턴이 바뀐다.

인간은 우주라는 생명의 피륙의 한 올이다. 일체의 생명현상은 영적 진화 과정과 조응해 있으며, 영적으로 진화할수록 지성이 높아져 일체감과 통합성이 증대된다. 정제된 행위의 길을 통해 궁극적으로는 영혼의 완성에 이르게 하는 것이 행위의 목적이자 우리 삶의 목적이며 존재이유다. 상대계인 물질적 우주의 존재이유는 영적 진화를 위한 학습여건 창출과 관계된다. 권력·부·명예·인기 등 이 세상 모든 것은 에고(ego 個我)의 자기 이미지(self-image)의 확대재생산과 자기 확장을 위한 학습기제로서 작용한다. 생명의 전일적 본질은 시공을 초월해 있으므로 개체화 의식 속에서는 생명을 파악할 길이 없으며 따라서 진화할 수도 없다. 내적 자아의 각성과 영적인 힘의 계발이 없이는 과학과 영성 그리고 진화를 아우르는 통섭의 기술이 발휘될 수 없다. 물성과 영성의 역동적 통일성을 이해하지 못하는 정신적인 소음 상태에서 통섭적인 이해와 존재론적 통찰이 일어날 수는 없기 때문이다. 인류의 진화과정에서 획기적인 전기를 마련할 것으로 예상되는 지금, 과학과 영성 그리고 진화에 대한 통섭적인 이해는 지구 문명의 새로운 지평을 탐색하는 것이기도 하다는 점에서 그 중요성이 날이 갈수록 커지고 있다. 본 연구는 이러한 문제의식을 기반으로 우선 과학과 영성의 접합에 대해 살펴보고, 다음으로 영성과 진화의 관계를 고찰하며, 끝으로 지구 문명의 새로운 지평을 특히 동학의 영성과 진화의 측면에서 탐색하고자 한다.

2. 과학과 영성의 접합

1) 과학과 종교 그리고 신학

정신·물질 이원론에 입각한 근대 과학의 관점에서 비이원성(non-duality)은 수용될 수 없는 개념인 까닭에 과학과 영성의 접합에 대한 논의는 비과학적인 것으로 간주되었다. 종교적 관점에서도 종교적 도그마를 신봉하는 자들에게 근대 과학의 새로운 발견은 교회가 옹호해 온 정통 이론에 위협을 가하는 것이어서 비난의 대상이 되었다. 과학과 종교의 심대한 불화를 보여주는 대표적인 사례는 천동설에서 지동설로의 전환이다. 폴란드 신부이자 르네상스 시대 천문학자 니콜라우스 코페르니쿠스(Nicolaus Copernicus)는 지구중심설이 아닌 태양중심설을 주창하며 천동설을 지동설(地動說)로 대체했다. 그리하여 중세적 우주관에서 근대적 우주관으로의 이행을 촉발함으로써 기독교 세계가 세계의 중심이고 지구가 우주의 중심이라는 중세의 닫힌 우주관을 폐기시키는 결과를 초래했다.* 코페르니쿠스의 지동설에 영향을 받은 이탈리아 자연철학자 브루노(Bruno)는 교황청의 회유에도 굴복하지 않고 끝까지 지동설을 주장하다가 화형을 당하기도 했다. 이후 이탈리아 천문학자 갈릴레오 갈릴레이(Galileo Galilei)가 지동설을 과학적으로 입증하면서 천동설은 치명타를 입게 되고 결국 1616년 그는 로마 교황청의 종교재판에 회부되어 지동설의 포기를 명령받았다. 갈릴레이가 교황청에 의해 공식 복권된 것은 그의 사후 350년만인 1992년에 이르러서이다.

과학과 종교의 오랜 불화는 비이원론적인 앎(non-dual awareness)의 결여와 종교의 본질인 영성에 대한 몰이해에 기인한다. 앙리 베르그송(Henri-Louis Bergson)의 마지막 제자이자 루이 알튀세르(Louis Pierre Althusser)의 스승으로서 20세기 가장 위대한 기독교 사상가로 알려진 쟝 기똥(Jean Guitton)은 프랑스 쌍둥이 과학자 이고르 보그다노프(Igor Bogdanov)·그리슈카 보그다노프(Grichka Bogdanov)와의 공저 『신과 과학 *Dieu Et La Science*』(1991) 서문에서 "이제부터는 어떤 증거가 아니라(신은 증명의 대상이 아니다) 종교가 제시

---

* 1616년 코페르니쿠스의 저서는 로마 가톨릭교회에 의해 금서목록에 추가되기도 했지만 천문학과 물리학의 발전적 토대를 마련함으로써 근대 과학혁명으로의 길을 열었다.

하는 관점에 과학적 뒷받침이 있을 것이다"[7] 라고 하며 신과 과학 사이에 진정한 대화가 성취될 열린 세계가 도래하고 있는 것으로 보았다. "사유동물은 죽은 자를 매장하고, 죽음이라는 것에 대해 생각하며, 자신의 죽음을 「생각」하는 유일한 존재이다. 생에 그토록 밀착되어 있는 이 동물은 암흑 속에서 길을 밝히고 죽음에 적응하기 위해 단지 두 개의 빛을 가지고 있을 뿐이다. 하나는 종교라는 것이고 또 다른 하나는 과학이라는 것이다"[8]라고 한 그의 말은 과학과 종교의 상보적 관계를 함축하고 있다.

과학과 종교의 상보적 관계에 대한 그의 인식은 프랑스 화학자이자 물리학자인 루이 파스퇴르(Louis Pasteur)가 '얕은 과학은 신으로부터 멀어지게 하지만, 깊은 과학은 신에게로 되돌려 보낸다'고 한 말이나, 알버트 아인슈타인(Albert Einstein)이 '과학 없는 종교는 절름발이와 같고 종교 없는 과학은 장님과 같다'고 한 말과 같은 맥락이다. 장 기똥은 1900년대 초 양자 이론이 주장하는 사실들—'실재를 이해하기 위해서 물질에 대한 전통적 개념을 버려야 하며, 공간과 시간이란 환상이고, 하나의 입자는 동시에 두 장소에서 탐지될 수 있으며, 근본적 현실이란 미지의 것이다'—에 공감을 표하며 우리 모두는 일상적 시간과 공간의 범주를 초월한 양자적 본질로 구성된 현실과 관계를 맺고 있음을 주지시키고 있다. 그는 양자론이 초래한 개념의 중대 변화를 예견한 베르그송의 견해를 빌려 '현실이란 양자물리학에서처럼 시간성도 공간성도 갖지 않으며 시간과 공간은 추상적 개념이고 환상'이라고 말한다.[9]

형이상학적 실재론을 향한 장 기똥의 관점은 객관적 세계가 그 속성을 규정하는 우리의 의식을 벗어나서는 존재할 수 없다는 사실—의식 발견이야말로 현대 물리학의 가장 위대한 발견이다—과 맞닿아 있다. 말하자면 우주는 더 이상 거대한 기계가 아니라 하나의 '방대한 관념'에 비유될 수 있다는

것이다.[10]

한편 프리초프 카프라는 데이비드 슈타인들-라스트(David Steindl-Rast)·토마스 매터스(Thomas Matus)와의 공저 『우주와의 하나됨 *Belonging to the Universe: Exploration on the Frontiers of Science and Spirituality*』(1991)에서 현재 진행 중인 과학과 신학의 패러다임 변동을 다섯 가지 특징으로 요약하고 있다. 이를 도표로 나타내면 다음과 같다.

〈표 1〉 과학과 신학의 패러다임 변동

	과학의 패러다임 변동	신학의 패러다임 변동
1	부분에서 전체로의 전환	'신은 진리의 계시자'에서 현실은 '신의 자기계시'로 전환
2	구조에서 과정으로의 전환	계시는 '시간과 무관한 진리'에서 '역사를 통한 선포'로 전환
3	객관적 학문에서 '인식론적' 학문으로의 전환	객관적 학문인 신학에서 인식의 과정인 신학으로 전환
4	건물에서 그물로 전환하는 지식의 체계	건물에서 그물로 전환하는 지식의 체계
5	절대치에서 근사치로의 전환	문제의 초점이 신학적 명제에서 거룩한 신비 쪽으로 옮겨감

우선 과학의 패러다임 변동은 다섯 가지 준거로 설명될 수 있는데, 처음 두 개는 자연에 대한 관점의 변화이고 나머지 세 개는 인식론적인 변화이다. 첫째는 부분에서 전체로의 전환이다. 구과학의 패러다임은 부분의 단순한 합으로 전체적인 역동성을 이해할 수 있다고 믿은 반면, 신과학의 패러다임은 부분이란 관계의 그물에서 드러난 특정한 무늬이며 전체의 역동성을 이해해야 부분의 특성이 밝혀진다고 본다. 둘째는 구조에서 과정으로의 전환이다. 구과학의 패러다임은 골격에 해당하는 기본구조가 있고 거기에 힘이 작용하여 이들이 상호작용하는 역학관계가 어떤 과정을 일으킨다고 생각한 반면, 신과학의 패러다임은 드러난 구조 자체가 모두 안에서 일어나는 과정

의 표현이며 전체적인 관계의 그물은 본질적으로 역동적이라고 본다.[11]

셋째는 객관적 학문에서 '인식론적' 학문으로의 전환이다. 구과학의 패러다임은 관찰자나 지식을 획득하는 과정과 무관한 객관적 관찰이 가능하다고 믿은 반면, 신과학의 패러다임은 인식론도 자연현상을 기술하는 데 명시적으로 포함돼야 한다고 본다. 넷째는 건물에서 그물로 전환하는 지식의 체계이다. 구과학의 패러다임은 수천 년 동안 지식을 기초법칙, 기초원리, 기초단위 등의 건축물에 비유한 반면, 신과학의 패러다임은 건물이라는 비유를 그물—계층적인 위계질서나 특별한 기본요소가 없는 관계의 그물—이라는 비유로 바꾼다. 다섯째는 절대치에서 근사치로의 전환이다. 구과학의 패러다임은 과학을 통해 절대적인 진리를 얻을 수 있다는 믿음에 토대를 둔 반면, 신과학의 패러다임은 모든 개념 및 이론들, 발견이란 것이 제한된 범위 안에 통용되는 근사치임을 인식한다.[12]

다음으로 신학의 패러다임 변동 역시 다섯 가지 준거로 설명될 수 있는데, 처음 두 개는 거룩한 계시에 대한 관점의 변화이고 나머지 세 개는 신학적 방법론의 변화이다. 첫째는 '신은 진리의 계시자'에서 현실은 '신의 자기계시'로의 전환이다. 구신학의 패러다임은 각종 교리를 모두 합한 것이 곧 신이 계시하는 진리라고 믿은 반면, 새로운 신학의 패러다임은 개별 교리의 의미가 총체적인 진리의 역동성을 이해해야 밝혀지며 계시란 일련의 과정을 통해서 드러난다고 본다. 둘째는 계시는 '시간과 무관한 진리'에서 '역사를 통한 선포'로의 전환이다. 구신학의 패러다임은 신이 스스로를 드러내고자 마련한 초자연적 진리의 완성품이 있지만 그것을 보여주는 역사적인 과정은 우연일 뿐이므로 중요치 않다고 생각한 반면, 새로운 신학의 패러다임은 구원사의 역동적 과정 자체가 신이 스스로를 선포하는 위대한 진리라고 보기에 이러한 계시는 본질적으로 역동적일 수밖에 없다는 것이다.[13]

셋째는 객관적 학문인 신학에서 인식의 과정인 신학으로의 전환이다. 구신학의 패러다임은 신앙인이나 지식을 얻는 과정의 특성과 무관한 객관적인 신학적 진술이 가능하다고 믿은 반면, 새로운 신학의 패러다임은 직관이나 정감, 신비체험을 통한 비관념적 지식의 획득 방식도 신학적 진술의 중요한 수단에 포함되어야 한다고 본다. 넷째는 건물에서 그물로 전환하는 지식의 체계이다. 구신학의 패러다임은 수천 년 동안 신학의 지식을 기초법칙, 기초원리, 기초단위 등의 건축물에 비유한 반면, 새로운 신학의 패러다임은 건물이라는 비유를 그물—초월적 실재에 대한 신학적인 명제의 여러 상이한 관점이 얽히고설킨 관계의 그물—이라는 비유로 바꾼다. 다섯째는 문제의 초점이 신학적 명제에서 거룩한 신비 쪽으로 옮겨가는 것이다. 구신학의 패러다임은 신학적 지식이 모든 것을 담을 수 있다는 '신학대전' 혹은 요약의 성격을 갖는 반면, 새로운 신학의 패러다임은 신학적 명제를 절대적인 진리가 아니라 제한된 것이며 일종의 근사치임을 인정한다.[14]

이상에서 과학과 종교 그리고 신학의 관계적 본질은 패러다임 전환과 더불어 상보적이고 협력적인 관계로 변모하고 있음을 보여준다. 이는 곧 종교와 신학의 본질인 영성에 대한 이해가 확장되고 과학 또한 비이원론적인 앎에 대한 관심과 이해가 증폭된 데 기인한다.

2) 과학과 영성의 경계 탐색

20세기 이후 실험물리학의 발달로 원자의 존재가 실증되고 원자를 구성하는 핵과 전자가 발견된 데 이어 핵의 구성물인 양성자와 중성자 및 기타 수많은 아원자입자(亞原子粒子)가 발견되면서 물질의 근본 단위로서의 '소립자(素粒子)' 개념은 사실상 폐기되게 되었다.* 이제 과학은 물질에서 마음[의식]을 향하여 움직이고 있다. 지난 수십 년 간 과학과 영성의 접합에 대한 논의가 꾸준히 증가 추세를 보이고 있고 과학과 영성의 경계를 탐색하는 작업도 지속적으로 이어지고 있다.[15] 아원자 물리학의 '양자장(量子場, quantum field)' 개념은 물질이 개별적인 원자들로 구성되어 있는 것이 아니라 장(場)이 유일한 실재이며 물질은 장이 극도로 강하게 집중된 공간의 영역에 의해 성립되는 것이라고 본다. 이 우주가 근본적인 전일성(Oneness)의 현시이며 독립적인 최소의 단위로 분해될 수 없다고 하는 '양자장' 개념은 『반야심경(般若心經)』에서 "…색(色, 有)이 곧 공(空, 無)이요 공이 곧 색이다"[16] 라고 한 구절이나, 상호 연관과 상호 의존의 세계 구조를 명징하게 보여주는 불교의 연기적(緣起的) 세계관[17]에서 잘 드러난다.

영성은 그 어떤 의미에서도 특정 종교나 신학의 전유물이 될 수 없으며 또한 그것에 부착된 개념도 아니다. 영성은 종교적 전통이나 도그마, 특정 신념체계를 넘어선 것이다. 영성은 일(一)과 다(多), 유(有)와 무(無), 현상과 본체를 모두 초월하는 동시에 포괄한다. 또한 영성은 영원과 변화의 피안(彼岸)에, 선과 악의 피안에 있다. 그런 까닭에 신학이나 종교 없는 영성은 가능하지만 영성 없는 신학이나 종교는 빈 껍데기에 불과한 것이다. 영성[靈]은 분리 자체가 근원적으로 불가능한 절대유일의 '하나', 즉 생명 그 자체로서 보편성을 띠는 까닭에 그 어떤 것에도 귀속될 수가 없다. 우리 모두가 이 우

---

* 물질은 원자로 구성되고, 원자는 원자핵과 전자로 구성되며, 원자핵은 양성자와 중성자로 구성된다. 다시 말해 원자는 입자(양성자·중성자·전자)로 이루어져 있고 입자는 다시 소립자로 이루어져 있다. 소립자는 쿼크와 렙톤의 두 가지 형태로 존재하며, 이들을 한데 묶어 페르미온(fermion)이라고 부른다. 모든 물질은 업쿼크와 다운쿼크 그리고 전자라는 렙톤의 조합으로 이루어진다.

주 안에서 '하나'—즉, '하나'인 혼원일기(混元一氣)—로 연결돼 있다는 것은 이른바 '양자 얽힘(quantum entanglement)'이라고 부르는 현상과 같은 맥락에서 이해될 수 있다. 과학자들이 하나의 광양자(photon)를 동일한 특성을 지닌 두 개의 쌍둥이(twins) 입자로 나누어 이 실험을 위해 고안된 기계를 이용해 두 입자를 반대 방향으로 발사했을 때, "쌍둥이 광양자들은 지리적으로는 분리돼 있으면서도 그들 중 하나가 변화하면 다른 하나도 자동적으로 똑같이 변화한다"[18]는 실험 결과를 보였는데, 이 신비로운 연결을 물리학자들은 '양자 얽힘'이라고 이름 붙였다.

양자물리학과 의식간의 관계를 연구하고 있는 미국 양자물리학자 프레드 앨런 울프(Fred Alan Wolf)는 양자물리학이 물리적인 환경에선 인지할 수 없는 개념을 다루기에 실제로는 볼 수 없고 마음속에 그림을 그려 추측만 할 뿐이라는 점에서 육안으론 보이지 않는 비물질적인 영성과 공통점이 있다고 말한다. 아원자 차원에서 일어나는 일을 마음으로 조종할 수 있다는 양자물리학적 관점은 영성과 마음이 긴밀히 연결돼 있다는 영적인 관점과 매우 유사하다는 점에서 양자물리학과 영성의 접합[19]을 찾아볼 수 있다. 아원자 물질, 원자의 핵을 구성하는 물질, 쿼크(quarks), 보존(boson)이라고 불리는 물질, 쿼크 사이의 상호작용을 매개하는 글루온(gluon)이라고 불리는 물질 등 이런 다양한 물질들은 실제로 본 적은 없는 우리 마음속의 이론일 뿐이며 우리가 바라보는 방식에 따라 이 물질들은 변화한다는 것이다.[20] 양자물리학에서 말하는 '관찰자 효과(observer effect)'[21]라는 것이 이것이다. 전자의 운동성에 대한 '이중슬릿 실험(double slit experiment)'*에서 보듯이 입자라

---

* 1998년 양자물리학 분야에서 최고 권위를 자랑하는 이스라엘의 와이즈만 과학연구소(Weizmann Institute of Science)에서 실시한 전자의 운동성에 대한 '이중슬릿 실험'은

고 생각하고 관찰하면 입자의 형태가 나타나고, 관찰하지 않으면 파동의 형태로 나타나는 것이다. 말하자면 일체가 오직 마음이 지어내는 것이다.

외부세계에 대한 우리의 지각은 우리의 마음에서 생겨나는 것이므로 우리가 어떤 관점을 갖느냐에 따라 우리가 지각하는 현실도 변한다. 인식은 관점에 따라 변하며 우리의 의식과 선택이 곧 우주를 형성한다는 양자물리학적 관점은 비이원성(non-duality)에 기초한 영적인 관점과 분명 유사성이 있다. 현대 과학이 발견한 물질의 공성(空性)은 공(空) 사상의 진수(眞髓)를 함축하고 있는 『금강경(金剛經)』의 다음 구절, "생의 모든 현상은 꿈같고, 환상 같고, 물거품 같고, 그림자 같고, 이슬 같고, 번갯불 같으니, 그대는 마땅히 그와 같이 관(觀)하여야 하리라"[22]는 구절 속에 잘 나타나 있다. 양자계의 비국소성(non-locality 초공간성)은 양자역학과 마음의 접합을 통해 보다 분명히 드러난다. 진여(眞如)인 동시에 생멸(生滅)로 나타나는 마음의 구조를 이해하면, 파동인 동시에 입자로 나타나는 양자역학적 세계관을 이해할 수 있다. 양자역학을 '마음의 과학'이라고 부르는 것은 이 때문이다. 프리초프 카프라의 『물리학의 도』에 나오는 다음 구절은 과학과 영성의 접합을 명징하게 보여준다.

> 현대 물리학은 물리적 세계의 구조가 마야(maya 幻影) 또는 '유심(唯心)'이라는 것에 대해 동양의 현자들과 견해를 같이하기 위하여 머나먼 길을 걸어온 셈이 될 것이다.

전자의 운동성이 관찰자의 생각에 따라 달라짐을 보여준다. 즉, 관찰자가 바라본 전자의 움직임은 직선으로 슬릿을 통과해 벽면에 입자의 형태를 남긴 반면, 관찰자가 바라보지 않은 전자의 움직임은 물결처럼 슬릿을 통과해 벽면에 파동의 형태를 남긴 것이다.

…modern physics will have come a long way towards agreeing with the Eastern sages that the structures of the physical world are maya, or 'mind only'.[23]

영적인 관점의 토대가 되는 비이원성이란 만물의 근원적인 전일성을 의미하는 것으로 모든 현상이 상호 연결되어 있으며 그 어떤 경계도 분리도 존재하지 않는 것이다. 말하자면 만유가 하나의 통일장(unified field) 속에 함께 존재하는 것이다. 미국 입자물리학자이자 초월 명상운동을 주도하고 있는 존 하겔린(John Samuel Hagelin)은 그의 통일장이론(unified field theory)[24]의 확장버전이 마하리시 마헤시 요기(Maharishi Mahesh Yogi)의 '의식의 통일장(unified field of consciousness)'과 동일한 것으로 간주한다. 통일장이론과 초월명상(transcendental meditation, TM)[25]을 비교 분석한 그의 기본 컨셉은 과학과 영성의 접합이다. '초끈이론에 기초한 통일장이론'을 개발한 그의 핵심 논리는 초끈장이나 통일장의 진동상태가 역동적으로 상호작용하는 자기를 인식하고 있는 '의식의 장'이라는 것이다. 통일장 속에 있는 순수의식, 즉 파동의 대양(大洋)인 우주의식에서 파도 같은 개인의식이 올라온다는 것이다.[26] 우주의식[통일장]과 개인의식의 관계는 마치 바닷물과 파도의 관계와도 같이 물은 그 스스로의 본체를 가지고 있으므로 물의 움직임은 있지만 파도는 그 스스로의 본체가 없으므로 파도의 움직임은 없는 것이어서 바닷물의 자기현현이 파도이듯 우주의식의 자기현현이 개인의식이므로 그 어떤 경계나 분리도 존재할 수 없는 것이다.

마치 바닷물이 움직이는 것과 같이 바닷물의 움직임을 파도라고 설명하지만, 파도는 그 스스로의 본체가 없다. 따라서 파도의 움직임은 없다고 한다. 물은 그 스스로의 본체를 가지고 있으므로 물의 움직임이 있다고 한다. 마음과 사상(四相)의 뜻도 역시 이와 같다.[27]

오늘날 과학의 진보는 과학과 영성, 물질과 비물질의 경계를 허물고 영성을 측정 가능한 방식으로 보여주는 단계에 진입해 있다. 중력이론과 양자역학의 통합을 통하여 거시적 세계와 양자역학의 세계를 결합하려면 물리적 우주를 넘어선 의식 차원과의 연결이 필수적이다. '보이는 우주'는 청사진으로 존재하는 '보이지 않는 우주'가 물질화되어 나타난 것이기 때문이다.[28] 영성과 물성, 생명의 본체와 작용을 통섭하는 의식의 확장이 없이는 거시적 세계와 양자역학의 세계를 결합하는 '만물의 이론(theory of everything, TOE)'을 완성하기는 어려울 것이다.

3. 영성 계발과 진화

1) 진화란 무엇인가

미국 캘리포니아 대학교 로스앤젤레스(UCLA) 생리학/지리학 교수 재러드 다이아몬드(Jared Mason Diamond)는 에른스트 마이어((Ernst Mayr)의 저서 『진화란 무엇인가 *What Evolution Is*』(2001) 추천사에서 "진화는 지난 2세기 동안 인류가 생각해낸 모든 개념 중에서 가장 심원하고 강력한 개념이다"[29] 라고 말한다. 진화론의 등장은 17세기 과학혁명 이후 일련의 과학적 발견으로 성서에 대한 신뢰가 약화되면서 과학자와 철학자들 사이에서 창조론—종(種)은 변하지 않으며 저마다 창조된 것이라는—에 대한 믿음이 흔들리게 된 것과 맥을 같이 한다. 종의 변천 원인이나 방법에 대해 처음으로 과학적 이론을 제시한 사람은 프랑스의 자연학자 장 바티스트 드 라마르크(Jean-Baptiste de Lamarck)이다. 그는 『동물철학 *Philosophie Zoologique*』(1809)에서 인류를 포함한 모든 종이 다른 종에서 유래했다는 설을 주장하며 모든 변화는 기적적인 어떤 개입에 의해서가 아니라 법칙에 따라 이루어진다는 사실을 환기했다. 즉 '진화는 단순한 것에서 복잡한 것으로, 하등한 것에서 고등한 것으로의 변화들로 이루어져 있으며, 계절의 변화 같은 주기적 변화나 빙하기의 도래 및 날씨의 변화 같은 불규칙적 변화가 아니라 점점 더 완벽한 상태를 향해 나아가는 방향성을 가진 변화'[30] 라는 것이다.

진화적 사고방식은 18세기 후반과 19세기 전반에 걸쳐 널리 퍼져나가 생물학 분야뿐만 아니라 언어학, 철학, 사회학, 경제학 등 다양한 학문 분야에 스며들었다. 그러나 과학계에서 진화론은 오랫동안 소수의 견해로 남아있었다. 고정불변인 정적인 세계관에 대한 믿음에서 진화론 쪽으로 기울어지게 된 것은 찰스 다윈(Charles Robert Darwin)이 그의 저서 『종의 기원 *On the Origin of Species*』(1859)을 통해 자연선택(natural selection)에 의한 진화론을 발표한 후이다. '인류가 경험한 가장 위대한 지적 혁명'의 하나로 꼽히는 이 사건으로 인해 생명의 세계에서 차지하고 있던 인간의 독특한 위치는 도전을 받게 되었다. 다윈은 자연에서 일상적으로 관찰할 수 있는 현상과 과정을 이용해서 진화가 자연적으로 일어난다고 설명했으며 과학을 종교로부터 분리해내는 단초를 마련했다. 그는 진화에 두 가지 종류가 존재한다는 사실을 발견했다. 그 하나는 조상에서 후손으로 이어지는 과정에서 점차적으로 계통 발생 줄기의 '위쪽으로' 움직이는 진화, 즉 향상 진화(anagenesis)이고, 다른 하나는 계통 발생 나무에서 새로운 가지를 만들어내는 진화, 즉 분기 진화(cladogenesis)로서 이 두 가지 진화는 대체로 독립적인 과정이다.[31]

다윈-윌리스(Wallace)*의 자연선택은 진화를 현대적으로 해석하는 토대가 된 혁명적인 개념이었다. 자연선택은 두 단계로 이루어진 과정이다. 유전적 변이가 생성되는 첫 번째 단계에서는 모든 것이 우연의 문제이지만, 생존과 번식이 차별적으로 이루어지는 두 번째 단계에서는 우연은 훨씬 적은 역할만 수행하며 '적자생존(the survival of the fittest)'은 대체로 유전에 기초한 형질에 의해 결정된다는 것이다. 따라서 자연선택은 전적으로 우연에 의존한 과정이 아니며 또한 선택이 장기적 목표를 가지고 있지 않다는 점에서 목적론적(teleological)이지도 않다.[32] 모든 종은 환경이 수용할 수 있는 수준보다 훨씬 많은 개체를 생산하므로 살아남기 위해 개체들 간의 생존경쟁은 필연적이며 생존에 더 유익한 변이를 갖고 있는 생물은 살아남을 기회가 더 많아지고(적자생존) '자연적으로 선택' 받게 된다. 이처럼 유전 법칙에 따라 선택된 변종은 새롭게 변화한 형태로서 번식하게 된다는 것이다.[33] 19세기 말에서 20세기 초에는 다윈의 생물진화론에 토대를 둔 사회진화론이 널리 유행하게 되는데, 영국의 철학자이자 사회학자 허버트 스펜서(Herbert Spencer)와 미국의 사회학자 윌리엄 그레이엄 섬너(William Graham Sumner) 등은 그 대표적인 인물이다. 자연선택이론은 다섯 가지 관찰 결과(사실)와 세 가지 추론에 기초하고 있다. 이를 도표로 나타내면 다음과 같다.

---

* 앨프레드 러셀 윌리스(Alfred Russel Wallace)는 다윈에 앞서 자연선택에 의한 진화와 관련된 논문—본래의 種이 어떤 과정을 거쳐 새로운 종으로 바뀌어 가는지를 고찰한 논문—을 발표했다. 하여 진화론을 다윈 윌리스이즘이라고도 한다.

〈표 2〉 자연선택을 설명하는 다윈의 모델[34]

사실 1	모든 개체군은 매우 높은 번식력을 가지고 있어서 제한되지 않는다면 개체수는 지수적으로 증가할 것이다.
사실 2	개체군의 크기는 일시적, 계절적 변동을 제외하고 대개 오랜 기간 동안 일정하게 유지된다.
사실 3	모든 종의 경우 이용할 수 있는 자원이 한정되어 있다. 추론1. 한 종의 구성원 간에 치열한 경쟁(생존경쟁)이 벌어질 것이다.
사실 4	한 개체군의 구성원들은 모두 제각기 다르다. 추론2. 개체군의 개체들은 생존(즉 자연선택) 확률에서 서로 모두 다를 것이다.
사실 5	개체군 안의 개체 사이의 차이는 적어도 부분적으로는 유전될 수 있다. 추론3. 자연선택이 여러 세대에 걸쳐 일어나다 보면 진화를 일으킬 수 있다.

한편 미국의 미래학자 레이 커즈와일(Ray Kurzweil)은 '복잡성의 증가(increasing complexity)' 자체가 진화 과정의 궁극적 목표이거나 최종 산물은 아니라고 말한다. 그는 복잡성과는 다른 '질서(order)'라는 개념을 도입하고 있다. 그에 의하면 "질서란 목적에 부합하는 정보이며 정보가 목적에 부합하는 정도에 따라 질서의 크기가 결정된다."[35] 생물학적 진화의 목적이 살아남는 것이라면, 기술적 진화의 목적은 성능, 효율 등의 최적화와 경제적 성공이다. 진화 알고리즘(evolutionary algorithm)—생물학적 진화든 기술적 진화든—의 핵심은 문제를 정의하는 것이며 문제에 대한 해결책을 향상시키면 질서가 증가된다. 그러나 수확 가속의 법칙(law of accelerating returns)[36]—진화 과정이 가속적이며 그 과정의 산물 또한 기하급수적으로 증가하는 것을 나타내는 법칙—이 적용되는 진화는 닫힌 계(closed system)가 아니며 거대한 카오스의 한가운데에서 일어나고 또한 무질서로부터 질서를 이끌어낸다. 진화는 질서를 증가시키지만 복잡성은 반드시 증가되는 것은 아니다.[37]

그러면 우주의 진화는 어떠한가. 우주가 '빅뱅 특이점(big bang singularity)'에서 일어난 대폭발로 생성되었다는 빅뱅이론(big bang theory)[38]에 의하면, 우주는 모든 에너지와 물질이 엄청난 밀도로 응축된 하나의 점에서 분출되어 나왔고, 지금도 계속해서 '가속 팽창'하고 있다. 그러나 이 이론은 '플랑크 시기(Planck era)'로 알려진 최초의 그 시점 이전에 어떤 일이 있었으며 우주가 어떻게 해서 존재하게 되었는지에 대한 설명 없이 우주가 존재하게 된 이후의 진화 과정을 기술한다. '어느 날' 대폭발이 일어났고, '우주 인플레이션(cosmic inflation)'으로 알려진 과정을 통해 우주가 급팽창하여 시공간 구조 속에 파동을 만들고 그것이 팽창하는 우주를 가로지르며 퍼져나가 지난 138억 년 동안 수천억 개의 은하들이 생겨났고, 지금도 그 숫자는 늘어나고 있다. 말하자면 시간의 흐름 속에서 우주는 복잡한 진화를 거쳤고, 다양한 입자들 또한 진화했으며, 그러한 진화가 지구와 같은 행성들과 우리와 같은 존재들이 존재할 수 있도록 만들었다는 것이다.[39]

이상에서 우리는 생물학적 진화와 기술적 진화 그리고 우주적 진화에 대해 일별하였다. 라마르크와 마이어는 진화란 '하등한 것에서 고등한 것으로 점점 더 완벽한 상태를 향해 나아가는 방향성을 가진 변화'라고 했고, 다윈은 '자연선택에 의한 진화'를 주창했으며, 커즈와일은 문제에 대한 해결책을 향상시키면 질서가 증가된다는 진화 알고리즘을 제창하며 진화는 질서를 증가시킨다고 했다. 그러나 하등한 것에서 고등한 것으로 더 완벽한 상태를 향해 나아가는 방향성이 무엇을 의미하는지에 대해 라마르크나 마이어는 구체적인 논급이 없다. 어쩌면 이는 생물학적 접근의 한계인지도 모른다. 다윈의 자연선택에 의한 진화는 주로 생물학적 형체와 현상에 대한 분석에 치중해 있는 관계로 진화의 전 과정에 함축된 심원한 의미를 들여다보지 못하고 있다. 커즈와일은 진화는 질서를 증가시킨다고 했지만 그 질서란 것이 생존이라는 진화의 목적에 정보가 부합하는 정도를 나타내는 크기라고 설명하고 있을 뿐이다. 그리고 빅뱅이론은 물질적 우주의 생성과 진화 과정을 설명하는 가장 적합한 모형인 것으로 간주되고 있지만, 여전히 남은 의문은 '애초에 무엇이 빅뱅을 일으켰는가?'라는 것이다. 진화의 전 과정을 포괄하는 거시적인 분석이 필요한 것은 이 때문이다.

위에서 살펴본 진화론은 주로 물리세계에 초점이 맞춰져 있다. 그런데 물리(物理)는 성리(性理)에 대한 인식의 바탕 없이는 명쾌하게 설명될 수 없다. 왜냐하면 사물의 이치란 곧 물성(物性)을 일컫는 것으로 사물[物]의 이치와 성품[性]의 이치는 마치 그림자와 실물의 관계와도 같이 상호 조응하는 까닭이다. 물리와 성리는 물질과 정신, 작용과 본체, 필변[生滅]과 불변[眞如]이라는 불가분의 표리관계로서 하나의 통일체를 형성하고 있다. 현대 물리학의 가장 위대한 발견이랄 수 있는 '의식' 발견 이후 100여 년이 지났지만, 우주의 실체가 의식이며 이 세상은 의식의 투사영에 불과하다는 사실을 일단의 지식인들은 여전히 포착하지 못하고 있다. 보는 것이라고는 동굴 벽에 드리운 그림자의 움직임뿐, 그것이 보이지 않는 실체의 투사영임을 알지 못하는 그들이야말로 플라톤(Plato)의 『국가론 *Politeia*』에 나오는 동굴에 갇힌 죄수다.

생물학적 진화든 사회학적 진화든 기술적 진화든 우주적 진화든, 이 세상에 분리된 것은 아무것도 없으며 일체가 하나로 연결되어 있는 까닭에 천·지·인 삼신일체라고 한 것이다. 그래서 "연기(緣起)를 보는 자는 진리를 보고 진리를 보는 자는 연기를 본다"[40]고 한 것이다. 이러한 상호 연관과 상호 의존의 세계 구조를 『화엄경(華嚴經)』에서는 인드라망(網)으로 비유한다. '이것'이 곧 다른 '모든 것'이라는 '인드라망'의 마법에 대한 이해 없이는 진화의 진정한 의미를 파악하기 어렵다. 『이샤 우파니샤드 *Isa Upanishad*』에서는 말한다. "이 세상 어디서나 하나됨을 볼 수 있다면, 어떻게 슬픔이나 미혹에 빠질 수 있겠는가?"[41] 실로 어디서나 '하나됨'을 볼 수 있다면, 모든 사람들이 추구하는 목표인 최고선—아리스토텔레스(Aristotle)가 '행복(eudaimonia)'이라고 부르는—을 성취할 수 있을 것이다. 그러나 의식이 진화되지 않고서는 영적 자각이 일어날 수 없으므로 근본지(根本智)를 응시할 수가 없다. 점점 더 완벽한 상태를 향해 나아간다는 것은, 질서가 증가된다는 것은 바로 '하나됨'으로의 길(the road to oneness)이다. 물질적 우주의 진화 역시 영적 진화와 표리의 조응관계에 있다.

2) 영성 계발과 진화

에너지 시스템인 생명계는 우주의 진행 방향인 영적 진화[의식의 진화]와 불가분의 관계에 있다. 우선 생명이란 만물이 만물일 수 있게 하는 제1원인[神·天·靈] 또는 제1원리이다. 그것은 우주지성[性]인 동시에 우주 생명력 에너지[命]이며 우주의 근본 질료[精]로서, 이 셋은 이른바 제1원인의 삼위일체라고 하는 것이다. 지성·에너지·질료는 성(性)·명(命)·정(精), 신(神)·기(氣)·정(精)*과도 같이 생명이 활동하는 세 가지 다른 모습이다. 생명은 분리 자체가 근원적으로 불가능한 절대유일의 '하나', 즉 영성[靈] 그 자체다. 생명은 본체[理]인 동시에 작용[氣]이므로 영성과 물성, 비존재와 존재를 거침없이 관통한다. 우주적 견지에서 보면 죽음은 소우주인 인간이 '하나됨'을 향해 진화하는 과정에서 단지 다른 삶으로 전이하는 것에 불과하다.[42] 마치 풀벌레가 나뭇잎 위를 기어가다가 그 끝에 이르면 다른 나뭇잎으로 옮아가는 것처럼. 따라서 생명은 영원한 순수 현존(pure presence)이다. 이 세상의 천변만화(千

---

* 神·氣·精은 性·命·精과 조응하는 개념이다. 『中庸』에서도 '天命之謂性'이라고 하여 하늘(天, 神)이 명한 것을 性[참본성, 神性]이라고 하고 있으니, 天과 神과 性은 하나다. 氣는 목숨 명(命)과 조응한다. 따라서 神·氣·精은 性·命·精과 조응하는 개념이다. 神·氣·精은 神[天]이 氣로, 다시 精으로 에너지가 體化하여 우주만물이 생겨나는 것인 동시에, 精은 氣로, 다시 神으로 화하여 본래의 근본자리로 되돌아가는 一卽三·三卽一의 이치를 나타낸 것이다.

變萬化)가 생명의 놀이이며, 만물만상이 생명의 모습이다. 생명은 영원히 타오르는 의식의 불꽃이다. '하나됨'을 본다는 것은 만유 속에서 그 자신을 보고 그 자신 속에서 만유를 보는 것이다.[43]

생명은 곧 도(道)이며 진리다. 이는 「요한복음」(14:6)에서 "나는 길(道)이요 진리요 생명이니…"[44]라는 구절에 나오는 '생명'과 같은 것이다. 생명은 스스로 생성되고 변화하여 돌아가는 '스스로(自) 그러한(然) 자'이니 생명은 자유다. 생명이 자유임에도 자유롭지 못한 것은 개체화된 자아 관념에 사로잡혀 있기 때문이다. 진리를 안다는 것은 곧 우주의 본질인 생명을 이해한다는 것이다. 따라서 "진리가 너희를 자유롭게 하리라"는 말은 사실과 부합된다. 흔히 육체적 자아를 생명 그 자체라고 생각하는 것은 생명을 전일적 흐름(holomovement)으로 보지 못하는 물질일변도의 닫힌 의식에서 오는 것이다. 생명의 영성에 대한 자각이 없이는 오직 이 육체만이 자기라고 생각하게 되므로 영성 계발이 일어날 수도, 의식이 확장될 수도 없다. 다시 말해 생명의 전일성과 자기근원성에 대한 자각이 없이는 이 우주가 상즉상입(相卽相入)의 구조로 상호 연기(緣起)하고 있음을 알 길이 없으므로 지성이 높아질 수도, 영적 진화가 일어날 수도 없다. 스위스 정신과 의사이자 분석심리학자인 칼 구스타프 융(Carl Gustav Jung)은 이렇게 말한다. '밖을 보는 자는 꿈꾸는 자이고, 안을 보는 자는 깬 자이다.'

사람은 각성이 될수록 두뇌에 있는 뉴런(neuron 신경세포)을 연결하는 시냅스(synapse 신경세포 連接)가 확장되고 사고력이 증폭되고 지성이 높아져 포괄적 이해능력이 향상되므로 만물의 연결성을 알아차리고 천리(天理)에 순응하는 삶을 지향하게 된다. 그리하여 삶 자체가 거칠고 방종한 자아를 길들이는 의식의 자기교육과정이며, 학습 효과를 극대화하기 위한 학습기제로서 상대계인 물질계[권력·부·명예 등]가 존재한다는 사실을 인지하고 순천

(順天)의 삶을 살게 되는 것이다. 이러한 자각이야말로 영적 진화의 단초가 된다. 우주의 본원[본체]인 동시에 현상[작용] 그 자체로서 영성과 물성을 관통하는 생명의 역동적 본질을 이해하면, 만물이 전일성의 현시(顯示)임을 자연히 알게 된다. 말하자면 강물에 비친 달그림자를 보고 달이 실재함을 알 수 있듯이, 삶의 강물에 비친 현상이라는 그림자를 보고 '우주지성'—막스 플랑크가 말하는 '의식과 지성을 가진 정신'—의 실재를 파악할 수 있게 되는 것이다. 우주의 진행 방향이 영적 진화인 것은 바로 이 전지(omniscience)·전능(omnipotence)인 '우주지성'의 작용에 기인하는 것이다.

생명[靈]의 자기조직화(self-organization) 원리인 이 '우주지성'은 상고의 현자들이 수만 년 전에 이미 파악한 것이지만,[45] 물리학은 현대에 들어 발견한 것이다. 아미트 고스와미의 저서 『자각적 우주 *The Self-Aware Universe*』는 의식이 어떻게 물질세계를 창조하는지, 다시 말해 어떻게 근원적 일자에서 우주만물이 나오는지를 양자물리학과 영성의 접합을 통해 그리고 '양자 역설(quantum paradox)'에 대한 해명을 통해 보여준다.[46] "나는 선택한다. 그러므로 나는 존재한다(I choose, therefore I am)"[47]라는 그의 경구는 우리의 의식과 선택이 곧 우주를 형성한다는 사실을 명료하게 보여준다. 이러한 그의 관점은 다중우주 해석론에 등장하는 평행우주(parallel universe)[48] 개념과도 같은 맥락 속에 있다. 즉, 우주의 모든 경우의 수만큼 우주가 존재하며 그 수많은 가능성 가운데 하나만이 선택되어 우리에게 존재하고 나머지 수많은 가능성은 보이지 않는 곳에서 공존하게 된다는 것이다.

독일 이상주의 철학을 종합 집대성한 게오르크 빌헬름 프리드리히 헤겔(Georg Wilhelm Friedrich Hegel)의 표현을 빌면, 진화란 '나(I)'의 형태로서가 아니라 보편적으로 상호의존적인 '우리(We)'의 형태로서의 자유로운 정신,[49] 즉 '이성적 자유(rational freedom)'의 실현을 향해 나아가는 것이다. 이를 헤겔은 그의 『정신현상학 *Phänomenologie des Geistes*』 속에서 '주인과 노예의 변증법(master-slave dialectic)'을 통해 생생하게 보여준다.[50] 헤겔에 의해 완성된 근대의 변증법은 이 세계를 끊임없는 생성과 발전, 운동과 변화의 과정으로 파악한다. 즉, 진화란 잠재되어 있는 본질의 현실화 과정이요, 이념의 실재화 과정이며, 정신의 자기실현화과정이다.[51] 이러한 진화 과정을 추동하는 원리로 헤겔은 '절대정신'을 들고 있는데, 이 절대정신이 바로 '우주지성'이다. 이와 같은 자기실현을 위한 부단한 교육과정은 절대정신이 궁극적으로 인간 존재 속에 실현될 때까지, 환언하면 신적 이념이 역사 발전을 통하여 실재화된 인류이 될 때까지 계속된다.

주인과 노예의 변증법적인 관계를 통해 보여주는 '간주관성(間主觀性, intersubjectivity)'의 개념은 헤겔 변증법의 중핵을 이루는 것으로 인간이 관계적 존재임을 단적으로 말하여 준다. 진화란 관계성에 대한 인식을 통해 '참나'로 환귀해가는 끝없는 여정이다. 생물학적 진화든 기술적 진화든 물질적 우주의 진화든, 모두 영적 진화와 조응관계에 있으며 영적 진화를 위한 학습 여건 창출과 관계된다. 파편적인 칸막이 지식으로는 만물의 연결성을 알 수 없기 때문에 의식이 확장될 수도, 영성 계발이 일어날 수도 없으며 따라서 영적 진화가 이루어질 수도 없다. 그러나 생명계는 '부메랑 효과(boomerang effect)'로 설명되는 에너지 시스템이다. '부메랑 효과'를 가져오는 작용·반작용의 법칙[카르마(karma 業)의 법칙, 인과의 법칙, 輪廻의 법칙]은 진화를 추동하는 자연법으로, 죄를 지으면 반드시 괴로움이 따르기 마련이라는 죄와 괴로움의 인과관계에 대한 응시를 통해 궁극적인 영혼의 완성에 이르게 한다.

이 우주가 자연법인 카르마의 법칙의 지배하에 있다는 것은 『명심보감(明心寶鑑)』에도 나와 있다. "오이씨를 심으면 오이를 얻고 콩을 심으면 콩을 얻는다. 하늘의 그물이 넓고 넓어서 보이지는 않으나 새지 않는다"[52]라고 한 것이 그것이다. 카르마의 작용이 불러일으키는 생명의 순환[samsara 生死輪廻]은 생(生)·주(住)·이(異)·멸(滅) 사상(四相)의 변화가 공상(空相)임을 깨닫지 못하고 탐착과 분노의 에너지에 이끌려 집착하는 데 있다. 그리하여 영성 계발을 위해 하늘이 쳐놓은 카르마의 그물에 걸려 재수강을 하게 되는 것이다. 행위 그 자체보다는 동기와 목적이 카르마의 작용을 불러일으키는 원인이 된다. 이 법칙은 단순히 징벌을 위한 것이 아니라 내적 자아의 각성과 영성 계발 그리고 인간의 영혼이 완성에 이르기 위한 조건에 관계한다. 인내하고 용서하고 사랑하는 마음은 이러한 법칙에 대한 유일한 용제(溶劑)이다. 지혜의 길이든 행위의 길이든 헌신의 길이든, 모두 참자아로의 길이며 이는 곧 영적 진화의 길이다. 물질의 공성(空性)을 이해하면 '우리'든 '그들'이든 '이것'이든 '저것'이든, 모두 '참여하는 우주(participatory universe)'로서 우주적 진화에 동참하고 있음을 자연히 알게 된다.

따라서 생명을 개체화하고 물질화하는 시도는 우주의 진행방향에 역행하는 것이다. 생명의 전일적 본질은 시공을 초월해 있으므로 개체화 의식 속에서는 생명을 파악할 길이 없으며 또한 진화할 수도 없다. 19세기 후반 이후 파워엘리트에 의해 권력을 강화하고 특권을 정당화하는 도구로서 물질문명의 근간을 이루었던 다윈의 적자생존의 이론은 생물학적 진화 역시 우주의 진행 방향인 영적 진화와 조응관계에 있다는 사실을 간파하지 못했다.[53] 우리 몸과의 관계를 배제한 의상에 대한 논의가 의미가 없듯이, 의식의 진화와의 관계를 배제한 생물학적 진화에 대한 논의 역시 의미가 없는 것이다. 중요한 것은 형태와 모습의 변화가 아니라 영적 진화이며 생물학적 진화는 영적 진화와의 관계 속에서만 의미가 있다. 이제 '양자 변환(quantum transformation)'으로 일컬어지는 새로운 우주 주기의 도래와 더불어 새로운 우주상(像)의 정립이 요청되고 있는 현 시점에서 과학과 영성 그리고 영성과 진화에 대한 관심이 고조되고 있는 것은 지구 문명의 새로운 지평 탐색을 위한 전조 현상이다.

4. 지구 문명의 새로운 지평 탐색

1) 세계관의 전쟁: 인식과 존재의 문제

히브리대 역사학 교수 유발 하라리(Yuval Noah Harari)는 "인간은 새로운 힘을 얻는 데는 극단적으로 유능하지만 이 같은 힘을 더 큰 행복으로 전환하는 데는 매우 미숙하다. 우리가 전보다 훨씬 더 큰 힘을 지녔는데도 더 행복해지지 않은 이유가 여기에 있다"[54]라고 말한다. 더 큰 힘을 지니고도 더 행복해지지 않은 이유가 바로 그러한 힘을 행복으로 전환하는 데는 미숙하기 때문이라고 했는데, 왜 그런 것일까? 행복은 나눌수록 더 커지지만, 힘은 커질수록 절대화하는 경향이 있다. 의식은 확장될수록 걸림이 없어져 자유롭게 되지만, 물질은 확장될수록 걸림이 커져 구속되게 된다. 그러면 행복은 나눌수록 더 커지는데, 큰 힘을 지니면 왜 나누지 못하는 것일까? 그것은 권력·부·명예·인기 등 물질계의 존재이유가 영적 진화를 위한 학습여건 창출과 관계되며 에고의 자기 이미지의 확대재생산과 자기 확장을 위한 학습기제로서 작용한다는 사실을 알지 못하기 때문이다. 플라톤이 '동굴의 비유'에서 말한 동굴에 갇힌 죄수와도 같이 세상이라는 동굴 생활에 가축처럼 사육되고 길들여져 동굴 안의 억압된 현실을 직시하지도 못하고 실재세계로 나아가려는 의지도 없는 이들이야말로 동굴과 우상에 갇힌 자들로서 죄수 아닌 죄수이며 노예 아닌 노예인 것이다.

권력과 힘에 대한 강한 집착은 본질적으로는 이원성과 분리성을 내포한 개체화(particularization) 의식, 즉 기계론적 세계관에 기인하는 것이다. 세계적인 영성철학자이자 대체의학자 디팩 초프라(Deepak Chopra)는 미국 물리학자 레너드 믈로디노프(Leonard Mlodinow)와의 공저 『세계관의 전쟁: 과학 대 영성 *War of the Worldviews: Science vs. Spirituality*』(2011)에서 종교는 현재 인류가 안고 있는 고뇌를 해결하지 못하지만 영성은 해결할 수 있다고 말한다. 그러기 위해 우리는 종교의 근원으로 되돌아갈 필요가 있지만 그 근원은 신이 아니라 바로 의식이라는 것이다. 그는 수천 년 전 대스승들에 의해 제기된 영적인 가설이 세 부분으로 이루어져 있다고 보았다. 즉 1) 육안으로 보이는 모든 것의 근원이 되는, 보이지 않는 실재가 있으며, 2) 이 비가시적인 실재는 우리 자신을 자각함으로써 알 수 있고, 3) 지능, 창조성, 조직력이 우주에 내재해 있다는 것이다.[55] 비가시적 세계[본체계, 의식계]와 가시적 세계[현상계, 물질계]는 실물과 그림자의 관계와도 같이 분리될 수 없는 하나다. 권력과 힘의 증대가 행복의 증대로 연결되지 못하는 것은 일체 현상이 영원한 유일 실재의 자기현현임을 인식하지 못함으로 해서 이원성과 분리성이 작용하기 때문이다. 그리하여 오늘날 지구촌의 모습과도 같이 개체화되고 파편화됨으로써 통합성을 발휘할 수 없게 되는 것이다.

한편 믈로디노프는 "디팩이 보기에 모든 것에 이르는 열쇠는 바로 의식을 이해하는 것이다.…과학이 의식을 설명하지 못한다고 해서 의식이 과학이 닿지 못하는 곳에 있어야 한다고 믿는다면 근시안적이다. 설사 의식의 기원이 너무 복잡해서 사람의 마음으로 완전하게 파악하기 힘들다고 하더라도, 이는 의식이 초자연적인 영역에 거한다는 증거가 되지 않는다"[56]라고 말한다. 이러한 믈로디노프의 말은 인간의 의식이 실험 결과에 영향을 미친다는 것을 보여준 양자물리학의 '관찰자 효과'라는 것에 대해 의미를 부여하지 않은 듯하다. 그리고 의식이 기원이 너무 복잡해서 사람의 마음으로 완전하게 파악하기 힘든 것이 아니라 완전히 파악할 정도로 영적 자각이 일어나지도, 의식이 상승되지도 못했기 때문이다. 그래서 동학에서는 '만사지(萬事知)'에 이르면 소우주와 대우주, 부분과 전체가 하나임을 자연히 알게 된다고 했다. 진리는 설명의 차원이 아니라 이해의 차원이며, 영적 자각이 일어나지 않고서는 결코 닿을 수 없는 초논리의 영역이다. 초논리의 영역이란 논리의 영역을 포괄하면서 동시에 초월하는 영역인 까닭에 논리에서 벗어난 비논리와는 확연히 구별된다. 과학은 달을 가리키는 손가락과도 같이 '진리'를 가리킬 수는 있지만 진리 그 자체는 아니다. 진리는 논리의 영역이 아니라 직관의 영역이며, 과학이라는 논리의 툴(tool)에 입각해서 초논리의 세계인 직관의 영역으로 진입해야 하는 것이다.

앞서 살펴본 바와 같이 프리초프 카프라는 현대 물리학이 동양적 직관을 실험적으로 입증하는 것으로 보았다. 과학이 깊어지면 영성과 만날 수밖에 없다는 말이다. 영성은 그 어떤 부정성도 내포하고 있지 않다. 영성은 '만물의 전체적인 전일성(oneness of the totality of all things)', 즉 '일체를 포용하는 거대한 전체(the great all-including whole)'[57]다. 초프라와 믈라디노프의 세계관의 전쟁에 '과학 대 영성'이라는 부제가 붙은 것은 우리 시대가 여전히 기계론적 세계관에서 시스템적 세계관으로의 패러다임 전환기에 처해 있음을 환기시킨다. 믈로디노프의 영성에 대한 비판적인 관점은 과학이 더 깊어져 직관의 영역인 영성을 이해하게 되면 자연히 종식될 것이다. 영성은 '거대한 전체'이기 때문에 그 어떤 것과도 대립적인 위치에 있지 않으며 여실(如實)한 대긍정의 경계다. 실로 인식 구조의 변환이 용이하지 않다는 것은 막스 플랑크가 그의 『과학적 자서전 *Scientific Autobiography*』(1949)에서 개종의 어려움을 술회하는 데서도 잘 나타나고 있다. "새로운 과학적 진리는 그 반대자들을 납득시키고 이해시킴으로써 승리한다기보다는, 오히려 그 반대자들이 결국에는 죽고 그것에 익숙한 새로운 세대가 성장하기 때문에 승리하게 되는 것이다.[58]

초프라와 믈라디노프의 세계관의 전쟁은 인식 구조의 차이에서 오는 것이다. 고대로부터 현대에 이르기까지 그 치열했던 철학적 사색과 과학적 탐색은 만물의 근원을 규명하지 않고서는 모든 것의 의미를 이해할 수도, 행복할 수도 없다는 것을 알았기 때문이다. 만물의 근원으로서의 영성에 대한 인식론적 차원의 고찰 없이 '영성은 있다 또는 없다'라는 식의 존재론적 차원의 문제로 일축하는 것은 논리적 모순이며 지식의 박피를 드러낸 것이고 그 숱한 동서고금의 지성을 모독하는 것이다. 영성이 무엇인지도 모르는데, 있는지 없는지 어찌 알겠는가? 영성이라는 이름을 넘어서지 않고서는 결코 영성에 이를 수 없다는 것이 영성의 역설이다. 의식의 문이 열리지 않고서는 유일 실재인 영성을 인식할 길이 없다. 생명의 본체인 영성을 인식하지 못하면 그 작용인 우주만물의 존재성 또한 인식할 수 없다는 데에 문제의 본질이 있다.[59] 왜곡된 인식으로는 있는 그대로의 세상을 바라볼 수가 없으므로 인식과 존재의 괴리를 낳게 된다. 결국 세계관의 전쟁은 인식과 존재의 문제로 압축될 수 있다. 오늘날 인류가 처한 문제의 본질 또한 여기에 있다. 지구 문명의 새로운 지평 탐색을 위해서는 패러다임 전환을 통하여 이 문제가 명쾌하게 해결되지 않으면 안 된다.

2) 동학의 영성과 진화

만물의 근원으로서의 영성[靈]은 동학 「시(侍)」의 세 가지 뜻풀이, 즉 '내유신령(內有神靈)·외유기화(外有氣化)·각지불이(各知不移)'[60]에서 명료하게 드러난다. 우선 내유신령, 즉 '안에 신령이 있다'라고 한 것은 만물 속에 '신성한 영' 즉 하늘(天, 神)이 내재해 있다는 뜻이다. 환언하면 만물이 하늘(한울)을 모시고 있다는 뜻이다. 우주의 실체는 의식이므로 영은 곧 영성이며 내재적 본성인 신성[참본성]이고 일심(一心)이다. 「영부주문(靈符呪文)」에서는 "마음이란 것은 내게 있는 본연의 하늘이니 천지만물이 본래 한마음이라"[61]고 했고, 「삼경(三敬)」에서는 "내 마음을 공경치 않는 것이 곧 천지를 공경치 않는 것이라"[62]고 하여 천지만물이 하나인 마음의 법으로 돌아감을 보여준다. 영국 옥스퍼드대학교 종교학 교수 에반스 웬츠(W. Y. Evans-Wents)는 『티벳 해탈의 서(書) *The Tibetan Book of the Great Liberation*』(1954) 서문에서 이 일심 즉 '한마음[근원의식, 우주의식, 보편의식, 전체의식]'을 서양 과학의 관점에서 이렇게 설명했다.

> 한마음은 모든 에너지의 유일한 근원이며, 모든 잠재력들의 잠재력이며, 우주적인 힘의 단 하나뿐인 발전기이며, 모든 진동의 시발자이며, 미지의 원인이며, 우주선(線)과 물질이 그 모든 전자기적 성질--빛과 열, 전기와 자기, 방사능, 가시·불가시의 갖가지 외관을 한 유기물과 무기물 등의--을 띠고 자연계의 전역에 존재하게 만든 모체이다. 그리하여 한마음은 자연법의 창시자이고 우주의 주인이자 관리자이며 원자구조와 세계 구조의 건설자, 성운(星雲)을 우주 공간에 흩뿌린 자, 우주적 결실의 수확자, 존재해왔고 현재 존재하며 영원히 존재할 모든 것의 변치 않는 그릇인 것이다.
>
> …the One Mind is the unique root of energy, the potentiality of potentialities, the sole dynamo of universal power, the initiator of vibrations, the unknown source, the womb whence there come into being the cosmic rays and matter

> in all its electronic aspects, as light, heat, magnetism, electricity, radio-activity, or as organic and inorganic substances…, throughout the realm of nature. It is thus the maker of natural law, the master and administrator of the Universe, the architect of the atom and the builder therewith of world systems, the sower of nebulae, the reaper of harvests of universes, the immutable store-house of all that has been,is now, and ever shall be.[63]

'한마음' 즉 영성은 시작도 끝도 없는 영원한 유일 실재이며 일체를 포괄하는 무소부재(無所不在)의 보편자인 까닭에 근원성·포괄성·보편성의 속성을 띤다. 일심 이외에 다른 실재가 있는 것이 아니다.[64] 이 세상 그 어떤 것도—죽음마저도—'한마음'의 바다를 벗어나지 않는 까닭에 이 '한마음'은 일체의 세간법(世間法)과 출세간법(出世間法)을 다 포괄한다.[65] 다음으로 '밖에 기화가 있다'는 외유기화는 내유신령과 불가분의 관계다. 본래의 진여한 마음이 내유신령이라면, 음양의 원리와 기운의 조화 작용으로 체를 이룬 것이 외유기화다.[66] 말하자면 '영[天, 神]'의 자기복제로서의 작용으로 우주만물이 생성되는 것을 두고 '신성한 영(神靈)'과 '기화(氣化)'의 관계로 논한 것이다. '신령'과 '기화'는 생명의 본체와 작용, 이치[理]와 기운[氣]의 관계로서 분리 자체가 근원적으로 불가능하기 때문에 안과 밖, 내재와 초월의 관계로 논한 것이다. 한마디로 이치가 곧 기운(理則氣)이고 기운이 곧 이치(氣則理)이니 이치와 기운은 하나,[67] 즉 하나인 혼원일기(混元一氣, 至氣)다. 그러나 참자아의 자각적 주체가 되지 않고서는 우주만물이 '영'의 자기현현임을, 다시 말해 '물질화된 영'임을 인식할 수가 없으므로 만유의 근원적 평등성과 유기적 통합성을 알 수 없게 된다.

그래서 내유신령과 외유기화가 일체임을 나타내기 위한 메커니즘으로 각지불이, 즉 '각기 알아서 옮기지 않는다'라는 개념을 설정하여 3화음적 구조로 논한 것이다. 그렇다면 무엇을 안다는 것이며, '옮기지 않는다'는 말의 의미는 무엇인가? 우선 안다는 것은 '신령[내재]'과 '기화[초월]'의 전일적 관계, 즉 생명의 본체와 작용이 하나임을 아는 것이다. 다시 말해 만유가 '물질화된 영'임을 아는 것이며 이는 곧 생명의 전일성과 자기근원성을 아는 것이다. 다음으로 옮기지 않는다는 것은 마음을 지키고 기운을 바르게 함으로써 천리(天理)에 순응하는 삶을 사는 것이다. 여기서 '불이(不移)'는 '불이(不二)', 즉 일심의 경계를 지칭한 것이다. 한마디로 '모심(侍)'이란 참자아의 자각적 주체가 되는 것이다. '영[神靈]과 기운[氣化]이 본래 둘이 아니라 한 기운[68]임을 알게 되면 생명의 유기성 및 상호관통을 깨달아 주관과 객관의 경계가 사라지고 만유가 하늘을 모시고 있음을 알게 되므로 순천(順天)의 실천적 삶을 지향하게 된다. 동학의 내유신령·외유기화·각지불이는 '생명의 3화음적 구조(the triadic structure of life)'[69]를 나타낸 것이다. 생명의 본체와 작용이 하나임을 알지 못하고서는 생명의 전일성과 자기근원성을 알 수가 없고 따라서 순천의 삶을 살 수가 없는 까닭에 동서고금의 현자들은 본체와 작용, 즉 본체계[의식계]와 현상계[물질계]의 전일성을 그토록 강조했던 것이다.

동양의 천인합일이나, 플라톤의 이데아계와 현상계, 아리스토텔레스(Aristotle)의 형상과 질료, 스피노자(Benedictus de Spinoza)의 실체와 양태의 전일적 관계는 모두 생명의 본체와 작용의 합일을 나타낸 것이다.[70] 이러한 '생명의 3화음적 구조'를 이해하는 것은 곧 진리의 중추를 틀어쥐는 것인 까닭에 동양에서는 천·지·인, 불교에서는 법신(法身, 體)·화신(化身, 用)·보신(報身, 相), 기독교에서는 성부(聖父)·성자(聖子)·성령(聖靈)이라는 3화음적 구조를 핵심교리로 삼은 것이다.* 이러한 3화음적 구조는 생명의 본체와 작용이 하나임을 나타낸 것이다. 그런데 본체와 작용이 하나임을 알기 위해서는 일심의 원천으로 돌아가야 한다. 말하자면 성령이 임해야 알 수 있는 것이다. 이 우주가 자연법인 카르마의 법칙의 지배하에 있다는 것은 우리 모두가 의식의 자기교육과정을 통해 언젠가는 일심의 원천으로 돌아가게 되어 있음을 보여주는 것이다. 여기서 보신은 법신과 화신, 성령은 성부와 성자가 일체임을 나타내기 위한 메커니즘으로 설정된 것이다. 그 메커니즘은 모두 진여(眞如, 본체)와 생멸(生滅, 작용)이 하나임을 나타내는 일심법(一心法)에 기초해 있다.

동학은 한마디로 '심학(心學)'[71]이다. 그 요체는 마음의 본체를 밝혀서 세상 사람들이 천심을 회복하여 동귀일체(同歸一體)하게 하려는 지행합일(知行合一)의 심법(心法)이다. 동학은 앎과 삶의 경계 등 일체의 이분법을 넘어서 있으며, '시천(侍天)'을 '양천(養天)'으로 풀이하고 있다는 점에서 지행합일의 심법이라고 적극적으로 해석할 수 있다. '영[神靈]'과 기운[氣化], 즉 생명의

---

* 천지인의 구조를 보면, '天'은 불교의 法身, 기독교의 聖父, 동학의 內有神靈과 조응하는 개념으로 생명의 본체를 지칭하며, '地'(물질세계)는 불교의 化身, 기독교의 聖子, 동학의 外有氣化와 조응하는 개념으로 생명의 작용[물질계, 현상계]을 지칭하고, '人'은 불교의 報身, 기독교의 聖靈, 동학의 各知不移와 조응하는 개념으로 본체와 작용의 합일을 추동하는 메커니즘으로 설정된 것이다. 여기서 '人'은 단순한 물질적 형상이 아닌 心相, 즉 天과 地, 생명의 본체와 작용이 하나임을 아는 일심[참본성, 神性]의 경계, 말하자면 천부경에 나오는 '人中天地一(천지인 삼신일체의 천도가 인간 존재 속에 구현됨)'의 경계를 함축한 것이다. 왜냐하면 물질적 육체가 '人'의 실체일 수는 없기 때문이다. 참사람의 실체는 참본성, 즉 一心이다. 그래서 기독교에서도 성령이 임해야, 다시 말해 일심의 경계에 이르러야 성부와 성자가 한 분 '하나'님이라는 것을 알 수 있다고 한 것이다. 생명의 본체와 작용이 하나임을 알기 위해서는 '歸一心源', 즉 일심의 원천으로 돌아가라고 한 것도 같은 의미이다. 일심의 경계(報身, 相)에 이르지 않고서는 생명의 본체(法身, 體)와 작용(化身, 用)이 하나임을 결코 알 수 없다.

본체인 하늘과 그 작용으로 생겨난 만물의 일원성[72]에 대한 인식은 의식이 확장되지 않고서는 이루어지기 어렵다. 의식의 확장은 곧 영적 자각의 나타남이며 이는 곧 영적 진화와 연결된다. 영적 진화 또는 의식의 진화는 어디까지를 '나' 자신으로 느끼는지가 관건이다. 나와 가족까지인가, 지역사회와 국가까지인가, 인류까지인가, 나아가 우주자연까지인가. 이러한 의식의 스펙트럼은 의식의 확장과 사랑의 크기에 의해 생겨난다. 인간의 의식이 확장될수록, 영적으로 진화할수록 사랑은 그만큼 전체적이 된다. 그리하여 천·지·인 삼신일체의 천도(天道)가 인간 존재 속에 구현되는 '인중천지일(人中天地一)'의 경계에 이르면 하늘과 사람과 만물을 온전히 하나로 느낄 수 있게 된다. 실로 참본성이 열리지 않고서는 사회적 공덕을 완수할 수 없는 까닭에 『삼일신고(三一神誥)』에서는 '성통공완(性通功完)'을 핵심 개념으로 삼았고, 『참전계경(參佺戒經)』에서는 '혈구지도(絜矩之道)', 즉 내 마음으로 미루어 남의 마음을 헤아리는[73] 추기탁인(推己度人)의 도를 핵심 개념으로 삼았던 것이다.

이 세상은 우리의 의식을 비춰주는 거울이다. 혼란한 세상은 혼란한 의식의 투사영(投射影)이다. 세상이 혼란스러운 것은 우리들 자신이 정신적 소음 상태에 있기 때문이다. 정신적 소음 상태는 만물의 연결성을 알아차리지 못함으로 해서 에너지 시스템인 생명계를 개체화시키고 파편화시킨 데 기인한다. 「영부주문」에서는 '이천식천(以天食天)-이천화천(以天化天)', 즉 하늘로써 하늘을 먹고 하늘로써 하늘을 화(化)할 뿐이라고 한 대목에서 우주만물이 모두 한 기운 한 마음으로 꿰뚫어져 있음을 분명히 밝히고 있다.[74] 한마디로 우주만물의 생성·변화·소멸 자체가 하늘(기운)의 조화 작용인 것이다. 정신적 소음 상태에서 벗어나는 길은 수심정기(守心正氣), 즉 본래의 진여한 마음을 지키고 기운을 바르게 하는 것이다. 이것이 '옮기지 않음(不移)'의 요체이며 공심(公心)이 발현될 수 있는 바탕이 되는 것이다. 「시천주('하늘(님)'을 모심)」도덕의 요체는 바로 이 수심정기[75]에 있으며 '성경이자(誠敬二字)'로 설명되고 있다. '순일(純一)하고 쉬지 않는 정성'[76]을 다하고 하늘 대하듯 만물을 공경하면 무극대도(無極大道)에 이르고 도성입덕(道成立德)이 되는 것으로 본 것이다.[77] 성(誠)을 다하면 각(覺) 즉 깨달음을 얻으며, 경(敬)은 덕을 세우고 조화적 질서를 이루는 원천이다. 우주만물에 대한 평등무차별한 사랑과 공경의 원천은 바로 일심이다.

「삼경(三敬)」[78]에서 경천(敬天)·경인(敬人)·경물(敬物)의 삶을 강조한 것도 그러한 '삼경'의 실천적 삶이 일심[근원의식, 순수의식, 보편의식, 전체의식, 참본성, 신성]에 이르는 통로이기 때문이다. '하늘을 공경함은 허공을 향해 상제를 공경하는 것이 아니라 바로 내 마음을 공경하는 것이다'[79]라고 한 데서 하늘과 인간의 일원성은 분명히 드러난다. 의식계와 물질계는 표리의 조응관계에 있으므로 분리될 수 없다. 공경은 하늘과 사람 그리고 사물에까지 미쳐야 비로소 완성될 수 있다. 만유에 두루 편재해 있는 영성과 혼원일기로 이루어진 생명의 유기성 및 상호관통을 깨달아 무위이화(無爲而化)의 덕과 그 기운과 하나가 되는 '조화정(造化定)'[80]의 경계에 이르면 만물의 연결성을 알아차리게 되므로 우주만물에 대한 평등무차별한 공경의 실천이 나올 수 있다. 그리하여 진정으로 다른 사람을 잘 되게 하겠다는 마음이 일어나게 되는데 그러한 마음 자체가 영적 진화의 단초다. 생명을 개체화하고 물질화하는 시도가 죄악인 것은 우주의 진행방향인 영적 진화에 역행하는 것이기 때문이다.

동학은 국가·민족·인종·성(性)·종교 등 일체의 경계를 넘어서, 생물과 무생물의 경계마저도 넘어서 우주만물의 평등무이(平等無二)한 존재성을 밝힘으로써 무극대도의 이상세계를 펼쳐 보이고 있다. 동학에서 진화는 "내가 나 되는 것"[81]을 향한 복본(復本)의 여정이다. 해월이 말하는 '양천(養天)'이며

'하나됨'으로의 길'이다. 세상에서 가장 긴 여행, '머리에서 가슴까지'의 머나먼 여정이다. 의식이 확장될수록 생명의 전일성과 자기근원성을 인식하게 되므로 '중일(中一)'[82]의 이상은 실현되게 된다. 우주만물의 네트워크적 속성을 알아차리는 만사지(萬事知)에 이르면 생명과 평화의 문명이 열리게 된다는 것이 동학에서 말하는 진화의 진수(眞髓)다. 국가, 나아가 세계시민사회의 모든 구성원이 공공선과 조화와 평화를 위해 단합하는 동귀일체(同歸一體) 공동체가 무극대도 이상세계의 궁극적 비전이다. 따라서 생물학적 진화든 기술적 진화든 물리적 우주의 진화든, 모두 의식의 진화와 표리의 관계로서 상호 조응해 있는 까닭에 미국 양자물리학자 아미트 고스와미(Amit Goswami)는 "우리가 우리 자신의 의식을 이해할 때 우주 또한 이해하게 될 것이고, 우리와 우주 사이의 분리는 사라질 것이다"[83]라고 말했다. 지구 문명의 새로운 지평을 과학과 영성 그리고 진화에 대한 개념적 명료화와 더불어 통섭적 이해라는 측면에서 탐색을 시도한 것은 이 때문이다.

세계는 지금 지구라는 행성의 경계를 초월하여 화성(火星) 등 다른 행성에서 새로운 문명을 여는 다행성종(多行星種, multiplanetary species)에 대한 관심이 증폭되면서 화성 탐사 춘추전국시대가 개막되고 있다. 뿐만 아니라 '2035년까지 사물인터넷용 기기가 1조 개 이상으로 늘어나 지구상에 제2의 캄브리아기(紀) 폭발이 일어날 것'[84]으로 전망되고 있다. 문명의 배를 타고 진화의 바다에서 의식의 항해를 계속하고 있는 인류는 이제 어디를 향해 나아갈 것인가. 진화의 바다를 건너기 위해서는 '문명의 배'가 필요하지만 피안의 언덕에 오르기 위해서는 배를 버려야 한다. 우리가 진화의 바다에서 의식의 항해를 하고 있다는 사실을 인지하지 못한 채 '문명의 배' 그 자체에 몰입한다면 생명과 평화의 문명이 개화하는 피안의 언덕에는 결코 오를 수 없다. 지구 문명의 새로운 지평을 동학의 영성과 진화라는 측면에서 탐색하는 것도 동학이 과학과 영성 그리고 진화에 대한 통섭적인 이해를 추동해낼 수 있는 사상적 토양을 갖추고 있기 때문이다.

5. 결론

이상에서 우리는 과학과 영성 그리고 진화가 삶의 존재론적 반경을 설정하는 '세 중심축'이며 이에 대한 통섭적 이해와 존재론적 통찰이 지구 문명의 새로운 지평을 탐색하는 기초적 조건이 된다는 것을 살펴보았다. 사실 지금까지 과학과 영성 그리고 진화는 주로 과학자와 신학자 그리고 생물학자들에 의해 파편적으로 다뤄졌던 까닭에 실제 삶과 연결된 총합적 의미로 이해되기보다는 주로 문명의 외피만 더듬는 수준에 머물렀으며 결과적으로 물질일변도의 사고가 지배하면서 지구촌은 온갖 대립과 갈등, 폭력과 테러가 만연하게 되었다. 그래서 본 연구에서는 다양한 물질계를 표징하는 과학과 전일적인 의식계를 표징하는 영성이 표리의 관계로서 상호 조응해 있으며, 진화는 물질계[生滅, 用]와 의식계[眞如, 體] 이 양 세계의 변증법적 통합체로서의 일심의 세계를 지향하고 있음을 총합적으로 살펴보았다. 일심 이외에 다른 실재가 있는 것이 아니라는 말이다. 인간은 영적 진화의 지향성을 갖는 우주의 불가분의 한 부분이기 때문에 그 누구든 진화의 대열에서 이탈할 수 없게 되어 있다. 그런 점에서 진화는 정확히 말하면 공진화이다.

과학과 종교의 오랜 불화는 비이원론적인 앎의 결여와 종교와 신학의 본질인 영성에 대한 몰이해에 기인한다. 그러나 현대 물리학이 주도하는 패러다임 전환과 더불어 영성에 대한 이해가 확장되고 과학 또한 비이원론적인 앎에 대한 관심과 이해가 증폭되면서 과학과 종교 그리고 신학의 관계적 본질은 상보적이고 협력적인 관계로 변모하고 있다. 영성은 종교적 전통이나 도그마, 특정 신념체계를 넘어선 것으로 그 어떤 의미에서도 특정 종교나 신학의 전유물이 될 수 없다. 현대 과학의 진보는 과학과 영성, 물질과 비물질의 경계를 허물고 영성을 측정 가능한 방식으로 보여주는 단계에 진입해 있으며, 특히 양자물리학과 영성의 접합에 대한 연구가 활발히 진행되고 있다. '보이는 우주'는 청사진으로 존재하는 '보이지 않는 우주'가 물질화되어 나타난 것이기 때문에 중력이론과 양자역학의 통합을 통하여 거시적 세계와 양자역학의 세계를 결합하려면 물리적 우주를 넘어선 의식 차원과의 연결이 필수적이다. 거시적 세계와 양자역학의 세계를 결합하는 '만물의 이론'을 완성하기 위해서는 물성과 영성을 통섭하는 의식의 확장이 선행되어야 한다.

지금까지 진화론은 주로 물리세계에 초점이 맞춰진 관계로 인간 사회의 진화가 우주의 실체인 의식의 진화와 표리의 조응관계에 있다는 사실에 착안하지 못했다. 생물학적 진화론의 경우 진화를 '하등한 것에서 고등한 것으로 점점 더 완벽한 상태를 향해 나아가는 방향성을 가진 변화'라고 했지만 그 방향성에 대한 구체적인 논급이 없으며, 자연선택에 의한 진화 역시 주로 생물학적 형체와 현상에 대한 분석에 치중하여 진화의 전 과정에 함축된 심원한 의미를 간파하지 못했다. 기술적 진화론의 경우 진화는 질서를 증가시킨다고 했지만 그 질서란 것이 생존이라는 진화의 목적에 정보가 부합하는 정도를 나타내는 크기라고 설명하고 있을 뿐이다. 그리고 빅뱅이론 역시 '애초에 무엇이 빅뱅을 일으켰는가?'라는 의문은 여전히 남아 있다. 진화의 전 과정을 포괄하는 거시적인 분석이 필요한 것은 이 때문이다. 우주의 진행 방향은 영적 진화이며 이는 '영(靈)'의 자기조직화하는 원리인 '우주지성'의 작용에 기인한다. 천·지·인 삼신일체이므로 물리세계의 진화는 영적 진화와 표리의 조응관계로서 영적 진화를 위한 학습 여건 창출과 관계된다. 영적 진화란 곧 '하나됨'으로의 길이다. 따라서 생명을 개체화하고 물질화하는 시도는 우주의 진행방향에 역행하는 것이다.

이제 새로운 우주 주기의 도래와 더불어 새로운 우주상(像)의 정립이 요청되고 있는 현 시점에서 과학과 영성 그리고 진화에 대한 관심의 증대는 지구문명의 새로운 지평 탐색을 위한 전조 현상이다. 이러한 전조 현상은 초프라와 믈라디노프의 세계관의 전쟁에서 찾아볼 수 있다. 인식 구조의 차이에서 오는 세계관의 전쟁은 곧 인식과 존재의 문제로 압축될 수 있다. 동서고금의 치열했던 철학적 사색과 과학적 탐색은 만물의 근원에 대한 규명을 통해서만이 모든 것의 의미를 이해할 수 있고 행복해질 수도 있다는 것을 보여준다. 만물의 근원, 즉 생명의 본체인 영성을 인식하지 못하면 그 작용인 우주만물의 존재성 또한 인식할 수 없으므로 공심(公心)이 발현되기 어렵다. 지구 문명의 새로운 지평 탐색을 위해서는 정신·물질 이원론에 기초한 기계론적 세계관에서 전일적인 시스템적 세계관으로의 패러다임 전환을 통해 이 문제가 명쾌하게 해결되지 않으면 안 된다.

만물의 근원으로서의 영성[靈]에 대한 인식은 동학 「시」의 세 가지 뜻풀이, 즉 내유신령·외유기화·각지불이에서 명료하게 드러난다. 우주만물의 생성·변화·소멸 자체가 모두 '신성한 영(神靈)', 즉 하늘(한울)의 조화 작용이므로 의식계[본체계]와 물질계[현상계], 영성과 물성은 결국 하나다. 이러한 만유의 유기성과 상호관통을 깨달아 무위이화의 덕과 그 기운과 하나가 되는 '조화정(造化定)'의 경계에 이르면 일체의 경계를 넘어 만물의 상호관통을 알게 되므로 「시천주」의 자각적 주체에 의한 무극대도의 이상세계가 구현될 수 있다. '불이(不移)'의 요체는 본래의 진여한 마음을 지키고 기운을 바르게 하는 것이며 바로 이 수심정기가 공심이 발휘될 수 있는 바탕이 된다. 「시천주」 도덕의 요체는 '성경이자(誠敬二字)'로 설명되는 수심정기이다. 동학은 한마디로 심학이며, 만물에 대한 평등무차별한 사랑과 공경의 원천이 되는 것은 일심이다. 진화란 "내가 나 되는 것"을 향한 복본(復本)의 여정이다. 우주만물의 네트워크적 속성을 알아차리는 만사지(萬事知)에 이르면 생명과 평화의 문명이 열리게 된다는 것이 동학에서 말하는 진화의 진수다.

지구 문명의 새로운 지평을 특히 동학의 영성과 진화라는 측면에서 탐색하는 것은 동학의 동귀일체 휴머니즘이 과학과 영성 그리고 진화에 대한 통섭적 이해와 존재론적 통찰을 추동해낼 수 있는 사상적 토양을 갖추고 있기 때문이다. 세계는 지금 후천개벽의 티핑포인트(tipping point)로 다가서고 있으며 한반도는 이원성과 분리성을 대표하는 마지막 사례가 되고 있다. 지구 문명이 대변곡점에 이르렀다는 징후는 지구의 생태학적 위기와 새로운 테크놀로지의 부상, 그리고 과학과 영성의 접합에서 확연히 드러난다. 인류의 진화과정에서 획기적인 전기를 맞고 있는 지금, 우리 모두가 이 거대한 개벽의 파도를 타고 넘으려면 삶의 존재론적 반경을 설정하는 '세 중심축'에 대한 통섭적 이해가 절실히 요구된다. 오늘날 지구 문명의 새로운 지평 탐색은 호모 레시프로쿠스(Homo Reciprocus: 상호 의존하는 인간)·호모 심비우스(Homo Symbious: 공생하는 인간)의 새로운 문명의 모색과 연계되어 나타나고 있다.

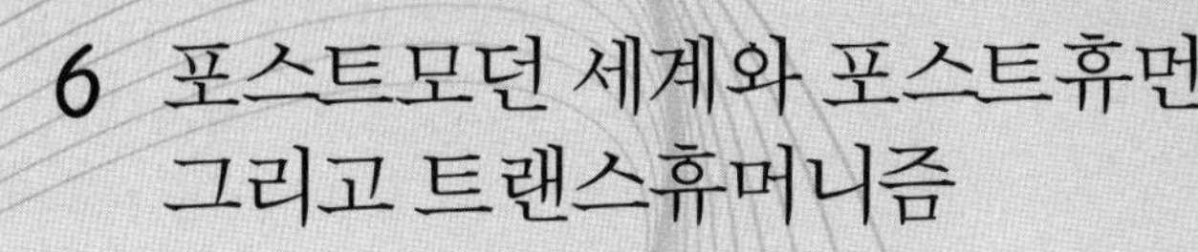

6 포스트모던 세계와 포스트휴먼 그리고 트랜스휴머니즘

1. 서론
2. 포스트모던 세계에 대한 초기 담론
3. 포스트모던 세계에 대한 후기 담론
4. 호모 사피엔스를 넘어서
5. 결론

오늘날 인공지능의 급속한 발달로 인류는 자연선택을 지적 설계로 대체하고 있다. 포스트모던 담론은 근대 서구의 세계관과 가치체계의 근본적인 변화를 함축하고 있으며 공존의 대안사회 마련에 주안점을 둔다. 트랜스휴머니즘은 과학기술의 발전으로 지능적, 육체적 한계가 극복되고 인체가 강화된 포스트휴먼의 등장과 접합된 개념으로 포스트휴먼에 의한 호모 사피엔스의 대체를 현재진행형인 '사건'으로 이해한다. 호모 사피엔스가 인류 진화의 종착역은 아니며 진화는 지금도 계속되고 있다. 우리가 비의식적 지능과의 게임에서 살아남으려면 의식의 패턴 자체를 바꾸고 마음을 업그레이드하는 일에 적극 나서야 한다. 동학의 통섭적 사유체계는 포스트휴먼으로의 성공적인 이행과 더불어 새로운 계몽의 시대로 안내할 수 있을 것이며, 진정한 의미에서 '호모 데우스'로 가는 길을 제시한다.

- 본문 중에서

해석은 우주라는 직물의 본질적인 특성이다.
Interpretation is an intrinsic feature of the fabric of the universe.

- Ken Wilber, *The Marriage of Sense and Soul*(1998)

1. 서론

우리는 지금 근대와 탈근대가 중층화(重層化)된 구조를 이루는 과도기에 살고 있다. 근대 세계가 이성 중심주의와 과학적 합리주의를 근간으로 서구적 보편주의 또는 서구중심주의(Eurocentrism)가 지배하는 세계라고 한다면, 탈근대(postmodern) 세계는 탈중심주의(decentralism)와 해체주의(deconstructivism)를 근간으로 트랜스휴머니즘(transhumanism)이 지배하는 세계라고 할 수 있을 것이다. 1960년대 후반 포스트구조주의(poststructuralism)와 포스트모더니즘(postmodernism)의 주도로 일기 시작한 포스트모던 세계에 대한 담론은 서구적 근대의 도그마에 대한 근본적이고도 종합적인 비판과 이성의 자기성찰의 의미를 담고 있으며 다원화되고 탈중심화된 대안적인 세계관을 추구하는 것으로 나타났다. 역사상 유례없는 풍요를 이룩한 근대 산업사회의 원리와 구조 자체가 총체적인 인간 실존의 위기와 재앙의 근원으로 변모하는 '근대성의 역설(paradox of modernity)'을 직시하며 근대합리주의의 비합리성을 비판하기에 이른 것이다. 특히 21세기에 들어 인공지능(AI), 사물인터넷(IoT), 빅데이터 등 정보통신기술(ICT) 분야에서의 기술혁신으로 인간과 인공지능 기계가 공생하는 사이보그 시티즌(cyborg citizen)에 대한 담론이 활성화되면서, 포스트휴먼(posthuman) 시대에 있어 인간이란 무엇인가에 대한 존재론적 물음이 제기되기 시작했다.

본 연구에서는 설명의 편의상 포스트모던 세계에 대한 담론을 크게 초기와 후기의 두 시기로 나누어 고찰하고자 한다. 우선 초기 담론 시기는 1960년대 후반부터 대두되기 시작한 포스트구조주의의 탈중심적이고 탈이념적인 해체이론이 포스트모더니즘 사조와 맞물려 철학, 예술, 문예비평, 신학, 생태학, 건축, 인문사회과학, 정신분석학 등 학술 분야는 물론 대중문화에까지 널리 확산됨으로써 거의 모든 분야에서 세계적인 추세로 자리 잡은 시기이다. 모더니즘이 처한 존재론적 딜레마를 해결하고자 나타난 포스트모더니즘 사조는 인간 이성의 산물인 근대 사회의 획일화된 틀과 형식을 부정하고 근대 합리주의의 근간을 이루는 이분법을 해체하며, 인종적·문화적·성적(性的) 편견과 그에 따른 폭력 행사를 비판하는 등 사실상 근대 세계의 산물 전반에 대해 회의적인 태도를 갖고 이를 타파하려는 실천 차원의 운동과 연계되어 나타났다. 포스트구조주의와 포스트모더니즘 사조는 특히 냉전 종식 이후 이데올로기의 허구성이 입증되면서 더욱 가속화되어 근대의 도그마 속에 깃들어 있는 절대성과 중심성의 허구를 드러내는 해체 현상을 통해 포스트모던 시대를 열었다.

다음으로 후기 담론 시기는 21세기 들어 포스트모던 세계에 대한 담론이 정보통신분야에서의 기술혁신과 맞물려 보다 확장되고 심화되는 시기이다. 여기서 초기와 후기의 구분은 뚜렷하게 이분화 될 수 있는 것은 아니며 후기는 초기의 연장선상에서 확장되고 심화되는 시기이다. 이 시기는 사이보그 시티즌의 출현으로 인간에 대한 재정의(redefinition)가 촉구되고 인간과 인공지능의 공생이 포스터모던 담론의 핵심 이슈로 부상하는 시기이다. 현재 구글에서 인공두뇌 개발을 이끌고 있는 미국의 미래학자이자 가장 잘 알려진 트랜스휴머니스트 레이(먼드) 커즈와일(Ray(mond) Kurzweil)은 21세기 전반부에 'GNR(Genetics 유전학, Nanotechnology 나노기술, Robotics 로봇공학)' 혁명이 중첩적으로 일어나면 자연지능과 인공지능의 융합이 이루어져 인간의 지능이 심대하게 확장되고 점차 사이보그가 되어갈 것이라며, 2030~2040년대가 되면 보다 근본적인 인체의 재설계가 이루어져 버전 3.0 인체가 탄생할 것이라고 전망한다.[1] 유전공학과 사이보그(cybernetic organism의 합성어로 기계와 유기체의 합성물을 뜻함) 기술의 발달로 머지않아 현생인류가 포스트휴먼에 의해 대체될 것이라는 전망이 무성하게 나오면서, 이원적 인식론을 넘어선 트랜스휴머니즘이 지배하는 포스트모던 세계에 대한 새로운 버전의 담론이 힘을 얻고 있다.

미국의 고더드대 과학기술문화학과 교수 크리스 그레이(Chris Hables Gray)는 인간의 신체는 물론이고 생식, 노동, 전쟁 등 거의 모든 인간 활동이 사이보그화(cyborgization) 되고 있다며, 포스트모던 세계가 사이보그 사회와 사이보그 시티즌으로 구성될 것이라고 주장한다. 이어 그는 포스트모던 세계에서 새로운 시민권은 "현재 우리가 경험하고 있는 경제적 변화뿐만 아니라 우리 몸이 사이보그화를 통해 겪고 있는 실제적인 변화들도 반영한 것이어야 한다"며, "우리는 사이보그 시민에 관하여 생각해야 하며, 이는 누구에게 그런 시민의 자격이 있는지 결정해야 하는 것을 의미한다"[2]고 말한다. 미국의 페미니즘 이론가인 도나 해러웨이(Donna Haraway)는 단일한 지배적 세계관이 아닌 수많은 목소리들, 즉 헤테로글로시아(heteroglossia)적 세계관을 명명하기 위해 사이보그의 이미지를 이용한다.[3] 한편 이스라엘의 히브리대 역사학 교수 유발 하라리(Yuval Noah Harari)는 현대 과학이 자연선택에 의한 유기적 생명의 시대를 지적 설계에 의한 비유기적 생명의 시대로 대체하는 중이라며, 오늘날의 종교나 이데올로기, 국가나 계급 간에 벌어지고 있는 논쟁은 호모 사피엔스의 종말과 함께 사라질 것이 분명하기 때문에 우리가 집중해야 할 중요한 문제는 "우리는 무엇이 되고 싶은가?", 즉 '인간 강화(human enhancement)'[4]라고 말한다.

포스트모던 세계에서 트랜스휴머니즘은 근대 사회의 이분법적 구조와 틀 및 형식을 해체하고 분리된 개아(個我)로서의 인간 존재의 개념을 네트워크의 패턴으로 대체하고 있다. 포스트모던 세계에 대한 후기 담론은 과학기술의 발전으로 포스트휴먼에 의한 호모 사피엔스(Homo sapiens)의 대체를 현재진행형인 '사건'으로 이해한다. 세계는 지금 인공지능(AI)을 넘어 인공일반지능(AGI)의 시대로 진입하고 있으며 우리 삶의 모든 측면은 이동하는 방식에서부터 정보를 얻거나 소통하는 방식까지도 과학기술에 의해 재편되고 있다. 스마트폰으로 시작된 인간과 인공지능 기계의 공생은 이미 우리 시대의 메타트렌드(metatrend: 사회 문화 전반에 걸친 광범위하고 보편적인 경향)가 되고 있다. 장애를 극복하기 위해 출발한 보조 장비 개발이 자연인 능력을 추월하고, 인간의 뇌와 기계를 연결하는 '브레인 임플란트(brain implant)'가 주목을 받고 있는 현 시점에서, '생물적 지능과 디지털 지능의 결합'을 통해 '인간 강화'를 시도하는 것은 기술혁신의 자연스런 수순일지 모른다. 그러나 과학기술을 이용해서 인류의 진화과정을 획기적으로 증진시켜 '포스트휴먼'을 만들어내려는 프로젝트가 과학과 의식의 접합에 대한 심오한 자각 없이 과연 '슈퍼인텔리전스(superintelligence, 超지능)'나 '슈퍼웰빙(superwellbeing, 超웰빙)'을 달성할 수 있을까?

인류는 지금 스스로 만들어낸 과학기술에 도취되어 마치 그것이 모든 문제를 해결하고 새로운 세상을 만들 수 있을 것이라는 착각에 빠져 있다. 포스트휴먼 프로젝트는 기술적으로만 접근할 수 있는 것이 아니며 반복적인 학습을 통해 인류 의식의 패턴 자체가 바뀌어야 한다. 트랜스휴머니즘이 미완으로 그쳐버린 서구의 르네상스와 종교개혁을 완수하기 위해서는, 그리하여 진정한 의미에서 인간의 권위와 신의 권위를 회복하기 위해서는 과학과 의식의 접합에 대한 명료한 인식과 더불어 인간 존재의 개념을 '무경계(no boundary)'로 확장할 수 있어야 한다. 그것은 시공(時空)의 인큐베이터에 갇혀 있는 호모 사피엔스의 경계를 넘어서는 것이다. 이러한 무경계의 세계는 양자계가 근원적으로 비분리성 또는 비국소성(non-locality)[초공간성]을 갖고 파동인 동시에 입자로서의 속성을 상보적으로 지닌다고 보는 양자역학(quantum mechanics)적 관점에 잘 나타나 있거니와, 동양사상 일반에도 잘 나타나 있다. 그러면 포스트모던 세계와 포스트휴먼 그리고 트랜스휴머니즘에 대한 분석적 고찰을 통해 우리가 처한 역사적 조건과 한계적 상황을 살펴보고, 호모 사피엔스의 미래를 전망하며, 나아가 포스트휴먼으로의 성공적인 이행을 위한 조건을 동학의 사상적 특성에서 추출해보기로 한다.

2. 포스트모던 세계에 대한 초기 담론

1) 포스트모던 세계와 트랜스휴머니즘

포스트모던 세계는 근대 세계가 처한 역사적 조건과 한계적 상황을 넘어선 세계이다. 여기서 근대 세계란 통상적인 역사적 시기 구분에 따라 근대가 열린 르네상스와 종교개혁 이후 20세기 이전까지의 세계를 지칭한다. 포스트모던 세계가 근간으로 삼고 있는 패러다임의 현대적 기원이 상대성이론과 양자물리학이라는 점을 감안하면—처음으로 양자 개념을 도입해 양자역학의 효시로 알려진 독일의 물리학자 막스 플랑크(Max Planck)가 양자가설(quantum hypothesis)을 제시한 것은 1900년이었다—20세기를 '모던'과 '포스트모던', 즉 근대와 탈근대의 경계로 삼는 것은 상당히 타당성이 있다. 그렇다면 모던 세계가 처한 역사적 조건과 한계적 상황을 넘어선다는 것은 구체적으로 어떤 의미를 담고 있는가?

포스트모던 세계에 대한 담론의 배경에는 이성과 영성, 현상과 실재, 주관과 객관, 기술과 도덕, 특수성과 보편성 간의 심연(abyss)이 자리 잡고 있다. 이러한 심연을 메우기 위한 시도로서의 포스트모던 담론은 지난 수백 년 간 서구 문화와 여타 세계를 지배한 기초적 패러다임이 되었던 근대 서구의 세계관과 가치체계의 근본적인 변화를 함축하고 있다. 말하자면 근대 서구 사회의 형성과 여타 세계에 심대한 영향을 끼쳤던 데카르트-뉴턴의 기계론적 세계관으로부터 전일적이고 유기론적인 시스템적 세계관으로의 패러다임 전환과 그 맥을 같이한다. 그것은 정신·물질, 자연·문명, 생산·생존 이원론의 극복을 통하여 생산성 제일주의 내지 성장 제일주의적 산업문명을 넘어서는 것이며, 근대 산업문명의 폐해라 할 수 있는 국가·지역·계층 간 빈부격차, 지배와 복종, 억압과 차별, 환경생태 파괴 등의 문제를 해결하고 공존의 대안적 사회를 마련하는 것이다. 한마디로 이성적인 것이 곧 근대적인 것이고 서구적인 것이며 과학적인 것이고 합리적인 것이라는 등식화가 깨어지는 것이다.

미국의 초개인심리학자(transpersonal psychologist)이자 대표적 포스트모던 사상가인 켄 윌버(Ken Wilber)는 그의 저서 『감각과 영혼의 만남 *The Marriage of Sense and Soul*』(1998)에서 포스트모던 세계의 대홀라키에 관한 논의를 전개하며 근대 서양 문화의 치명적인 문제점을 이렇게 지적한다. "근대 서양은 인류 역사를 통틀어서 존재의 대홀라키(the Great Holarchy of Being)를 부인하게 된 최초의 주요 문화가 되었다"[5]라고. 여기서 '대홀라키' 란 인류의 전승된 지혜의 요체인 '존재의 대사슬(The Great Chain of Being)'

이다. 존재의 대사슬은 '물질(matter)에서 몸(body), 마음(mind), 혼(soul), 영(spirit)에 이르기까지 실재가 다양한 존재의 수준과 앎의 수준으로 이루어져 있으며 모든 성장 과정은 각 상위 차원이 그 하위 차원을 포괄하며 초월하는 방식으로 자연적 홀라키 혹은 '증가하는 전체성의 비가역적 홀라키(irreversible holarchy of increasing wholeness)'를 통하여 일어나는 것'[6]을 말한다. '의식의 스펙트럼(the spectrum of consciousness)'의 가장 낮은 곳은 물질의 영역이고 가장 높은 곳은 영(靈)의 영역이다. '영'은 최고 수준의 인과의(causal) 영역이며 모든 수준의 비이원적(nondual) 기초이다. 그런데 계몽주의 시대 이래로 근대 서양은 존재의 최하위권인 '물질'을 제외한 모든 것을 부인하는 최초의 주요 문화가 되었다는 것이다.[7]

포스트모던 세계의 등장과 맥을 같이 하는 트랜스휴머니즘은 "과학과 테크놀로지에 의해 현재의 인간 형태와 한계를 뛰어넘어 인간이라는 생명체의 진화를 추구하는 생명의 철학으로 종교와 도그마를 거부하고 생명증진 원리와 가치를 따른다."[8] 그것은 "인간 육체의 한계를 초월하고자 했던 인간의 고대로부터의 욕망과 과학이나 이성 및 개인의 자유에 대한 계몽주의적 믿음이 결합된 산물"[9]이다. 트랜스휴머니즘이란 용어는 1957년 영국의 생물학자 줄리안 헉슬리(Sir Julian Sorell Huxley)에 의해 처음 사용되었으며 1980년대 미국의 미래학자들에 의해 현재의 의미를 갖게 되었다. 1980년대 캘리포니아대학교 로스앤젤레스(UCLA)에서 자신들을 트랜스휴머니스트라고 소개한 사람들이 처음으로 정식 모임을 갖게 되면서 그곳은 트랜스휴머니즘 사상의 거점이 됐다. 1988년 맥스 모어(Max More)와 톰 머로우(Tom Morrow)는《엑스트로피 매거진(Extropy Magazine)》창간호를 발행하였으며, 1992년 엑스트로피 연구소(Extropy Institute: http://www.extropy.org)를 설립했다.

1998년 스웨덴의 철학자이며 영국 옥스퍼드대 교수인 닉 보스트롬(Nick Bostrom)은 데이비드 피어스(David Pearce)와 함께 트랜스휴머니즘을 과학 연구와 공공정책의 정통 분야로 인식시키기 위한 국제 비정부 조직으로 세계 트랜스휴머니스트 협회(World Transhumanism Association, WTA)를 설립했으며, 앤더스 샌드버그(Anders Sandberg) 등과 함께 「트랜스휴머니스트 선언문」과 「트랜스휴머니스트 FAQ」 작성을 주도했다. WTA(2008년 단체명을 '휴머니티 플러스(Humanity+)'로 바꿈, 기호로 H+를 씀)는 트랜스휴머니스트 FAQ(frequently asked questions)에서 트랜스휴머니즘을 "① 노화를 제거하고 지능, 육체, 정신을 강화시키기 위한 기술을 개발하고 이성의 응용으로 인간 조건 개선의 가능성, 정당성을 지지하는 지적 문화적 운동 ② 인간의 근본적 한계를 극복하기 위한 기술의 잠재적 위험과 영향을 연구하고 그런 기술의 개발, 사용과 관련된 윤리적 문제를 연구하는 활동"으로 정의했다.[10] 트랜스휴머니즘에는 다양한 스펙트럼이 존재하지만 크게 두 가지 흐름으로 볼 수 있다. 그 하나는 WTA 후신인 휴머니티 플러스(Humanity+) 중심의 흐름이고, 다른 하나는 2004년 닉 보스트롬과 제임스 휴즈(James Hughes)에 의해 공동 설립된 IEET(Institute for Ethics and Emerging Technologies) 중심의 흐름이다. 전자는 엑스트로피 연구소와 가까운 인물들에 의해 운영되고 있고, 후자는 WTA를 주도했던 인물들이 주로 활동하며 트랜스휴머니즘이나 인간 향상에 대해 더 학술지향적인 태도를 취하고 있다.[11]

한편 이반 칼루스(Ivan Callus)와 슈테판 헤어브레히터(Stefan Herbrechter)는 포스트휴머니즘을 포스트휴먼-이즘과 포스트-휴머니즘의 두 갈래로 나눌 수 있다고 보는데, 포스트휴먼-이즘은 트랜스휴머니즘으로 더 잘 알려져 있다.[12] 말하자면 트랜스휴머니즘은 과학기술의 발전으로 지능적, 육체적 한계가 극복되고 인체가 강화된 포스트휴먼의 등장과 접합된 개념으로 포스트휴먼의 이즘(ism)이다. 트랜스휴머니스트들은 생명과학과 신생기술에 의해 장애, 질병, 노화, 죽음과 같은 현재의 인간 조건들이 해결되어 인류가 더 확장된 능력을 갖춘 존재로 스스로를 변형시킬 것이라며, 이렇게 변형된 인간을 '포스트휴먼'이라고 명명했다. 포스트휴먼 개념은 스스로를 엑스트로피언(Extropians 생명확장론자)이라고 부르는 사람들에 의해 지지를 받았고, '엑스트로피 원리(Principles of Extropy)'를 창안한 맥스 모어는 현대적 트랜스휴머니즘의 기초를 마련했다. 우주의 모든 것이 카오스 쪽으로 쇠퇴하고 있다고 보는 엔트로피(entropy)와는 반대로, 엑스트로피는 생명의 자기조직적인 속성을 긍정하여 카오스로부터 질서가 나온다고 본다. 엑스트로피언의 관점은 '인간 조건을 더 좋게 변형할 수 있는 테크놀로지의 힘에 대한 낙관적인 믿음'에 기초하고 있다.[13] 미국의 로봇공학 전문가이자 또 다른 트랜스휴머니스트인 한스 모라벡(Hans Moravec)은 장차 인간의 마음을 다운로드하여 영원히 살 수 있게 될 것이라고 주장하기도 했다.

트랜스휴머니즘은 광범한 주제에 걸쳐 지지자들과 비판자들 사이에 논쟁을 야기하고 있다. 학술적인 차원에서 비판론은 크게 기술적 가능성에 대한 비판과 윤리적 문제점들에 대한 비판의 두 가지로 나뉜다. 대표적인 트랜스휴머니즘 비판론자로는 미국의 정치경제학자 프랜시스 후쿠야마(Francis Yoshihiro Fukuyama)와 독일의 철학자이자 사회학자 위르겐 하버마스(Jürgen Habermas)를 들 수 있다. 이들은 과학기술의 발전에 대해 회의적이며 도구적인 관점에서만 소극적으로 수용하는 입장이다. 트랜스휴머니즘 옹호론자들 또한 기술의 발전이나 적용이 사회의 공익에 초점이 맞춰질 수 있도록 제도적 장치를 마련할 필요가 있다고 본다. 트랜스휴머니즘을 인류 최대의 위협이라고 논평한 후쿠야마에 대해, 베네수엘라대 교수이자 트랜스휴머니스트 호세 코르데이로(Jose Luis Cordeiro)는 트랜스휴머니즘이 '열린 계(界)'를 지향하며 누구나 발전할 수 있고 모두가 진화할 수 있다는 철학에 기초해 있으며, 인공 장기, 인공 뼈를 인간의 몸에 이식하고 더 오래 살기 위해 의약 기술을 이용하고 있다는 점에서 우린 모두 트랜스휴먼이며 트랜스휴먼으로 진화하고 있는 중이라고 말했다.[14]

2) 포스트구조주의와 포스트모더니즘

1960년대 후반에 등장한 포스트모더니즘은 모더니즘 이후의 탈근대적인 시대정신 내지는 철학 사조를 지칭한다. 프랑스와 미국을 중심으로 한 사회 운동과 전위예술 및 문화운동으로 시작되어 1980년대 들어 철학, 예술, 문예 비평, 신학, 생태학, 건축, 인문사회과학, 정신분석학 등 학술 분야와 대중문화에까지 널리 확산되었으며 지금은 거의 모든 분야에서 세계적인 추세가 되고 있다. 이성 중심주의와 과학적 합리주의를 근간으로 한 모더니즘은 획일화된 틀과 형식의 강조로 인해 이질적인 문화 영역 간의 소통 단절, 다양성과 개성의 약화, 인간소외, 환경파괴와 생태위기를 초래했다. 근대 세계에서 인간의 이성은 최적의 삶의 조건을 창출해낼 수 있을 것으로 기대되었으나 자본주의의 심화된 구조적 모순, 양차 세계대전의 참극(특히 나치의 만행)을 목격하면서 이성의 산물인 근대 사회의 구조와 틀 자체를 부정하게 되고 나아가 인종적·문화적·성적(性的) 편견과 그에 따른 폭력 행사를 비판하는 등 근대 세계의 산물 전반에 대해 회의적인 태도를 갖게 되었다. 포스트모더니즘은 이러한 모더니즘이 처한 존재론적 딜레마를 해결하고자 나타난 시대사조로서 개성과 자율성, 다양성과 대중성을 중시하고 이분법을 해체하며 탈이념적이고 탈중심적이며 탈이성적인 사상적 경향을 띠게 된다.[15]

포스트모더니즘의 사상적 배경은 1960년대 후반부터 대두되기 시작한 포스트구조주의이다. 포스트구조주의와 포스트모더니즘은 탈이성, 탈이념, 탈중심, 탈경계, 다양성 강조라는 공통된 특성에서 드러나듯이 본질적으로 깊이 연계되어 포스트모던 운동을 추동해왔기 때문에 양자를 분리시키는 것은 실제와도 부합되지 않는다. 포스트구조주의는 구조주의를 비판적으로 계승하면서 그 한계를 극복하려는 사상운동으로 나타났다. "구조주의가 구조를 선험적·보편적인 것으로 생각하며 필연을 사유하고 결정론과 합리주의에 닿아 있다면, 포스트구조주의는 구조의 역사성과 상대성에 착안하여 다원화되고 탈중심화된 역동적인 형태를 띠는 것으로 나타난다."[16] 그러나 구조주의와 포스트구조주의가 시기적으로 겹쳐 있어 명확하게 구분하기가 쉽지 않고 또 명확한 형태를 갖춘 사상적 조류라고 보기는 어려워 포스트구조주의자들 사이에서도 통일된 견해를 수립하기가 쉽지 않은 것으로 나타난다. 그럼에도 포스트구조주의는 포스트모더니즘 사조와 맞물려 이분법적인 근대의 도그마에 대한 근본적이고도 종합적인 비판과 이성의 자기성찰을 담고 있다는 점에서 그 시사하는 바가 크다.

구조주의는 20세기 초 스위스의 언어학자 페르디낭 드 소쉬르(Ferdinand de Saussure)의 언어학 강의에서 시작되어 프랑스의 과학철학자 가스통 바슐라르(Gaston Bachelard), 프랑스의 인류학자 클로드 레비스트로스(Claude Lévi-Strauss)로 계승되고 1960년대에 들어 조르주 캉길렘(Georges Canguilhem), 루이 알튀세르(Louis Pierre Althusser), 자크 데리다(Jacques Derrida), 미셸 푸코(Michel Paul Foucault), 장 프랑수아 리오타르(J. F. Ryotard), 자크 라캉(Jacques Lacan), 롤랑 바르트(Roland Barthes), 질 들뢰즈(Gilles Deleuze) 등의 참여로 활기를 띠게 되면서 프랑스 사상계를 지배하게 된다. 데리다, 푸코, 리오타르, 들뢰즈, 라캉, 바르트 등은 흔히 포스트구조주의자로 일컬어진다. 이들 포스트구조주의자들은 근대 사회의 이원화된 지배구조 속에서 '구성된 주체'는 능동이 아니라 피동이며, 자유가 아니라 충동이고, 상상에 의한 가상적 주체일 뿐이므로 그러한 주체는 해체되어야 한다고 주장한다. 주체의 해체에 대한 시도는 서구의 전통적인 형이상학적 진리관을 해체시키는 것이고, 그 '해체주의'의 연원은 프리드리히 니체(Friedrich Wilhelm Nietzsche)의 실존철학 속에 내재된 해체주의적 요소에서 찾을 수 있다. 따라서 니체의 반형이상학적인 실존철학이 독일의 철학자 마르틴 하이데거(Martin Heidegger)로 계승되어 포스트모던 시대가 열리게 된 것이다.

켄 윌버는 포스트구조주의를 '포스트모던 포스트구조주의'로 나타내고 이를 포스트모더니즘과 동일시한다. 윌버는 포스트모던 이론들에 대한 '거부들'은 다음의 세 가지 핵심 가정에서 생겨난다고 본다. 즉 "① 실재는 모든 면에서 결코 미리 주어진 것(pregiven)이 아니라 어떤 의미 있는 방식으로의 구성(construction)이고 해석(interpretation)이다. ② 의미는 맥락의존적이고 맥락에는 경계가 없다. ③ 그러므로 인지에는 실재에 대한 단일한 조망을 내릴 특권이 부여되지 말아야 한다." 윌버는 이 세 가지 핵심 가정을 '구성주의(constructivism)', '맥락주의(contextualism)', '통합적 무조망주의(integral-aperspectival)'로 압축하고 있다. 윌버는 이 세 가지 포스트모던적 가정 모두가 매우 정확하며 그 어떤 통합적 관점에서도 존중되어야 하고 포함될 필요가 있다고 본다. 첫 번째 핵심 가정인 구성주의와 관련하여, 사물들 간의 차이라는 것은 우리 마음이 그 차이를 '구성하고', 그것에 '의미를 부여하고', 그것을 '해석'한 것이므로 인간 오성에서 '해석'이 차지하고 있는 본질적인 역할을 파악하지 않고서 포스트모더니즘을 이해할 수 있는 방법은 없다고 윌버는 말한다. 포스트모더니스트들에게 있어 '해석'이 중요한 것은 온우주(Kosmos)를 이해하기 위해서 뿐만 아니라 그것이 바로 온우주의 참된 구조의 한 국면이며, '우주라는 직물의 본질적인 특성'이기 때문이다. 그러나 윌버는 해석이 차지하고 있는 부분적이지만 결정적으로 중요한 역할을 적시하는 것은 매우 의미 있는 일이지만 극단주의로 치달음으로써 객관적인 진리의 어떠한 요소도 전면적으로 부인하는 것은 논의를 비지적(非知的)으로 만드는 것이라며 경계한다.[17]

포스터모더니즘의 두 번째 핵심 가정인 '맥락주의'와 관련하여, 의미에 대한 맥락주의는 좋지만 극단적인 맥락주의는 문제가 있다고 윌버는 말한다. '실재는 홀론(holon: 전체/부분을 지칭하는 용어)[18] 안에 홀론, 또 그 안에 홀론이 무한히 반복되는, 홀론으로 구성되어 있기 때문에 의미의 맥락에는 경계가 없다. 모든 전체는 언제나 하나의 부분일 뿐이므로 모든 인식 가능한 맥락에는 경계가 없는 것이다. 온우주가 홀론적이라고 말하는 것은 끝없이 맥락적이라고 말하는 것과 같은 것이다.' 그러나 극단적인 포스트모더니스트들(특히 미국 '해체주의' 학파 주창자들)의 경우에서처럼 어떤 종류의 의미가 실제로 존재하거나 전달될 수 있는 것조차도 부인하기 위해 포스트모던적 진리를 이용하는 것은 경계해야 한다고 윌버는 말한다. 왜냐하면 자기모순적인 의미의 맥락은 끝이 없기 마련이므로 언제나 찾을 수 있고 그렇게 되면 모든 의미는 시작되는 순간부터 해체당할 수밖에 없기 때문이라는 것이다.[19]이러한 '맥락주의'는 실재에 대한 다조망적 접근의 필요성을 함축하고 있다.

포스터모더니즘의 세 번째 핵심 가정인 '통합적 무조망주의'와 관련하여, 단일한 조망은 부분적이고 한계가 있으며 왜곡되기 쉬우므로 통합적인 관점을 획득하기 위해서는 무조망적인 접근을 필요로 한다고 윌버는 말한다. 독일의 언어학자 진 갭서(Jean Gebser)는 통합적-무조망적 관점을 '조망적 이성'과 대비시켜 설명했다. '조망적 이성이 특정한 주제에 대해 독점적인 조망의 특권을 부여해 그 좁은 렌즈를 통해 실재의 모든 것을 보려는 경향이 있다면, 통합적-무조망적(비전-논리적 vision-logic) 관점은 그 어느 조망에도 특권을 부여하지 않고 모두 취합한 후 통합적인 것, 전체적인 것, 맥락들 속의 다양한 맥락을 파악하려고 시도한다.'[20] 윌버에 의하면 이 비전 논리는—진화적으로 보면 헤겔에 와서야 비로소 자의식(自意識)적이 된—상호 연관되어 있는 온우주의 본질적인 부분 그 자체로서 단지 온우주를 표상하는 것이 아니라 온우주의 퍼포먼스(performance) 그 자체인 것이다. 요약하면, 윌버는 포스트모더니스트들의 인식을 뒷받침하고 있는 것은 구성주의, 맥락주의, 통합적 무조망주의이며 극단적으로 치닫지 않는 한 통합적 관점에서 수용될 필요가 있다고 본다.

3. 포스트모던 세계에 대한 후기 담론

1) 포스트휴먼의 조건과 사이보그 시티즌

포스트휴먼이란 용어의 의미는 '탈인간', '차세대 인간' 또는 신인류다. 즉 새롭게 진화된 인간이란 뜻이다. 포스트휴먼은 인간과 기계의 전반적인 수렴이 일어나 그 둘의 경계가 해체되는 시대의 인간으로 전통적인 인간관의 중대한 변환을 내포한 개념이다. 포스트휴먼은 트랜스휴먼(transhuman)과 혼용되기도 하지만, 대표적인 엑스트로피언인 맥스 모어는 양자의 관계를 이렇게 설명한다. "우리가 포스트휴먼이 되려고 추구하고 포스트휴먼 미래를 위해 준비하는 행동을 하는 한에 있어서 우리는 트랜스휴먼이다. 이것은 우리의 능력과 생명 기대치를 증가시킬 수 있고 상식적 전제들에 의문을 제기하고 뒤떨어진 인간 믿음이나 행동을 뛰어넘도록 미래를 위하여

스스로를 변형시킬 수 있도록 해주는 새로운 기술을 배우고 이용하는 것과 관련된다." [21]

즉, 트랜스휴먼이 과정적 개념이라면, 포스트휴먼은 그 과정이 축적된 결과로서의 개념이다. 그러나 과정과 결과는 이분화 될 수가 없으니, 모어의 관점에서 트랜스휴먼은 포스트휴먼으로 진화해 가는 개념이다. 모어는 포스트휴먼을 이렇게 정의하고 있다.

> 포스트휴먼은 전례가 없을 정도의 신체적·지적·심리적 능력을 갖춘 사람들로, 자기 프로그램화되고 자기 규정적이며 불멸의 잠재성을 갖고 제한받지 않는 개인들이다. 포스트휴먼은 인간으로 진화되어 왔던 생물학적·신경적·심리적 구속을 극복한다. 생명확장론자는 포스트휴머니티를 획득하는 최선의 방책을 초자연적인 접촉이나 외계나 신적 선물보다는 테크놀로지와 결정주의의 결합을 통해서 추구하는 것으로 본다. 포스트휴먼은 일부 또는 대체로 형태상 생물학적이며, 하지만 일부 또는 전체적으로 포스트생물학적이게 될 것 같다. 우리의 퍼스낼리티는 보다 더 영속적이고 더 변경 가능하며 더 빠르고 더 강력한 신체로 전환하고 있고 사고하는 하드웨어가 되고 있다. 우리가 포스트휴먼이 되도록 하는 데 역할을 할 것으로 기대되는 기술과학 가운데는 유전공학, 신경-컴퓨터 통합, 분자 나노테크놀로지와 인지과학이 있다.[22]

우리 자신이 그 일부를 구성하는 생체시스템은 유기적이면서 또한 기계적이며 그것은 진화하고 있다. 인간의 정신적, 육체적 한계 또는 유전이나 후천적 요인에 의한 장애 등을 극복하기 위해 유전공학, 신경-컴퓨터 통합, 분자 나노테크놀로지와 인지과학 등의 기술을 활용해 인체를 강화시킬 수 있다는 주장은 인공 장기 이식에서부터 알츠하이머, 간질 등 뇌 질환을 예방·치료하는 뇌 임플란트, 나아가 인간의 뇌를 스캔해서 컴퓨터로 전송하는 업로딩(uploading)에 의한 정신적인 확장까지도 인체 강화에 포함시키고 있다. 인간의 뇌를 다운로드해서 슈퍼컴퓨터에 업로드 하는 '트랜센던스(transcendence)' 프로젝트는 현재 여러 대학과 연구소에서 진행 중에 있다. 현재 컴퓨터의 1억 배 성능일 것으로 예상되는 양자컴퓨터(quantum computer)의 상용화가 머지않은 것으로 전망되고 있어 업로딩이 SF 영화 속에서 만이 아니라 현실 속에서 구현될 것이라는 기대도 높아지고 있다.

예술과 현대 인지과학의 접목, 테크놀로지와 예술의 접목을 통해 포스트휴먼 시대를 밝히는 데 주력해 온 로버트 페페렐(Robert Pepperell)은 '포스트휴먼 조건'이 의미하는 바를 크게 세 가지로 나타내고 있다. 첫째는 '인간의 종말'에 대한 것이 아니라 남성이 중심이 된 '인간 중심(human-centred)' 우주의 종말, 즉 '휴머니즘'의 종말에 대한 것이다. 최소한 14세기 이래로 존재해 온 휴머니즘의 이상에 대한 믿음은 미래에도 계속될 것이다. 둘째는 유전학만이 아니라 모든 문화적·기술과학적 존재의 도구와 장치를 포함하는 과정으로서의 생명의 진화에 대한 것이다. 인간이 포스트휴먼이 된다는 것이 반드시 인간 게놈의 소멸을 의미하는 것은 아니며, 지구는 여전히 인간보다 앞서 발생한 종들로 가득 찰 것이고, 새로운 종의 생성이 오랜 종을 폐기하는 그런 것이 진화는 아니다. 셋째는 우리가 어떻게 살 것이며, 환경과 동물 그리고 인간 상호간의 관계를 어떻게 설정할 것인가에 대한 것이다. 여성에 대한 남성의 억압에 대항하는 페미니즘 운동, 동물에 대한 인간의 착취에 대항하는 동물권리운동, 지구 자원에 대한 인간의 착취에 대항하는 환경주의운동, 인간에 대한 인간의 착취에 대항하는 반노예운동이 면면히 이어져 온 것은 남성이 중심이 된 '인간 중심' 세계의 점진적인 전복이 진행되어 왔음을 의미한다.[23]

포스트휴먼은 기계, 기술과 융합된 인간, 즉 사이보그다. 사이보그는 사이버네틱 유기체(cybernetic organism)[24]의 합성어로 유기체와 기계장치가 결합된 디지털시대의 인간이다. 생물적 지능과 디지털 지능의 결합을 주장하는 배경에는 '인간 강화'에 대한 오랜 염원이 담겨 있다. 사이보그라는 용어는 1960년 미국의 컴퓨터 전문가인 맨프레드 클라인스(Manfred E. Clynes)와 정신과 의사인 네이선 클라인(Nathan S. Kline)이 쓴 논문에서 처음 사용되었다. 이 논문에서 이들은 인간이 우주복을 입지 않고도 우주에서 생존하기 위해서는 기술적으로 인체를 개조해야 한다고 주장하며 기계와 유기체의 합성물을 사이보그*라고 명명했다. 현대의 사이보그는 신체에 탈착이 가능한 웨어러블 컴퓨터(wearable computer), 스마트 의류(smart clothes), HMD(Head Mounted Display)와 같은 가상현실 체험기기, 피부에 이식하는 임플란트 등으로 응용되어 다양한 분야에 활용되고 있다.** 사이보그는 자연적인 요소와 인공적인 요소가 하나의 시스템 안에서 결합된 '자가조절 유기체(self-regulating organism)'[25]이다. 제임스 러브록(James Lovelock)이 '가이아 이론(Gaia theory)'에서 제시한 지구 역시 자기조절 기능을 갖고 있으므로—말하자면 생물권이 자가조절 시스템이므로—사이보그다.

사이보그의 종류는 매우 다양하며 수많은 공학, 과학, 의료 분야의 중심에 위치해 있다. 크리스 그레이는 누구든지 어떤 유의미한 방식으로 기술적 개

---

* 기계와 유기체의 결합은 1980년대 우리나라에서도 방영되었던 〈6백만 불의 사나이〉(1974~1978)를 비롯해 〈터미네이터〉(1984), 〈로보캅〉(1987), 〈매트릭스〉(1999) 같은 SF 영화에서 단골 주제로 다뤄졌으며 그 주인공들은 모두 사이보그였다.

** 영국의 로봇공학 전문가이자 인공두뇌학의 세계적 권위자인 케빈 워릭(Kevin Warwick)은 1998년 자신의 왼쪽 팔에 실리콘 칩을 이식한 데 이어, 2002년에는 왼쪽 손목 밑에 실리콘 전극을 삽입하는 실험을 했고 또한 그의 아내에게도 인공지능 칩을 이식시켜 생각만으로 의사소통을 하게 되어 세계 최초의 사이보그 부부가 됐다.

조가 있었다면 그 사람은 확실히 사이보그라고 말한다. 신체의 일부가 반드시 인간이어야 사이보그가 될 수 있는 것은 아니며, 유기적 과정을 기반으로 한 바이오컴퓨터나 생체공학적인 미생물 또한 다른 방식의 사이보그라는 것이다. 우리가 기술적으로 개조되지 않았다 하더라도, 거의 모든 인간 활동이 전방위적으로 사이보그화 되고 있는 사이보그 사회에서 살고 있기 때문에 사이보그 관련 쟁점들은 우리에게 영향을 미칠 것이다. 그레이는 인간이 기술적으로 스스로를 계속 변형시키는 이 과정의 전반적인 결과는 인간과 기계의 아주 특별한 공생이며, 인류 역사상 전혀 새로운 발전이고, 자연선택을 넘어서는 중대한 도약이며, '참여적 진화(participatory evolution)'가 가리키는 현상이라고 설명한다. 또한 우리가 참여적 진화를 진지하게 받아들인다면 맹목적인 우연/필연의 법칙에 의거한 '다윈 식의 관점'이나 절대적 권위에 의거한 '창조론의 관점'에서 자유로워질 수 있는 기회가 생긴다며, 참여적 진화는 참여적 정부를 필요로 한다고 주장한다. 사이보그화 과정이 결국 근본적인 정치적 역할까지 수행하게 될 것이라고 보는 것이다.[26]

크리스 그레이는 그의 저서 『사이보그 시티즌: 포스트휴먼 시대의 정치학 *Cyborg Citizen: Politics in the Posthuman Age*』(2001)에서 사이보그 현상의 정치학에 초점을 맞추어 그가 사이보그 시민권의 중요성을 주장하는 논거를 제시한다. 그레이는 포스트모던 시대의 인공 진화가 찰스 다윈(Charles Robert Darwin)이 말한 품종개량 정도가 아니라 인간의 몸과 유전자에 대한 직접적인 개조까지 포함하며 머지않아 새로운 기술과학(technoscience)에 의해 인간으로 분류할 수조차 없는 개조된 생명체들이 창조될 것이라고 주장한다. 이렇게 인간의 잠재력이 극대화되면 모든 개조과정은 근본적으로 정치적 성격을 띠게 되며 결국 정치가 포스트휴머니티 안에서 우리가 어떤 가치를 수립할 것인지를 결정할 것이라고 그는 단언한다. 또한 그는 사이보그 국가란 것이 은유에 지나지 않으며 그 은유는 기술이 정치의 중심에 있음을 분명히 하고 또 현실세계의 현상들, 즉 살과 철의 관계들을 묘사한다는 사실을 명심해야 한다고 말한다. 사이보그 인식론은 이원적 인식론의 주장을 완전히 넘어서 있는 까닭에 "유토피아와 디스토피아, 착한 터미네이터와 악한 터미네이터 사이에 선택은 없으며 그들 모두 여기에 있고, 우리는 이 조립된 이중적인 몸에 거주하는 방법을 배우고 있다"는 것이다.[27]

또한 그레이는 '사이보그 국가' 혹은 '정치적인 사이보그의 몸'이란 용어가 현재 벌어지고 있는 일들을 민주정치의 오랜 전통과 연결한다며, 사이보그화된 우리의 몸이 사이보그 국가에서 정치적으로 얼마나 잘 활용될 수 있는지를 정확히 이해하기 위해서는 합법적인 정치권력의 원천부터 살펴볼 필요가 있다고 주장한다. 18세기 혁명가들에 따르면—그레이 자신도 동의하듯이—"그 원천은 바로 시민"이다. 합법적인 정치권력의 원천인 시민 개념에 입각하여 그레이는 사이보그 시티즌 개념을 제안한다. 또한 그는 '정치적인 몸, 즉 국가(body politic)'라는 은유가 아리스토텔레스(Aristotle) 이후 매우 중시되어 왔다는 점에 주목한다. 그는 특히 17세기 영국의 정치이론가이자 최초의 민주적 사회계약론자인 토머스 홉스(Thomas Hobbes)의 저서 『리바이어던 *Leviathan*』(1651)을 사이보그 시민이론의 출발점으로 본다. 서구 근대정치철학의 토대를 마련한 이 책에서 홉스는 왕의 살아 있는 몸이 곧 국민국가의 모델이라는 '몸의 정치'를 주창했다. 오늘날에는 국가를 왕의 몸에서 찾지 않으며 형식적으로나 실제로나 사이보그가 그 자리를 대신 차지하고 있으며, 그런 점에서 리바이어던은 많은 사람들로 이루어진 사이보그라는 것이다.[28]

나아가 그레이는 "우리 사회가 어떤 도구, 어떤 기계, 어떤 사이보그를 보유해야 하고 어떤 것을 배제해야 하며 만들지조차 말아야 할 것인지를 판단하는 것"이야말로 포스트모던 시대의 진정한 쟁점이라고 전제하고, "우리는 사이보그 시민권을 제대로 만들고 가능한 모든 방법으로 그것을 옹호하고 확장해야 한다"고 역설한다. 오늘날 사이보그화가 가속화됨에 따라 생물과 무생물, 인간과 기계, 인공과 자연의 경계가 점차 사라지고 있는 현실을 직시하지 못하는 사람들에 대한 그레이의 다음 경고는 우리가 깊이 새겨보아야 할 대목이다. "우리 사회는 도구, 기계 그리고 유기체로 이루어진 사이보그 사회이지만 우리는 그것을 부인한다. 유기체에 대한 우리의 관계를 부인하고, 우리가 포함되어 있는 세계를 부인하고, 우리가 만든 기술과학에 대한 책임마저도 부인한다. 유기적이고 기계적인 두 영역에 걸쳐 있는 우리의 사이보그적 상황과 타협하지 못하면 치명적인 결과를 초래할 것이며, 이 두 시스템 중 어느 쪽과 충돌하더라도 인류는 끝장날 것이다."[29]

2) 포스트휴먼 시대와 트랜스휴머니즘의 과제 및 전망

우리는 지금 '불안정하고 복잡하고 무질서한' 포스트모던 세계에 살고 있다. 로버트 페페렐에 의하면 포스트휴먼 시대가 완전히 시작되는 것은 우리가 더 이상 생명과 기계, 자연과 인간 사이를 구분하는 것이 가능하지 않고 필요하지도 않다고 생각할 때, 다시 말해 우리가 진정으로 인간으로부터 포스트휴먼의 존재조건으로 넘어갈 때이다.[30] 현재 우리 모두는 미래가 형성될 방식에 영향력을 행사하고 있다는 점에서 포스트휴머니즘은 단지 미래에 대한 것이 아니라 미래에 대한 것인 만큼 현재에 대한 것이다. 포스트모더니즘적 변화에 있어 우리가 직면하는 난제는 페페렐이 지적하고 있듯이, '왜 우리는 그러한 기계를 발전시키기를 원하며 그러한 기계들이 어떠한 목적에로 향하도록 할 것인가'이다.[31] 이 문제는 트랜스휴머니즘의 새로운 전망과도 관계된다. 환원주의와 결정주의에 대한 휴머니즘의 오랜 집착에 도전하고 있는 카오스 이론(chaos theory)이나 카타스트로프 이론(catastrophe theory 파국이론), 복잡계 이론(complex systems theory)들은 포스트휴먼 이론의 범주에 포함되는 것으로, 이는 곧 포스트휴먼 시대가 우주와 인간에 대한 새로운 인식론과 존재론을 바탕으로 하고 있음을 말해준다.

근대 이후 대부분의 사람들이 생명 문제의 핵심적 이원성이라고 생각했던 인공과 자연, 인간과 기계의 분리는 포스트휴먼 시대에는 더 이상 유효하지 않다. 포스트휴먼 시대에 기계들은 더 이상 기계가 아닐 것이며 인간과 사물간의 분리가 사라지면서 포스트휴먼 사이보그로 진화할 것이기 때문이다. 전통적인 사이보그가 의족이나 심박장치, 인슐린 펌프 등 인간 신체의 일부분을 생체공학(Bionics) 보철로 대체한 것이었다면, 포스트휴먼 시대에 새롭게 등장하는 사이보그는 사물인터넷과 인간의 연계로 네트워크를 통해 인간의 능력이 증강된 '네트워크 사이보그'다. 이러한 '네트워크 사이보그'형 삶의 초기적 형태를 우리는 이미 스마트폰을 통해 경험하고 있다. 향후 더 진화된 네트워크 사이보그는 인간의 뇌와 컴퓨터의 직접적인 연결을 통해 구현될 전망이다. 테슬라 최고경영자(CEO)이자 민간 우주개발업체 스페이스엑스(Space X) 최고경영자 일론 머스크(Elon Musk)는 2017년 3월 뇌 연구 스타트업 '뉴럴링크(Neuralink)'를 설립했는데, 그 목표는 컴퓨터와 직접 연결해 뇌 속의 정보를 컴퓨터로 업로드하거나 컴퓨터의 정보를 뇌로 다운로드함으로써 인간이 인공지능보다 더 높은 수준의 지능을 갖추는 것이다.[32] 인간과 인공지능 간 융합 효율성을 연구하는 '휴먼 컴퓨테이션(Human Computation)'은 최근 주목받는 연구 분야로 떠오르고 있다.

포스트휴먼 시대는 네트워크 사이보그 시대이며, 트랜스휴머니즘은 인류를 포스트휴먼의 조건으로 인도하려는 지적·문화적 운동이다. 오늘날 트랜스휴머니스트들의 세계관에 대한 표준적인 정의로 인정되고 있는 「트랜스휴머니스트 선언문」(2009.3)[33]과 「트랜스휴머니스트 FAQ」에도 나와 있듯이, 트랜스휴머니스트들은 '인류가 미래에 과학과 기술의 심대한 영향으로 노화·인지적 결함·고통을 극복하고, 지능·육체·정신을 강화시키기 위한 기술을 개발하고 확대함으로써 인간 조건을 근본적으로 향상시키며, 인간의 잠재력을 지구 행성 너머로 확장할 것'이라고 전망한다. 이러한 전망을 크게 세 가지로 분류하면, 첫째는 육체적 노화를 제거하는 것이다. 트랜스휴머니스트들은 인간의 노화가 자연적인 현상이 아니라 일종의 병이며, 그것은 '치유할 수 있는 병'이라고 본다. 이러한 관점은 고대로부터의 불로장생에 대한 인간의 희구와도 맞닿아 있다. 노화뿐만 아니라 선천적 및 후천적 장애도 극복될 수 있다고 본다. 둘째는 정신적 지능을 강화시키는 것이다. 트랜스휴머니스트들은 '인간의 잠재력이 대부분은 여전히 실현되지 않았으며 이러한 잠재력이 실현되면 인간 조건의 근본적인 향상으로 이어질 수 있다'[34]는 것이다. 셋째는 육체적 및 정신적 강화를 통해 심리적 웰빙을 달성하는 것이다. 여기서 심리적 웰빙이란 육체적 및 정신적 한계를 극복함으로써 인간으로서의 진정한 행복과 복지를 달성하는 것이다. 말하자면 인간의 행복추구권을 최대한으로 보장하는 것이다. 이 세 가지는 곧 '불로장생(superlongevity)', '슈퍼인텔리전스(superintelligence)', '슈퍼웰빙(superwellbeing)'으로 나타낼 수 있다.

트랜스휴머니스트들은 한편으로는 트랜스휴머니즘에 대해 낙관적인 전망을 하면서도 다른 한편으로는 인간의 근본적 한계를 극복하기 위한 기술의 잠재적 위험과 새로운 기술의 오용에 대해서는 경계한다. 하여 그런 기술의 개발 및 사용과 관련된 윤리적 문제를 연구하는 활동도 병행하고 있다. 트랜스휴머니즘의 과제에 대해서는 「트랜스휴머니스트 선언문」 제6조에 분명히 나와 있다. "기회와 위험 모두를 진지하게 고려하면서, 자율성과 도덕적 권리를 존중하고, 지구상의 모든 사람들에 대한 연대의식과 더불어 그들의 이익 및 존엄성에 대해 걱정하는, 책임 있고 포괄적인 도덕적 비전을 보여줄 수 있는 정책입안이 이루어져야 한다. 우리는 미래 세대들에 대한 도덕적 책임 또한 고려해야 한다." 또한 제7조에는 트랜스휴머니즘이 인간과 비인간, 자연지능과 인공지능, 생명과 기계의 이원성을 넘어 모든 존재의 복지를 촉진시켜야 한다고 말한다.[35]

기술을 통한 인간의 무한한 진화를 믿는 호세 코르데이로는 트랜스휴머니즘에 대해 이렇게 전망한다. '8인치 크기의 플로피 디스크의 용량은 1K바이트에 불과했는데, 20년 뒤에 나온 메모리는 1G바이트로 100만 배나 용량이 커졌다. 향후 20년 뒤엔 어떤 메모리가 나올지, 기술이 얼마나 발전할지 가늠하기조차 힘들다. 만약 인간 두뇌의 기억용량을 배가시키는 신약이 나왔다고 상상해보면—코르데이로 자신은 20년 안에 그런 약이 나올 것으로 예상한다—수백만의 사람이 이전보다 훨씬 많은 데이터를 머리에 저장할 수 있다. 뇌는 컴퓨터에 비하면 믿을 수 없을 만큼 정보처리 속도가 느리다. 그래서 '브레인 업로딩' 기술 개발이 필요하다. 하지만 업로딩이 정신을 육체로부터 분리할 수 있다고 생각하지는 않는다. 다만 가상공간에서 활동하는 또 다른 나에게 내 기억을 전송해주어 가상공간에서 나처럼 활동하도록 해주고 다양하게 경험한 것을 실제 세계의 나에게 전송할 수 있게 함으로써 나는 여러 곳에 편재(遍在)하고 동시에 다양한 경험을 할 수 있게 된다. 트랜스휴머니즘은 나노과학, 정보과학, 바이오과학, 인지과학(인지심리학, 인공지능, 언어학을 다루는 과학)과 활발하게 연결될 것이다.'[36]

앞으로 나노과학, 정보과학, 바이오과학, 인지과학의 융합은 자연이나 인간 자신에 대한 가공할 통제력을 가져다줄 것이며, 경우에 따라서는 파국을 초래할 수도 있다. 기술진보적인 싱크탱크(technoprogressive think tank)인 IEET는 웹사이트(http://ieet.org)에서 자신들의 과업을 다음과 같이 규정하고 있다. "IEET는 기술적 진보가 어떻게 민주사회에서 자유, 행복 그리고 인간의 번영을 증진시킬 수 있을 것인지를 고민하는 비영리 싱크탱크다. 기술이 안전하고 공평하게 분배되는 것을 확고하게 하는 한에 있어서, 우리는 기술적 진보가 인류의 긍정적인 발전을 위한 촉매가 될 수 있을 것이라 믿는다.…사회적 조건이나 인간 삶의 질을 긍정적으로 변형시킬 잠재력을 가진 새로운 기술들, 특히 인간 향상 기술들에 초점을 맞춰, IEET는 그런 기술들이 가진 긍정적 혹은 부정적 함축들에 대해서 학계, 전문가 집단, 대중 이해를 증진시키고, 이 기술들을 안전하고 공평하게 사용하기 위해 책임감 있는 공공정책들을 장려할 방안을 모색한다."[37] 한마디로 기술적 진보가 인류의 긍정적인 발전을 위한 촉매가 될 수 있기 위해서는 반드시 기술이 안전하고 공평하게 분배되도록 해야 한다는 것이다.

닉 보스트롬은 그의 저서 『슈퍼인텔리전스 *Superintelligence*』(2014)에서 인류를 "폭발하지 않은 폭탄을 손에 들고 있는 아이"[38]에 비유했다. 폭발하지 않은 폭탄은 인공지능(AI)이고, 그 폭탄을 들고 있는 아이는 인류라는 것이다. 인간의 지능을 뛰어넘는 인공 초지능이 등장하고 지능 대확산(intelligence explosion)이 일어나면, 특히 인류에게 비우호적인 초지능이 등장하면 인간의 운명은 이 초지능에 의해서 결정될 것이라고 그는 주장한다. 우리 인류가 살아남을 수 있는 단 하나의 희망이 있다면, 그것은 우리 스스로가 초지능 개발 여정의 첫 시작을 선택할 수 있다는 것이다. 말하자면 인간 가치를 수호하도록 초기 조건을 설정하는 선택권이 우리 인류에게 있다는 것이다. 보스트롬은 이 해결책의 단초를 '최선의 인간 본성'[39]에서 찾고 있다. 최선의 인간 본성이 발현되어 문제를 해결하기를 바라며 이 책은 끝맺고 있다. 보스트롬은 기계와 인간이 공생하는 시대, 다시 말해 과학과 의식이 접합하는 시대에 우리가 살고 있음을 환기시킨다. 포스트휴먼 시대의 트랜스휴머니즘은—인간 능력을 확장하는 기술의 윤리적 사용에 대한 강조에서도 볼 수 있듯이—기술적으로만 접근할 수 있는 것이 아니며 인간 의식의 패턴 자체가 바뀌어야 함을 시사한다. 포스트휴먼이 된다는 것은 '윤리적 가치와 확대된 공동체 의식을 결합하는 새로운 방식'[40]을 의미한다.

4. 호모 사피엔스를 넘어서

1) 자연선택에서 지적 설계로: 호모 데우스(Homo Deus)의 탄생

과연 호모 사피엔스(Homo sapiens)는 인류 진화의 종착역일까? 이에 대한 답은 몇 시간 동안만 인터넷 서핑을 해보아도 찾을 수 있다. 미셸 푸코의 말처럼 "인간은 최근의 발명품"이며, 이제 그 종말이 가까워지고 있다. 사피엔스는 지금 사이보그로 변하는 중이다. 인공지능을 갖춘 '로보 사피엔스(Robo sapiens)'가 '호모 사피엔스'와 공생하는 시대가 임박한 것으로 예측되고 있고 '특이점(singularity)'을 향한 카운트다운은 이미 시작되었다. 「포스트휴먼 선언문」에도 나와 있듯이, 인간 사회의 모든 기술과학적 진보는 '인간 종의 변형'을 향해 맞추어져 있다. 인류 진화의 긴 여정을 돌이켜 보면, 사실 호모 사피엔스가 살았던 시기에도 호모 플로레시엔시스(Homo floresiensis), 호모 데니소바(Homo Denisova), 호모 네안데르탈렌시스(Homo neanderthalensis) 같은 다양한 계통의 인간 종이 있었지만 대부분 멸종하고 현생인류인 호모 사피엔스 계통만 살아남아 오늘날의 인류로 진화했다. 오늘의 인류가 받아들이고 싶지 않은 불편한 진실일 수도 있겠지만, 호모 사피엔스가 인류 진화의 종착역은 아니다. 진화는 지금도 계속되고 있다.

프랑스의 철학자 앙리 베르그송(Henri-Louis Bergson)은 인간의 본질을 도구를 사용하고 제작하는 점에서 파악하여 인간을 호모 파베르(Homo Faber: 도구적 인간)라고 명명했다. 이는 기술의 발전 역사가 인간 역사의 궤적과 함께 함을 말하여 준다. 기술은 인간 삶의 변화를 초래한 온갖 도구들을 만들었다. 이러한 기술에 대한 도구적 시각이 오늘날 기술의 급속한 지능화로 인해 바뀌고 있다. 머지않아 '기술적 특이점(technological singularity)'에 도달할 것이 예상되면서 기술의 도구적 내지 종속적 개념이 기술의 집합체인 기계와 인간의 공생관계로 점차 변모하고 있다. 밀레니엄 프로젝트 미래학자들이 뽑은 '2016년 현실이 된 30년 전 예측 기술 10'은 기술의 급속한 지능화를 보여준다. 즉 "① 인간 바둑 고수에 대한 인공지능의 승리 ② 자율주행차 배치 ③ 유전적으로 세 명의 부모를 가진 아기 출생 ④ 말기 뇌종양을 앓고 있는 소녀가 극저온 상태에 보존 ⑤ 473개의 유전자를 가진 인조 생명체 탄생 ⑥ 질병 인자를 잘라내서 병을 치료하는 유전자 가위기술 '크리스퍼' ⑦ 인간과 기계의 연결(뇌-컴퓨터 인터페이스)* ⑧ 가상현실 기술 마켓 출현 ⑨ 재생에너지를 이용한 발전 용량이 153기가와트 기록 ⑩ 핵융합을 위한 거보를 내딛다"[41]가 그것이다.

유발 하라리는 세계적인 베스트셀러가 된 그의 저서 『사피엔스 *Sapiens*』(2011)에서 인류가 역사적으로 진화해 온 경로를 인지혁명, 농업혁명, 과학혁명의 3대 혁명에 의해 형성되었다고 보고, "지금과 같은 속도로 기술이 발달할 경우, 호모 사피엔스가 완전히 다른 존재로 대체되는 시대가 곧 올 것"[42]이라고 전망한다. 오늘날의 생명공학 혁명은 결국 인간의 영생을 목표로 하는 '길가메시* 프로젝트'를 성공적으로 이끌어 생명공학적 신인류, 영원히 살 수 있는 사이보그로 대체될 것이라며, 이제 "과학은 자연선택으로 빚어진 유기적 생명의 시대를 지적(知的) 설계에 의해 빚어진 비유기적 생명의 시대로 대체하는 중"[43]이라고 주장한다. 말하자면 인류는 과학을 통해 자연선택을 지적 설계로 대체하고 있다는 것이다. 그 대체하는 방법으로 하라리는 세 가지를 제시한다. 첫째는 생명공학이고, 둘째는 사이보그 공학이며, 셋째는 비유기물공학이다.

생명공학은 생명을 다루는 기술로서 유전자 이식과 같이 '생물학의 수준에서 인간이 계획적으로 개입하는 것'이다. 인간이 생명공학을 활용한 역사는 오래되었다. 그 예로서 거세된 황소(일을 시키기 위해 공격성이 덜 하도록 거세된 소), 거세된 환관, 거세되거나 여성으로 성 전환된 남성 등을 들 수 있다. 또한 유전공학을 이용해 생명체 대부분—식물, 곰팡이, 박테리아, 곤충—이 조작의 대상이 되고 있다. 유전학자들은 멸종 동물도 조작의 대상으로 삼는다. 과학자들은 시베리아의 얼음 속에서 발견된 매머드의 유전자 지도 작성을 완성했으며, 매머드에서 복원한 DNA를 현생 코끼리(코끼리 DNA가 제거된)에 삽입한 뒤 그 수정란을 암코끼리의 자궁에 집어넣는 방식으로 매머드를 만들어낼 계획을 세우고 있다. 유전공학자들은 벌레의 수명을 여섯 배로 늘렸고, 기억과 학습능력이 크게 개선된 천재 생쥐를 만드는 데도 성공했다. 그렇다면 유전공학이 인간의 수명도 몇 배로 늘리고 천재 인간도 만들지 못할 이유가 없다는 것이다. 그는 앞으로 유전공학과 생명공학 기술의 발달이 인간의 생리기능이나 면역계, 수명은 물론 지적, 정서적 능력까지 크게

---

* '길가메시(Gilgamesh)'는 고대 메소포타미아 수메르 왕조 초기 시대에 永生을 추구했던 우루크의 전설적인 왕으로 『길가메시 서사시』의 주인공이다.

변화시킬 것이라며, 그 결과 호모 사피엔스 종은 막을 내리게 될 가능성이 매우 크다고 주장한다.[44]

사이보그 공학은 생체공학적 생명체를 만드는 기술이다. 미국의 군사 연구기관에서는 정보 수집, 전송을 위해 곤충 사이보그를 개발 중이고, 독일 회사 '망막 임플란트(Retina Implant)'에서는 시각장애인이 부분적으로라도 볼 수 있도록 망막에 삽입하는 장치를 개발 중이다. 두 개의 생체공학 팔을 사용하는 미국의 한 전기기술자는 생각만으로 팔을 작동한다. 현재 진행되는 프로젝트 중에 가장 혁명적인 것은 뇌와 컴퓨터를 직접 연결하는 것이다. 뇌-컴퓨터 인터페이스는 아직은 초보적인 단계지만, 컴퓨터가 인간 뇌의 전기 신호를 해독하는 동시에 뇌가 해독할 수 있는 신호를 내보내는 방식으로 뇌와 컴퓨터를 직접 연결하거나 혹은 여러 개의 뇌를 직접 연결해서 일종의 뇌 인터넷을 만들어낸다면, 그리하여 뇌가 집단적인 기억은행에 직접 접속할 수 있게 된다면, 한 사이보그가 다른 사이보그의 기억을 검색할 수 있을 뿐만 아니라 마치 자신의 것인 양 기억하게 될 것이라고 하라리는 말한다. 또한 그는 마음이 집단으로 연결되면 자아나 성(性) 정체성 같은 개념은 어떻게 될 것이며, 또 어떻게 스스로를 알고 자신의 꿈을 좇을 것인가라는 심오한 물음을 제기한다.[45]

비유기물공학은 완전히 무생물적 존재를 제작하는 기술이다. 독립적인 진화를 할 수 있는 컴퓨터 프로그램과 컴퓨터 바이러스가 그 대표적인 예다. 컴퓨터 바이러스는 포식자인 백신 프로그램에 쫓기는 한편 사이버 공간 내의 자리를 놓고 다른 바이러스들과 경쟁하면서 무수히 스스로를 복제하며 인터넷을 통해 퍼져나갈 것이고 또 시간이 지나면 사이버 공간은 새 바이러스들로 가득 찰 것이다. 무기물로서 진화를 거친 이 개체들은 유기체 진화의 법칙이나 한계와는 무관한 새로운 진화과정에 의해 만들어진 것이다. 2005

년 시작된 '블루브레인 프로젝트(Blue Brain Project)'—인간의 뇌 전부를 컴퓨터 안에서 재창조하는 것을 목표로 삼고 있는—책임자에 따르면, 자금 동원이 적절히 이루어질 경우 10~20년 내에 인간과 흡사하게 말하고 행동하는 인공두뇌를 컴퓨터 안에 가질 수 있을 것이다. 그렇게 되면 "생명이 유기화합물이라는 작은 세계 속에서 40억 년간 배회한 끝에 마침내 비유기물의 영역으로 뛰어 들어온다는 것을 의미"하는 것이다. 2013년 유럽연합은 이 프로젝트에 10억 유로의 보조금 지원을 결정했다. 하라리는 "인간의 마음이 디지털 컴퓨터와 비슷한 방식으로 작동하리라는 데 대해 모든 학자가 동의하는 것은 아니지만, 그 가능성을 무시하는 것은 어리석은 짓일 것"이라고 단언한다.[46]

또 다른 주목을 받고 있는 하라리의 도발적인 저서 『호모 데우스 *Homo Deus*』(2015)에서는 7만 년 전 인지혁명에 의한 마음의 혁신을 통해 호모 사피엔스가 상호주관적 영역에 접근하고 지구의 지배자가 되었다면, 두 번째 인지혁명은 유전공학, 나노기술, 뇌-컴퓨터 인터페이스의 도움으로 호모 데우스(神的 인간)의 탄생이 가능하다고 전망한다. 하라리는 인류에게서 기아, 역병, 전쟁의 위협이 마침내 사라지면, 인류의 다음 목표는 '불멸·행복·신성'이 될 것이라고 말한다. 21세기의 기술 인본주의가 '불멸·행복·신성'을 인류의 중심 의제로 설정하고 호모 데우스를 만들려는 플랜이 가동되는 것이다. 자연선택에서 지적 설계로의 변환 플랜은 인간 역시 동물이나 기계와 마찬가지로 하나의 알고리즘(정보 처리장치)일 뿐이라는 과학적 사고에 기초한 것이다. 하라리는 호모 데우스가 인간의 본질적 특징들은 그대로 보유하면서도 육체적, 정신적으로 업그레이드 된 능력을 갖추고 있기 때문에 정교한 비의식적 알고리즘들과의 경쟁에서 자기 자리를 지킬 수 있을 것이라고 본다.[47]

그러나 신으로 가는 길은 평탄하지 않다. 신이 되기를 꿈꾸다 데이터교(教) 신자로 전락하는 불상사가 일어날 수도 있다. 데이터교(教)는 "우주가 데이터의 흐름으로 이루어져 있고, 어떤 현상이나 실체의 가치는 데이터 처리에 기여하는 바에 따라 결정된다"[48]고 본다. 데이터교도들은 인간의 지식과 지혜보다는 빅데이터와 알고리즘을 더 믿는다. 18세기에 인본주의가 신 중심의 세계관에서 인간 중심의 세계관으로 전환함으로써 신을 밀어냈듯이, 21세기에 데이터교는 인간 중심의 세계관에서 데이터 중심의 세계관으로 전환함으로써 인간을 밀어낼 것이다. 그런데 '종자' 알고리즘을 개발하는 것은 인간이지만, 이 알고리즘은 성장하면서 스스로 딥러닝을 통해 독립적으로 진화하기 때문에 알고리즘 전체를 이해하는 사람은 아무도 없다. '불멸·행복·신성'이라는 인본주의 과제는 막대한 양의 데이터 처리를 할 필요가 있으므로 결국 알고리즘들이 그 일을 할 것이고, 권한이 인간에게서 알고리즘으로 옮겨가면 비(非)인간 알고리즘들의 권한이 강화돼 인본주의 과제들은 폐기될 것이며 결국 우리가 창조의 정점이 아님을 알게 될 것이라고 하라리는 말한다. 그리하여 '만물인터넷(Internet-of-All-Things)'이라 불리는 훨씬 더 효율적인 데이터 처리 시스템을 창조하는 과업이 완수되면 호모 사피엔스는 사라질 것이라고 그는 단언한다.[49] 그러면서 그는 무서운 속도로 발전하고 있는 비의식적 지능과의 게임에서 인간이 밀려나지 않으려면 "인간은 마음을 업그레이드하는 일에 적극적으로 나서야 할 것"[50]이라고 주장한다.

2) 무경계로 가는 길: 동학에 길을 묻다

비의식적 지능과의 게임에서 인간이 살아남으려면 '마음을 업그레이드하는 일에 적극적으로 나서야 할 것'이라는 하라리의 주장은, 해결책의 단초를

'최선의 인간 본성'에서 찾아야 한다는 보스트롬의 주장과 일맥상통한다. 이는 원효(元曉)의 '일체유심조(一切唯心造)'를 떠올리게 한다. 즉 일체가 오직 마음이 지어낸 것이니 마음이 조물자이고, 이 세상 그 어떤 것도 마음을 떠나 존재할 수 있는 것은 없으므로 '마음은 모든 것(mind is all)'이다. 그래서 원효는 "마음이 일어나면 갖가지 법이 일어나고 마음이 사라지면 갖가지 법이 사라지니, 삼계는 오직 마음뿐이요 만법은 오직 식(識)뿐이라(心生則種種法生 心滅則種種法滅 三界唯心 萬法唯識)"고 한 것이다. 삼계(欲界·色界·無色界)란 오직 마음의 작용일 뿐이며, 만법(현상계의 모든 것)이란 오직 의식의 투사영(投射影)일 뿐이다. 인공지능 역시 인간이 만드는 것이니 인간의 의식이 투영된 것이다. 1998년 양자물리학 분야에서 최고 권위를 자랑하는 이스라엘의 와이즈만연구소(Weizmann Institute of Science)에서 실시한 전자의 운동성에 대한 '이중슬릿 실험(double slit experiment)'[51]은 전자의 운동성이 관찰자의 생각에 따라 달라지는, 이른바 '관찰자 효과(observer effect)'를 보여주는 것으로 과학과 의식의 접합을 말해준다.

서구의 근대성 자체는 매우 잘못된 추이 속에서 영적인 것을 거부했다는 주장이 이 분야 대부분의 담론을 지배하고 있다. 그 전형적인 주장은 다음과 같다. 즉 "과학혁명에 의해 시작된 자연의 비신성화(desacrimentalization) 또는 폄하(devaluation)는 '계몽주의'라고 일컬어지는 것에 의해 완성되었다"[52]는 것이다. 20세기 들어 실험물리학이 발달하기 전까지는 과학과 의식의 접합에 대한 담론이 과학계에서 공론화되지 못했고 과학의 몰가치성이 운위되기도 했다. 인간 이성이 스스로의 운명을 통제할 수 있다는 근대적 확신은 참혹한 전쟁과 생태계 재앙 그리고 전 지구적 테러와 불평등 문제 등으로 인해 손상되었다. 이제 인류는 자연선택을 지적 설계로 대체하고 있으며 기대와 위험이 공존하는 시대에 살고 있다. 지구과학의 현주소는 바로 우리 인류

의식의 현주소이며, 의식의 차원 전환 없이는 과학의 차원 전환도 없다. 포스트휴먼 프로젝트는 기술적으로만 접근할 수 있는 것이 아니며, 중요한 것은 인류 의식의 패턴 자체가 바뀌는 것이다. 서구적 근대의 태생적 한계를 극복하고 포스트휴먼으로의 성공적인 이행을 위해서는 과학과 의식의 접합에 기초한 새로운 계몽의 시대를 열어야 한다. 그러면 새로운 계몽의 시대로 안내하는 길라잡이를 동학의 사상적 특성에서 몇 가지 추출해보기로 하자.

첫째, 동학의 사상적 특성은 통섭적 생명관에 기초한 생명사상이라는 점에서 찾을 수 있다. 동학의 통섭적 생명관은 생명이 무엇인지를 명료하게 제시한다. 생명은 시작도 끝도 없고 태어남도 죽음도 없으며 없는 곳이 없이 실재하는 만물의 제1원인—흔히 '하늘(天)'님 또는 신이라고 부르는—이다. 인간이 인간일 수 있게 하고 만물이 만물일 수 있게 하는 만물의 제1원인이 곧 생명이다. 따라서 생명은 곧 우리 자신이며 우주만물 그 자체로서 분리 자체가 근원적으로 불가능한 하나인 혼원일기(混元一氣, 至氣)다. 생명은 만유의 본질로서 내재해 있으니 내유신령(內有神靈), 즉 '안에 신령(신성한 靈)이 있다'고 한 것이고, 만물화생(萬物化生)의 근본 원리로서 작용하는 것이니 외유기화(外有氣化), 즉 '밖에 기화가 있다'고 한 것이다.[53] 그리고 '신령'과 '기화'의 전일적 관계를 나타내는 메커니즘으로 각지불이(各知不移),[54] 즉 '각기 알아서 옮기지 않는다'라는 개념을 설정하여 '시(侍: 모심)'의 3화음적 구조로 통섭적 생명관을 논한 것이다. 여기서 '신령'과 '기화'는 본체와 작용, 내재와 초월, 이치[理]와 기운[氣]의 관계로서 분리될 수 없는 하나다. 말하자면 생명은 신성한 '영[天, 神]'인 동시에 우주만물 그 자체다. 다음으로 안다는 것은 '신령'과 '기화'가 하나임을 아는 것, 다시 말해 생명의 전일성과 자기근원성을 아는 것이고, '옮기지 않는다'는 것은 천리(天理)에 순응하는 상생의 삶을 자각적으로 실천하는 것이다.

'시'의 3화음적 구조를 이해하는 것은 곧 생명이 무엇인지를 아는 것이며, 우주의 본질인 생명을 아는 것은 곧 '만사지(萬事知)', 즉 만사를 아는 것이다. 따라서 '시'는 모든 문제 해결의 바탕이 되는 '마스터 알고리즘(master algorithm)'과도 같은 것이다. 생명의 본질은 내재성인 동시에 초월성이며, 전체성[一]인 동시에 개체성[多]이며 우주의 본원인 동시에 현상 그 자체로서 본체계[의식계]와 현상계[물질계]를 상호 관통한다. 이러한 동학의 통섭적 생명관은 양자역학의 통섭적 생명관과 일맥상통한다. '신령[眞如]'인 동시에 '기화[生滅]'로 나타나는 마음의 구조를 이해하면, 파동인 동시에 입자로 나타나는 양자역학적 생명관을 이해할 수 있다. 양자역학을 '마음의 과학'이라고 부르는 것은 이 때문이다. 양자역학의 통섭적 생명관은 이 세계가 근본적인 전일성의 현시이며 독립된 최소의 단위로 분해될 수 없다고 하는 아원자 물리학의 양자장(quantum field) 개념에서도 분명히 드러난다. 양자물리학은 이 세계가 쉼 없는 변화로 가득 차 있으며 우리가 관찰하는 대로 세계가 존재하므로 세계와 우리 자신 둘 다를 변화시킬 기회를 제공한다는 것을 보여준다.[55] 우리의 의식과 선택이 곧 우주를 형성한다는 양자물리학적 관점은 비이원성(non-duality)에 기초한 동학의 영적인 관점과 분명 유사성이 있다. 공공성과 소통성, 자율성과 평등성의 원리에 기초한 동학의 생명사상은 이원론의 유산 극복의 과제를 안고 있는 근대 서구의 생명관을 대체함으로써 새로운 계몽의 시대로 안내할 수 있을 것이다.

둘째, 동학의 사상적 특성은 완전한 소통성과 평등무이(平等無二)의 세계관을 바탕으로 무극대도(無極大道)의 세계를 지향하는 점에서 찾을 수 있다. 동학은 일체 생명이 동일한 내재적 가치(intrinsic value)를 지니며 인간과 비인간 모두가 평등하므로 사람만이 아니라 우주만물이 다 하늘을 모시는 영적 주체[56]라고 본다. 국가·민족·인종·성·계급·종교 등 일체의 경계를 넘어서, 생물과 무생물의 경계마저도 넘어서 하늘과 사람과 만물이 소통하는 무극대도의 세계를 지향하는 것이다. 「무체법경(無體法經)」에 나타난 진심불염(眞心不染)의 통일사상은 이분법적 사유체계를 초월한 참된 마음이 조화적 통일과 대통합의 원천이 됨을 보여준다. 성심수련을 통해 자천자각(自天自覺)하여 '진심불염'의 경지에 이르면 "나와 하늘이 둘이 아니고, 성품과 마음이 둘이 아니고, 성인과 범인이 둘이 아니고, 나와 세상이 둘이 아니고, 삶과 죽음이 둘이 아니다"[57]라고 하며 조화로운 통일체로서의 무극대도의 세계가 현실 속에 구현될 수 있다고 보았다.[58] 완전한 소통성과 평등무이의 세계관은 개합(開闔)의 논리를 이용하여 이(理)와 사(事), 성(性)과 심(心), 즉 본체와 작용을 회통시키는 데서도 잘 드러난다.[59] 한마디로 일즉다(一卽多)요 다즉일(多卽一)이니, 경계가 없는 일심의 원천으로 되돌아가 요익중생(饒益衆生)하라는 것이다.

동학의 불연기연(不然其然: 그렇지 아니함과 그러함)[60]적 세계관에는 완전한 소통성과 평등무이의 세계관의 정수가 함축되어 있다. 불연과 기연은 '신령'과 '기화', 이(理)와 기(氣), 진여(眞如)와 생멸(生滅), 즉 본체와 작용의 관계로서 하나이므로 일즉다요 다즉일이다. 불연기연적 세계관은 진여와 생멸이 하나임을 나타내는 일심법(一心法)에 기초해 있다. 일심의 원천으로 돌아가면 전일성과 다양성이 상호 관통하고 있음을 알게 되므로 완전한 소통성과 평등무이의 세계관이 발현되는 것이다. 이러한 평등무이의 세계관은 천인합일의 정수를 보여주는 '오심즉여심(吾心卽汝心: 내 마음이 곧 네 마음)'[61]에서도 분명히 드러난다. 본체계와 현상계를 회통함으로써 우주만물이 전일성의 현시임을 알게 되면, 다시 말해 사람만이 아니라 만유가 다 하늘임을 알게 되면 생명의 전일성과 유기적 통합성을 깨닫게 되므로 각자위심(各自爲心)에서 벗어나 동귀일체(同歸一體)가 이루어져 무극대도의 세계가 구현되는 것이다. 실로 지속가능한 공동체는 무한경쟁이나 물신 숭배를 통해서가 아니라 인간의 의식 성장을 통해 구현될 수 있다. 소통성·자율성·평등성에 기초한 도덕공동체로서의 무극대도의 세계 비전은 전일적인 생명 과정을 자각하지 못하는 근대합리주의의 기계론적 세계관이나, 생산성 제일주의 내지 성장 제일주의를 목표로 지배와 복종의 단선적 구조를 강화시키는 근대적 사유체계를 대체함으로써 새로운 계몽의 시대로 안내할 수 있을 것이다.

셋째, 동학의 사상적 특성은 생태학적 사유체계를 바탕으로 에코토피아(ecotopia: 생태적 이상향)적 지향성을 띠고 있는 점에서 찾을 수 있다. 동학의 생태학적 사유체계는 이 세계를 복합적인 관계적 그물망으로 보는 오늘날의 생태학이나 네트워크 과학과도 상통하는 바가 있다. 동학은 천·지·인 삼재의 조화성에 대한 자각과 더불어 본체계와 현상계의 필연적 관계성에 대한 본질적인 규명을 통하여 '의식과 제도의 통섭, 영성과 이성의 통섭, 도덕과 정치의 묘합, 공동체와 개인의 조화 등에 관한 정치철학적 탐색과 더불어 에코토피아적 비전을 제시'[62]하고 있다는 점에서 보다 심원한 사유체계라고 할 수 있다. 생태혁명의 요체는 하늘(天)과 사람(人)과 만물(物)에 대한 차별 없는 공경과 사랑의 실천이다. 마음이 곧 하늘이라는 동학의 혁명적인 가르침은 근대 인간 중심의(anthropocentric) 시각을 넘어 전체 생태권으로의 의식 확장을 통해 만유의 영적 주체성을 설파했다는 점에서 근대 휴머니즘의 태생적 한계를 극복할 수 있는 단초를 제공한 것이라 할 수 있다. 비분리성·비이원성에 기초한 동학의 생태학적 사유체계는 21세기 문명의 대전환기에 생존의 영적 차원의 중요성을 인식하게 하고 대안적인 통섭학의 기본 틀과 더불어 공존의 대안사회 마련에 유효한 단서를 제공함으로써 평등하고 평화로운 이상세계를 창조하는 사상적 토대가 될 수 있다.

에코토피아적 비전의 정수가 담겨 있는 경천(敬天)·경인(敬人)·경물(敬物)

의 '삼경(三敬)'사상은 생태 중심의(ecocentric) 가치에 기초하여 가장 근원적인 의미에서 하늘과 사람과 만물이 소통하는 세상을 구가하고자 한다는 점에서 자연의 도구적 존재성만을 인정하는 근대 인간 중심의 시각과는 확연히 구별된다. "천지는 곧 부모요 부모는 곧 천지이니, 천지부모는 일체"[63]라는 구절 역시 천인합일의 이치를 보여주고 있다는 점에서 본질적으로 생태적이며 영적(靈的)이다. 동학의 생태학적 사유체계는 최고의 인식단계인 '만사지(萬事知)'에 이르러 최고조에 달한다. '만사지', 즉 만사를 안다는 것은 생명이 무엇인지를 아는 것이며 이는 곧 우주만물이 전일성의 현시임을 아는 것이므로 우주만물을 공경하는 '삼경'의 삶을 자각적으로 실천하게 되어 에코토피아를 실현할 수 있게 되는 것이다. 이러한 생태학적 사유체계는 정치적 매개를 통해 일상의 삶 속에 구현하려는 시도로 나타났으니, 자율성과 평등성에 기초한 접포제(接包制)의 실시가 바로 그것이다. 이러한 접포제의 실시는 천하를 만인의 공공재(公共財)로 생각하게 하는 계기를 마련함으로써 권력과 자유, 자유와 평등이 조화를 이루는 이상적인 적접정치의 원형(prototype)을 보여준다. 이러한 동학의 에코토피아적 지향성은 유기적 생명체 본연의 통합적 기능을 상실한 근대 서구의 정치적 자유주의를 치유하고 새로운 계몽의 시대로 안내할 수 있을 것이다.

넷째, 동학의 사상적 특성은 천지개벽에 조응하는 정신개벽과 사회개벽을 통해 「시천주(侍天主)」 도덕을 생활화하는 강한 실천성을 띤 생활철학이라는 점에서 찾을 수 있다. 「모심(侍)」은 참자아의 자각적 주체가 되는 것으로 이는 「양천(養天: 하늘을 기름)」[64]를 통해 이루어진다. 「시천」은 「양천」으로 풀이할 때 그 존재론적 의미가 살아난다. 「양천」이란 하늘과 사람과 만물을 차별 없이 공경하는 삶을 자각적으로 실천하는 것이다. 영성을 개화시키기 위해서는 「모심」을 자각적으로 실천해야 하는 것이다. "사람이 바로 하늘이니 사람 섬기기를 하늘같이 하라"[65]고 한 것이나, "사람이 바로 하늘이요 하늘이 바로 사람이니, 사람 밖에 하늘 없고 하늘 밖에 사람 없다"[66]고 한 것은 모두 「시천주」 도덕의 생활화를 보여주는 표제가 되는 것들이다. 이 세상에 하늘(기운) 아닌 것이 없으니 '물물천 사사천(物物天 事事天)'이라고 했고, 며느리가 곧 하늘(님)이니, 하늘(님)이 베를 짜고 있다는 '천주직포(天主織布)' 법설 또한 같은 의미의 다른 표현이다. 동학의 생활철학은 "만사를 안다는 것은 밥 한 그릇을 먹는 이치를 아는 데 있다"[67]고 한 데서 그 명징함이 절정에 달한다. '신령'과 '기화'의 전일적 관계에서 알 수 있듯이, 생명[天·神·靈]은 신성한 '영(靈·天·神)'인 동시에 우주만물 그 자체이므로 밥이든 사람이든 모두 하늘(기운)이고 신이며 '영'이고 생명이다. 따라서 만사를 안다는 것은 생명이 무엇인지를 아는 것이며 이는 곧 '밥 한 그릇을 먹는 이치를 아는 데 있다'고 할 수 있다.

동학은 우주섭리와 인사(人事)의 연계성을 깊이 인식하여 우주의 시간대가 선천(先天)의 건운(建運) 5만년이 다하고 곤운(坤運)의 후천(後天) 5만년이 열리는 시점이 도래하고 있음에 주목한다. 후천개벽기에 천지개벽의 도수(度數)에 조응하여 「시천주」 도덕의 생활화를 통해 인위의 정신개벽과 사회개벽이 이루어지면 천지가 합덕하는 후천의 새 세상[68]이 열린다고 보는 것이다. 후천개벽의 새 세상은 정신개벽과 사회개벽 그리고 천지개벽을 통한 대정화와 대통섭의 신문명을 예고하고 있다. 천지비괘(天地否卦)인 선천 건도(乾道)시대에서 지천태괘(地天泰卦)인 후천 곤도(坤道)시대로의 이행과 더불어 인류 구원의 '여성성'에 대한 관심이 고조되고 있다. 동학에서는 여성과 아이, 노비를 포함한 모든 사람이 하늘(님)이라며, "아이를 때리는 것은 곧 하늘을 때리는 것"[69]이라고 했고, 특히 음양의 조화를 강조하여 "부화부순(夫和婦順)은 우리 도의 제일 종지(宗旨)"[70]라고 했다. 이러한 동학의 여성관은 여성과 자연의 이미지를 동일시하는 에코페미니즘(ecofeminism)과 상통하는 바가 있다. 진정한 '여성성'은 영성(靈性) 그 자체다. 정신개벽과 사회개벽을 통한 「시천주」 도덕의 생활화는 여성 억압과 자연 억압이 만연한 서구적 근대를 초극하는 새로운 문명의 패러다임을 제시함으로써 새로운 계몽의 시대로 안내할 수 있을 것이다.

동학은 진정한 의미에서 호모 데우스(神的 인간)로 가는 길을 제시한다. 그것은 곧 무경계로 가는 길이다. 신[天]은 본래 무명(無名)이고 무규정자(無規定者)이며 일체 경계를 포괄하는 동시에 초월해 있기 때문이다. 실재세계는 무경계의 세계이며 '참여하는 우주(participatory universe)'의 세계이다. 물성(物性)과 영성(靈性), 주관과 객관, 부분과 전체 등 일체의 이분법은 우리가 유한한 몸을 가지고 시간이라는 관점 속으로 들어왔기 때문에 생겨난 것이다. 우리의 분리의식이 사라지면 무경계는 저절로 드러난다. 그런데 분리의식이 사라지기 위해서는 앎의 수준이 높아져야 한다. 최고의 인식단계인 '만사지(萬事知)'에 이르면, 마침내 호모 데우스는 스스로 그 모습을 드러낸다.

5. 결론

이상에서 우리는 포스트모던 세계에 대한 담론을 크게 초기와 후기의 두 시기로 나누어 고찰하고 호모 사피엔스의 미래에 대해 전망해 보았다. 초기 담론 시기는 1960년대 후반부터 대두되기 시작한 포스트구조주의의 탈중심적이고 탈이념적인 해체이론이 포스트모더니즘 사조와 맞물려 학술 분야는 물론 대중문화에까지 널리 확산됨으로써 거의 모든 분야에서 세계적인 추세로 자리 잡은 시기이다. 이러한 추세는 특히 냉전 종식 이후 더욱 가속화되어 근대의 도그마 속에 깃들어 있는 절대성과 중심성의 허구를 드러내는 해체 현상을 통해 포스트모던 시대를 열었다. 제2장 초기 담론에서는 '포스트모던 세계와 트랜스휴머니즘'에 대해, 그리고 '포스트구조주의와 포스트모더니즘'에 대해 살펴보았다. 포스트모던 세계는 근대 세계가 처한 역사적 조건과 한계적 상황을 넘어선 세계이다. 포스트모던 담론은 근대 서구의 세계관과 가치체계의 근본적인 변화를 함축하고 있으며 공존의 대안사회 마련에 주안점을 둔다. 트랜스휴머니즘은 과학기술의 발전으로 지능적, 육체적 한계가 극복되고 인체가 강화된 포스트휴먼의 등장과 접합된 개념이다. 포스트모더니즘과 그 사상적 배경인 포스트구조주의는 탈이성, 탈이념, 탈중심, 탈경계, 다양성 강조라는 공통된 특성에서 드러나듯이 본질적으로 깊이 연계되어 포스트모던 운동을 추동해왔으며 이분법적인 근대의 도그마에 대한 근본적이고도 종합적인 비판과 이성의 자기성찰을 담고 있다. 켄 윌버는 포스트모던 이론의 핵심 가정을 '구성주의', '맥락주의', '통합적 무조망주의'로 압축하고 이들이 극단주의로 치닫지 않는 한 통합적 관점에 포함될 필요가 있다고 본다.

포스트모던 세계에 대한 후기 담론 시기는 21세기 들어 포스트모던 세계에 대한 담론이 정보통신분야에서의 기술혁신과 맞물려 보다 확장되고 심화되는 시기이다. 이 시기는 사이보그 시티즌의 출현으로 인간에 대한 재정의가 촉구되고 인간과 인공지능의 공생이 포스터모던 담론의 핵심 이슈로 부상하는 시기이다. 또한 과학기술의 발전으로 포스트휴먼에 의한 호모 사피엔스의 대체를 현재진행형인 '사건'으로 이해하며 트랜스휴머니즘이 지배하는 포스트모던 세계에 대한 새로운 버전의 담론이 힘을 얻고 있다. 제3장 후기 담론에서는 '포스트휴먼의 조건과 사이보그 시티즌'에 대해, 그리고 '포스트휴먼 시대와 트랜스휴머니즘의 과제 및 전망'에 대해 살펴보았다. 포스트휴먼은 인간과 기계의 전반적인 수렴이 일어나 그 둘의 경계가 해체되는 시대의 인간으로 전통적인 인간관의 중대한 변환을 내포한 개념이다. 포스트휴먼은 기계, 기술과 융합된 인간, 즉 사이보그다. 로버트 페페렐은 '포스트휴먼 조건'이 의미하는 바를 세 가지로 나타내고 있다. 즉 남성이 중심이 된 '인간 중심' 우주의 종말, 유전학만이 아니라 모든 문화적·기술과학적 존재의 도구와 장치를 포함하는 과정으로서의 생명의 진화, 그리고 우리가 어떻게 살 것이며, 환경과 동물 그리고 인간 상호간의 관계를 어떻게 설정할 것인가에 대한 것이다. 크리스 그레이는 인간이 기술적으로 스스로를 계속 변형시키는 이 과정의 전반적인 결과는 인간과 기계의 아주 특별한 공생이며, 인류 역사상 전혀 새로운 발전이고, 자연선택을 넘어서는 중대한 도약이며, '참여적 진화'가 가리키는 현상이라고 설명한다.

그레이는 참여적 진화가 참여적 정부를 필요로 한다고 주장하는데 이는 사이보그화 과정이 결국 근본적인 정치적 역할까지 수행하게 될 것이라고 보는 것이다. 그는 포스트모던 시대의 인공 진화가 인간의 몸과 유전자에 대한 직접적인 개조까지 포함하며 머지않아 새로운 기술과학에 의해 인간으로 분류할 수조차 없는 개조된 생명체들이 창조될 것이라며, 생물과 무생물, 인간과 기계의 경계가 점차 사라지고 있는 현실을 직시해야 한다고 주장한다. 나아가 그는 합법적인 정치권력의 원천인 시민 개념에 입각하여 사이보그 시티즌 개념을 제안하며, 사이보그 시민권을 제대로 만들고 그것을 최대한 확장해야 한다고 역설한다. 포스트모더니즘적 변화에 있어 우리가 직면하는 난제는 '왜 우리는 그러한 기계를 발전시키기를 원하며 그러한 기계들이 어떠한 목적에로 향하도록 할 것인가'이다. 이 문제는 트랜스휴머니즘의 새로운 전망과도 관계된다. 포스트휴먼 시대는 네트워크 사이보그 시대이며, 트랜스휴머니즘은 인류를 포스트휴먼의 조건으로 인도하려는 지적·문화적 운동이다. 트랜스휴머니스트들은 인류가 미래에 과학과 기술의 심대한 영향으로 육체적 노화를 제거하고, 정신적 지능을 강화하며, 심리적 웰빙을 달성할 것이라고 전망한다. 그러면서도 다른 한편으로는 기술의 잠재적 위험과 새로운 기술의 오용에 대해서는 경계하며, 그런 기술의 개발 및 사용과 관련된 윤리적 문제를 연구하는 활동도 병행하고 있다. 또한 기술적 진보가 인류의 긍정적인 발전을 위한 촉매가 될 수 있기 위해서는 반드시 기술이 안전하고 공평하게 분배되도록 해야 한다고 주장한다.

호모 사피엔스의 미래와 관련해서는 제5장에서 '자연선택에서 지적 설계로'에 대해, 그리고 '무경계로 가는 길'에 대해 살펴보았다. 호모 사피엔스가 인류 진화의 종착역은 아니다. 진화는 지금도 계속되고 있다. 오늘날 기술의 급속한 지능화로 기술의 도구적 내지 종속적 개념이 기술의 집합체인 기계와 인간의 공생관계로 점차 변모하고 있다. 유발 하라리는 인류가 역사적으로 진화해 온 경로를 인지혁명, 농업혁명, 과학혁명의 3대 혁명에 의해 형성되었다고 보고, 지금과 같은 속도로 기술이 발달할 경우 호모 사피엔스가 완전히 다른 존재로 대체되는 시대가 곧 올 것이라고 주장한다. 그는 인류가 생명공학, 사이보그 공학, 비유기물공학을 통해 "자연선택으로 빚어진 유기적 생명의 시대를 지적 설계에 의해 빚어진 비유기적 생명의 시대로 대체하는 중"이라며, 이번 두 번째 인지혁명은 유전공학, 나노기술, 뇌-컴퓨터 인터페이스의 도움으로 호모 데우스의 탄생이 가능하다고 전망한다. 그러나 신으로 가는 길은 평탄하지 않다. 신이 되기를 꿈꾸다 데이터교 신자로 전락하는 불상사가 일어날 수도 있기 때문이다. '만물인터넷'이라 불리는 훨씬 더 효율적인 데이터 처리 시스템을 창조하는 과업이 완수되면 호모 사피엔스 종은 막을 내리게 될 것이라고 그는 단언한다. 그러면서 그는 비의식적 지능과의 게임에서 인간이 살아남으려면 마음을 업그레이드하는 일에 적극 나서야 한다고 주장한다. 이러한 그의 주장은 해결책의 단초를 '최선의 인간 본성'에서 찾아야 한다는 닉 보스트롬의 주장과 일맥상통한다.

현상계의 모든 것은 오직 의식의 투사영일 뿐이며, 인공지능 역시 인간이 만드는 것이니 인간의 의식이 투영된 것이다. 서구적 근대의 태생적 한계를 극복하고 포스트휴먼으로의 성공적인 이행을 위해서는 인류 의식의 패턴 자체가 바뀌어야 하며, 과학과 의식의 접합에 기초한 새로운 계몽의 시대를 열어야 한다. 새로운 계몽의 시대로 안내하는 길라잡이를 동학의 사상적 특성에서 몇 가지 추출해 볼 수 있다. 첫째는 통섭적 생명관에 기초한 생명사상이라는 점, 둘째는 완전한 소통성과 평등무이의 세계관을 바탕으로 무극대도의 세계를 지향하는 점, 셋째는 생태학적 사유체계를 바탕으로 에코토피아적 지향성을 띠고 있는 점, 넷째는 천지개벽에 조응하는 정신개벽과 사회개벽을 통해 「시천주」 도덕을 생활화하는 강한 실천성을 띤 생활철학이라는 점 등은 이원론의 유산 극복의 과제를 안고 있는 근대적 사유체계를 대체함으로써 새로운 계몽의 시대로 안내할 수 있을 것이다. 실로 동학의 통섭적 사유체계는 포스트휴먼 시대가 처한 존재론적 딜레마를 해결하는 데 유효한 단서를 제공해 줄 수 있을 것이다.

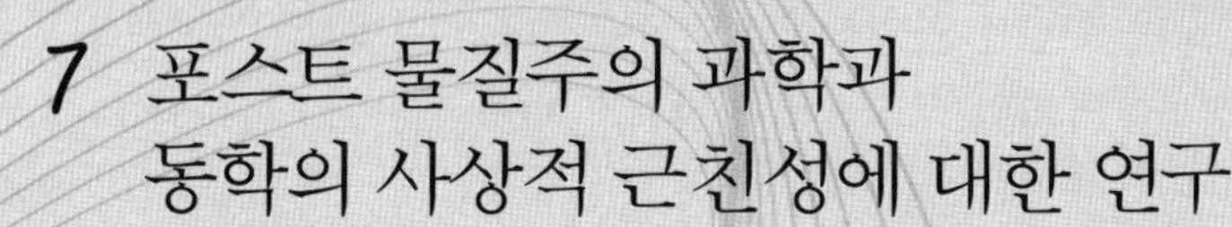

7 포스트 물질주의 과학과 동학의 사상적 근친성에 대한 연구

1. 서론
2. 포스트 물질주의 과학과 동학의 실재관 및 사상적 특성
3. 포스트 물질주의 과학과 동학의 사상적 근친성
4. 결론

보이지 않는 양자 세계는 양자물리학의 미시세계에만 국한된 세계가 아니라 바로 우리 자신의 참자아의 세계이며 '내적 자아'의 영역이고 우리가 살고 있는 거시세계와 하나로 연결되어 있다. 포스트 물질주의 과학과 동학의 사상적 근친성은 생명의 전일적 본질에 대한 인식에 있다. 이분법적 사유체계를 초월한 동학의 생명관은 양자계가 비분리성(nonseparability) 또는 비국소성(nonlocality)을 갖고 파동인 동시에 입자로서의 속성을 상보적으로 지닌다고 보는 양자역학적 관점과 본질적으로 상통한다. 또한 포스트 물질주의 과학에 의해 재발견된 신은 동학의 한울(天)과 본질적으로 상통한다. 이러한 과학과 영성의 접합에 대한 시도는 과학을 통한 영성으로의 접근과 영성을 통한 과학으로의 접근이라는 상호 피드백 과정을 통해 생명에 대한 심오한 철학적 · 과학적 이해를 수반하는 시너지 효과를 창출할 것이다. 참자아가 곧 한울이며 '양자 신(quantum God)'이고 보편적 실재로서의 '나', 즉 생명이고 진리이다.

- 본문 중에서

마음은 우주의 근본이다.
Mind is fundamental in the universe.

- The Summit on Post-materialist Science held in Tucson, AZ,
"Manifesto for a Post-Materialist Science"(2014)

1. 서론

포스트 물질주의 과학(post-materialist science)은 물질이 유일한 현실이며 모든 것이라고 보는 물질주의(materialism), '부분을 이해하면 전체를 이해할 수 있다'라는 가정에서 출발한 데카르트식의 기계론적인 환원주의(reductionism)를 배격한다. 그리하여 '부분의 단순한 합으로는 전체를 이해할 수 없다'고 보고 부분과 전체의 상호작용 분석에 초점을 두는 유기론적·시스템적 또는 전일적·생태학적 관점과 맥을 같이 한다. 상호배타적인 것이 상보적이라는 양자역학(quantum mechanics)의 통섭적 세계관은 포스트 물질주의 과학의 전형을 보여 주는 것으로 이는 부분과 전체의 유기적 통일성에 기초한 시스템적 사고(systems thinking) 또는 맥락적 사고(contextual thinking)의 특성을 보여주는 것이기도 하다. 시스템적 사고의 주된 특징은 양자물리학, 양자생물학, 양자의학, 복잡계 과학(complexity science), 게슈탈트 심리학(形態心理學, Gestalt psychology), 초개인주의 심리학(transpersonal psychology), 생태학 등에서 찾아볼 수 있는데, 그 핵심은 전체의 본질이 항상 부분의 단순한 합과는 다르다는 것이다.

이처럼 포스트 물질주의 과학은—양자역학의 창시자 중 한 사람인 베르너 하이젠베르크(Werner Karl Heisenberg)가 그의 과학 자서전 『부분과 전체

Der Teil und das Ganze (The Part and the Whole)』(1969)에서 강조한 바와 같이—형이상학적인 정신과학의 일반적인 문제들과 내재적으로 깊이 연결되어 있다. 말하자면 과학이 단순히 객관적인 물리 세계를 다루는 것이 아니라 의식과의 접합을 통해 '드러난 질서(explicate order)'와 그 배후의 '숨겨진 질서(implicate order)'[1]가 상호 긴밀하게 작용하는 실제 삶의 세계의 영역으로 깊숙이 들어온 것이다. 그리하여 양자역학을 필두로 한 포스트 물질주의 과학은 이제 과학이란 영역이 과학자들의 전유물이었던 시대는 사실상 끝났다고 보고 철학사상, 종교, 문학 등 다양한 분야와의 대화를 통해 '하드 사이언스(hard science)'에서 '소프트 사이언스(soft science)'로 과학의 외연을 확장시키며 과학의 대중화를 선도하고 있다.

데카르트(René Descartes)는 그의 자연관에서 물리학의 기본적 역할을 나무에서의 줄기와 같은 것이라고 하고 있다. 즉 "모든 철학은 하나의 나무와 같다. 뿌리는 형이상학이고, 줄기는 물리학이며, 가지는 여타의 모든 과학이다."[2] 그러나 줄기[드러난 질서, 물질계]는 뿌리[숨겨진 질서, 의식계]와의 연결을 통해서만 그 존재성과 의미가 드러나며, 가지와의 연결을 통해 그 존재성과 의미가 확장되고 구체화된다는 점에서 포스트 물질주의 과학으로의 이행은 필연적이다. 사실상 20세기에 들어 물리학자들은 원자·아원자 세계의 탐구 과정에서 처음으로 우주를 이해하는 그들의 능력에 심각한 도전을 받게 되었다. 실험을 통해 자연에 질문을 던질 때마다 자연은 역설로서 응답했고 이를 규명하려고 애쓰면 애쓸수록 그 역설은 더 예리해졌다. 결국 그들의 기본 개념, 언어 및 사고방식이 원자 현상을 기술하기에는 부적합하다는 인식에 이르게 된다. 이 문제가 지적(intellectual)인 것에 국한되지 않고 강렬하게 정서적이며 실존적인 경험이었다는 사실이 하이젠베르크의 술회에서도 밝혀지고 있다.[3]

양자역학에서의 미시세계와 우리가 살고 있는 거시세계는 상즉상입(相卽相入)의 구조로 상호 연기(緣起)하고 있다. 전체[실재]를 알지 못하고서는 물리학이란 학문 역시 '지적 유희(intellectual play)'에 지나지 않게 된다. 나무의 줄기에 해당하는 물리학이 그 뿌리에 해당하는 철학사상, 종교 등의 형이상학과 연결되지 못하면 그 존재성과 의미를 파악할 수 없게 된다. 1927년 양자 세계(quantum world)에 대한 닐스 보어(Niels Bohr)의 코펜하겐 해석(CIQM)이 고전 물리학의 근본적인 변화를 가져오게 했으며 지금까지도 유력한 위치를 차지하고 있지만, 입자-파동의 이중성 또는 '미시세계에서의 역설(paradox in the micro-world)'이 의미하는 바가 무엇인지에 대한 설명은 여전히 현대 물리학의 아킬레스건으로 남아 있다. 이는 자연을 설명할 때 수학적인 언어를 일반적인 언어로 바꾸는 단순한 언어 기술상의 문제라기보다는 자연에 대한 심오한 철학적 이해—즉, 우주의 본질인 생명[靈 또는 靈性][4]에 대한 이해—를 수반하는 문제이다.

이러한 실험 물리학의 내재적 한계에 대한 문제의식에서 현대 물리학과 동양사상의 접합에 대한 연구가 주목을 받아 왔다. 세계적인 물리학자이자 신과학 운동의 거장(巨匠)인 프리초프 카프라(Fritjof Capra)의 『물리학의 도 *The Tao of Physics*』(1975)[5]는 이 분야에서 초기의 기념비적인 저작이다. 양자역학의 창시자 중 한 사람인 닐스 보어(Niels Bohr)는 "원자 이론의 가르침에 병행하여…거대한 존재의 드라마에 있어 관객이자 배우로서의 우리의 입장을 조화시키려 한다면, 우리는 붓다나 노자(老子)와 같은 사상가들이 일찍이 직면했던 인식론적 문제로 돌아가야 한다"[6]라고 말했다.

본 연구에서는 포스트 물질주의 과학을 생명사상의 진수(眞髓)를 담고 있는 동학과의 접합을 통해 그 사상적 근친성을 규명하고자 한다. 이러한 시도는 과학을 통한 영성으로의 접근(Approaching spirituality through science)

과 영성을 통한 과학으로의 접근(Approaching science through spirituality)이라는 상호 피드백 과정을 통해 생명에 대한 심오한 철학적·과학적 이해를 수반하는 시너지 효과를 창출할 것이다. 동(東)에서 났으니 동학(東學)이라고 명명한 것일 뿐, 동학은 평등무이(平等無二)의 사상이며 '무경계(no boundary)'의 사상이다. 이분법적 사유체계를 초월한 동학의 즉자대자적(卽自對自的) 사유체계는 양자계(quantum system)가 근원적으로 비분리성(nonseparability) 또는 비국소성(nonlocality)을 갖고 파동인 동시에 입자로서의 속성을 상보적으로 지닌다고 보는 양자역학적 관점과 본질적으로 상통한다. 그러면 먼저 포스트 물질주의 과학과 동학의 실재관 및 사상적 특성에 대해 고찰하기로 한다.

2. 포스트 물질주의 과학과 동학의 실재관 및 사상적 특성

1) 포스트 물질주의 과학의 실재관과 사상적 특성

포스트 물질주의 과학에서는 물질이 개별적인 원자들로 구성된 실재가 아니라 장(場)이 유일한 실재이며 물질은 장이 극도로 강하게 집중된 공간의 영역에 의해 성립되는 것이라고 본다. 따라서 물질의 공성(空性)—모습이 없는 참본성, 즉 공(空)과 색(色), 무(無)와 유(有)를 상호 관통하는 진여성(眞如性)—을 이해하면 물질과 비물질, 주체와 객체의 이분법은 성립되지 않는다는 것을 알게 된다. 포스트 물질주의 과학에서 실재(reality)는 본질적으로 역동적이며 상호연결된 '불가분의 전체성(undivided wholeness)'이다. 포스트 물질주의 과학은 이분법적 사유체계를 초월해 있으며 전일적 실재관

(holistic view of reality)을 기반으로 하고 있다. 사실 우리가 육체 또는 물질이라고 지각하는 것은 특정 주파수대의 에너지 진동에 지나지 않는다. 양자역학적 관점에서 양자계가 비분리성 또는 비국소성을 갖고 파동인 동시에 입자로서의 속성을 상보적으로 지닌다고 보는 것은 물질[氣·色·有]의 궁극적 본질이 비물질[理·空·無]과 하나라는 사실에 기인한다.

양자역학적 실험결과에 따르면 소립자의 수준에서 물질은 마치 비국소성을 띠는 안개와도 같이 어디에도 존재하지 않거나 또는 모든 곳에 존재하는 것으로 나타난다. 이른바 '미시세계에서의 역설(paradox in the micro-world)'이란 것이 이것이다. 그러나 왜 미시세계에서는 입자-파동의 이중성이 존재하는지, 또는 미시세계에서의 역설이 의미하는 바가 무엇인지에 대해서는 과학계에서 적절한 설명을 내놓지 못하고 있다. 심지어는 물리학의 과제가 아니라고까지 하고 있다. 이러한 인식은 데카르트의 정신·물질 이원론의 기계론적 세계관에 기초한 뉴턴역학의 모델이 물리학자들의 잠재의식 속에서 여전히 작동하고 있음을 반증하는 것이다. 다시 말해 '하드 테크놀로지(hard technology)'의 발전을 견인해 온 '하드 사이언스(hard science)'로서의 물리학의 정체성이 여전히 건재함을 보여 주는 것이다.

미시세계에서의 입자-파동의 이중성은 자연이 불합리해서가 아니라 대립자의 역동적 통일성에 기초하는 '스스로(自) 그러한(然)' 자의 본질인 까닭이다. 이러한 이중성은 생명의 본질 자체가 내재와 초월, 전체와 부분, 본체[理, 숨겨진 질서]와 작용[氣, 드러난 질서]을 상호 관통하는 완전한 소통성인 데에 기인한다. 우주의 본질인 생명이 시작도 끝도 없고(無始無終), 태어남도 죽음도 없으며(不生不滅), 없는 곳이 없이 실재하는(無所不在) 완전한 '열린 계(open system)'임을 이해할 수 있기 위해서는 물질주의 관점에서 벗어나야 한다. 오늘날의 '전자구름 모형'이 말해주듯이 원자 이하의 소립자들은 경계가 없기 때문에 위치란 것도 없고 따라서 측정할 방법도 없다.

'보이는 우주'가 무수한 사상(事象)이 펼쳐진 '다(多)'의 현상계라면, '보이지 않는 우주'는 그 무수한 사상이 '에너지'로서 접혀 있는 '일(一)'의 본체계다. 말하자면 만물이 '자기조화(self-consistency)'를 통해 하나의 통일장(unified field) 속에 함께 존재하는 것이다. 파동인 동시에 입자로 나타나는 초양자장(superquantum field)은, 본체[眞如, 숨겨진 질서]인 동시에 작용[生滅, 드러난 질서]으로 나타나는 하나인 혼원일기(混元一氣, 至氣)와도 같은 것이다. 그것은 우주지성[性]이자 우주의 창조적 에너지[命]이며 우주의 근본 질료[精]다. 지성·에너지·질료 이 셋은 이른바 제1원인의 삼위일체라고 하는 것이다. 생명은 비분리성(nonseparability)·비이원성(nonduality)을 본질로 하는 영원한 '에너지 무도(舞蹈)'이다. 생명은 천지만물이 생겨나기 전에도 있었던 영(Spirit)—흔히 신(神) 또는 한울(天)이라고도 부르는—그 자체로서 '영원한 현재(eternal presence)'인 까닭에 '시간의 역사' 속에서는 그 기원을 찾을 수 없다.

포스트 물질주의 과학에 의해 재발견된 신(神·天·靈)은 모든 위대한 종교들이 의견을 같이 하는 신의 세 가지 원리적 측면을 공유하고 있다. 인도 출신으로 미국의 저명한 이론 핵물리학자이자 퀀텀 행동주의자(quantum activist)로 알려진 아미트 고스와미(Amit Goswami)는 양자물리학으로 신의 존재를 입증한 저서 『신은 죽지 않았다 *God Is Not Dead*』(2008)에서 신의 중요한 세 가지 원리적 측면을 이렇게 제시한다. '첫째, 신은 물질세계의 인과관계를 넘어서며, 또 물질세계 위에 존재하고 있는 인과관계를 일으키는 주체(agent)이다. 둘째, 물질 차원보다 더 '신비한 실재(subtle reality)'라는 차원이 존재한다. 그리고 셋째, 종교들이 영적 고양을 위해 가르치는 신적인 특성들(Godlike qualities)—사랑은 신의 으뜸가는 특성—이 존재한다.'[7]

여기서 고스와미가 제시하는 양자(quantum) 신의 존재는 종교의 옷을 입은 의인화된 신이 아니라 만물의 제1원인으로서의 신, 즉 근원적 일자(一者) 또는 궁극적 실재다. 그는 『신은 죽지 않았다』에서 신에 관한 두 가지 종류의 과학적 증거를 제시하고 있다. 첫 번째 종류의 증거는 그가 '신의 양자 특징들(quantum signatures of the divine)'이라고 명명하는 것이다. 그 한 예가 '양자 비국소성(quantum nonlocality)', 즉 신호 없는 커뮤니케이션이다. 일반적인 국소적 커뮤니케이션은 에너지로 전해지는 신호들을 통해 이루어지지만, 1982년 알랭 아스페(Alain Aspect)가 이끄는 연구팀은 어떠한 신호들도 필요하지 않는 커뮤니케이션들이 존재함을 실험적으로 입증했다. 지금까지는 그러한 양자 특징들은 오직 극미소(submicroscope) 물질의 세계에서만 일어난다고 믿어졌기 때문에 매크로(macro) 영역 혹은 현실이라는 일상적 차원에서는 중요하지 않은 것으로 여겨졌다. 그러나 고스와미는 이러한 '양자 특징들'이 일상적 차원에서도 나타나며, 그 특징들이 신의 존재에 대한 명백한 증거를 제공한다는 것을 입증하고 있다.

두 번째 종류의 증거는 종교들이 '실재의 신비한 영역들(subtle domains of reality)'을 포함하고 있다는 것이다. 이런 종류의 증거는 유물론적인 관점에서는 '불가능한 해결책들을 요구하는 난제들'에 속하는 것이라고 명명될 수 있다. 그 한 가지 예로서 창조론과 진화론에 관한 많은 논쟁들을 들 수 있다. 고스와미에 의하면 이러한 논쟁이 벌어지는 이유는 생물 진화론(Darwinism)이 등장한 이후 지금까지도 진화론자들이 확실한 이론을 정립하지 못하고 있기 때문이다. 다윈설 뿐만 아니라 유전학 및 집단생물학의 통합인 신다윈설(neo-Darwinism) 또한 모든 실험적 데이터와 일치하지 않는다는 것이다. 여기서 그는 모든 데이터와 일치하는 진화(evolution)와 지적 설계라는 두 가지 접근법에 대한 대안이 존재한다는 것을 이 책에서 입증하고 있다. 그 입증은 '인과적으로 권능이 부여된 신(causally empowered God)'과 생물학적 형태의 육체를 위한 설계도(blueprint) 역할을 하는 '신비체'—유물론은 이들 둘 다 허용하지 않는다—라는 존재를 필요로 한다는 것이다.[8]

'내적' 정신(inner psyche)과 '외적' 세계(outer world)는 분리되어 있지 않으며 상호작용한다. 이 양 세계의 병행을 유지시키는 것은 인간의 '의식'이며 이를 개념화하여 '양자 정신물리적 병행론(quantum psychophysical parallelism)'이라고 부른다. 심신(mind-body) 상호작용이라는 오래된 이원론 문제를 해결하기 위해서는 '신의 가설(God hypothesis)'이 반드시 필요하다고 고스와미는 말한다. 우선 과학들을 '양자 신의 가설(quantum God hypothesis)' 안에서 재정립해야 하고, 이와 함께 양자물리학의 범주 밖에서 '양자 신의 가설'의 유효성을 증명해야만 한다는 것이다. 말하자면 보이지 않는 미시세계[숨겨진 질서]와 보이는 거시세계[드러난 질서]의 상호연결성을 증명하는 것이다. '양자 신의 가설'에 입각한 새로운 과학, 다시 말해 '신을 토대로 하는 과학(God-based science)'은 모든 종교들이 그러하듯 윤리와 가치관들을 우리 삶과 사회의 중심에 놓고 있다.[9] 이처럼 포스트 물질주의 과학은 윤리와 가치관, '의미(meaning)'들을 우선시한다는 점에서 몰가치적(value free) 성향을 띠는 물질주의 과학과는 분명 차이가 있다.

2) 동학의 실재관과 사상적 특성

동학의 실재관은 동학을 관통하는 핵심 논리인 불연기연(不然其然), 즉 '그렇지 아니함'과 '그러함'에 함축되어 있다. 불연기연은 본체계[의식계]와 현상계[물질계]를 회통(會通)시키는[10] 수운(水雲) 최제우(崔濟愚)의 독특한 논리이다. 동학의 창시자 수운은 『동경대전(東經大全)』에서 사물의 근본 이치와 관련된 초논리·초이성·직관의 영역을 '불연'이라고 하고, 사물의 현상적 측면과 관련된 감각적·지각적·경험적 판단의 영역을 '기연'이라고 하고 있다. 평등무이(平等無二)의 세계관에 기초한 불연기연의 논리는 생명의 본체와 작용의 합일을 함축한 전일적 실재관에 기초해 있다. 여기서 본체와 작용이라고 한 것은 설명의 편의상 이분법을 툴(tool)로 사용한 것일 뿐, 우주의 본질인 생명은 비분리성·비국소성을 갖는 까닭에 분리 자체가 근원적으로 불가능하다. 한마디로 인내천(人乃天)이며 천인합일이다. 우주의 실체는 의식이므로 만물의 참본성[一心]이 곧 하늘[混元一氣, 至氣]이며 신[靈 또는 靈性]이고 참자아[유일자·유일신·唯我]이다.

불연기연은 본체로서의 불연과 작용으로서의 기연의 상호 관통에 대한 논리로서 본체계와 현상계가 본래 하나임을 말해 준다. 수운은 기연이 불연으로 인하여 존재하는 것으로 모두 불연의 투영에 지나지 않으며, 불연 역시 기연으로 인하여 존재하므로 기연과 둘이 아니라고 했다.[11] 수운이 하늘로부터 받은 도를 '무왕불복지리(無往不復之理)',[12] 즉 '가고 돌아오지 않음이 없는 이법(理法)'으로 나타내고 이를 천도(天道)라고 명명한 것도 본체[의식계, 정신계]와 작용[존재계, 물질계]이 본래 하나인 생명의 순환을 나타낸 것이다. 조물자인 하늘과 그 그림자인 만물이 분리될 수 없는 하나라는 사실은 수운 심법의 키워드인 '오심즉여심(吾心卽汝心: 내 마음이 곧 네 마음)'[13]에서도 분명히 드러난다. 이러한 상호 연관과 상호 의존의 세계 구조는 우주만물이 끝없이 상호 연결되어 서로가 서로를 비추는 상즉상입(相卽相入)의 구조로 연기(緣起)하고 있음을 보여 준다.

하늘[본체]과 만물[작용]의 일원성(oneness)은 수운의 「시천주(侍天主)」 도덕에서도 명징하게 드러난다. 「시(侍: 모심)」의 3화음적 구조인 내유신령(內有神靈)·외유기화(外有氣化)·각지불이(各知不移)는 참본성[참자아]인 신성한 영(靈)이 만유의 본질로서 내재해 있는 동시에 만물화생(萬物化生)의 근본 원리로서 작용하고 있음을 깨달아 순천(順天)의 삶을 실천하는 것이다. 즉 '안으로 신성한 영(靈)이 있다'는 것은 보이지 않는 접힌 질서[一, 본체, 理]를 말함이고, '밖으로 기화(氣化)의 작용이 있다'*는 것은 보이는 펼쳐진 질서[多, 작용, 氣]를 말함이다. '신령'과 '기화'는 일심의 이문(二門)인 진여(眞如)와 생멸(生滅)의 관계와도 같이 내재와 초월, 본체와 작용의 합일에 대한 인식을 보여 주는 것으로 생명의 전일성과 자기근원성을 밝힌 것이다. 각지불이의 '지(知)'는 '신령'과 '기화'가 하나임을 아는 것, 즉 생명이 영성임을 깨닫는 것이고, '불이(不移, 不二)'는 참자아의 자각적 주체로서 인내천[천인합일]을 실천하는 것이다. 생명의 영성을 깨달으면 참자아[하늘(님)]의 자각적 주체가 되므로 공심(公心)의 발휘가 극대화된다.[14]

'보이지 않는 우주'와 '보이는 우주', 즉 내재와 초월, 본체와 작용의 합일에 대한 인식이 없이는 생명의 영성을 깨달을 수 없고, 참자아의 자각적 주체가 될 수도 없으므로 '모심'을 실천하기 어렵다. 우주만물이 지기(至氣, 混元一氣)인 하늘의 화현인 까닭에 이 세상에 하늘 아닌 것이 없다(物物天 事事天). 『해월신사법설(海月神師法說)』「영부주문(靈符呪文)」에서 '이천식천(以天食天)-이천화천(以天化天)', 즉 하늘로써 하늘을 먹고 하늘로써 하늘을 화할 뿐이라고 한 것은 우주만물이 한 기운 한 마음으로 꿰뚫어진 까닭에 우주만물의 생성·변화·소멸 자체가 모두 하늘(기운)의 조화 작용[15]임을 나타낸 것이다. 마치 무수한 파도들(부분)을 잇는 바닷물(전체)과도 같이 우주만물을 잇는 에너지장(場), 즉 매트릭스(Matrix)는 언제 어디에나 이미 실재하며, 바로 이 에너

* 안[내재]과 밖[초월]은 설명의 편의상 구분일 뿐 그러한 구분은 실재성이 없다. 물질의 空性을 이해한다면, 정신·물질 이원론의 허구성을 간파한다면 안과 밖의 구분은 실로 없는 것이다. 우리의 육체 또는 우리가 물질이라고 지각하는 것은 기실은 특정 주파수대의 에너지 진동에 불과하기 때문이다.

지장[氣海 또는 파동의 대양]에 의해 우리 모두는 하나로 연결되어 있다.

동학적 앎은 분절적 지식이 아니라 대통(大通)의 지성[全知]이다. 인식은 앎을 아는 것이므로 '아는 자(knower)', 즉 인식의 주체와 연결된다. '아는 자'는 주관과 객관의 저 너머에 있는 보편적 실재—전통적으로 하늘(天) 또는 신이라고 부르는—인 참자아[참본성, 一心]이다. 생명을 단순히 물질적 껍질로 보는 정신·물질 이원론으로는 천인합일의 이치를 파악할 수도 없고 따라서 조화로운 삶을 기대하기도 어렵다. 경천(敬天), 즉 하늘을 공경함은 우주만물에 대한 차별 없는 사랑과 공경의 원천인 바로 그 하나인 마음(一心)을 공경하는 것이므로 "내 마음을 공경치 않는 것이 곧 천지를 공경치 않는 것이라"[16]고 한 것이다. 「시천주」 도덕의 실천은 우주만물의 근본이 '하나'임을 자각하는 것[萬事知]을 전제로 하며, 인내천이 발현되는 '조화정(造化定)'의 삶 속에서 현실화된다.

동학은 삼경(三敬: 敬天·敬人·敬物)을 실천함으로써 하늘과 사람과 만물이 소통하는 세상을 구현하고자 한다. '자기원인'이자 만물의 원인인 하늘은 만물과 분리될 수 없는 까닭에 특정 종교의 하늘(님)이 아니라 만인의 하늘이며, 우리가 경배해야 할 초월적 존재가 아니라 마음이 곧 하늘이다. 한마디로 동학은 에코토피아(ecotopia)적 지향성을 가진 무극대도(無極大道)의 사상이다.[17]

3. 포스트 물질주의 과학과 동학의 사상적 근친성

1) 본체와 작용, 내재와 초월의 합일

앞서 살펴본 바와 같이, 포스트 물질주의 과학과 동학의 사상적 근친성은 본체와 작용, 내재와 초월의 합일에서 찾아볼 수 있다. 본체와 작용, 내재와 초월의 합일에 대한 인식은 생명이 곧 영성임을 깨닫는 단초가 되는 것으로 동양사상의 근간을 이루는 것이다. 생명의 영성을 깨닫지 못하면 참자아의 자각적 주체가 될 수 없으므로 공심(公心)의 발현을 기대할 수 없고 소통성이 실현될 수도 없다. 우주의 본질인 생명이 시작도 끝도 없고, 태어남도 죽음도 없으며, 없는 곳이 없이 실재하는 완전한 '열린 계(open system)'임을 이해할 수 있기 위해서는 물질주의 관점에서 벗어나야 한다. 생명은 '불가분의 전체성'이기 때문이다.

우주의 실체는 의식[에너지, 파동]이며 이 우주는 분리할 수 없는 파동의 대양[에너지의 바다(氣海)]이다. 삶과 죽음의 이분화와 같은 생명에 대한 물질주의 관점으로는 결코 입자-파동의 이중성이나 '미시세계에서의 역설'을 이해할 수 없다. 포스트 물질주의 과학과 동양사상의 접합은 현대 물리학의 가장 위대한 발견이랄 수 있는 '의식' 발견에 따른 것이다. 말하자면 존재의 근원이 물질이 아니라 의식임을 발견한 것이다. 특히 생명사상의 정수(精髓)를 담고 있는 동학과 포스트 물질주의 과학의 사상적 접합에 대한 고찰은 과학과 영성의 상호 피드백 과정을 통해 생명에 대한 철학적·과학적 이해를 심화시키는 시너지 효과를 가져올 수 있다.

보이지 않는 양자 세계는 양자물리학의 미시세계에만 국한된 세계가 아니다. 바로 우리 자신의 참자아의 세계이며 '내적 자아(inner self)'의 영역이다. 육체는 참자아가 아니며 단지 참자아로 들어가는 문일 뿐이다. 말하자면 내면의 하늘로 통하는 영적인 세계로의 문이다. 그 내면의 하늘은 우주 생명력 에너지[混元一氣, 至氣]로 충만해 있으며, '보이는 우주'가 형성되어 나오는 '보이지 않는 우주'이다. 우리는 우리 자신에게 있는 '양자 가능태(quantum potentia)'로부터 우리가 경험하는 실제가 되는 특정 국면을 선택함으로써 미시세계인 양자 세계와 거시세계인 우리 삶의 세계를 하나로 연결한다. 관측된 세계는 바로 내 의식이 만들어낸 세계이다. 일체의 현상이 오직 의식의 작용일 뿐인 것이다.

하나의 태극(太極: 만물에 내재해 있는 理의 총화)이 만물의 각각에 조응하는 수많은 종류의 이(理)로 나뉘어 본체계를 구성하고, 음양의 기(氣)를 질료로 하여 만물을 낳아 현상계를 형성하는 것이다. 만물은 개별의 이(理)[Ātman]를 구유하고 있고 그 개별의 '이'는 보편적인 하나의 이(理)[Brāhma]와 동일하다는 '이일분수(理一分殊)'[18]라는 명제는 이 우주 자체가 홀로그램적 투영물임을 말해 준다. 부분[生滅]과 전체[眞如], 작용과 본체, 거시세계와 미시세계는 합일이며 상즉상입의 구조로 상호 연기(緣起)하는 유비적 대응 관계에 있다. 성경에서 '보이는 물질세계는 보이지 않는 영(靈)의 세계의 그림자'라고 한 것도 펼쳐진 질서[多, 현상계]와 접힌 질서[一, 본체계]의 전일적 본질(the holistic nature)을 함축한 것이다.

양자역학의 관점에서 보면 이 우주는 분리 자체가 근원적으로 불가능한 파동의 대양이므로 자연과 초자연, 시공(時空)과 초시공, 주체와 대상의 구분은 실재성이 없다. 동학의 불연기연적 세계관과 「시천주」 도덕 역시 전일성을 그 본질로 하는 까닭에 본체와 작용, 내재와 초월은 이분화될 수 없다. 수운 심법의 키워드인 '오심즉여심'은 하늘과 만물의 일원성을 여실히 보여준다는 점에서 생명의 본체와 작용, 내재와 초월의 합일을 함축하고 있다.

물질세계에서는 사람은 먹는 주체이고 밥은 그 대상이지만, 실재세계에서는 주체와 대상이 분리되지 않으며 사람이든 밥이든 모두가 하나인 혼원일기(混元一氣, 至氣, 에너지, 파동)일 뿐이다. 우주만물의 개체성은 이 하나인 혼원일기가 다양한 모습으로 현현한 것이다.[19]

'미시세계에서의 역설'은 생명의 본체인 일심[초의식, 초양자장][20]의 초공간성[비국소성]을 드러낸 것이다. 일심은 경계가 없는 실재의 영역으로 진여(眞如[파동], 天·神·靈)인 동시에 생멸(生滅[입자], 우주만물)로 나타난다.[21] 숨겨진 질서[파동]와 드러난 질서[입자]는 실물[본체]과 그림자[작용]의 관계와도 같이 상호 조응·상호 관통하므로 동시적으로 존재한다. 따라서 '신령(神靈, 眞如)'인 동시에 '기화(氣化, 生滅)'로 나타나는 마음의 구조를 이해하면, 파동인 동시에 입자로 나타나는 양자역학적 세계관을 이해할 수 있다. '신령'과 '기화'는 하나의 이치를 본체와 작용, 내재와 초월, 이치[理]와 기운[氣]의 양 측면에서 관찰한 것이다. 양자역학은 '마음의 과학'이다. 동학 역시 '심학(心學)'[22]이다. 본래의 진여한 마음을 회복하여 동귀일체(同歸一體) 하게 하려는 것이 동학적 도덕관의 요체다. '인내천[천인합일]'으로 대표되는 동학의 즉자대자적(卽自對自的) 사유체계 속에서 일체의 이분법은 폐기된다는 점에서 동학의 실재관은 포스트 물질주의 과학의 전일적 실재관과 상통해 있다.

『해월신사법설』「천지이기(天地理氣)」에서는 본체와 작용, 내재와 초월의 관계를 '신령'과 '기화'의 관계와 마찬가지로 우주만물의 근원인 이(理)와 기(氣)의 전일적 관계로 명료하게 설명하고 있다. '이치와 기운 두 글자 중 어느 것이 먼저인가'라는 물음에, 해월은 "천지, 음양, 일월, 천만물의 화생(化生)한 이치가 한 이치 기운(一理氣)의 조화 아님이 없다"[23]고 하고, 이를 좀 더 자세히 설명하여 화생하는 것은 이치이고, 작용하는 것은 기운이라고 하고 있다. "화생(化生)은 천리(天理)요 움직이는 것은 천기(天氣)이니, 이치로 화생하고 기운으로 동지(動止)하는 것인즉, 먼저 이치요 뒤에 기운이라고 해도 역시 당연하다.…그 근본을 궁구하면 한 기운뿐이다."[24] 한마디로 기운[에너지, 파동]이 곧 이치(氣則理)이고 이치가 곧 기운(理則氣)이므로 이치와 기운은 하나다. 실로 '천지이기'를 알지 못하고서는 생명을 논할 수 없다.

동학의 자각적 실천을 강조하는 각지불이는 우주만물이 하나인 혼원일기[至氣]의 화현(化現)임을 아는 것, 즉 참자아의 자각적 주체로서 인내천[천인합일]을 실천하는 것이다. 실로 생명의 전일성을 자각적으로 실천하지 않으면 무극대도의 세계가 열릴 수 없다. 생명을 단순히 물질적 껍질로 보는 정신·물질 이원론으로는 생명의 전일성을 파악할 수 없으므로 하늘과 사람과 만물을 공경하는 '삼경(三敬)'의 실천적 삶을 기대하기 어려운 것이다. 이처럼 동학의 사상체계는 본체와 작용, 내재와 초월, 이치와 기운의 통합성에 대한 자각에 기초하여 '다시개벽'[25]을 통해 무극대도의 이상세계를 구현하고자 한다.

이러한 동학의 자각적 실천에 대한 강조는 윤리와 가치관, '의미'들을 우선시하는 포스트 물질주의 과학과 인류 사회의 공진화(co-evolution)를 추구하는 '퀀텀 행동주의(quantum activism)'의 이상과 맥이 닿아 있다. 고스와미는 의미, 윤리, 그리고 가치관들을 우선시하는 것은 인류 진화를 위해서 중요하다고 말한다. 그에 따르면 우리가 물질 기반의 세계관으로부터 양자물리학과 의식의 우선성(primacy of consciousness)을 토대로 한 세계관으로 바꿀 때 그가 명명한 '퀀텀 행동주의'가 시작된다. 이는 오늘날의 일반적인 행동주의를 인류 전체의 공진화를 위한 운동과 연합시키기 위한 지속적인 노력들과 통합시키는 것이다. '의식 안의 과학(science within consciousness)'은 드러난 물질세계가 진화를 통해 숨겨진 세계의 가능성들을 더욱 잘 발현할 수 있도록 설계되어 있다고 본다. 고스와미는 우리 모두가 물질적인 것과 영적인 것, 에고(ego) 안에서 사는 것과 '양자 자아(quantum self)' 안에서 사는 것의 두 가지 극단 사이에서 균형 잡힌 삶을 사는 퀀텀 행동주의자가 되어야 한다고 역설한다.[26]

2) '양자 신(quantum God)'과 한울(天)

포스트 물질주의 과학에 의해 재발견된 신(神·天·靈)은 동학사상의 근간을 이루는 한울(天·靈·神)과 본질적으로 상통한다. 우주의 실체는 의식(에너지, 파동)이므로 신은 곧 '신 의식[神性·靈性·一心]'이며, 하늘은 하나인 혼원일기[至氣]를 지칭하는 것이다. 보이지 않는 양자 세계는 양자물리학의 미시세계에만 국한된 세계가 아니라 우리 자신의 참자아의 세계이며 '내적 자아'의 영역이다. 고스와미에 따르면 양자적 가능성이 우리의 경험이라는 실제 현상으로 나타나기 위해서는 양자 가능성 파동들(quantum possibility waves)의 한 가지 특별한 국면을 선택해야만 한다. 이러한 우리의 선택 행위를 통해 미시세계인 양자 세계는 거시세계인 우리 삶의 세계와 하나로 연결되는 것이다. 가능성의 파동으로부터 실제 입자(particle of actuality)로의 변화를 양자물리학자들은 '파동함수의 붕괴(collapse of wave function)'라고 부르는데, 이 붕괴를 만들어내는 의식적 '선택'이라는 인간의 행위는 '하향적 인과관계'라는 능력을 발휘하는 신의 행위라는 것이다.

그리하여 우리가 선택한 상태에서 우리 모두는 동일하게 '신 의식(God-consciousness)' 속에 있게 된다. 이처럼 '파동함수의 붕괴'에 대한 적절한 이해는 과학 안에서 신을 부활시키고 있다. 양자 가능성들은 단순히 우리가 그들을 관측함으로써 우리 의식과의 상호작용을 통해 실제의 경험이 되는 '관찰자 효과(observer effect)'를 나타낸다. 사실 양자 가능성들은 모든 존재의 바탕을 이루는 '의식' 그 자체의 가능성들이다. 하이젠베르크는 양자 가능성들이 초월적인 지성의 가능태(potentia) 안에 존재한다고 처음으로 명백하게 선언했다. 우리가 관측한다는 것은 모든 양자 가능성들로부터 우리가 경험하는 실제가 되는 특정 국면(facet)을 선택하는 것이다.[27] 고스와미는 "나는 생각한다, 그러므로 나는 존재한다(cogito, ergo sum)"라는 르네 데카르트(René Descartes)의 명제를 부정하여 생각한다고 존재하는 것이 아니라고 했다. 그는 '선택하는 자(chooser)'를 주체로 하여 선택하므로 존재한다고 했다.

> 나는 선택한다, 그러므로 나는 존재한다.
>
> opto, ergo sum: I choose, therefore I am.[28]

따라서 우리의 선택과 선택에 대한 인식은 우리 자신을 규정한다. 자의식의 주요 질문은 '선택할 것인가 또는 선택하지 않을 것인가'이다. 그렇다면 무의식적으로 행동하는 것은 무엇을 의미하는가? 라는 질문이 제기된다. 여기서 무의식적이라는 것은 의식은 있지만 인식하지 못하는 것이다. 무의식 상태에서도 의식이 있을 수 있는 것은, 의식이 존재의 근원이며 만물에 편재(遍在)해 있는 까닭이다. 그래서 무의식적인 지각(unconscious perception) 속에서 우리는 지각(知覺)은 하지만 지각하는 것을 인식하지 못하는 사건들에 대해 이야기하게 된다. 무의식적인 지각 현상이 제기하는 중대한 문제는, 의식적 경험의 세 가지 공통된 요소, 즉 사고(thought), 느낌(feeling), 그리고 선택(choice) 중 무의식적 지각에 없는 것이 있는가? 라는 것이다.

이에 대해 고스와미는 우리가 무의식 속에서도 바로 사고하며 무의식적인 사고가 의식적인 사고에 영향을 미친다고 말한다. 느낌 역시 무의식적 지각 상태에서도 존재한다는 것이 실험을 통해 밝혀졌다는 것이다. 하지만 분명한 것은 선택이란 의식적 경험의 요소이지 무의식적 지각의 요소가 아니라는 것이다. 우리의 주체의식(subject-consciousness)은 선택할 때 일어나는 것이다. 그래서 "우리는 선택한다, 그러므로 우리는 존재한다(We choose, therefore we are)"라고 말한다. 우리가 선택하지 않는다는 것은 우리의 지각을 인정하지 않는다는 것이다. 양자 이론과 인지 실험들(cognitive experiments)은 서구의 전통이 인간 경험의 중심으로서 선택의 자유를 강조하는 과학적 근거가 있다는 것을 보여 준다. 하지만 양자 이론에서 선택하는 주체는 하나의 보편적 주체*이며, 선택하는 의식 또한 비국소적(非局所的)이다.[29]

> 양자 이론에서 선택하는 주체는 우리의 개인적인 에고로서의 "나"가 아니라 하나의 보편적인 주체다.…이 선택하는 의식 또한 비국소적이다.
>
> …in quantum theory, the subject that choose is a single, universal subject, not our personal ego "I".…this choosing consciousness is also nonlocal.[30]

보이지 않는 양자 세계는 주관과 객관, 전체와 부분의 경계가 사라진 전일성의 영역이므로 선택하는 주체는 개인적인 에고(ego 個我)로서의 '나'가 아니라 하나의 보편적 주체로서의 '양자 자아(quantum self)', 즉 '양자 신(quantum God)'이다. 선택하는 의식 또한 분리된 '나'의 의식이 아니라 주관과 객관으로 분리되지 않은 '전일적 의식(unitive consciousness)', 즉 보편의

---

* 사실 '보편'이란 개념 자체가 주체와 객체의 이분법을 초월해 있으므로 '보편적 주체'라는 용어는 논리적으로 모순이지만 설명의 편의상 하나의 툴(tool)로 사용한 것이다. 그래서 '眞理不立文字', 즉 진리를 문자로 나타낼 수 없다고 한 것이다. 마치 달을 가리키는 손가락과도 같이 손가락에 의지하여 달을 보지만 손가락은 잊어버리듯이, 3차원 문자에 의지하여 진리를 直觀하면 문자는 잊어버려야 하는 것이다.

식이다. 『요한복음』(14:6)에서 "나는 길이요 진리요 생명이니, 나를 통하지 않고서는 아버지[聖父, 眞理]께로 올 자가 없느니라"[31]에 나오는 '나' 역시 예수 개인을 지칭한 것이 아니라 하나의 보편적 주체로서의 '나', 즉 보편의식[一心·靈性·참본성]이다. 보편의식은 무소부재(無所不在), 즉 없는 곳이 없이 실재하는 '신 의식(God-consciousness)'이므로 양자 붕괴(quantum collapse), 하향적 인과관계(우리 의식의 결과)는 비국소적[초공간적]이다. 즉 초월적인 지성의 '양자 가능태(quantum potentia)'가 '의식'에 의해 물질세계의 구체적인 현실태와 상호 연결되어 있는 것이다.

여기서 우리는 '나'라는 대명사에 대해 좀 더 명료해질 필요가 있다. 동학 제2대 교조 해월(海月) 최시형(崔時亨)의 마지막 법설인 향아설위(向我設位)는 시공을 초월한 우주적 본성으로의 회귀를 강조한 것으로 유명하다. 그때까지 제사는 이승과 저승, 산 자와 죽은 자가 분리되어 있다고 믿었기 때문에 위패가 벽을 향하는 향벽설위(向壁設位), 즉 위패를 제사 지내는 산 사람 쪽에 두지 않고 죽은 사람 쪽에 두었다. 그러나 양자역학적 실험에서도 밝혀진 바와 같이 여기가 거기이고 그때가 지금이니, '지금 여기' 이외의 그 어떤 시간과 공간이 따로 있는 것이 아니므로 분리란 실재하는 것이 아니다. 그런 까닭에 해월은 "나를 향하여 제사상을 차려라. 내가 곧 귀신이다"[32]라고 하며 위패를 산 사람 쪽으로 옮겨놓았는데 이를 '향아설위'라고 한다. 한마디로 벽[죽은 자]을 향하여 절하지 말고 '나'를 향하여 절하라는 것이다. 여기서 '나'는 내 안에 모시고 있는 참자아[참본성]인 한울(天·靈·神)을 지칭한 것이다. 또한 동학의 '오심즉여심'[33]은 한울과 만물의 일원성을 설파한 것으로 보편적 실재로서의 '나'를 함축하고 있다.

이처럼 정신적인 내적 체험과 관련된 '나'는 분해되지 않는 전체성의 양자본질(quantum nature)을 가지며 보편적 실재로서의 '양자 자아', 즉 '양자 신

(神)'과 그 의미가 상통한다. 붓다의 탄생게(誕生偈)로 잘 알려진 '천상천하유아독존(天上天下唯我獨尊)'*의 '유아(唯我)'는 붓다 개인을 지칭한 것이 아니라 만물의 제1원인인 보편적 실재로서의 '나'이다. 참자아(true self)로 일컬어지는 이 보편적 실재는 분리 자체가 근원적으로 불가능한 절대유일의 하나인 까닭에 '유아'라고 한 것이다. '유아'가 곧 유일자이며 유일신이다. 또한 성경**에 자주 등장하는 '나'라는 것도 특정 종교의 신으로서의 '나'가 아니라 하나의 보편적 실재, 즉 참자아를 일컫는 것이다. 만물의 참본성이 곧 한울(天)이며 신이고 참자아[유일자·유일신·唯我]이다. 만물의 제1원인인 신(神), 즉 '신의식'은 만유의 참본성으로 내재해 있는(內有神靈) 동시에 만물화생(萬物化生)의 근본 원리로서 작용하므로(外有氣化) 만물 안에도 있고 밖에도 있고 없는 곳이 없이 실재한다. 바로 이 보편적 실재인 '나'를 파악하는 것이 진리[생명]의 정수(精髓)를 꿰뚫는 것이다.

물질주의 과학이 초래한 신과 인간의 분리는 정신과 물질의 분리에 기인한다. 물질주의 과학은 정신·물질 이원론에 기초해 있는 까닭에 의식 또는 영성(靈性)과의 접합을 거부하지만, 포스트 물질주의 과학을 대표하는 양자물리학은 '양자 신(quantum God)' 또는 '양자 자아'로 지칭되는 양자(quantum) 개념에 기초해 있는 까닭에 의식 또는 영성과의 접합은 필수적이

---

* 『修行本起經』上卷, 「降身品」에는 "天上天下唯我獨尊 三界皆苦 我當安之"라고 나와 있다. 즉 "하늘 위와 하늘 아래 오직 '나'만이 홀로 존귀하도다. 삼계가 모두 고통에 차 있으니 내 마땅히 이를 편안케 하리라"는 의미이다. 흔히 불교는 신이 없는 종교라고 말한다. 이는 신이 무엇인지를 알지 못하는 데서 오는 것이다. '신'이란 만유에 편재해 있는 '하나'인 참본성[참자아], 즉 보편의식[근원의식·전체의식·우주의식·순수의식·神 의식·神性·靈性·一心]을 지칭하는 많은 대명사 중의 하나에 지나지 않는다.

** 성경에 나오는 '하나'님[하늘(님)] 아버지라는 호칭은 하나인 천지기운[우주의 창조적 에너지, 混元一氣]에서 우주만물이 나온 것이니 우주만물의 근원[생명의 본체]이라는 의미를 의인화하여 부른 것으로 동학의 '天地父母'와 그 뜻이 같은 것이다.

다. 물질주의 과학의 치명적인 한계는 물질이 유일한 현실이며 모든 것이라고 보는 까닭에 만물이 만물일 수 있게 하는 제1원인으로서의 '신 의식'을 부정함으로써 생명의 전일성과 자기근원성을 파악하지 못한 데 있다. 생명을 단순히 물질적 껍질로 보는 정신·물질 이원론으로는 천인합일의 이치를 파악할 수 없고 따라서 조화로운 삶을 기대하기도 어렵다.

고스와미는 '나'라고 하는 주체의식이 선택할 때 일어나며 또한 선택이란 것이 의식적 경험의 요소이지 무의식적 지각의 요소가 아니라고 했다. 의식적 경험은 내적 정신과 외적 물질세계의 연결에서 오는 것이다. 그러나 엄밀하게 말하면 의식적 경험이란 것도 의식이 온전히 깨어 있지 못하면 온전한 선택을 할 수가 없다. 온전히 깨어 있어야 온전한 선택을 할 수 있으므로 선택한다고 존재하는 것이 아니라 깨어 있어야 진실로 존재한다. 존재감은 깨어있음에 비례한다. 이 우주는 넘실거리는 파동의 대양—춤 그 자체일 뿐, 춤추는 자가 따로 있는 것이 아니다. 의식이 완전히 깨어나면 주체와 객체의 이분법이 폐기되어 행위자는 사라지고 행위만 남게 되므로 일체의 논쟁은 종식된다. 철학적, 종교적 논쟁의 대부분은—양자역학의 해석을 둘러싼 논쟁까지도—의식의 진화 단계에 따른 인식의 차이에서 오는 것으로 인식론상의 문제이다.

인식은 앎을 아는 것이므로 인식의 주체와 연결된다. '아는 자'는 주관과 객관의 저 너머에 있는 보편적 실재인 참자아이다. '양자 이론에서 선택하는 주체는 개인적인 에고로서의 '나'가 아니라 하나의 보편적 실재이며 이 선택하는 의식 또한 비국소적(nonlocal)'이라는 고스와미의 말은 바로 이 참자아를 두고 하는 말이다. 일체의 인과법칙에서 벗어나 더 이상은 주관과 객관의 놀이가 일어나지 않는 참자아의 조화적 기능을 일컫는 것이다. 그것은 자각적 인식이 결여된 무의식의 차원과는 달리 불변성과 가변성, 보편성과 특수성의 화해가 이루어져 보편적 실재로서 행위하는 순수 현존(pure presence)이다. 『베다 *Veda*』, 『우파니샤드 *The Upanishads*』와 함께 힌두교 3대 경전의 하나로 꼽히는 『바가바드 기타 *The Bhagavad Gita*』에서는 이렇게 말한다.

> 나(참자아)는 불멸인 동시에 죽음이며, 존재하는 것과 존재하지 않는 모든 것이다.
>
> I am life immortal and death; I am what is and I am what is not.[34]

이상에서 볼 때 정신적인 내적 체험과 관련된 '나'는 '양자 본질'을 가지며 '양자 신(quantum God)'과 그 의미가 상통한다. 생명의 본체인 참자아는 물질현상이면서 동시에 물질현상의 원인이 되는 정신적인 원리이고, 만유 속에 만유의 참본성으로 내재해 있으면서 동시에 만물화생의 근본 원리로서 작용한다. 바로 이 참자아가 하늘(한울)이며 '양자 신'이고 보편적 실재로서의 '나', 즉 생명이고 진리이다. 따라서 양자 세계는 양자물리학의 미시세계에만 국한된 세계가 아니라 우리 자신의 내적 영역인 참자아의 세계이다. 오늘도 우리는 의식적 '선택'을 통해 양자 가능성 파동을 실제로 경험하며 '순수 현존'을 향해 나아가고 있다.

4. 결론

이상에서 우리는 과학과 의식의 접합에 기초한 포스트 물질주의 과학과 생명사상의 진수(眞髓)를 담고 있는 동학의 사상적 근친성에 대해 살펴보았다. 우선 포스트 물질주의 과학과 동학의 실재관 및 사상적 특성에 대한 고찰에서 우리는 보이지 않는 양자 세계가 양자물리학의 미시세계에만 국한된 세계가 아니라 바로 우리 자신의 참자아의 세계이며 '내적 자아'의 영역이고 우리가 살고 있는 거시세계와 하나로 연결되어 있음을 알 수 있었다. 또한 과학과 영성의 상호 피드백 과정을 통해 생명에 대한 철학적·과학적 이해를 심화시키는 시너지 효과를 가져올 수 있었다. 이분법적 사유체계를 초월한 동학의 생명관은 양자계가 근원적으로 비국소성(nonlocality)을 갖고 파동인 동시에 입자로서의 속성을 상보적으로 지닌다고 보는 양자역학적 관점과 본질적으로 상통한다.

포스트 물질주의 과학은 물질의 궁극적 본질이 비물질과 하나라고 보는 까닭에 이분법적 사유체계를 초월해 있으며 전일적 실재관을 기반으로 하고 있다. 무수한 사상(事象)이 '에너지'로서 접혀 있는 '일(一)'의 본체계와 무수한 사상이 펼쳐진 '다(多)'의 현상계는 생명의 본체와 작용의 합일적 관계로서 만물이 '자기조화'를 통해 하나의 통일장(場) 속에 함께 존재하는 것이다. 파동인 동시에 입자로 나타나는 초양자장은, 본체[神靈]인 동시에 작용[氣化]으로 나타나는 하나인 혼원일기[至氣]와도 같은 것이다. 고스와미에 의하면 포스트 물질주의 과학에 의해 재발견된 신은 '양자 비국소성'과 같은 '신의 양자(quantum) 특징들'을 지니고 있다. '양자 신(quantum God)의 가설'에 입각한 새로운 과학은 윤리와 가치관들을 우리 삶과 사회의 중심에 둔다. '내적' 정신과 '외적' 세계는 인간의 '의식'에 의해 상호작용한다. 이처럼 포스트 물질주의 과학은 윤리와 가치관, '의미'들을 우선시한다는 점에서 몰가치적 성향을 띠는 물질주의 과학과는 본질적인 차이가 있다.

동학의 실재관은 동학을 관통하는 핵심 논리인 불연기연에서 보듯 생명의 본체와 작용의 합일을 함축한 전일적 실재관에 기초해 있다. 하늘과 만물의 일원성은 수운의 「시천주」 도덕에서도 드러난다. 참본성[참자아]인 신성한 영(靈)은 만유의 본질로서 내재해 있는 동시에 만물화생의 근본 원리로서 작용한다. '신령'과 '기화'는 본체와 작용, 내재와 초월의 합일에 대한 인식을 보여 주는 것으로 생명의 전일성과 자기근원성을 밝힌 것이다. 각지불이는 '신령'과 '기화'가 하나임을 아는 것, 즉 생명이 영성임을 깨달아 참자아의 자각적 주체로서 인내천을 실천하는 것이다. 이처럼 「시천주」 도덕의 실천은 우주만물의 근본이 '하나'임을 자각하는 만사지(萬事知)를 전제로 하며, '조화정(造化定)'의 삶 속에서 현실화된다. '자기원인'이자 만물의 원인인 하늘은 만물과 분리될 수 없는 까닭에 특정 종교의 하늘(님)이 아니라 만인의 하늘이며, 경배해야 할 초월적 존재가 아니라 마음이 곧 하늘이다. 한마디로 동학은 에코토피아적 지향성을 가진 무극대도의 사상이다.

포스트 물질주의 과학과 동학의 사상적 근친성은 본체와 작용, 내재와 초월의 합일에서 드러난다. 우주의 본질인 생명은 완전한 '열린 계(open system)'이며 '불가분의 전체성'이다. 우리 자신에게 있는 '양자 가능태'로부터 우리가 경험하는 실제가 되는 특정 국면을 선택함으로써 양자 세계와 우리 삶의 세계는 하나로 연결된다. 부분과 전체, 작용과 본체, 거시세계와 미시세계는 합일이며 상즉상입의 구조로 상호 연기(緣起)하는 유비적 대응 관계에 있다. 동학의 불연기연적 세계관과 「시천주」 도덕 역시 생명의 전일성을 그 본질로 하고 있다. '신령[眞如]'인 동시에 '기화[生滅]'로 나타나는 마음의 구조를 이해하면, 파동인 동시에 입자로 나타나는 양자역학적 세계관을 이해할 수 있다. 양자역학은 '마음의 과학'이며, 동학 역시 '심학'이다. 인내천으로 대표되는 동학의 즉자대자적 사유체계 속에서 일체의 이분법은 폐기된다는 점에서 동학의 실재관은 포스트 물질주의 과학의 전일적 실재관과 상통해 있다.

동학적 도덕관의 요체는 본래의 진여한 마음을 회복하여 동귀일체 하게 하려는 것이다. 이는 곧 '다시개벽'을 통해 무극대도의 이상세계를 구현하는 것이다. 이러한 동학의 자각적 실천에 대한 강조는 인류 진화를 위해 윤리와 가치관, '의미'들을 우선시하는 포스트 물질주의 과학과 인류 사회의 공진화를 추구하는 '퀀텀 행동주의'의 이상과 맥이 닿아 있다. 고스와미에 따르면 '퀀텀 행동주의'는 물질 기반의 세계관으로부터 양자물리학과 '의식의 우선성'을 토대로 한 세계관으로 전환할 때 시작된다. '의식 안의 과학'은 물질세계가 진화를 통해 양자 세계의 가능성들을 더욱 잘 발현할 수 있도록 설계되어 있다고 본다. 고스와미는 우리 모두가 물질적인 것과 영적인 것, 에고로서의 삶과 '양자 자아'로서의 삶의 양 극단 사이에서 균형 잡힌 삶을 사는 퀀텀 행동주의자가 되어야 한다고 역설한다.

포스트 물질주의 과학에 의해 재발견된 신[신 의식]은 동학의 한울[至氣]과 본질적으로 상통한다. 우리가 양자 가능성 파동들의 한 가지 특별한 국면을 선택할 때 양자적 가능성은 우리의 경험이라는 실제 현상으로 나타난다. 이렇게 해서 미시세계인 양자 세계는 거시세계인 우리 삶의 세계와 하나로 연결된다. '파동함수의 붕괴'를 만들어내는 의식적 '선택'이라는 인간의 행위는 '하향적 인과관계'라는 능력을 발휘하는 신의 행위이다. 그리하여 우리가 선택한 상태에서 우리 모두는 '신 의식' 속에 있게 된다는 것이다. 양자 가능성들은 우리가 그들을 관측함으로써 우리 의식과의 상호작용을 통해 실제의 경험이 되는 '관찰자 효과'를 나타낸다. 고스와미는 '선택하는 자'를 주체로 하여 선택하므로 존재한다고 했다. 선택이란 의식적 경험의 요소이며 우리의 주체의식은 선택할 때 일어난다.

하지만 양자 이론에서 선택하는 주체는 하나의 보편적 주체이며, 선택하는 의식 또한 비국소적이다. 보이지 않는 양자 세계는 전일성의 영역이므로 선택하는 주체는 개인적인 에고로서의 '나'가 아니라 하나의 보편적 주체로서의 '양자 자아', 즉 '양자 신(神)'이며, 선택하는 의식 또한 전일적 의식[보편의식]이다. 초월적인 지성의 '양자 가능태'가 '의식'에 의해 물질세계의 구체적인 현실태와 상호 연결되어 있는 것이다. 여기서 '양자 신'은 내 안에 모시고 있는 참자아[참본성]인 한울(天·靈·神)을 지칭한 것이다. 동학의 '향아설위'·'오심즉여심'의 '나', '천상천하유아독존'의 '유아', 성경에 나오는 '나'와 같이 정신적인 내적 체험과 관련된 '나'는 모두 '양자 본질'을 가지며 보편적 실재로서의 '양자 신'과 그 의미가 상통한다. 만물의 참본성이 곧 하늘이며 신이고 참자아이다. 바로 이 보편적 실재인 '나'를 파악하는 것이 진리[생명]의 정수(精髓)를 꿰뚫는 것이다.

포스트 물질주의 과학을 대표하는 양자물리학은 '양자 신' 또는 '양자 자아'로 지칭되는 양자 개념에 기초해 있는 까닭에 의식 또는 영성과의 접합은 필수적이다. 생명을 단순히 물질적 껍질로 보는 정신·물질 이원론으로는 천인합일의 이치를 파악할 수 없고 따라서 조화로운 삶을 기대하기도 어렵다. 온전히 깨어 있어야 온전한 선택을 할 수 있으므로 선택한다고 존재하는 것이 아니라 깨어 있어야 진실로 존재한다. 역사상 철학적, 종교적 논쟁의 대부분은—양자역학의 해석을 둘러싼 논쟁까지도—의식의 진화 단계에 따른 인식 차에서 오는 인식론상의 문제이다. 생명의 본체인 참자아는 물질현상이면서 동시에 물질현상의 원인이 되는 정신적인 원리이고, 만유 속에 만유의 참본성으로 내재해 있으면서 동시에 만물화생의 근본원리로서 작용한다. 바로 이 참자아가 한울이며 '양자 신'이고 보편적 실재로서의 '나', 즉 생명[진리]이다. 물질 패러다임으로부터 양자 패러다임으로의 변환을 통해 참자아의 자각적 주체로서 인류 사회의 공진화에 동참해야 할 때다.

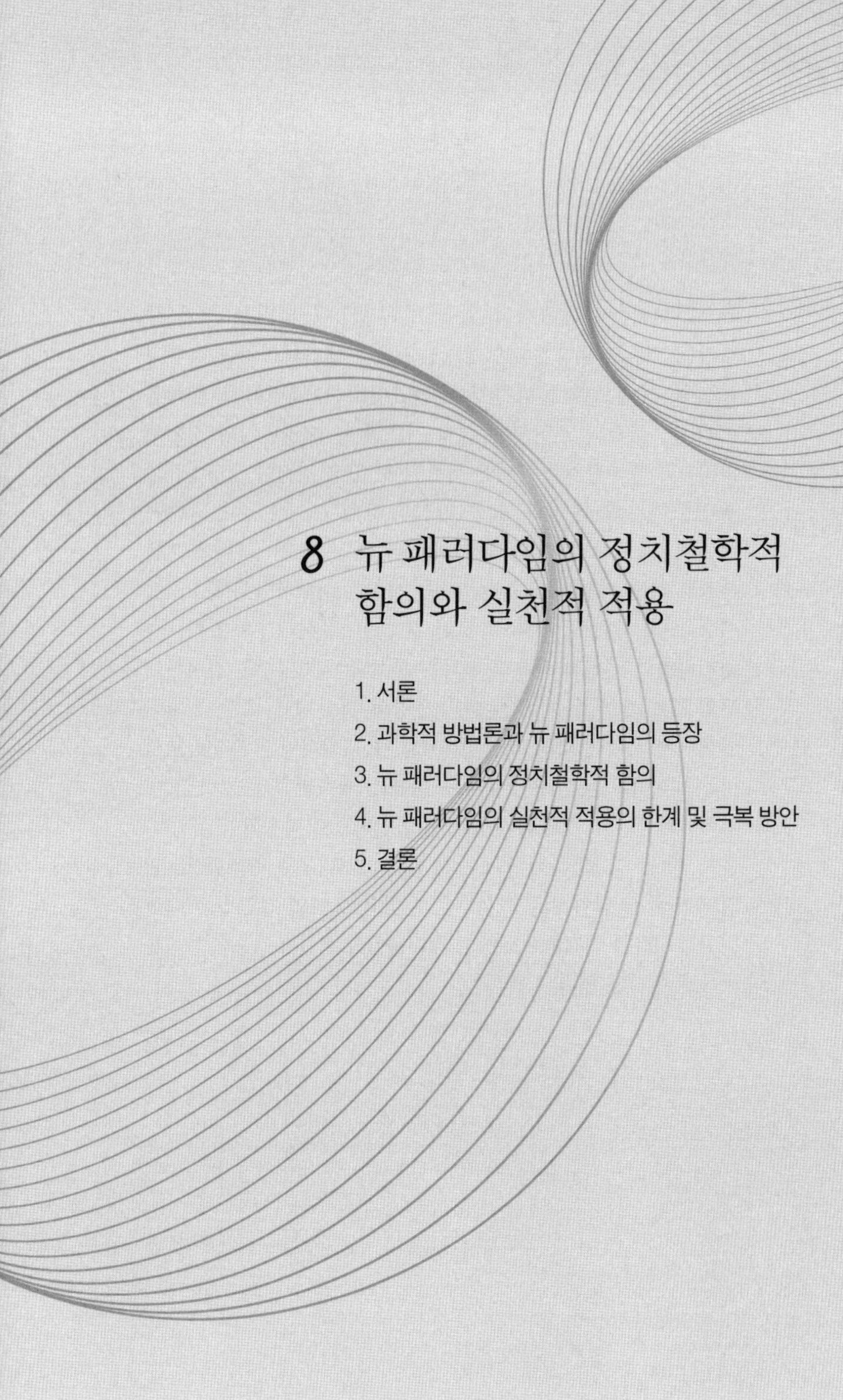

8 뉴 패러다임의 정치철학적 함의와 실천적 적용

1. 서론
2. 과학적 방법론과 뉴 패러다임의 등장
3. 뉴 패러다임의 정치철학적 함의
4. 뉴 패러다임의 실천적 적용의 한계 및 극복 방안
5. 결론

뉴 패러다임이 함축하고 있는 정치철학적 의미는 크게 두 가지 측면, 즉 생명정치와 생명문화로의 대전환이라는 측면과 통섭의 시대로의 문명사적 대전환이라는 측면에서 살펴볼 수 있다. 생명의 전일적 본질에 기초한 뉴 패러다임의 정치에 의해서만 생명정치적 분열은 극복될 수 있고 진정한 생명정치와 생명문화로의 대전환 또한 가능하게 된다. 생명이 단순히 개체화된 물질적 생명체가 아니라 비분리성 · 비이원성을 본질로 하는 영성(spirituality)이라는 사실을 이해하지 못하고서는 대통섭의 시대에 대한 진정한 통찰이 일어날 수 없다. 뉴 패러다임의 실천적 적용의 한계는 통섭의 메커니즘을 간파하지 못함으로 해서 우주의 본질인 생명의 전일성에 대한 통찰이 일어나지 못하는 데서 오는 것이다. 뉴 패러다임은 본질적으로 비분리적이고 비이원적이어서 우리의 세계관과 사고방식 및 가치체계가 이에 부응하지 못하면 실천적으로 적용되기 어렵다. 동학 '시(侍)'의 3화음적 구조는 통섭의 메커니즘을 간파함으로써 일체 만물이 전일성의 현시임을 밝히고 생명의 전일성에 대한 실천적 사유를 전개함으로써 뉴 패러다임의 실천적 적용의 한계를 극복할 수 있게 한다.

- 본문 중에서

전자는 '기본입자'가 아니라 홀로무브먼트의 한 측면에
붙여진 이름에 지나지 않는다.
An electron is not an 'elementary particle.'
It is just a name given to a certain aspect of the holomovement.

- Michael Talbot, *The Holographic Universe*(1991)

1. 서론

세계는 지금 기후변화, 질병과 이민과 테러를 유발하는 불평등 문제, 환경 자원의 관리 문제, 자원고갈의 위기와 에너지 의존성의 심화, 핵 위기, 농업의 위기, 감염병 팬데믹에 따른 건강의 위기와 이들 위기의 상호 관련성으로 인해 지구가 대규모 재앙의 티핑 포인트(tipping point)로 다가서고 있다는 전문가들의 경고[1]가 잇따르고 있다. 인류 문명은 이대로 파국을 맞을 것인가? 미국 매사추세츠공과대학(MIT) 교수 앤드루 맥아피(Andrew McAfee)는 그의 신간 『포스트 피크 *More From Less*』(2020)에서 우리 인류가 크게 두 번째 예고된 파국을 맞고 있다며, 첫 번째 예고된 파국을 극복한 것처럼 두 번째 파국도 결국 극복하게 될 것이라고 전망한다.

첫 번째 파국은 토머스 로버트 맬서스(Thomas Robert Malthus)가 그의 『인구론 *An Essay on the Principle of Population*』(1798)에서 예고한 것이다. 인구는 기하급수적으로 증가하는 반면, 식량은 산술급수적으로만 증가하기 때문에 식량 부족을 해결하지 못해 기아에 빠질 수밖에 없다는 것이 맬서스의 주장이다. 하지만 18세기에 증기기관 발명으로 산업혁명이 가져온 물질적 풍요의 기적을 그는 예측하지 못했다.[2] 두 번째 파국 위기는 산업혁명에서 비롯됐다고 맥아피는 지적한다. 증기기관 발명 이후 인류가 누린 물질적 풍요는 생태계 파괴와 인간억압을 통해 이룩됐다. 하지만 풍요를 위해 지구를 고갈시키던 시대는 이제 저물고 있다고 맥아피는 진단한다. 기술 발전과 더불어 인류가 산업사회의 성장 패러다임에서 벗어남에 따라 환경 보전과 경제 발전이 조화를 이루는 세상이 오고 있다는 것이다.

여기서 맥아피가 착안한 개념은 선진국 위주로 엄청난 속도와 규모로 진행되고 있는 '탈물질화(dematerialization)'[3] 경향이다. 이러한 탈물질화 경향은 통섭적인 뉴 패러다임의 등장과 맥을 같이 한다. 미국의 과학사학자이자 과학철학자이며 패러다임 개념 창안자인 토머스 쿤(Thomas S. Kuhn)은 그의 저서 『과학혁명의 구조 *The Structure of Scientific Revolutions*』(1962)에서 패러다임을 '정상과학(正常科學, normal science)'과 밀접하게 연관시키고 있다.[4] 이 저서에서 그는 근대 이후 오늘에 이르기까지 과학발전의 과정에 나타난 과학혁명과 패러다임 전환의 상관관계를 구체적 예증을 통해 명징하게 보여준다. 그는 '패러다임'이라는 용어를 특정 과학자 사회의 구성원들에 의해 공유되는 신념·가치·기술 등의 총체적 집합을 가리키는 사회학적인 의미로 사용하기도 하고, 공유된 예제(shared examples)로서의 패러다임—널리 공유된 하나의 예제로서 뉴턴의 운동 제2법칙(F=ma)을 들 수 있다—이라는 의미로 사용하기도 한다.[5]

쿤의 패러다임 개념은 과학사 분야는 물론 인문사회과학 분야 전반에 커다란 반향을 불러일으켰다. 그에 따르면 과학발전의 계기가 되는 과학혁명은 기존의 정상과학의 패러다임으로는 더 이상 설명할 수 없는 현상이나 연구실행의 기존 관행을 파괴하는 이변이 거듭되면 정상과학의 위기를 극복하기 위해서 일어난다.[6] 그리하여 새로운 이론이 나타나 대부분의 과학자들이 이를 수용하게 되면, 마치 천동설이 쇠퇴하고 지동설이 정상과학의 자리를 차지한 것처럼 이 새로운 정상과학의 패러다임이 그 자리를 대체하게 된다는 것이다. 쿤은 이것을 '패러다임 전환(paradigm shift)'이라고 불렀는데, 새로운 패러다임의 등장은 바로 이 과학혁명을 통한 패러다임 전환과 상관관계에 있다. 현대 물리학이 주도하는 통섭적인 뉴 패러다임은 유구하게 전승되어 온 동양사상의 정수(精髓)를 실험적으로 입증한 것이라는 점에서 '아주 오래된 새것'이다.

그러나 물질주의에 경도(傾倒)된 파편화된 지식체계는 물질만이 유일한 현실이며 정신은 뇌의 물리적 활동에 지나지 않는다고 본다. 19세기 동안 이러한 신조와 도그마는 '과학적 물질주의(scientific materialism)'로 알려진 이데올로기적 신념체계로 통합되었고 과학적 물질주의 이데올로기는 20세기 동안 학계에서 지배적이 되었으며 대다수의 과학자들은 그것이 유일한 합리적 세계관을 대표하는 것이라고 믿게 되었다. 2014년 미국 애리조나주(州) 투손 캐년 랜치에서 포스트 물질주의 과학, 영성 그리고 사회에 관한 국제정상회의(International Summit)[7]가 개최되어 생물학, 신경과학, 심리학, 의학, 정신의학 등 다양한 과학 분야에서 국제적 명망이 있는 과학자 그룹이 참가하여 포스트 물질주의 과학과 포스트 물질주의 패러다임(뉴 패러다임)의 진화 및 수용을 진전시키고자 한 것도 과학, 영성 그리고 사회에 대한 철학적, 이론적 탐구와 더불어 인류와 지구에 대한 장단기적인 실용적 이점에 착안했기 때문이다.

오늘날 양자역학(quantum mechanics, QM)으로 대표되는 현대 물리학의 전일적 실재관(holistic view of reality)은 이 우주를 본질적으로 역동적이며 불가분적인 전체로서, 정신적인 동시에 물질적인 하나의 실재로서 인식한다.[8]양자역학의 비국소성(非局所性, nonlocality)[초공간성]의 원리가 말하여 주듯 이 세상의 모든 것은 분자, 원자, 전자, 아원자 입자들의 쉼 없는 운동으로 진동하는 에너지장(場)이며 삼라만상은 불가분의 파동체로서 초공간적으로 상호 연결되어 있다. 1920년대와 1930년대 초 양자역학이라는 혁명적인 새로운 물리학 분야의 발전이 이루어지고 이러한 양자역학의 통섭적 세계관은 양자물리학, 양자생물학, 양자의학, 복잡계 과학(complexity science), 게슈탈트 심리학(Gestalt psychology), 초개인심리학(transpersonal psychology), 생태학 등의 분야에 원용되었다. 하지만 세계를 이해하는 인식론적 틀인 과학적 방법론이 여전히 물질주의에 경도되어 있는 데다가 그러한 과학적 물질주의가 사회 전 분야에 깊숙이 뿌리를 내린 관계로 뉴 패러다임의 사회적 적용은 한계에 직면할 수밖에 없었다.

따라서 본 연구에서는 양자혁명(quantum revolution) 시대와 감염병 팬데믹 시대를 살고 있는 오늘의 우리에게 뉴 패러다임의 심원한 정치철학적 함의가 무엇인지를 밝히고 그것의 실천적 적용에 대해 고찰하기로 한다. 방법론으로는 현대 과학과 동양의 영적 지혜의 전통과의 접합을 통해 생명에 대한 심오한 철학적·과학적 이해를 바탕으로, 먼저 세계를 이해하는 인식론적 틀인 과학적 방법론의 변천에 대해 일별한 후 뉴 패러다임의 본질과 특성, 정치철학적 함의에 대해 고찰하고 아울러 실천적 적용의 한계 및 극복 방안에 대해서도 살펴보기로 한다. 특히 실천적 적용의 한계를 극복하는 방안에 대해서는 '한'사상[天符思想]의 근대적 발현인 동학의 관점에서 탐색해보기로 한다.

2. 과학적 방법론과 뉴 패러다임의 등장

1) 과학적 방법론의 변천

뉴 패러다임의 등장이 현대 과학—특히 현대 물리학—의 진보와 상관관계에 있다는 것은 주지의 사실이다. 근대적 사유를 특징 짓는 정신·물질 이원론에 입각한 데카르트-뉴턴의 기계론적 세계관은 과학혁명의 급속한 진행과 더불어 물질문명의 비약적인 진보를 이룩하긴 했지만, 모든 현상을 분할 가능한 입자의 기계적 상호작용으로 파악한 까닭에 정신까지도 물질화하는 결과를 초래함으로써 반생태적·반윤리적인 물질주의가 만연하게 되었다. 20세기에 들어와 실험물리학의 발달로 원자의 존재가 실증되면서 원자를 구성하는 핵과 전자가 발견되고 이어 핵의 구성물인 양자와 중성자 및 기타 수많은 아(亞)원자 입자가 발견되면서* 물질의 근본적인 단위로서의 소립자(素粒子, elementary particle) 개념은 사실상 폐기되게 되었다.

과학적 방법론은 세계를 이해하는 인식론적 틀이다. 고대 그리스 철학에서 비롯된 형이상학적이고 선험적인 원소 개념이 구체적인 물질 개념으로 대체되기 시작한 것은 17세기 아일랜드의 화학자이며 물리학자인 로버트 보일(Robert Boyle)에 의해서이다. 그는 실험을 통해 더 이상 간단한 성분으로 쪼갤 수 없는 물질을 원소라고 정의하며, 물질은 여러 원소로 이루어져 있고 이들이 결합하여 화합물이 된다고 보았다. 18세기 후반 프랑스의 화학

---

* 물질은 원자(atom)로 구성되고, 원자는 원자핵과 전자로 구성되며, 원자핵은 양성자와 중성자로 구성된다. 말하자면 모든 원자는 양성자, 중성자, 전자라는 세 종류의 입자로 구성된다. 원자가 물질을 구성하는 기본 입자라면, 원소(element)는 물질을 이루는 기본 성분이다.

자이며 근대 화학혁명의 선구자 라부아지에(Antoine-Laurent Lavoisier)는 연소에 관한 플로지스톤(phlogiston) 이론을 산소 이론으로 대체하고 새로운 원소관(元素觀)을 확립하여 근대 화학 발전에 크게 기여했다. 그는 화학반응에서 물질의 총질량은 변하지 않는다는 '질량보존의 법칙(law of conservation of mass)'을 제시했다. 한편 1799년 프랑스의 화학자 조제프 루이 프루스트(Joseph Louis Proust)는 화합물을 구성하는 각 성분 원소의 질량비가 항상 일정하다는 '일정성분비의 법칙(law of definite proportions)'을 증명했다. 이 두 법칙은 19세기에 들어 그리스의 원자론을 화학적 원자론으로 대체한 영국의 화학자이자 물리학자이며 기상학자인 존 돌턴(John Dalton)에 의해 구체적으로 공식화됐다.[9]

현대 원자론의 시작은 당대 최고의 물리학자로 꼽히던 조지프 존 톰슨(Sir Joseph John Thomson)의 음극선 실험을 통한 전자(electron) 발견(1897)과 '핵물리학의 아버지'로 불리는 어니스트 러더퍼드(Ernest Rutherford)의 알파(α) 입자 산란 실험을 통한 원자핵 발견(1911) 및 최초의 인위적 원소 변환(1919)* 이 실현되면서부터다. 최초의 원자 모형인 돌턴의 원자 모형은 더 이상 쪼개지지 않는 원자라는 가장 작은 알갱이로 이뤄진 단단한 공 모형이었으나, 톰슨의 전자 발견에 따라 마치 푸딩에 건포도가 박혀 있는 것처럼 양전하를 띤 원자 속에 음전하를 띤 전자가 박혀 있는 '플럼-푸딩 모형(plum-pudding model)'으로 대체됐다. 또한 톰슨은 음극선의 입자성을 발견함으로써 상대성이론이 출현하는 계기를 마련했다. 음극선의 입자성 발견은 과학계에 X-선의 본성에 대한 논쟁을 일으켜 파동-입자의 이중성(wave-particle duality)

---

* 만물을 구성하는 근본 물질인 원소는 원자핵을 구성하는 양성자와 중성자 수에 따라 그 성질이 결정되므로 인공적 수단으로 원자핵의 구성이 바뀌면 원소 변성이 일어난다.

이라는 빛에 대한 새로운 인식이 나타나게 되고, 이러한 빛의 이중성 개념은 드브로이(Louis Victor de Broglie)의 물질파(또는 드브로이파) 개념과 함께 양자역학의 성립에 커다란 역할을 했다.

그러나 톰슨의 원자 모형은 1911년 러더퍼드의 원자핵 발견에 따라 양전하를 띤 원자핵 주위를 전자들이 돌고 있는 '행성 모형(planetary model)'으로 대체됐다. 러더퍼드의 원자핵 발견은 원자력 시대의 서막을 열었으며, 그의 새로운 원자 모형은 핵의 세계에 접근할 수 있는 통로를 만들었다. 1919년 톰슨의 뒤를 이어 케임브리지대학교 캐번디시연구소 소장이 된 그는 질소 기체를 향해 알파 입자 발사 실험을 하던 중 질소 원자핵과 알파(α) 입자가 충돌하여 질소 원자핵이 깨지면서 그 속에 들어있던 수소 원자핵으로 보이는 입자가 방출되는 것을 발견했다. 알파 입자를 질소 원자핵에 충돌시켜서 최초로 인위적 원소 변환을 실현한 것이다. 실제 실험을 통해 원자핵을 쪼개 양성자를 발견한 것은 그가 처음이었다. 양성자수(원자번호)가 원소의 종류를 결정한다는 점에서 양성자 발견은 원소의 인공 변환의 서막을 연 것이라 할 수 있다. 이 실험을 통해 그는 수소 원자핵인 양성자(proton, 陽性子)가 모든 원자핵을 구성하는 기본 입자라고 결론 내렸다.[10]

러더퍼드의 원자 모형은 1913년 덴마크의 물리학자 닐스 보어(Niels Bohr)의 양자론 도입에 따라 원자핵 주위의 전자가 가지는 물리량이 양자화되어 있다는 착상에 근거한 '궤도 모형(orbit model)'으로 대체됐다. 양자역학적 원자 모형의 초기 형태인 보어의 새로운 원자 모형은 러더퍼드 원자 모형의 문제를 해결하기 위한 것이었다. 중력이 작용하는 행성들과는 달리 원자핵 주위를 돌고 있는 전자는 전하를 가지고 있어 전자기파를 방출하기 때문에 에너지를 잃게 되고 결국 원자핵 속으로 끌려 들어가는 모순을 안게 되므로 물리학적으로 불안정한 원자 모형이라는 것이다. 보어가 제시한 새로운 원자 모형에 따르면 궤도전자는 양자화된 에너지를 흡수 또는 방출하지 않고서는 에너지 준위(energy level)가 다른 궤도로 옮겨갈 수 없다. 따라서 주어진 에너지 준위에서 돌고 있는 전자는 전자기파를 방출하지도, 에너지를 잃지도 않으므로 안정 상태에 있게 된다는 것이다.[11]

그러나 독일의 이론물리학자이며 양자역학의 태두로 불리는 베르너 하이젠베르크(Werner Karl Heisenberg)는 전자와 같이 질량이 매우 작은 입자는 파동성도 가지므로 전자의 위치와 운동량을 동시에 정확히 측정할 수 없다고 본다. 그가 제안한 불확정성 원리(uncertainty principle)는 코펜하겐 해석의 핵심 내용 중의 하나로서 양자물리학의 내용 중 가장 널리 알려진 것이기도 하다. 이러한 불확정성 원리를 기반으로 하는 양자역학의 원자 모형은 원자핵 주위에 '전자구름'*이 확률적으로 분포하는 '전자구름 모형(electron cloud model)'이다. 이렇게 해서 보어의 '궤도 모형'은 또다시 원자핵 주위에 확률적으로 분포하는 전자구름을 양자수에 따른 파동함수로 나타낸 현대의 '전자구름 모형'으로 대체됐다. 이처럼 원자들이 나타내는 물리·화학적 성질을 설명하기 위해 제시된 원자 모형은 계속해서 새로운 모형으로 대체돼왔고 또 앞으로도 그럴 전망이다. 이러한 원자 모형의 변천은 세계를 이해하는 인식론적 틀이 계속해서 바뀌고 있음을 보여주는 것으로 새로운 패러다임의 등장은 과학혁명에 따른 과학적 방법론의 변천 및 패러다임 전환과 상관관계에 있다.

---

* 원자핵 주위를 돌고 있는 전자의 공간적 분포 상태는 양자장(quantum field)이 작용하는 차원에서는 非局所性(nonlocality)[초공간성]의 원리에 따라 위치라는 것이 더 이상 존재하지 않으므로 이를 구름에 비유하여 '전자구름'이라고 한 것이다.

2) 뉴 패러다임의 본질과 특성

뉴 패러다임의 등장은 과학혁명에 따른 과학적 방법론의 변천과 상관관계에 있기 때문에 과학사의 발전에 대한 논의 없이 뉴 패러다임을 논할 수는 없다. 가장 작은 알갱이로 이뤄진 단단한 공 모형인 원자 모형에서 '플럼-푸딩 모형'으로, 다시 '행성 모형'으로, 또다시 '궤도 모형'으로, 그리고 현대의 '전자구름 모형'으로의 변천은 세계를 이해하는 인식론적 틀이 물질에서 비물질로, 경계에서 무경계(no boundary)로 바뀌어 왔음을 말해 준다. 즉, 과학혁명에 따른 과학적 방법론의 변천에 따라 우리의 세계관과 사고방식 및 가치체계를 총칭하는 패러다임의 전환이 이루어져 온 것이다. 이는 곧 우주의 본질인 생명을 이해하는 인식론적 틀이 물질적인 것에서 비물질적인[영적인, 전일적인, 비이원적인(nondual)] 것으로, 다시 말해 생명을 영성(spirituality) 그 자체로 인식하게 되는 것을 의미한다. 사실 우리가 육체 또는 물질이라고 지각하는 것은 특정 주파수대의 에너지 진동에 지나지 않는다. 현대 물리학이 주도하는 뉴 패러다임은 동양의 영적 지혜의 전통과 일맥상통하다는 점에서 오늘날 대통섭의 시대에 동서융합에 대해서도 사유할 수 있게 한다.

뉴 패러다임의 본질과 특성은 양자역학으로 대표되는 포스트 물질주의 과학의 핵심 내용에 잘 나타나 있다. 양자역학적 관점에서는 양자계(quantum system)가 근원적으로 비분리성(nonseparability) 또는 비국소성을 갖고 파동인 동시에 입자로서의 속성을 상보적으로 지닌다고 보는데, 이는 물질의 궁극적 본질이 비물질과 하나라는 사실에 기인한다. 말하자면 물질세계는 보이지 않는 에너지장을 바탕으로 하고 있으며, 이 에너지장은 비국소성[비분리성]을 갖고 시공을 초월하여 하나의 장(또는 초양자장)으로 연결되어 있다는 것이다. 그리하여 물질계가 견고한 실재라는 환상이 깨어지면서 미시세계인 양자계가 존재의 또 다른 차원으로 인식되고 비국소성이 양자적 실재의 본질임을 알게 된 것이다. 말하자면 의식의 스펙트럼이 물질계에서 양자계와 비국소적 영역으로까지 확장된 것이다. 이는 인도계 미국인 대체의학자 디팩 초프라(Deepak Chopra)가 기술하는 존재의 세 차원, 즉 물질계, 양자계, 그리고 비국소적 영역[12]에서 잘 나타나고 있다.

첫 번째 차원인 물질계는 경계가 분명한 물질 차원의 세계이며 우리에게 가장 친숙한 세계로서 3차원의 모든 것을 포함한다. 세상에 관한 우리의 모든 '상식'은 물질계에서 비롯된 것이다. 물질계에서 말하는 '나'란 전체와 분리된 개체로서의 '나'이다. 그러나 존재의 깊은 차원에서 보면 전체와 분리된 개체로서의 '나'는 실재하는 것이 아니다. 존재의 두 번째 차원인 양자계는 양자물리학의 미시세계에만 국한된 세계가 아니라 바로 우리 자신의 참자아의 세계이며 내적 자아(inner self)의 영역이다. 이 영역에서 모든 것은 정보와 에너지로 구성되며 오감으로 접촉하거나 인식할 수 없다. 우리의 마음과 생각과 에고(ego), 즉 우리가 '자아'로 여기는 것들이 양자계에 포함되어 있으며, 물질계의 모든 것은 양자계의 에너지와 정보가 밖으로 드러난 것이다. 사실 물질(질량)과 에너지는 형태만 다를 뿐 같은 것이다. 에너지와 정보가 담긴 장(場)은 존재의 세 번째 차원인 순수 잠재력(pure potentiality)의 장(場)에서 떠오른다.

존재의 세 번째 차원인 비국소적 영역은 무한한 가능성과 창조력의 장(場)인 순수 잠재력의 영적(靈的)인 영역[비국소적 지성]이다. 자연의 가장 근본적인 차원은 바로 순수 잠재력이며, 이 가능성의 바다에서 정보와 에너지가 떠오른다. 바로 이 순수의식으로부터 창조가 시작되었으며 '명칭과 형태와 근본 물질(primal matter)'[13]이 비롯되었다. 비국소적 지성은 모든 사물의 이면에 존재하는 조직력으로, 에너지 수프를 인간이 인식할 수 있는 실재로 조직한다. 말하자면 정보와 에너지가 물질계를 만들어낼 수 있도록 정보와 에너지의 행동을 창조하고 지휘하는 것이다. 비국소적 영역에서 말하는 '나'란 개체로서의 '나'가 아니라 불가분의 전체성으로서의 참자아이다. 비국소적 지성으로 불리는 이 참자아는 분리할 수 없는 절대유일의 하나인 까닭에 곧 '유아(唯我)'이며 보편적 실재로서의 유일자[유일신]이다.[14]

경전에 나오는 지혜의 '말씀들'이 한결같이 보편적 실재로서의 참자아에 방점을 둔 것은, 만물 속에 만물의 참본성으로 내재해 있는 참자아가 곧 하늘이며 신이고 진리이고 생명 그 자체이기 때문이다. 비국소적 영역, 즉 궁극적인 '영(Spirit)'의 영역은 국소적 영역과 분리된 것이 아니라 감각과 이성의 영역을 포괄하면서 동시에 초월한다. 천인합일(天人合一), 즉 생명의 본체인 하늘[비국소적 지성, 靈的인 영역]과 그 작용인 우주만물[物的인 영역]이 하나라는 것은 생명의 전일성과 자기근원성을 함축한 것으로 이 두 세계가 분리될 수 없는 하나임을 말해 준다. 비국소성 또는 비분리성은 양자적 실재의 본질이며, 이는 곧 우리 참자아의 본질이고 뉴 패러다임의 본질이다. 초프라가 제시한 존재의 세 차원은 곧 우리 의식의 세 차원이며, 각 상위 차원이 하위 차원을 포괄하는 동시에 초월하는 진화적 홀라키(evolutionary holarchy)로 이루어져 있다.[15]

이러한 존재의 세 차원은 초개인심리학 분야의 대가이자 대표적 포스트모던 사상가인 켄 윌버(Ken Wilber)의 앎의 세 양태, 즉 육의 눈(肉眼), 마음(정신)의 눈(心眼, eye of mind or mental eye), 영의 눈(靈眼, eye of spirit)[16]과 상호 조응한다. 이 세 가지 눈은 각각 감각적(sensory), 정신적(mental), 초월적(transcendental)인 고유한 앎의 대상을 가지고 있으며 진화적 홀라키로 이루어져 있다. 이러한 진화적 홀라키는 '점증하는 전일성과 전체성의 질서(orders of increasing holism and wholeness)'를 통하여 일어난다. 윌버는 새로운 통합 패러다임이 감각적·경험적인 조야(粗野)한 영역(gross realms)의 육의 눈과 정신적·지적인 정묘한 영역(subtle realms)[17]의 마음의 눈, 그리고 초월적·관조적인 인과의 궁극적인 영역(causal and ultimate realms)[18]의 '영'의 눈, 이 세 가지를 모두 사용하고 통합할 수 있게 할 것이라고 본다.[19] 윌버는 '통합적(integral)'이라는 용어를 '다양성 속의 통일(unity-in-diversity)'이라는 의미로 사용하는데, 이러한 뉴 패러다임의 통합적 특성은 오늘날 대통섭의 시대를 여는 바탕이 되고 있다.

3. 뉴 패러다임의 정치철학적 함의

1) 생명정치와 생명문화로의 대전환

뉴 패러다임이 함축하고 있는 정치철학적 의미는 크게 두 가지 측면에서 살펴볼 수 있다. 그 하나는 생명정치와 생명문화로의 대전환이라는 측면이고, 다른 하나는 통섭의 시대로의 문명사적 대전환이라는 측면이다. 우선 생명정치와 생명문화로의 대전환에 대해 살펴보기로 하자. 가장 근원적인 의미에서 모든 생명체는 자연적이고 불가양도적(inalienable)이며 불가분적인(inseparable) 신성불가침(sacred and inviolable)의 생명권(rights of life)을 갖는다. 따라서 그 어떤 의미에서도 생명을 소유화하거나 수단화할 수 없다. 이제 후천(後天) 시대로의 초입(初入)에서 인류는 정녕 새로운 문명을 '창조할 운명(destiny to create)'을 지니고 있으며, 이러한 인류의 운명이 생명권 자각의 차원에서 심도 있게 논의될 수 있을 때 새로운 문명은 스스로 그 모습을 드러낼 것이다.

오늘날 서구 문명의 지양을 위한 새로운 패러다임, 즉 새로운 실재관의 정립에 관한 논의가 확산된 것은, 20세기 들어 실험물리학의 발달로 근대의 과학적 합리주의가 함축하고 있는 과도한 인간중심주의와 이원론적 사고 및 과학적 방법론의 한계성이 지적되고 전일적 패러다임(holistic paradigm)으로의 대체 필요성이 역설된 데 따른 것이다. 서구적 근대의 특성은 고도로 정교한 거대 권력 장치에 의한 생명의 정치화 내지는 생명의 권력화 현상이다. '생명권력(bio-pouvoir)'에 기초한 '생명정치'는 서구 정치를 관통하는 핵심 개념으로 '도구적 이성(instrumental reason)'의 발흥에 따른 생명의 도구화 현상을 극명하게 보여준다. 그리하여 객관적 합리주의에 기초한 근대 과학과 이에 편승한 물질만능주의는 생명과 평화의 보전이라는 지상과제를 외면한 채 생명을 물화(物化)하고 드디어는 생명의 영성(靈性)을 부정하기에까지 이르렀다. 이로 인해 생명경시 풍조가 만연하게 되면서 전 지구적 차원의 생태 재앙과 정치적·종교적 충돌, 나아가 총체적인 인간 실존의 위기에 직면하게 된 것이다.

현대 물리학—특히 양자역학—에 의해 추동된 뉴 패러다임은 의식과 물질, 주관과 객관이 모두 '한맛(One Taste)'이라고 보는 생명 패러다임이다. 생명의 전일적 본질에 기초한 생명 패러다임은 천·지·인 삼재의 연관성 및 통합성에 대한 자각에 기초한다. 이는 곧 생명의 전일성과 자기근원성에 대한 자각이며, 근대 인간중심의 시각에서 전체 생명권 내지 우주권으로의 의식 확장과 관계된다. 생명 위기에 대처하기 위한 생명 패러다임의 긴요성은 세 측면에서 살펴볼 수 있다. 즉 현재의 세계자본주의 네트워크가 생태학적으로나 경제적·사회적·정치적으로 지속가능하지 않다는 점, 인간의 자기실현과 생태적 지속성(ecological sustainability)을 담보하기 위해서는 생물학적·인지적·사회정치적 차원에서의 근본적인 변화가 필요하다는 점, 그리고 서구 산업 문명이 초래한 정신공황과 세계화의 도덕적 기반 상실에 따른 지구 공동체의 구심력 약화 등이 그것이다.[20] 오늘날 생명 위기의 극복은 21세기 역사의 중심 주제가 되었을 뿐 아니라 인류의 정치실천적 과제가 되고 있다. 이 과제가 포괄하는 영역은 개인과 국가와 세계시민사회의 거의 모든 것과 연관되어 있으며, 뉴 패러다임에 의한 생명정치와 생명문화로의 대전환을 상정하고 있다.

『호모 사케르 *Homo Sacer*』 3부작을 통해 정치철학 분야의 가장 독창적인 사상가로 자리매김한 로마 태생의 조르조 아감벤(Giorgio Agamben)은 이 책의 첫 번째 권인 『호모 사케르 I: 주권 권력과 벌거벗은 생명』에서 인권문제, 뇌사문제, 강제 수용소 등에서 드러난 우리 시대의 '생명정치적 현상들'을 새롭게 분석하며 정치와 과학이—심지어는 종교까지도—모두 생명의 지배와 장악을 기본적인 목표로 삼고 있음을 생생하게 보여준다. 생명의 통제와 복제가 과학과 정치와 자본의 지배기능을 가능하게 하는 조건이라는 것이다. 아감벤에 따르면 '벌거벗은 생명(호모 사케르)' 자체를 정치화하는 것은 근대의 결정적 사건이며, 특히 자본주의의 발전과 승리는 극도로 정교한 정치 기술을 통해 "자본주의가 요구하는 이른바 '순종하는 신체(corps dociles)'를 산출해낸 새로운 '생명권력'의 규율적 통제가 없었다면 불가능했을 것이다."[21] 이러한 생명권력으로의 이행은 1789년 프랑스대혁명 이후 인민이 주권의 유일한 담지자가 되는 것[22]과 맥을 같이 한다.

근대인은 단순한 정치적 동물이 아니라 생명이 정치와 불가분의 관계를 가짐으로 해서 '생명 자체가 정치에 의해 문제시되는 동물'이다. 생명 자체가 정치에 의해 문제시되게 된 것은 근대에 접어들어 자연 생명이 국가권력의 메커니즘과 담합하기 시작하면서 정치가 '생명정치'로 변화하는 과정과 그 맥을 같이 한다. 포스트구조주의의 대표자로 일컬어지는 미셸 푸코(Michel Paul Foucault)가 그의 『성(性)의 역사 1: 앎의 의지 *Histoire de la sexualité I: La volonté de savoir*』(1976)의 마지막 장에서 기술하고 있듯이, 죽게 '하거나' 살게 '내버려둘' 권리로서의 생살여탈권이라는 낡은 권리에서, 살게 '하거나' 죽음 속으로 '몰아넣는' 생명권력으로 대체된 것이다. 근대적 '생명'은 '생명정치적 신체'와 '벌거벗은 생명'이라는 두 개의 대립적인 층위를 이루고 있기 때문에 생존이 보증될 가능성과 유대인 학살에서 보듯 대량 학살(holocaust)이 승인될 가능성이 병존한다. 말하자면 생명은 권력이 적극적으로 관리하고 조절하고 증진시켜야 할 일차적인 대상이 된 것이다.[23]

근대의 생명정치는 '벌거벗은 생명'과 인민의 동일시에 의해 지탱되어 왔고, 오늘날의 민주주의적-자본주의적 프로젝트 또한 그 자체 속에 벌거벗은 인민을 재생산하고 나아가 제3세계의 인민마저 '벌거벗은 생명'으로 변형시키고 있다는 것이다.[24] 더욱이 법이 정치에 농락당함으로 인해 도처에서 생명정치적 분열이 획책되었으며, 불법노동자나 비정규직 노동자들과 같은 새로운 유형의 '호모 사케르'들이 계속해서 출현하고 있다. 전 지구적 차원의 테러와 기후변화, 그리고 감염병 팬데믹 시대를 맞아 지구촌 전체가 거대한 수용소 속의 호모 사케르가 되어버린 지금, '벌거벗은 생명'과 정치의 관계에 대한 통찰은 정치적 생명체로서의 온전한 삶을 누리지 못하는 오늘의 우리에게 진정한 생명정치의 긴요성을 일깨워 준다. 생명정치적 분열은 한마디로 소통성의 부재의 산물이며 이는 오로지 자기 거울을 통해서만 타자를 인식하는 왜곡된 집착에 기인한다. 이러한 분열은 전일적인 새로운 패러다임의 정치에 의해서만 극복될 수 있는 것이다.

2) 통섭의 시대로의 문명사적 대전환

뉴 패러다임이 함축하고 있는 정치철학적 의미는 통섭의 시대로의 문명사적 대전환이라는 측면에서도 살펴볼 수 있다. 생명은 본질적으로 비분리적(nonseparable)이며 비이원적인 까닭에 생명정치와 생명문화로의 대전환은 통섭의 시대로의 문명사적 대전환과 내재적으로 깊이 연결되어 있다. 하지만 근대세계에서의 '생명'은 살아있는 생물학적인 신체라는 의미로만 인식되었을 뿐 생명의 전일성과 유기적 통합성에 대한 자각으로까지는 이어지지 못했기 때문에 인간억압과 자연억압이 만연하게 되었다. 근대 서구의 정치적 자유주의가 생태적 홀로코스트(holocaust)를 초래하게 된 것도 이와 같은 맥락에서 이해될 수 있다. 19세기 말까지 과학 연구의 기본 패러다임이었던 기계론적 세계관은 생명현상까지도 물리, 화학적으로 모두 설명할 수 있다고 보는 환원주의 과학방법론에 의거해 있었다. 그러나 인문과학은 인문정신을 배제하고서는 논할 수가 없고, 사회과학이나 생활과학은 수많은 구성요소들이 유기적으로 링크되어 있는 복잡계를 이해하지 못하고서는 현실 세계의 실상을 파악하거나 유효한 대처방안을 제시하기 어렵다.

오늘날 과학기술의 융합현상이 근대 분과학문의 경계를 넘는 통합 학문* 의 시대를 촉발시키고 사회 전 분야에 걸쳐 혼융을 통해 새로운 문화를 창출해내는 이른바 '퓨전(fusion)' 코드의 급부상으로 생명 중심의 가치관으로의 패러다임 전환이 촉발되고 있다. 기술융합에 따른 과학기술 패러다임의 변

---

* 미국 뉴멕시코주 산타페 연구소, 남아공의 스텔렌보쉬 연구소, 그리고 네덜란드 헤이그의 라테나우 연구소 등은 분과학문의 경계를 넘어 과학기술 영역과 인문사회과학 영역을 아우르는 '통합 학문'의 연구를 통해 인류의 새로운 문명을 모색하고 있다.

화가 지식의 대통합을 통해 총체적인 패러다임 전환을 주도하고 있는 것이다. 21세기에 들어 새로운 통합 패러다임으로의 전환이 가속화되고 있는 것은, 정신·물질 이원론에 입각한 근대 과학의 기계론적 세계관으로는 사실 그대로의 세계를 파악할 수 없을뿐더러 생물적·심리적·사회적·환경적 현상이 상호적으로 연결된 현실의 문제를 해결할 수도 없기 때문이다. 기술융합 현상이 단일 기술로는 해결하기 어려운 의료복지, 환경 등의 복합적인 사회 문제의 등장과 그 맥을 같이 하듯, 지식통합 또한 개별 학문의 지식만으로는 해결하기 어려운 현대 사회의 복합적인 문제의 등장과 그 맥을 같이 한다.

양자역학적 세계관으로 대표되는 뉴 패러다임의 통합적 특성은 오늘날 대통섭의 시대를 여는 바탕이 되고 있다. 하여 뉴 패러다임에 의한 생명정치가 21세기 정치학의 메가트렌드(megatrend)가 될 것이며 통섭의 시대로의 문명사적 대전환이 임박했다는 예단이 나오고 있다. 새로운 통합 패러다임은 경험주의(empiricism), 합리주의(rationalism), 그리고 초월주의(transcendentalism)가 이상적이고도 궁극적으로 통합된 것이다.[25] 뉴 패러다임이 생명 가치에 주목하는 것은, 우주의 본질인 생명에 대한 근원적 성찰이 없이는 새로운 계몽시대를 열 수가 없기 때문이다. 인류의 이념적 표상이 되어 온 지속가능한 사회(sustainable society)란 생명 가치가 활성화된 '열린 사회'를 일컫는 것이다. 지배와 복종의 이분법에 기초한 권력정치는 더 이상 생명력이 없을뿐더러 아무런 감동을 추동해내지도 못한다.

하지만 원융무애(圓融無礙)한 통섭의 본질을 이해하지 못하고서 통섭을 논하는 것은 지적 유희(intellectual play)에 불과하며 실재성이 없다. 다양한 분야를 섭렵하는 해박한 지식을 가지고 있다고 해서 통섭이 일어나는 것은 아니다. '있음(Being)'이 전체와 분리된 개체로서가 아니라 유기체로서의 관계론적 의미임을 이해할 때 비로소 통섭이 일어난다. 통섭의 본질에 대한 무지는 우주의 본질인 생명에 대한 무지에서 오는 것이다. 본체[본체계, 의식계]와 작용[현상계, 물질계]을 상호 관통하는 생명의 역동적 본질을 이해하지 못하는 데서 오는 것이다. 다시 말해 생명의 본체인 하늘[一]과 그 작용인 우주만물[多]이 하나라는 천인합일의 이치를 알지 못하는 데서 오는 것이다. 생명을 육체에 부착된 물질적인 것, 다시 말해 육체가 죽으면 생명도 끝나는 것으로 이해한다면 생명의 전일성은 결코 파악될 수 없다. 생명이 단순히 개체화된 물질적 생명체가 아니라 비분리성·비이원성을 본질로 하는 영성이라는 사실을 이해하지 못하고서는 삶과 죽음에 대한 진정한 통찰이 일어날 수 없다. 모든 이해의 바탕은 우주의 실체가 의식이라는 것, 그리고 이 우주에 분리되어 존재하는 것은 아무것도 없으며 모두가 연결되어 있다는 것이다.

사실 뉴 패러다임의 통섭적 본질은 새로운 것이 아니라 유사 이래 모든 철학과 과학, 종교에서 숱한 지성들이 끊임없이 설파해 온 것이다. 생명의 전일성과 유기적 통합성에 기초한 우리 고유의 '한'사상, 일즉삼(一卽三 또는 一卽多)·삼즉일(三卽一 또는 多卽一)의 논리 구조에 기초한 동양의 천인합일 사상, 『우파니샤드 *The Upanishads*』의 브라흐마(Brāhma)와 아트만(Ātman), 불교의 삼신불(三身佛), 플라톤(Plato)의 이데아계와 현상계, 아리스토텔레스(Aristotle)의 형상과 질료, 중세의 '삼위일체론'과 보편논쟁(controversy of universal), 베네딕투스 데 스피노자(Benedictus de Spinoza)의 실체와 양태, 송대(宋代)와 조선시대의 이기론(理氣論), 동학의 불연기연(不然其然) 등은 모두 생명의 본체[天·神·靈]와 작용[우주만물]의 관계성을 규명하기 위한 것이었다. 실로 생명의 전일적 본질에 대한 이해가 없이는 자유와 평등, 정의와 평화, 행복과 복지 등 인류가 추구하는 제 가치는 한갓 정치 슬로건에 불과한 것이 되기 때문이다.

환원주의에 근거한 분자생물학적 접근으로는 본체와 작용, 전일성과 다양성, 전체성과 개체성의 상호 관통을 이해할 수가 없으므로 통섭의 본질 또한 제대로 파악하기 어렵다. 20세기가 과학의 시대였다면, 21세기는 과학과 영성의 접합 시대라는 점에서 인문사회과학과 자연과학, 예술과 과학의 통섭은 시대적 필연이다. 통섭의 노력은 일체를 관통하는 보편적인 진리에 이르기 위한 것이다. 이 '나'라는 제한되고 작은 관념을 해체하면 이 세상에 '나' 아닌 것이 없게 된다. 생명에 대한 무지(ignorance)와 경시 또는 모독은 왜곡된 인식에 기초한 학문적 불구(academic deformity)의 산물로서 자연억압과 인간억압을 추동하는 원리로 작용해 왔다. 오늘의 인류가 직면한 총체적인 인간 실존의 위기는 바로 생명에 대한 부적절한 인식에서 파생된 것이다. 통섭의 시대로의 문명사적 대전환을 이룩하기 위해서는 생명적(생태적) 사유와 정치적 사유를 통섭하는 보편적 지식체계의 구축이 절실하게 요구된다.

4. 뉴 패러다임의 실천적 적용의 한계 및 극복 방안

1) 뉴 패러다임의 실천적 적용의 한계

오늘날 우리는 초연결·초융합·초지능의 4차 산업혁명 시대에 살고 있다고 자부한다. 근대 분과학문의 경계를 허물고 지식의 융합을 통해 복합적이며 다차원적인 세계적 변화의 역동성에 대처하려는 움직임이 전 세계적으로 일고 있긴 하지만, 아직은 무늬만 그러할 뿐이다. 사람과 사물, 공간 등이 상호 연결된 초연결사회의 인간 호모커넥투스(Homoconnectus)는 연결되어 있어도 고독하다(Connected, but alone). 외적·기술적 존재성을 넘어 '내적 자아'의 연결로 이어지지 못하기 때문이다. 비분리성·비이원성을 본질로 하는 영성에 대한 통찰 없이 뉴 패러다임에 대해 논하는 것은 핵심이 빠진 껍데기만 논하는 것이다. 그렇게 되면 인류 사회의 진화라는 것도 문명의 외피만 더듬는 외적·기술적 수준에서 조명하게 된다. 현대 물리학이 주도하는 뉴 패러다임의 의미와 가치는 그것이 함축하고 있는 정치철학이 현실의 정치사회에 구현될 때 비로소 발현될 수 있다.

그렇다면 뉴 패러다임의 실천적 적용의 한계는 어디로부터 오는 것일까? 미국의 생물학자 에드워드 윌슨(Edward O. Wilson)의 저서 『컨실리언스 *Consilience*』(1998)가 『통섭』으로 번역, 출판되면서 국내에서도 통섭이라는 용어가 학계의 화두가 되었다. 『컨실리언스』의 번역서 서문은 "설명한다, 그러므로 나는 존재한다"라는 주제어로 시작되고 있으나, 진리는 설명의 차원이 아니라 이해의 차원이며, 추론의 차원이 아니라 직관의 차원이다. 르네 데카르트(René Descartes)의 '생각하는 존재'가 내 생각을 존재와 동일시하는 에고(ego, 個我)로서의 존재이듯, 역자인 최재천의 '설명하는 존재' 또한 내 설명을 존재와 동일시하는 에고로서의 존재다. 에고는 곧 분리의식이며, 분리의식으로 통섭을 논할 수 없다는 것은 자명한 이치다. 시작부터 논리적 딜레마에 빠지게 된 셈이다. 이는 뉴 패러다임의 실천적 한계가 어디로부터 오는 것인지를 극명하게 보여주는 한 사례다. 이에 관한 확장된 논의를 필자의 『통섭의 기술』(2010)에서 발췌해 보기로 한다.

> 더욱이 그(최재천)는 "'설명하는 뇌', 즉 '통섭의 뇌'는 인문학을 절대적으로 필요로 한다…분석은 과학적인 방법론을 사용하여 할 수 있지만 통섭은 결국 언어로 하는 것이기 때문이다"[26]라고 함으로써 통섭을 언어 수준의 지적 희론으로 비하하는가 하면, 인문학이라는 학문을 언어와 동일시함으로써 결과적으로 인문학의 정신 자체를 모독했다. 이렇게 되면 통섭은 그야말로 그가 말하는 '다학

> 문적(multidisciplinary) 유희'에 지나지 않게 된다. "학문의 경계를 허물고 일관된 이론의 실로 모두를 꿰는 범학문적(transdisciplinary) 접근"[27]이 인문학과 자연과학의 만남을 통해 모든 학문의 통합으로 이어질 것이라는 그의 낙관적인 주장은 그 '만남'의 메커니즘을 간파하지 못함으로써 외적인 조우에 그칠 뿐, 통합 학문을 이끌어낼 내적인 만남은 이루지 못하고 있다.[28]

한편 저자인 윌슨은 통섭에 관한 논의 자체가 경험적 시험(empirical tests)에 뿌리를 둔 실험 과학을 통해서만 가능하다고 봄으로써[29] 결과적으로 자연과학 중심의 학문적 제국주의—더 정확하게는 생물학 제국주의—를 초래했다.

> 그(윌슨)는 지식의 통일(unification of knowledge)이 이루어지게 되면 "우리가 누구이며 왜 여기에 존재하는지를 이해하게 될 것"[30]이라고 말한다. 그러나 그가 말하는 지식의 통일은 의식계[본체계]와 물질계[현상계]의 상호 관통을 이해하지 못함으로 해서 직관적인 앎을 배제하는 결과를 낳았다. 온전한 앎은 단순한 이론적 지식의 통합에서가 아닌, 그러한 통합의 궁극적 기반에 대한 올바른 이해를 통하여 일어난다.…윌슨은 사물의 현상적 측면과 관련된 감각적·지각적·경험적 판단의 영역만을 중시한 나머지 사물의 근본 이치와 관련된 초논리·초이성·직관의 영역을 배제하고 있다. '숨겨진 질서(implicate order)'는 우주의 창조적 에너지의 흐름, 즉 홀로무브먼트(holomovement)[31] 그 자체이며, 주체와 객체의 이분법은 성립되지 않는다는 사실을 놓치고 있는 것이다.[32]

이러한 반(反)통섭적 사고는 생명의 본체와 작용의 상호 관통에 대한 몰이해에 기인하는 것으로 인류 의식의 현주소를 말하여 준다. '드러난 질서

(explicate order)'가 다양하게 분리된 것처럼 보이는 물리적 세계[多]라면, '숨겨진 질서'는 일체의 이원성을 넘어선('에너지'로서 접혀있는) 전일성의 세계[一]다. '숨겨진 질서'와 '드러난 질서'의 관계는 우주의 본질인 생명의 본체와 작용의 관계로서 상호 조응해 있으며 상호 관통한다. 세계 최고 지성으로 뽑힐 정도로 영향력 있는 과학자로 알려진 리처드 도킨스(Richard Dawkins)가 『만들어진 신 *The God Delusion*』(2006)[33]을 비롯한 그의 저서 전반을 통하여 무신론이냐 유신론이냐에 천착한 것은 진리의 본질을 놓친 것으로 일종의 지적 희론(知的 戱論)에 지나지 않는다. 생명의 본체인 하늘(天·神·靈)과 그 작용인 우주만물이 하나임(天人合一)을 인식한다면, 우주만물을 떠나 따로이 신이 존재하는 것이 아님을 이해한다면, 신이 존재하지 않음을 과학적 논증을 통해 증명하는 식의 의미 없는 논쟁에 빠지지는 않았을 것이다.

현대 물리학의 혁명적 진보가 인류의 가치체계의 혁명적 변화를 가져오게 한 것은 사실이지만, 독일의 물리학자 막스 플랑크(Max Planck)가 적절하게 지적한 것처럼 "새로운 과학적 진리는 그 반대자들을 설득하고 이해시킴으로써 승리한다기보다는, 오히려 그 반대자들이 결국에는 죽고 그것에 익숙한 새로운 세대가 성장하기 때문에 승리하게 되는 것이다."[34] 식자우환(識字憂患)이란 말의 본질적 의미는 언어의 세계에서 벌어지는, 실재와는 유리된 지적 희론의 위험성을 지적한 것이다. 오늘날 뉴 패러다임이라는 용어가 유행어처럼 사용되고 있지만, 영성이 배제된 근대 서구의 객관적 이성 중심주의 내지는 개성과 다양성이 배려되지 않은 전체성의 관점은 통섭적 사유체계가 결여되어 있기 때문에 세상을 변혁시키는 동력으로 작동하기 어렵다.

2) 극복 방안

그렇다면 뉴 패러다임의 실천적 적용의 한계를 어떻게 극복할 것인가? 앤드루 맥아피는 다양한 근거를 제시하면서 자원 착취가 '이미 정점을 지났거나 지나고 있다'며, '정점 이후' 즉 포스트 피크(post-peak)의 세상은 자연을 덜 착취하면서도 더 많은 것을 누리는 세상,[35] 다시 말해 생활방식과 사회·경제 시스템이 총체적으로 혁신되는 탈물질화의 세상이 될 것이라고 말한다. 그는 전화기, 캠코더, 녹음기를 하나로 묶은 스마트폰을 '탈물질화의 세계 챔피언'[36]이라고 말한다. 탈물질화를 가능케 한 것으로 그는 기술 발전, 자본주의, 대중의 인식(public awareness), 반응하는 정부(responsive government)를 꼽고 이를 '낙관주의의 네 기수(four horsemen of the optimist)'[37]라고 명명했다. 그의 통섭적인 관점은 자본주의와 기술 발전 그리고 환경 보전, 재생에너지와 원자력, 환경론자와 개발론자를 상호보완적이고 협력적인 관계로 이해한다.

탈물질화로 압축되는 맥아피의 '포스트 피크'의 세상에 대한 예단은 세계를 이해하는 인식론적 틀인 과학적 방법론의 변천과도 맥을 같이 한다. 또한 신과학이나 미래학자들의 예단과도 일맥상통하는 바가 있다. 양자역학적 세계관으로 대표되는 뉴 패러다임은 융복합적이고 통섭적인 특성을 갖는다. 그런데 우리 사회의 경우 아직은 무늬만 통섭이다. 이는 대학이 실천적 사유를 거부한 채 융복합·통섭이라는 인기몰이 간판을 내걸고 테크노크라트 양성소로 변해가고 있다는 사실에서 잘 드러난다. 그렇다고 맥아피의 낙관론이 빛을 잃는 것은 아니다. 위기와 기회는 공존하는 것이기 때문이다. 동학에서도 "하원갑(下元甲) 지나거든 상원갑(上元甲) 호시절에 만고 없는 무극대도(無極大道) 이 세상에 날 것이니…"[38]라고 하여 곧 새로운 성운(盛運)의 시대가 올 것임을 예견하고 있다. 수운(水雲) 최제우(崔濟愚)는 이러한 시운관(時運觀)을 바탕으로 후천(後天) 오만 년을 펼칠 새로운 활로로서의 대도(大道) 동학을 창도했다.

통섭적인 뉴 패러다임은 물질과 정신, 부분과 전체, 작용과 본체의 유비적 대응 관계에 주목한다. 이러한 유비적 대응관계를 이해하지 못하고서는 사실 그대로의 존재계를 바라볼 수가 없기 때문이다. 실로 마음속 생각이 우리가 실제 경험하는 모든 것의 청사진이 되므로 이 세상은 마음속 생각의 투사영일 뿐이다. 현대 과학이 단순히 객관적인 물리 세계를 다루는 것이 아니라 의식과의 접합을 통해 형이상학적인 정신과학의 일반적인 문제들과 내재적으로 상호 긴밀히 연결되어 있다고 보는 것도 이와 같은 맥락에서 이해될 수 있다. 동양사상의 바탕을 이루는 이사(理事), 체용(體用), 진속(眞俗), 염정(染淨) 등의 상호 대립하는 범주들 역시 의식계[본체계]와 물질계[현상계]의 상호 연결성을 이해하기 위해 설정한 논리적 범주다. 한마디로 물질[氣, 色, 有]의 궁극적 본질이 비물질[理, 空, 無]과 둘이 아니며 분리성은 환상에 지나지 않는다는 것이다.

뉴 패러다임의 실천적 적용의 한계는 융복합·통섭의 메커니즘을 간파하지 못함으로 해서 우주의 본질인 생명의 전일성에 대한 실천적 사유로 나아가지 못하는 데서 오는 것이다. 온전한 앎은 파편화된 지식체계의 통합에서가 아닌, 그러한 통합의 궁극적 기반에 대한 올바른 이해를 통하여 일어난다. 여기서는 '한'사상의 근대적 발현인 동학의 관점에서 뉴 패러다임의 실천적 적용의 한계를 극복하는 방안을 탐색해보기로 한다. 동학은 동(東)에서 났으니 동학이라고 한 것일 뿐, 일체의 경계가 해체된 무경계의 사상이다. 동학은 공공성과 소통성, 자율성과 평등성을 본질로 하는 '한'사상이 근대의 시공간 속에서 독창적으로 발현된 생명사상이다. 생명은 육체에 부착된 물질적인 그 무엇이 아니라 분리 자체가 근원적으로 불가능한 영성(靈性) 그 자체라는 것이 생명사상의 진수(眞髓)다.

양자역학적 세계관으로 대표되는 뉴 패러다임의 통섭적 특성은 동학의 불연기연(不然其然: 그렇지 아니함과 그러함)의 논리에서 분명히 드러난다. 본체계[의식계]와 현상계[물질계]를 회통하는 불연기연의 논리는 체(體)로서의 불연(사물의 근본 이치와 관련된 초논리·초이성·직관의 영역)과 용(用)으로서의 기연(사물의 현상적 측면과 관련된 감각적·지각적·경험적 판단의 영역)의 상호 관통에 대한 논리[39]로서, 천인합일의 이치를 보여주는 '오심즉여심(吾心卽汝心: 내 마음이 곧 네 마음)'[40]과 마찬가지로 통섭적 세계관을 보여준다. 동학의 통섭적 세계관은 동학의 키워드인 '시(侍: 모심)'의 3화음적 구조, 즉 내유신령(內有神靈)·외유기화(外有氣化)·각지불이(各知不移)[41]에서도 확연히 드러난다. '신령'과 '기화'는 생명의 본체와 작용, 내재와 초월의 관계로서 합일이다. 생명은 본래 불가분의 하나이지만, 하늘(天·神·靈, 混元一氣, 至氣)과 우주만물의 전일적 관계를 나타내기 위해 설명의 편의상 하늘을 생명의 본체라고 하고 만물은 그 작용이라고 하는 것이다.*

'안으로 신성한 영(靈)이 있고 밖으로 기화(氣化)의 작용이 있다'는 것은 생명의 본체인 영(靈, 靈性, 神性, 참본성)** 즉 하늘(混元一氣, 至氣)이 만유의 본질로서 내재해 있는 동시에 만물화생(萬物化生)의 근본 원리로서 작용하고 있

---

* 생명은 분리할 수 없는 절대유일의 하나인 까닭에 '하나'님, 유일자 또는 유일신이라고 부르기도 한다. 동양에서는 전통적으로 하늘(님)이라고 부른다. 말하자면 '하늘(天·神·靈, 混元一氣, 至氣)'은 생명 그 자체이지만 만물과의 전일적 관계를 나타내기 위해 설명의 편의상 생명의 본체라고 하고 만물은 그 작용이라고 하는 것이다.

** 우주의 실체는 의식이므로 靈[보편적 실재, 非局所的 知性]은 곧 靈性이며 神性이다. 「요한복음」(4:24, 14:6)과 「요한일서」(4:8)에는 신이 곧 靈이고 진리이고 생명이고 사랑이라고 나와 있다.

다는 것이다. '각기 알아서 옮기지 않는다(各知不移)'는 것은 생명의 본체[본체계]와 작용[현상계]이 하나(不二)임을 알아서, 다시 말해 우주만물이 전일성의 현시(顯示)임을 알아서 천심(天心, 참본성, 一心)에서 벗어나지 않는 것이다. 이러한 '시'의 3화음적 구조는 생명의 전일성과 자기근원성에 대한 명료한 인식을 기반으로 「시천주(侍天主: 한울님 즉 '하늘'님을 모심)」도덕의 실천적 측면을 보여주는 것이다. 「시천주」 도덕이 우주만물을 전일성의 현시로 본 이면에는 본래의 천심을 회복하여 참자아의 자각적 주체가 됨으로써, 다시 말해 '내가 나 되는 것'[42]을 통해 공심(公心)의 발휘가 극대화됨으로써 평등무이(平等無二)한 무극대도(無極大道)의 세계를 구현하려는 동학사상의 실천원리가 담겨 있다.

동학 '시(侍)'의 3화음적 구조는 융복합·통섭의 메커니즘을 간파함으로써 일체 만물이 전일성의 현시임을 밝히고 생명의 전일성에 대한 실천적 사유를 전개함으로써 뉴 패러다임의 실천적 적용의 한계를 극복할 수 있게 한다. '마음의 과학'으로 불리는 양자역학이 가져다준 인식의 혁명적 전환—이 세상의 모든 것은 견고한 물질로 이루어져 있는 것이 아니라 양자장(場)*에서 요동치는 파동일 뿐이라는—과 마찬가지로, '심학(心學)'으로 불리는 동학 역시 모든 것의 근본은 의식이며 물질은 의식으로부터 파생된 것이라고 본다. 따라서 뉴 패러다임의 실천적 적용의 요체는 의식의 진화[영적 진화, spiritual evolution]에 있다. 뉴 패러다임은 의식의 진화를 통해 물질계, 양자계, 그리

* 인간 의식의 본질과 그 치유 능력을 탐구해온 조 디스펜자(Joe Dispenza)에 따르면 "양자장은 자연의 모든 법칙을 지배하고 조직하고 통합하며, 빛에 형태를 줌으로써 에너지에 질서를 부여한다. 이는…피보나치 수열이 물질에 어떻게 질서를 부여하는지만 봐도 알 수 있다. 가능성 혹은 생각들로 이루어진 영점장(zero-point field: 무한대의 가능성이 존재하는 양자장의 단일점)이 그 주파수를 느리게 해 질서와 형태를 만드는 것이다"(조 디스펜자 지음, 추미란 옮김, 『당신도 초자연적이 될 수 있다』(서울: 샨티, 2019), 369쪽).

고 비국소적 지성(靈性)—육의 눈(肉眼), 마음(정신)의 눈(心眼), 영의 눈(靈眼)과 각각 상호 조응하는—이 통합 패러다임을 구축함으로써 실천적으로 적용될 수 있다. 완전히 통합된 의식은 부분의 단순한 합이 아니라 이 셋을 포괄하면서도 동시에 초월하는 의식이다. 진정한 융복합·통섭이 이루어지는 것은 바로 이러한 '열린 의식'을 통해서이다.

온전한 앎의 경계에서 있는 그대로의 세상을 바라보는 '열린 의식'은 수심정기(守心正氣)를 통해 이루어진다. 본래의 진여(眞如)한 마음을 지키고 기운을 바르게 함으로써 우주 '한생명'을 자각적으로 실천하는 것, 그것이 동귀일체(同歸一體)의 요체다. 아담과 이브가 '선악과(善惡果)'를 따먹은 것이 원죄가 되어 낙원에서 추방되게 되었다는 에덴동산 이야기는 매우 은유적이다. 선악과를 따먹는 순간부터, 다시 말해 선과 악이라는 분별지(分別智)가 작용하는 순간부터 '나'와 '너', '이것'과 '저것'이 분리되고 대립하게 되어 근본지(根本智, 참본성, 混元一氣)로부터 멀어져 죄악에 빠져들게 된 것이니, 신[根本智]이 인간을 버린 것이 아니라 인간 스스로가 '분별지'로 인해 신으로부터 멀어진 것이다. 뉴 패러다임은 본질적으로 비분리적이고 비이원적이어서 우리의 세계관과 사고방식 및 가치체계가 이에 부응하지 못하면 실천적 적용은 기대하기 어렵다. 의식의 진화를 통해 '만사지(萬事知)'의 단계에 이르면 물질세계의 모든 것은 양자계의 에너지와 정보가 밖으로 드러난 것임을 알게 되므로 분리의식에서 벗어나 '근본지'로 향하게 된다.

수운은 새로운 성운(盛運)의 시대를 맞이하여 만인이 천심을 회복하여 천리(天理)를 따르게 되면 동귀일체가 이루어져 후천개벽(後天開闢)[43]의 새 세상이 열리게 된다고 보았다. 후천개벽의 새 세상은 곧 「시천주」로서의 자각적 주체에 의한 생명시대의 개창이라는 의미를 함축하고 있다. 동학의 생명사상은 천시(天時)와 지리(地理) 그리고 인사(人事)의 조응관계[44]에 기초한 시운관(時運觀)을 바탕으로 후천개벽사상으로 전개되고 있다. 후천개벽 또는 '다시개벽'은 우주의 대운(大運) 변화의 한 주기에 해당하는 것으로 천지개벽의 도수(度數)에 따른 것이다.[45] 우주의 자정작용(自淨作用)의 일환인 천지개벽의 도수에 조응하여 인위의 정신개벽과 사회개벽이 이루어지면 천지가 합덕하는 곤운(坤運)의 후천 5만 년이 열리게 되는 것이다. 이는 단순히 정신개벽과 사회개벽을 통한 지구 질서의 재편성이 아니라 천지운행의 원리에 따른 우주적 차원의 질서 재편이다.

우리 고유의 '한'사상과 그것의 근대적 발현인 동학은 '중일(中一)'[46]의 실천적 삶을 기반으로 한 홍익인간·재세이화(在世理化)·무극대도의 이상을 제시한다. 뉴 패러다임은 '아주 오래된 새것'으로 우리에게는 친숙한 것이다. 상고시대 조선이 세계의 정치적·종교적 중심지로서, 사해의 공도(公都)로서 세계 문화의 산실(産室) 역할을 했던 것처럼, 인류의 상생과 공영을 위해서 이제 우리는 뉴 패러다임을 놀이 문화로 승화시켜야 한다. 영성(靈性)과 물성(物性)을 상호 관통하는 '생명의 놀이'의 미학은 인간이 본래 호모 루덴스(Homo Ludens: 놀이하는 인간)임을 새삼 상기시킨다.

5. 결론

이상에서 우리는 양자역학적 세계관으로 대표되는 통섭적인 뉴 패러다임의 심원한 정치철학적 함의와 그것의 실천적 적용에 대해 고찰하였다. 방법론으로는 현대 과학과 동양의 영적 지혜의 전통과의 접합을 통해 생명에 대한 심오한 철학적·과학적 이해를 바탕으로, 먼저 세계를 이해하는 인식론적 틀인 과학적 방법론의 변천에 대해 일별한 후 뉴 패러다임의 본질과 특성에 대해 살펴보았다. 다음으로 뉴 패러다임의 정치철학적 함의를 생명정치와 생명문화로의 대전환과 통섭의 시대로의 문명사적 대전환이라는 두 가지 측면에서 고찰하였다. 나아가 '과학적 물질주의'의 전 지구적 지배에 따른 뉴 패러다임의 실천적 적용의 한계를 살펴보고, 그 극복 방안을 동학의 관점에서 탐색해보았다.

뉴 패러다임의 등장은 현대 과학—특히 현대 물리학—의 진보와 상관관계에 있다. 원자들이 나타내는 물리·화학적 성질을 설명하기 위해 제시된 원자 모형은 가장 작은 알갱이로 이뤄진 단단한 공 모형인 원자 모형에서 '플럼-푸딩 모형'으로, 다시 '행성 모형'으로, 또다시 '궤도 모형'으로, 그리고 양자역학의 원자 모형인 현대의 '전자구름 모형'으로 대체됐다. 이러한 원자 모형의 변천은 세계를 이해하는 인식론적 틀이 계속해서 바뀌고 있음을 보여주는 것으로 새로운 패러다임의 등장은 과학혁명에 따른 과학적 방법론의 변천 및 패러다임 전환과 상관관계에 있다. 뉴 패러다임의 본질과 특성은 양자역학으로 대표되는 포스트 물질주의 과학의 핵심 내용에 잘 나타나 있다. 그것은 물질세계가 보이지 않는 에너지장을 바탕으로 하고 있으며, 이 에너지장은 비국소성[비분리성]을 갖고 시공을 초월하여 하나의 장(場)으로 연결되어 있다는 것이다. 비국소성은 양자적 실재의 본질이며, 이는 곧 우리 참자아의 본질이고 뉴 패러다임의 본질이다. 의식의 스펙트럼이 물질계에서 양자계와 비국소적 영역으로까지 확장된 것이다. 이러한 의식의 세 차원은 각 상위 차원이 하위 차원을 포괄하는 동시에 초월하는 진화적 홀라키로 이루어져 있다.

뉴 패러다임이 함축하고 있는 정치철학적 의미는 크게 두 가지 측면, 즉 생명정치와 생명문화로의 대전환이라는 측면과 통섭의 시대로의 문명사적 대전환이라는 측면에서 살펴볼 수 있다. 근대적 '생명'은 '생명정치적 신체'

와 '벌거벗은 생명'이라는 두 개의 대립적인 층위를 이루고 있기 때문에 생존이 보증될 가능성과 홀로코스트가 승인될 가능성이 병존한다. 생명은 권력이 적극적으로 관리하고 조절하고 증진시켜야 할 일차적인 대상이 된 것이다. 생명의 전일적 본질에 기초한 뉴 패러다임은 의식과 물질, 주관과 객관이 모두 '한맛'이라고 보는 생명 패러다임이다. 이러한 전일적인 새로운 패러다임의 정치에 의해서만 생명정치적 분열은 극복될 수 있고 진정한 생명정치와 생명문화로의 대전환 또한 가능하게 된다. 뉴 패러다임의 통합적 특성은 오늘날 대통섭의 시대를 여는 바탕이 되고 있다. 생명이 단순히 개체화된 물질적 생명체가 아니라 비분리성·비이원성을 본질로 하는 영성이라는 사실을 이해하지 못하고서는 대통섭의 시대에 대한 진정한 통찰이 일어날 수 없다. 통섭의 시대로의 문명사적 대전환을 이룩하기 위해서는 생명적 사유와 정치적 사유를 통섭하는 보편적 지식체계의 구축이 절실하게 요구된다.

뉴 패러다임의 실천적 적용의 한계는 융복합·통섭의 메커니즘을 간파하지 못함으로 해서 우주의 본질인 생명의 전일성에 대한 통찰이 일어나지 못하는 데서 오는 것이다. 온전한 앎은 파편화된 지식체계의 통합에서가 아닌, 그러한 통합의 궁극적 기반에 대한 올바른 이해를 통하여 일어난다. 의식의 진화를 통해 '만사지(萬事知)'의 단계에 이르면 물질세계의 모든 것은 양자계의 에너지와 정보가 밖으로 드러난 것임을 알게 되므로 '분별지'에서 벗어나 '근본지'로 향하게 된다. 뉴 패러다임의 실천적 적용의 요체는 의식의 진화에 있다. 의식의 진화를 통해 완전히 통합된 의식은 물질계, 양자계, 비국소적 지성(靈性)—육의 눈, 마음의 눈, '영'의 눈과 각각 상호 조응하는—의 단순한 합이 아니라 이 세 차원을 포괄하면서도 동시에 초월하는 의식이다. 진정한 융복합·통섭이 일어나는 것은 바로 이러한 '열린 의식'을 통해서이다. 뉴 패러다임은 본질적으로 비분리적이고 비이원적이어서 우리의 세계관과 사고방식 및 가치체계가 이에 부응하지 못하면 실천적으로 적용되기 어렵다.

동학 '시(侍)'의 3화음적 구조는 융복합·통섭의 메커니즘을 간파함으로써 일체 만물이 전일성의 현시임을 밝히고 생명의 전일성에 대한 실천적 사유를 전개함으로써 뉴 패러다임의 실천적 적용의 한계를 극복할 수 있게 한다. 만인이 천심을 회복하여 우주 '한생명'을 자각적으로 실천하면 동귀일체가 이루어져 후천개벽의 새 세상이 열리게 된다는 것이다. 천지개벽의 도수에 조응하여 인위의 정신개벽과 사회개벽이 이루어지면 천지가 합덕하는 진정한 생명시대가 열리게 되는 것이다. 이는 단순히 정신개벽과 사회개벽을 통한 지구 질서의 재편성이 아니라 천지운행의 원리에 따른 우주적 차원의 질서 재편이다. 「시천주」 도덕이 우주만물을 전일성의 현시로 본 이면에는 본래의 천심을 회복하여 '내가 나 되는 것'을 통해 공심(公心)의 발휘가 극대화됨으로써 평등무이한 무극대도의 세계를 구현하려는 동학사상의 실천원리가 담겨 있다.

오늘날 뉴 패러다임을 기용하는 통섭학이 이원론에 입각한 서구의 과학문명을 비판하면서도 여전히 이원론에 빠져 있음은 '과학적 물질주의'의 전 지구적 지배가 너무 깊기 때문인지도 모른다. 감염병 팬데믹 또한 기후변화, 자원고갈, 불평등 문제와 마찬가지로 글로벌 차원의 접근이 필요하다. 그러나 이분법적인 낡은 패러다임으로는 국가이기주의 내지 집단이기주의에 빠지게 되므로 실효성을 기대하기 어렵다. 뉴 패러다임이 떠오른 지 100년이 다 되었지만, 물질이라는 그 뿌리 깊은 관념에서 여전히 탈피하지 못한 채 '벌거벗은 생명(호모 사케르)'은 지금 이 순간에도 세계 도처에서 양산되고 있다. 삶에 대한 사유의 근본적인 전환을 통해 지식과 '삶'의 화해가 절실히 요구된다. 오늘날 지구 대격변의 시기에 '삶'에 대한 실천적 사유로의 근본적인 전환은 정녕 인류의 생존이 달린 문제이기도 하다.

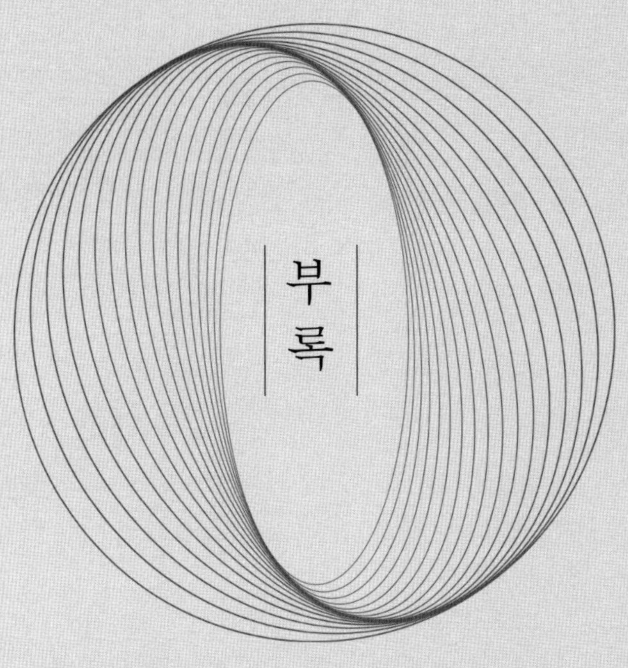

부록

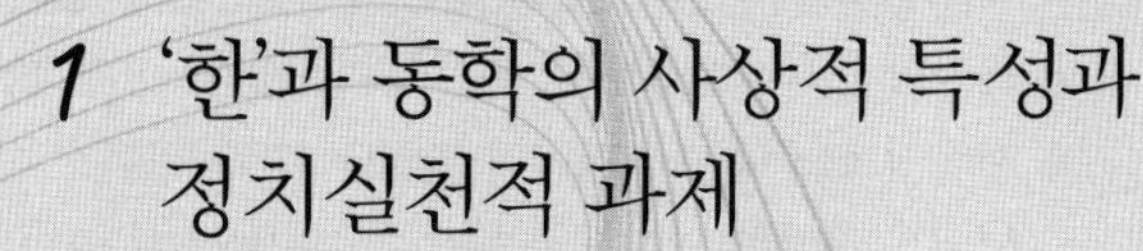

1 '한'과 동학의 사상적 특성과 정치실천적 과제

'한'은 '대일(大一)'의 사상이며 '무경계'의 사상이고 인류 보편의 사상이라는 점에서 '한'사상의 근대적 발현인 동학과 본질적으로 상통한다. '한'사상과 동학의 가르침은 우주와 지구와 인간의 새로운 관계 정립이 요망되는 현 시점에서 진지(眞知)를 통해 만사의 정합성(整合性)을 온전히 이해할 수 있게 함으로써 새로운 계몽시대를 여는 길라잡이 역할을 할 수 있을 것이다. 이원성을 넘어선 진정한 앎에서 평등성지(平等性智)가 드러나고 삶 자체에 대한 전적인 수용과 더불어 만유를 차별 없이 사랑하는 실천이 나오게 된다. 오늘날 '한'사상이나 동학이 긴요한 것은, '하나됨'에 대한 인식과 실천이 없이는 인류가 추구하는 제 가치가 실현될 수 없기 때문이다. 우리가 '한'과 동학의 사상적 특성과 정치실천적 과제에 대해 고찰하려는 것도 한반도 평화통일과 더불어 개인과 공동체가 '자기조화(self-consistency)'를 이루는 지구생명공동체를 구현하기 위한 것이다.

- 본문 중에서

오직 하나의 실체만이 있을 뿐, 여러 실체가 있을 수 없다.
…there cannot be granted several substances, but one substance only.

- Benedictus de Spinoza, *Ethica*(1675)

1. 서론

생장·분열의 천지비괘(天地否卦)에서 수렴·통일의 지천태괘(地天泰卦)*로 넘어가는 문명의 대변곡점에서 '한'사상은 오늘날 다시 주목받고 있다. '한'사상은 '대일(大一)'의 사상이며 '무경계(no boundary)'의 사상이다. 그런 점에서 '한'사상의 근대적 발현인 동학(東學) 역시 '한'사상과 본질적으로 상통한다. 실재(reality)는 경계가 없다. 이는 철학적 사변이 아니라 구체적인 삶의 문제다. 원래 자연에는 경계가 없지만 분별지(分別智)에 사로잡힌 에고(ego, 個我)가 경계를 긋기 시작하면서, 선과 악, 삶과 죽음, 행복과 불행 등 이분법의 신화가 창조된 것이다. '한'사상과 동학을 관통하는 '하나(一)'의 원리는 천·지·인 삼재의 연관성에 대한 자각에 기초해 있는 까닭에 국가·민족·인종·성·계급·종교·이념 등 일체의 경계를 초월하여 평화로운 이상세계를 창조하는 토대가 될 수 있다.

---

* 宇宙曆 전반 6개월(春夏)의 先天 乾道시대는 생장·분열의 시기이며 天地否卦(䷋)인 음양상극의 시대인 관계로 강자가 약자를 억누르고 民意가 제대로 반영되지 못하며 빈부격차가 심하고 여성에 대한 남성의 지배와 자연에 대한 인간의 지배가 만연한 시대로 일관해 왔다. 하지만 우주력 후반 6개월(秋冬)의 後天 坤道시대는 수렴·통일의 시기이며 地天泰卦(䷊)인 음양지합[正陰正陽]의 시대인 관계로 일체 대립물의 통합이 이루어지며 진리가 인간 사회 속에 구현되는 聖俗一如·靈肉雙全의 시대다.

'한'사상과 동학은 '한'족(한민족)에게 귀속되는 특수 사상이 아니라 인류 보편의 사상이다. 역사상 지성세계를 뜨겁게 달구었던 논쟁들 역시 생명의 본체[天·神·靈]와 작용[우주만물]의 관계성에 관한 것이었다. 플라톤(Plato)의 이데아계와 현상계, 아리스토텔레스(Aristotle)의 형상과 질료, 성 아우구스티누스(성 어거스틴 Saint Augustine of Canterbury)의 『삼위일체론』, 중세 스콜라철학(Scholasticism)의 보편논쟁(controversy of universal), 베네딕투스 데 스피노자(Benedictus de Spinoza)의 실체와 양태, 이(理)·기(氣) 개념에 근거한 송대(宋代)와 조선시대의 이기론(理氣論) 등은 천·지·인 삼신일체나 동학의 불연기연(不然其然)과 마찬가지로 모두 본체계[의식계]와 현상계[물질계]의 관계성에 관한 것이었다. 진여(眞如: 본체, 본체계)인 동시에 생멸(生滅: 작용, 현상계)로 나타나는 생명의 본질적 특성을 알지 못한 채 세상을 논하는 것은, 마치 달과 달그림자의 관계를 이해하지 못한 채 단순히 천강(千江)에 비친 무수한 달그림자에 대해서만 논하는 것과 마찬가지로 실재성이 없다.

이 시대의 가장 큰 사건은 현대 과학의 발달에 따른 생명의 재발견이다. 현대 물리학은 고대 동양의 현자들이 물리적 세계의 구조가 마야(maya 幻影) 또는 '유심(唯心)'이라고 말한 것을 실험적으로 입증하고 있다.[1] 영성(靈性, 一)과 물성(物性, 多)의 역동적 통일성을 이해하지 못하는 정신적인 소음 상태에서는 생명의 자기조직화(self-organization)에 의해 실재세계와 그림자세계, 즉 본체계와 현상계의 양 차원이 생겨나는 것을 이해할 수가 없다. 그런 상태에서는 거대한 홀로그램적 투영물인 우주를 어떤 부분들의 단순한 집합(assemblage)으로 간주하게 되고, 파동체인 생명현상을 단순한 물리 현상으로 귀속시키게 된다. '한'사상과 동학은 통섭적 세계관에 기초한 생명사상이고 에코토피아적 지향성을 띤 천인합일의 사상이며 실천적 삶과의 관계성에 주목하는 삶의 사상이다. 이들 사상이 우리 시대에 긴요한 것은 무경계의 실재를 통찰할 수 있는 핵심 원리를 제공하기 때문이다.

'한'사상과 동학의 가르침은 진지(眞知)를 통해 만사의 정합성(整合性)을 온전히 이해할 수 있게 함으로써 새로운 계몽시대를 여는 길라잡이 역할을 할 수 있을 것이다. 이원성을 넘어선 진정한 앎에서 평등성지(平等性智)가 드러나고 삶 자체에 대한 전적인 수용과 더불어 '큰 사랑'의 실천이 나오게 된다. 현실과 유리된 영성에 관한 논의는 관념에 불과한 것이고, 진리와 유리된 지식이나 학문은 '지적 희론(知的 戱論)'에 불과한 것이므로 인류가 추구하는 제 가치를 실현할 수가 없다. 오늘날 '한'사상이나 동학이 긴요한 것은, '하나됨'에 대한 인식과 실천이 없이는 인류가 추구하는 제 가치가 실현될 수 없기 때문이다. 우리가 '한'과 동학의 사상적 특성과 정치실천적 과제에 대해 고찰하려는 것도 개인과 공동체가 '자기조화(self-consistency)'를 이루는 새로운 계몽시대를 개창하기 위한 것이다.

2. '한'과 동학의 사상적 특성

1) 공공성과 소통성을 본질로 하는 생명사상

'한'사상의 '한'은 전일(全一)·광명(光明) 또는 대(大)·고(高)·개(開)를 의미한다. '한'은 무경계이며, 전체성이며, '자기조화'의 의미를 함축하고 있다. '한'은 생명의 전일성과 자기근원성, 근원적 평등성과 유기적 통합성의 의미를 내포하고 있다. 이 세상 그 어떤 것도 포괄하지 않음이 없고 포괄되지 않음도 없다. 따라서 '한'사상은 특정 국가나 민족, 인종과 성(性), 종교와 계급 등 그 어떤 것에도 귀속될 수 없다. '한'사상의 보편성이 여기에 있다. '한'사상의 정수(精髓)를 담고 있는 『천부경(天符經)』[2]은 생명의 유기성과 상호 관통을 바탕으로 한 생명경(生命經)이다. '한'은 생명의 비밀을 그 어떤 종교적 교의나 철학적 사변이나 언어적 미망에 빠지지 않고 단 한 자로 열어 보인 '대일(大一)'의 사상이다. '한'사상은 영성과 물성, 본체와 작용의 합일에 기초한 생명사상이다.

본체계와 현상계를 회통(會通)하는 동학의 불연기연의 논리는 이분법적 사유체계를 초월해 있으므로 생명의 전일성과 자기근원성을 드러낸다. 동학의 핵심 키워드인 「시(侍: 모심)」의 세 가지 의미 가운데 '신령(神靈)'과 '기화(氣化)'는 일심의 이문(二門)인 진여(眞如)와 생멸(生滅)의 관계와도 같이 내재와 초월, 본체와 작용의 관계로서 생명의 전일성을 밝힌 것이다. 하늘과 만물의 일원성을 깨달아 순천(順天)의 삶을 사는 것이 '불이(不移, 不二)'다. 이는 곧 생명이 영성임을 깨닫는 것이다. 무시무종이고 불생불멸이며 무소부재(無所不在)인 생명의 영성을 깨달으면 물질일변도의 사고에서 벗어나게 되므로 공공성과 소통성, 자율성과 평등성의 발휘가 극대화된다.

2) 일즉삼·삼즉일의 논리 구조에 기초한 천인합일의 사상

'한'사상은 일체의 생명이 근원적으로 평등하고 유기적으로 연결되어 있다고 본다. '한'사상에는 천도(天道)에 부합하는 도덕적 인격의 완성을 통해 이화세계(理化世界)를 구현하려는 의미가 함축되어 있으며, 인류 사회의 평화와 행복을 추구하는 홍익인간·광명이세(光明理世)의 정치이념이 내재되어 있다. 일즉삼·삼즉일(一卽三·三卽一)*의 논리구조가 말하여 주듯, 우리 상

---

* 기본수 三이 표징하는 천·지·인 삼재는 곧 사람과 우주만물을 나타내므로 三은 多와 그

고시대로부터 이어져 온 '한'사상은 영성과 물성이 하나라고 보는 천·지·인 삼신일체의 사상이다. 상고시대의 신교(神敎) 역시 삼신일체에 뿌리를 두고 있다. 생명은 본체의 측면에서는 분리할 수 없는 절대유일의 '하나(一)'이니 '한'사상이지만, 작용의 측면에서는 천·지·인 삼신(三神, 우주만물)이니 삼신사상이다. 생명은 생사를 포괄하는 홀로무브먼트(holomovement)라는 것이 '한'사상의 가르침의 핵심이다.

생명의 본체는 분리 자체가 불가능한 절대유일의 하나[유일자, 유일신, '하나'(님)], 즉 영성 그 자체이므로 전일성의 속성을 띠지만, 본체의 자기복제(self-replication)로서의 작용으로 우주만물이 생겨나는 것이니 전일성[神靈]은 동시에 다양성[氣化]의 속성을 띤다. 전일성과 다양성, 영성과 물성을 통섭하는 원리가 바로 '불이[不移, 一心]'다. 이 우주에는 우리의 인식 여부와는 무관하게 내재된 필연적인 법칙성에 따라 움직이는 진리의 차원이 분명 실재하며, 그러한 내재적 법칙성에 의해 끝없는 생명의 순환이 일어난다. 이를 수운은 '무왕불복지리(無往不復之理)', 즉 '가고 돌아오지 아니함이 없는 이법'이라고 하였다. 본체계와 현상계를 관통하는 생명의 순환을 이해하면 순천의 삶을 살게 되므로 영성과 물성의 간극이 사라지고 하늘과 사람과 만물의 '하나됨'을 자각적으로 실천하는 '인내천(人乃天)'이 발휘된다.

의미가 같은 것이다. 따라서 一卽三·三卽一은 곧 一卽多·多卽一로서 생명의 본체와 작용의 전일적 관계를 나타낸다. 이는 곧 생명의 전일성을 의미하는 것으로 천인합일이란 이를 두고 하는 말이다. 천·지·인 삼신일체는 그 체가 일신[유일신]이며 작용으로만 삼신이다.

3) 통섭적 세계관에 기초한 삶의 사상

'한'의 통섭적 세계관은 무수한 사상(事象)이 펼쳐진 '다(多)'의 현상계와 그 무수한 사상이 하나로 접힌 '일(一)'의 본체계가 외재적(extrinsic) 자연과 내재적(intrinsic) 자연, 작용과 본체의 관계로서 상호 조응하는 것으로 본다. '한' 사상의 통섭적 세계관의 특질은 『천부경』 81자가 표징하는 '생명의 3화음적 구조(the triadic structure of life)'* 속에 잘 나타나 있다. 즉 상경(上經) 「천리(天理)」에서는 생명의 본체인 '하나(一)'에서 우주만물(三)이 나오는 일즉삼의 이치를 드러내고, 중경(中經) 「지전(地轉)」에서는 음양 양극 간의 역동적인 상호 작용으로 천지 운행이 이루어지고 음양오행이 만물을 낳는 과정이 끝없이 순환 반복되는 '하나(一)'의 이치와 기운의 조화 작용을 나타내며, 하경(下經) 「인물(人物)」에서는 우주만물의 근본이 '하나(一)'로 통하는 삼즉일의 이치와 소우주인 인간의 대우주와의 합일을 통해 하늘의 이치가 인간의 삶 속에 징험(徵驗)됨을 보여준다.[3] 천부경의 정수(精髓)가 담겨진 '인중천지일(人中天地一)'은 천·지·인 삼신일체의 천도(天道)를 체득한 일심의 경계다.

동학 역시 통섭적 세계관을 바탕으로 하고 있다. 동학의 불연기연[4]의 논리와 「시천주(侍天主: 하늘(님)을 모심)」도덕은 천·지·인 삼재의 통합성에 대한 자각에 기초하여 우주만물이 하나의 기운으로 꿰뚫어진 까닭에 만물의 생성·변화·소멸 자체가 모두 지기(至氣, 混元一氣)인 하늘의 조화 작용인 것으

---

* '생명의 3화음적 구조'란 용어는 필자의 저서, 『천부경·삼일신고·참전계경』(2006)에서 천부경 81자의 구조를 天·地·人[法身·化身·報身, 聖父·聖子·聖靈, 內有神靈·外有氣化·各知不移], 즉 생명의 본체-작용-본체·작용의 합일이라는 세 구조로 나누면서 처음 사용한 신조어다. 여기서 報身, 聖靈, 各知不移를 '人'과 조응하는 것으로 본 것은 '人'의 실체가 물질적 형상이 아닌 참본성, 즉 一心이기 때문이다.

로 본다. 통섭적 세계관에 기초한 천·지·인 삼신일체의 삼신사상, 불교의 삼신불(三身佛: 法身·化身·報身), 기독교의 삼위일체(聖父·聖子·聖靈)와 마찬가지로 동학 「시(侍)」의 세 가지(內有神靈·外有氣化·各知不移) 의미가 진리의 정수(精髓)로 여겨지는 것은 그것이 바로 본체-작용-본체·작용의 합일이라는 생명의 비밀을 푸는 마스터키이기 때문이다. 「시천주」 도덕의 실천은 하늘의 조화(造化) 기운과 하나가 됨으로써 진실로 우주만물의 근본이 '하나'임을 자각하는 것[萬事知]을 전제로 한다. 동학의 인식과 존재의 변증법적 통합은 인내천이 발휘되는 '조화정(造化定)'의 삶 속에서 현실화된다.

4) 현대 물리학의 전일적 실재관의 원형으로서의 개벽사상

'한'의 우주관은 주체와 객체의 이분법이 폐기된 양자역학적 실험결과나, 일리야 프리고진(Ilya Prigogine)이 밝힌 산일구조(dissipative structure)의 자기조직화 원리와 마찬가지로 이 우주를 자기생성적 네트워크 체제로 인식한다. 근원적 일자인 '하나'는 스스로 생성되고 스스로 변화하여 스스로 돌아가는 '스스로(自) 그러한(然)' 자이므로 본체와 작용이 둘이 아니다. '한'은 쉼 없이 열려 변화하는 우주의 본성을 나타내는 개벽사상이다. '한'의 우주관은 부분과 전체가 함께 진화하는 공진화 개념이나, '참여하는 우주(participatory universe)'의 경계를 밝힌 양자역학적 관점을 이해할 수 있게 한다. '한'은 '무주(無住)의 덕(德)'[5]에 계합한다. 평등성지(平等性智)가 드러난 '무주의 덕'을 이해하면, 소립자(elementary particle)의 수준에서 물질이 비국소성(non-locality)을 띠는 안개와도 같은 것으로 나타나는 '미시세계에서의 역설'의 의미 또한 이해할 수 있다. '한'의 우주관은 현대 물리학의 전일적 실재관(holistic vision of reality)[6]의 원형(prototype)을 보여주는 것으로 생명의 근원적 평등성과 유기적 통합성의 본질에 접근할 수 있게 한다.

동학의 우주관은 절대유일의 '하나'가 만유의 본질로서 내재해 있는 동시에 만물화생(萬物化生)의 근본원리로서 작용한다는 사실을 밝힘으로써 생명의 순환을 이해할 수 있게 한다. '무위이화(無爲而化)의 덕'은 적정(寂靜)한 일심(一心)의 체성(體性)이 그대로 드러난 것이므로 그 덕과 기운과 하나가 되면[造化定], "공(空)도 아니고 공 아닌 것도 아니어서 공함도 없고 공하지 않음도 없다."[7] 따라서 '신령(神靈, 眞如)'인 동시에 '기화(氣化, 生滅)'로 나타나는 마음의 구조를 이해하면, 파동인 동시에 입자로 나타나는 양자역학적 세계관을 이해할 수 있다. 이는 곧 물질[色, 有]의 궁극적 본질이 비물질[空, 無]과 하나[8]라는 것이다. 동(東)에서 났으니 동학(東學)이라고 한 것일 뿐, 동학은 무경계의 사상이다. 동학의 후천개벽은 무위자연(無爲自然)의 천지개벽과 인위(人爲)의 정신개벽·사회개벽이, 하늘과 사람이 변증법적 통합을 이루어 새 하늘과 새 땅을 창조하는 '다시개벽'[9]이다.

5) 에코토피아적 지향성을 가진 무극대도의 사상

'한'사상은 인간 존재의 '세 중심축'—종교와 과학과 인문, 즉 신과 세계와 영혼의 세 영역(天地人 三才)—의 연관성에 대한 자각에 기초해 있는 까닭에 본질적으로 생태적이며 영적이다. '한'사상은 일체 생명이 동일한 내재적 가치(intrinsic value)를 지니며 인간과 비인간 모두가 평등하다고 보는 점에서 이분법의 해체(deconstruction)를 근간으로 한 서구의 탈근대 논의에 나타난 생명관과 일맥상통하는 바가 있다. 한마디로 생명은 곧 영성(靈性)이다. 생명의 본체인 절대유일의 '하나'가 바로 만물이 만물일 수 있게 하는 제1원인[神·天·靈]이며 그것이 우주지성[性]인 동시에 우주 생명력 에너지[命]이고 우주의 근본 질료[精]라는 사실을 알게 되면, 우주만물이 모두 이 '하나'의 자기 현현(self-manifestation)임을 자연히 알게 된다. '한'사상은 생명의 전일성과 자기근원성에 대한 갈파(喝破)이며 생태적 지속성(ecological sustainability)을 띤 지구생명공동체의 구현에 기여할 수 있을 것이다.

동학은 삼경(三敬: 敬天·敬人·敬物)을 실천함으로써 하늘(天)과 사람(人)과 만물(物)이 소통하는 세상을 구현하고자 한다. '자기원인'이자 만물의 원인인 하늘은 만물과 분리될 수 없다. 그런 까닭에 특정 종교의 하늘(님)이 아니라 만인의 하늘이며, 우리가 경배해야 할 초월적 존재가 아니라 마음이 곧 하늘이다. 이 세계는 생물적·심리적·사회적·환경적 현상이 상호 긴밀히 연결되어 있는 까닭에 시스템적 세계관에 입각한 생태적 통찰(ecological insight)이 필요하다. 동학사상은 국가·민족·인종·성·계급·종교 등 모든 경계를 초월하여 평등무이(平等無二)의 평화로운 이상세계를 창조하는 토대가 될 수 있다는 점에서 에코토피아(ecotopia: 생태적 이상향)적 지향성을 가진 무극대도(無極大道)의 사상이다.

3. '한'과 동학의 실천적 전개

1) '한'의 실천적 전개

'한'사상은 천·지·인 삼재의 융화에 기초한 경천숭조(敬天崇祖: 제천을 기반으로 한 '경천'사상과 충효를 기반으로 한 '숭조'사상의 합성어)의 '보본(報本: 근본에 보답함)'사상이다. 고조선에서는 본래 제왕을 '한'이라고 호칭했으며, '태양=하느님[天]=단군=단굴(단군이 계신 전당)' 숭배가 하나의 체계로 통합되어 고

조선 문명의 신앙적 특징을 형성했다.[10] 상고시대 우리 조상들은 박달나무 아래 제단을 만들고 소도(蘇塗)라는 종교적 성지가 있어 그곳에서 '경천숭조' 하는 수두교를 펴고 법질서를 보호하며 살았다. 예로부터 높은 산은 하늘로 통하는 문으로 여겨져 제천의식이 그곳에서 거행되었다. 천제의식을 통해 해혹복본(解惑復本: 미혹함을 풀고 참본성을 회복)함으로써 광명이세· 홍익인간의 이념을 구현하고자 했다. 이러한 이념이 정치의 근간이 되어왔음은 상고시대 환인씨(桓因氏)가 세운 나라인 '환국(桓國: 밝고 광명한 나라, 즉 태양의 나라, BC 7199~BC 3898)'[11]이라는 국호가 잘 말하여 준다. 이처럼 하늘에 제사지내고 근본에 보답하는 소도의식을 통해 군왕과 백성이 일체감을 이루어 국권을 세우고 정치적 결속력을 강화하며 국운의 번창을 기원했다.

우리 고유의 사상인 '보본'사상은 일즉삼·삼즉일의 원리를 생활화한 것이다. '집일함삼(執一含三)' · '회삼귀일(會三歸一)'[12]을 뜻하는 이 원리는 생명의 본체인 '하나'에서 우주만물이 나오고 다시 그 '하나'로 되돌아가는 다함이 없는 생명의 순환과정을 도식화한 것으로 생명의 근원적 평등성과 유기적 통합성을 명징하게 보여준다. 삼라만상의 천변만화(千變萬化)가 모두 한 이치 기운(一理氣)의 조화(造化)작용인 까닭에 생명의 본체인 '하나'와 그 작용인 우주만물은 상호 연관·상호 의존 관계에 있다는 것이다. 마고(麻姑)의 삼신사상, 즉 '한'사상은 고조선의 개국을 주도한 '한'족(한민족)—맥(貊)·예(濊)와 결합해서[13]—의 근간이 되는 사상일 뿐만 아니라 모든 종교와 진리의 모체가 되는 사상이다. 우리 조상들은 참본성을 따르는 것이 곧 천도(天道)이며,[14] 만유를 떠난 그 어디에 따로이 하늘이나 신이 존재하는 것이 아님을 알고서 경천·경인·경물의 '삼경(三敬)'을 생활화해 왔다. 홍익인간· 광명이세의 건국이념과 경천숭조의 보본사상, 천·지·인 삼신일체의 천도에 부합하는 천부(天符)사상[15]과 신교, 우리 고유의 풍류(風流, 玄妙之道)[16]는 '한'사상의 전형을 보여준다.

널리 인간 세상을 이롭게 하고 천리(天理)에 순응하는 광명한 세상을 만들고자 했던 홍익인간·광명이세의 정치이념은 국가나 민족, 인종, 성, 종교, 계급의 경계를 넘어선 인류 보편의 이념을 함축한 것이었다. 비록 상고시대에는 오늘날과 같이 인터넷이나 언론매체, 각종 SNS를 통해 동(同)시간대에 연동되는 지구촌 차원의 '한마당'이 형성되지는 못했지만, 그 시대 나름의 전지구적 문명이 있었다. 신라 눌지왕(訥祗王) 때의 충신 박제상(朴提上)의 『부도지(符都誌: 『澄心錄』15誌 가운데 제1誌)』에 따르면,[17] 파미르 고원의 마고성(麻姑城)에서 시작된 한민족은 황궁씨(黃穹氏)와 유인씨(有因氏)의 천산주(天山州) 시대를 거쳐 환인씨의 적석산(積石山) 시대, 환웅씨(桓雄氏)의 태백산(중국 陝西省 소재) 시대, 그리고 단군 고조선 시대로 이어지는 과정에서 전 세계로 퍼져 나가 천·지·인 삼신일체의 가르침에 토대를 둔 천부사상['한'사상]과 문화를 세계 도처에 뿌리내리게 했다. 우리 상고시대 정치대전이자 만백성의 삶의 교본으로 국본(國本)을 상징했던 『천부경』은 환국으로부터 전승되어 온 것이었으니, 천부사상['한'사상]의 전승은 실로 오래된 것이다. '한'사상이 '한'족에게 전승되어 오고 있는 것은 아마도 우리 '한'족이 장자민족이기 때문일 것이다.

국내에서는 일부 연구자들이 『환단고기(桓檀古記)』의 사료적 가치에 대해 의문을 제기하기도 하지만, 서울대 천문학과 박창범 교수와 표준연구원 천문대의 라대일 박사는 『환단고기』 「단군세기(檀君世紀)」에 나오는 13세 단군 흘달(屹達) 50년(BC 1733) 무진(戊辰)에 수성, 금성, 화성, 목성, 토성의 다섯 행성이 결집한 오성취루(五星聚婁) 현상과 같은 단군조선시대의 천문 현상을 컴퓨터 합성 기법을 이용해 역으로 추적하여 시각화함으로써 『환단고기』의 내용을 과학적으로 검증한 바 있으며,[18] 그 연구 결과는 『하늘에 새긴 우리 역사』(2002)라는 책으로 출간되었다. 또한 일본에서는 『환단고기』의 사료적 중요성에 대해 일찍이 주목한 바 있다. 즉 대동아전쟁이 끝나자 일본에서는 고사 고전 연구가 붐을 이루면서 『환단고기』가 일본의 고사 고전 가운데 『호쯔마 전(秀眞傳)』 및 상가야(上伽倻) 왕조사의 내용과 부합하는 것에 주목한 것이다. 일본의 가시마 노보루(鹿島昇)는 『환단고기』를 일어로 전역(全譯)하고 그것이 또 하나의 상가야 왕조사[19]라고 주장한다.

환국의 12연방 중 하나인 수밀이국(須密爾國)은 천부사상으로 수메르 문화·문명을 발흥시켰고, 그것이 오늘날 서양 문명의 뿌리라고 할 수 있는 기독교에 상당한 영향을 미쳤다는 점, 그리고 그 옛날에는 아시아 대륙이 오늘날처럼 여러 국가나 민족으로 분화되지 않고 열려있었다는 점에서 '한'사상은 '한'족만의 사상이 아니라 인류의 뿌리사상이며 동·서양의 문화·문명을 발흥시킨 모든 종교와 진리의 모체가 되는 사상이라고 해야 할 것이다. 조선 초기의 학자이자 생육신의 한 사람이었던 매월당(梅月堂) 김시습(金時習)의 『징심록추기(澄心錄追記)』[20]는 우리 역사상 왕권과 결부되는 것으로 간주되는 금척(金尺)에 『천부경』이 새겨져 있었음을 확연히 보여준다. 금척은 환단(桓檀)시대로부터 전래되어 온 영원성·무오류성을 지닌 우주만물의 척도로서 천부경을 새겨서 천권(天權)을 표시한 천부인(天符印)[21]의 일종이다. 천부경의 원리와 가르침은 반안군왕(盤安郡王) 대야발(大野勃: 발해국 시조 대조영의 아우)의 『단기고사(檀奇古事)』에도 나타나 있으며,[22] 또한 조선 정조(正祖) 5년 구월산 삼성사에 올린 치제문(致祭文)[23]에도 '천부보전(天符寶篆 또는 天符寶典)'이 세세로 전해져 왔다는 사실이 기록되어 있어 천부사상의 지속적인 전승과 심대한 가치를 짐작케 한다.

『천부경』은 상고시대 조선이 세계의 정치적·종교적 중심지로서, 사해의 공도(公都)로서, 세계 문화의 산실(産室) 역할을 하게 했던 '천부보전'이었다.

당시 국가지도자들은 사해(四海)를 널리 순행했으며, 천부에 비추어서 수신하고 해혹복본(解惑復本)을 맹세하며 모든 종족과 믿음을 돈독히 하고 돌아와 부도(符都)를 세웠다. '부도'란 천부의 이치에 부합하는 나라 또는 그 나라의 수도라는 뜻으로 환국· 배달국· 단군조선에 이르는 우리 상고시대의 나라 또는 그 수도를 일컫는 것이다. '한'사상에서 복본을 강조한 것은, 본연(本然)의 참본성을 회복하면 일체의 이원성에서 벗어나 조화세계를 구현할 수 있기 때문이다. 참본성을 회복한다는 것은 천·지·인 삼신일체의 천도를 체득한다는 것이고, 이는 곧 근본지(根本智)로 돌아가 하늘과 사람과 만물의 '하나됨'을 자각적으로 실천하는 것이다. 인내천(人乃天)이란 것이 바로 이것이다.

『삼일신고』의 요체인 '성통공완(性通功完)', 즉 참본성이 열리고 공덕을 완수하는 것이나, 『천부경』의 요체인 '인중천지일(人中天地一)', 즉 천·지·인 삼신일체의 천도를 체현하는 것, 그리고 『참전계경(參佺戒經)』의 요체인 '혈구지도(絜矩之道)', 즉 남을 나와 같이 헤아리는 추기탁인(推己度人)의 도는 모두 우주만물의 근본이 하나임을 자각하는 것을 전제로 한다. 마음을 밝히고 세상을 밝히는 '큰 덕과 큰 지혜와 큰 힘', 즉 우주 '큰 사랑'은 바로 생명의 전일성에 대한 자각적 실천에서 발휘된다. 천부경의 원리와 가르침은 단군팔조교(檀君八條敎)[24], 부여 구서(九誓)의 가르침에도 나타나 있으며, 고구려인들의 삶과 정신세계에도 깊이 용해되어 있었다.[25] 『대학(大學)』「전문(傳文)」 치국평천하(治國平天下) 18장에서는 군자가 지녀야 할 '혈구지도'를 효(孝)·제(悌)·자(慈)의 도(道)로 제시하고 있다. 이러한 '한'사상의 자각적 실천은 무명(無明)의 삶의 행태를 벗어날 수 있게 함으로써 '만방의 백성들을 편안케 하는' 것으로 오늘의 우리에게도 절실히 요구된다.

2) 동학의 실천적 전개

동학의 사회정치적 참여가 활성화된 것은 영성 공동체로서의 성격과 정치적·사회적 운동체로서의 성격이 복합된 접포제(接包制)의 형성에 따른 것이다. 1862년 수운(水雲) 최제우(崔濟愚)는 '접주제(接主制)'를 창설하였으나 1864년 3월 10일 그가 대구에서 참형을 당하면서 동학의 접 조직은 일시 괴멸되었다. 동학의 접 조직이 재개된 것은 해월(海月) 최시형(崔時亨)에 의해서였다. 그는 1863년 8월 14일 도통(道統)을 전수받았다. 1875년 강원도 정선에서 거행된 수운의 51회 탄신 기념식에서 해월은 천시(天時)에 조응해서 세상일을 한다는 '용시용활(用時用活)'의 법설을 하였고, 그로부터 3년 만인 1878년에 동학의 접은 재개되었다. 특히 1884년 12월 동학도가 수적으로 증가하면서 기능적 분화와 전문성 및 효율성을 극대화하기 위해 해월은 육임제(六任制)를 도입하게 된다. 이로써 동학은 명실공히 조직으로서의 체계성과 유기성을 갖추게 된다. 그리하여 1890년대에 '접'은 전국적인 조직으로 뿌리를 내리게 된다.

동학도들이 늘어나면서 사회세력화하자, 토호와 관원들의 탄압도 심해져 일부 동학도들은 재산을 약탈당하고 온 가족이 길거리로 내몰리기까지 했다. 정부는 동학을 이단으로 규정하고 엄금하고 있었기 때문에 탄압을 막는 유일한 길은 정부로 하여금 동학을 공인하도록 만드는 것이었다. 이에 동학 지도부가 생각해낸 것이 교조신원운동이었다. 정부로 하여금 참형을 당한 수운의 죄를 사면케 하고 동학을 합법화시켜 수용하게 하는 운동이었다. 그리하여 동학의 도가 이단이 아니라는 것과, 일본과 청국을 비롯한 외세의 침략성을 폭로하여 보국안민(輔國安民)을 위해 궐기해야 한다는 것을 기치로 내걸고 1892년 10월 하순부터 11월 초순경까지 교조신원운동에 들어가는 계획을 세웠다. 교조신원운동은 종교의 자유를 위한 것이었다기보다는 동학의 사회화 운동이었다.[26] 그러나 공주에 이어 삼례(參禮)에서도 뜻을 이루지 못하자 동학지도부는 보은 장내리에 동학도소를 설치하고 육임 등을 임명하여 정부를 상대로 하는 교조신원운동 준비에 들어갔다. 광화문 복합상소(伏閤上疏) 일자는 1893년 2월 11일로 정하였다.

중앙정부를 상대로 한 교조신원운동은 3일 만에 성과 없이 막을 내렸지만, 공주와 삼례의 교조신원운동 때부터 내세웠던 반외세운동이 광화문 앞 복소(伏疏)를 계기로 적극적인 형태를 띠게 되면서 동학의 척왜양운동(斥倭洋運動)에 온 나라의 관심이 집중되었다. 1893년 3월 10일 옥천에서 해월을 비롯한 동학지도부는 교조신원운동이 더는 성과가 없을 것으로 판단하고 '척왜양창의(斥倭洋倡義)'와 '보국안민'을 기치로 내걸고 사회정치적 변혁 운동체로서의 새로운 출발을 다짐했다. 3월 11일부터 수일 사이에 보은 장내리에는 2만여 명이 운집하였고 삼례와 금구 원평에도 수많은 동학도들이 운집하여 '척왜양창의'를 부르짖었다. 3월 17일 조정은 사태 수습을 위해 호조참판 어윤중(魚允中)을 양호도어사(兩湖都御史: 충청·전라도 도어사)로 임명했다. 당시 동학도들은 매우 질서정연하게 움직였으며 이들이 머물고 간 자리는 너무나 깨끗했다고 한다.[27]

그동안 동학의 단위조직은 수운이 창설한 '접'으로 50호 내외의 조직이었다. 그런데 1884년 갑신정변 이후 세상이 어수선해지자 동학도의 수가 늘면서 한 연원(淵源) 내에 여러 '접'이 생겨났고, '접'을 포괄하는 포(包)라는 호칭이 생겨나면서 '포'조직(연원조직)이 단위조직으로 부상했다. 1890년대에 이르면 동학의 단위조직은 '포'로 바뀌었고, 연원의 대표자는 대접주(大接主)로 바뀌었다. 포명(包名)이 없었기 때문에 대접주의 이름을 따서(예컨대, 손병희包) 자연스럽게 지어졌다. 어윤중이 재차 올린 장계(장계)에 따르면 동학 조직은 주로 농민들로 구성되어 있었지만 나라를 걱정하는 다양한 계층에서도 많이 참여한 것으로 나온다. 당시의 암울한 상황에서 동학이 하나의 대안으로 떠오른 것이다. 그러나 어윤중의 1차 장계(狀啓)를 받은 조정은 회유와 협박을 동시에 담은 윤음(綸音: 勅語)을 내려보내는 한편, 600명에 이르는 경군을 청주에 파견하였으며 보은에는 100명에 이르는 청주병영군을 출동시켰다.[28]

결국 동학지도부는 생업을 보장해주겠다는 어윤중의 약속을 받아들여 4월 2일 해산명령을 내렸다. 금구 원평에서도 4월 3일부터 해산하기 시작했다. 동학 대표들이 해산하는 조건으로 어윤중에게 제시한 요구는 척왜양창의에 그치지 않고 나라를 바로잡겠다는 생각으로 정치사회 전반에 대한 시정의 내용을 담고 있었다. 그러나 동학도들이 해산하자 정부는 공주, 삼례교조신원운동 때 전면에 나서 활동했던 서병학(徐丙學), 서장옥(徐長玉), 그리고 호남의 김봉집(金鳳集)에 대한 체포령을 내렸다. 보은집회를 통해서 연원을 중심으로 하는 포조직(包組織)*의 강화와 동원능력의 향상으로 동학운동은 전국적 봉기를 가능케 하는 토대를 구축했다. 그리하여 종래의 수행 중심의 동학운동은 정치사회의 변혁을 위한 운동으로 전환하게 되었으며 민중들에게 주인의식을 고취시켰다. 1893년 11월에 해월은 동학의 조직 강화를 위해 각 포에는 법소(法所, 包所: 包의 어른이 있는 곳으로 사무를 보는 곳)를 두고 포가 있는 본포(本包) 소재지에는 따로 도소(都所: 대접주가 있는 곳)를 두게 하였다.[29]

당시 조선왕조의 해체 현상은 가렴주구와 매관매직으로 인해 극에 달하였고, 계속되는 탐관오리의 횡포로 농민들의 생활은 파탄지경에 이르렀다. 지방관들의 수탈행위가 극심해지면서 1893년 11월 전라도 고부, 전주, 익산에서 민요(民擾)가 일어났다. 특히 고부군수 조병갑(曺秉甲)은 악명높은 탐관

오리였으며, 그의 학정(虐政)으로 인해 고부 농민들은 처참한 생활에 시달렸다. 1894년 1월 9일(陰) 정부가 조병갑을 고부군수로 재임명하자, 고부농민들은 격분하여 1월 9일 저녁에 예동(禮洞)에 모여 1월 10일(陽 2월 15일) 새벽 2시경에 고부접주 전봉준(全琫準) 등 7인의 주도로 민군 5백 명 정도가 고부관아를 향하여 출동했다. 전봉준은 1892년 11월 삼례 교조신원운동 때부터 민중운동에 앞장섰으며 그때 목숨을 걸고 자원해서 전라감사에게 소장을 전하기도 했다. 고부민요(古阜民擾)는 초기부터 태인 주산 동학접주 최경선(崔景善) 등 일부 동학도들이 조직적으로 참여해 주도적인 역할을 했기 때문에 『전봉준공초』에도 '기포(起包)'했다고 나온다. 11일부터 모여든 주민들은 14일에 이르러 18개 동에서 1만 명이나 되었다고 한다.[30]

정부는 1894년 2월 15일에 새 고부군수로 박원명(朴源明)을 차출하고, 장흥부사 이용태(李容泰)를 고부안핵사(古阜按覈使)로 임명하였다. 안핵사 이용태는 고부 백성들을 모두 동학도로 몰아 가혹행위를 일삼고 부녀자를 강간하고 재산을 약탈하는 등 온갖 악행을 일삼았다. 전봉준과 의기투합한 금구대접주 김덕명(金德明)과 무장대접주 손화중(孫華仲)과 태인대접주 김개남(金開南)은 보국안민과 제폭구민(除暴救民)을 기치로 내걸고 사람을 하늘처럼 섬기는 사인여천(事人如天)의 동학적 이상사회를 구현하기 위해 부패한 정치 현실을 개신하려는 거국적인 행동에 나서게 된다. 당시 동학의 정치의식은 제도로서의 군주제는 터치하지 않으면서 잘못된 정치는 민회를 열어 고쳐나가야 한다는 생각에 기초해 있었다. 그 구상은 오늘날의 의회제나 입헌군주제와 유사한 측면이 있다.[31] 2월 28일경에 김덕명, 김개남, 손화중 대접주와 주요지도자들은 전봉준을 동도대장(東道大將)으로 추대했다. 동학군의 포별기포(包別起包)는 3월 10일부터 20일에 걸쳐 이루어졌으며 백산 집결 후 강령과 격문을 발표하면서 동학운동은 혁명의 단계에 진입하게 된다.

1894년 4월 시작된 1차 봉기는 황토현(黃土峴) 전투와 황룡촌(黃龍村) 전투에서 관군을 격파해 전주성을 점령했다. 동학농민군은 원병으로 온 청군(淸軍)과 텐진 조약을 근거로 출병한 일본군의 철수와 폐정 개혁을 조건으로 정부와 전주화약(全州和約)을 체결하였으며 전라도 일대에 집강소(執綱所)를 설치하여 치안과 폐정 개혁을 실천했다. 접포제가 동학농민군의 자치체인 집강소로 발전한 것은 풀뿌리민주주의의 실천이라는 측면에서 특기할 만하다. 그러나 일본군이 경복궁을 점령하여 친일내각을 수립하고 청군을 기습해 청일전쟁이 발발하면서 승기를 잡은 일본이 관군과 함께 동학농민군을 탄압하기에 이르자, 동학농민군은 2차 봉기를 하게 된다. 2차 봉기는 반제국주의 근대 민족운동의 성격이 뚜렷하다. 영·미·러 등 열강이 조선영토의 분할점령안을 제기하고 일본이 경복궁을 점령하는 등 한반도의 정세가 긴박하게 돌아가는 상황에서 일어난 2차 봉기는 의병운동으로 규정되기도 한다.[32] 2차 봉기에서 전봉준 중심의 남접군(南接軍, 전라도 중심)과 손병희(孫秉熙) 중심의 북접군(北接軍, 충청도 중심)이 연합하여 항쟁했으나 우금치 전투에서 대패하고 12월에 전봉준이 체포되면서 1894년 동학혁명은 사실상 종지부를 찍게 된다.

의암(義菴) 손병희는 1897년부터 3년간 지하에서 교세 확장에 힘쓰다가 1897년 12월 도통을 전수받게 된다. 이후 동학은 지식층을 대상으로 한 개화운동으로 선회하여 동학 재건과 애국계몽의 민족운동의 일환으로 전개됐다. 1902년 문명개화의 시기에 보국안민 할 수 있는 방법으로 의암은 도전(道戰)·재전(財戰)·언전(言戰)의 「삼전론(三戰論)」[33]을 제시했으며, 1905년 12월 동학을 천도교로 개칭하면서 본격적인 문명개화운동을 전개하였다. 1910년 경술국치(庚戌國恥)의 시련에도 굴하지 않고 교세 확장을 통해 거국적인 3.1운동을 주도적으로 이끌었으며 이러한 독립정신은 이후 항일독립운동에도 지대한 영향을 미쳤다. 실로 자율성과 평등성에 기초한 동학의 접포제는 1894년 동학혁명과 1904년 갑진개화운동, 1919년 3·1운동[34]과 일제치하 항일독립운동의 사상적·조직적 기초가 되었으며, 보국의 주체로서의 근대적 민중의 대두를 촉발시키고 근대 민족국가 형성의 사상적 토대를 구축함으로써 새로운 문명 창조의 기틀을 마련하였다.

4. '한'과 동학의 정치실천적 과제

1) 한반도 평화통일

한반도는 지금 세계의 이목이 집중되어 있다. 미·중·러·일은 물론 유엔과 유럽연합(EU)이 한반도 비핵화에 플레이어로 역할하고 있기 때문이다. 1994년 한반도 비핵화를 위한 북미 제네바 합의 이후 국제사회의 강력한 경고에도 불구하고 2017년 9월 3일 북한의 6차 핵실험 강행으로 결국 2017년 9월 11일 유엔 안전보장이사회는 대북제재 결의 2375호에 따라 북한에 대한 제재를 더욱 강화했다. 이러한 국제사회의 대북제재에도 불구하고 2017년 11월 29일 북한이 또다시 장거리 탄도미사일(대륙간탄도미사일·ICBM) 발사를 감행하자, 동년 12월 22일 유엔 안보리는 더 한층 강화된 새 대북제재 결의 2397호를 만장일치로 채택했다. 주요 내용은 원유와 정제유 제재 강화, 북한 해외노동자 24개월 이내 송환,[35] 해상 차단 강화, 수출입 금지 품목 확대, 개인 및 단체에 대한 제재대상 추가 지정 등이다. 2018년 2월 26일(현지시간) 유럽연합은 안보리가 채택한 새 대북제재 결의 2397호를 반영해 대북제재를 더욱 강화하는 한편, 대북제재를 위반한 것으로 의심되는 선박들에 대한 해상 제한 조치 등 EU 차원의 추가적인 독자 제재안도 마련하고 24개월 이내에 자국법과 국제법에 따라 모든 북한 노동자들을 송환하기로 했다.

중요한 것은 한반도 비핵화 선언이 아니라 한반도 비핵화 개념에 대한 합의다. 이러한 합의가 없이는 2018년 4월 27일 판문점에서 개최된 남북정상회담이나, 뒤이어 6월 12일 싱가포르에서 개최된 북미정상회담이 실효를 거둘 수 없기 때문이다. 비핵화 개념에 대한 미국의 입장은 2018년 5월 13일(현지시간) 존 볼턴(John Bolton) 백악관 국가안보보좌관의 ABC·CNN방송 인터뷰에서 잘 나타난다. '영구적 비핵화(PVID)[36]란 어떤 것이냐'는 질문에 그는 '북한의 모든 핵무기의 제거·폐기와 미국 테네시주(州) 오크리지[37]로 옮기는 것'이라며, '선(先) 비핵화 후(後) 제재해제·경제보상'이라는 원칙을 재확인함으로써 '단계적·동시적' 비핵화라는 북한의 입장을 수용할 수 없음을 분명히 했다. 국제원자력기구(IAEA)도 일정한 역할을 하겠지만, 미국이 직접 북핵을 폐기하겠다는 것이다. 이어 그는 '비핵화 절차가 완전하게 진행돼야 하며, 그것은 불가역적인 것'이라고 했다. 또한 그는 '비핵화가 핵무기뿐만 아니라 북한이 과거 수차례 동의했던 우라늄 농축과 플루토늄 재처리 능력 포기를 의미한다'며, 생화학무기 등의 대량살상무기(WMD)와 대륙간탄도미사일도 폐기해야 한다는 입장을 밝혔다.

볼턴이 밝힌 미국의 북한 비핵화 목표는 핵탄두·핵물질·핵시설은 물론, 핵무기의 운반 수단인 탄도미사일과 생화학무기 등 모든 대량살상무기를 제거하는 것이다. 그 절차는 핵무기를 포함한 모든 대량살상무기 프로그램 위치 신고, 국제원자력기구 등이 참여하는 공개 검증, 미국 오크리지로 반출해 미국이 직접 폐기, 대북 보상의 순이다. 대북 보상 시점은 비핵화 조치 단계마다 보상을 받고자 하는 북한의 입장과는 달리, 대북 보상 전에 영구적이고 검증가능하며 불가역적인 핵폐기가 선행되어야 한다는 것이다. 대북 보상 방안은 미국의 직접적인 경제 원조 대신 북한의 '정상국가화(대북 제재와 테러 지원국 지정 해제 등)'를 통한 무역·투자·금융 지원의 방식이다.[38] 또한 미국의 북핵 폐기 방식을 놓고 볼턴이 주장한 '리비아 모델'에 대한 북한의 반감이 커지자 미국은 '트럼프 모델'을 제시했다. 2018년 5월 17일(현지시간) 트럼프 대통령은 '북한이 비핵화를 통해 산업화된 한국의 길로 갈 것인지, 아니면 결국 정권이 붕괴되고 파괴된 리비아의 길로 갈 것인지를 선택하라'며 '트럼프 모델'의 윤곽을 드러냈다.[39]

이상에서 볼 때 한반도 비핵화의 성공 여부는 비핵화 개념의 간극을 어떻게 해소하느냐에 달려 있다. 그러나 그 간극의 해소는 정치공학적인 것이 아니라 생각 자체가 바뀌어야 하는 문제인데, 그 생각이란 것이 권력의지와 단단히 결합되어 있으면 바뀌기 어려운 법이다. 더욱이 한반도 문제는 동북아의 역학구도, 특히 중미 패권구도와 맞물려 있는 관계로 고난도의 고차방정식이다. 평화가 정치공학적으로 실현되기 어렵다는 것은 인류의 역사가 증명한다. 인류의 역사가 반목과 대립과 갈등으로 점철될 수밖에 없었던 것은, 평화는 정치적 슬로건에 불과했고 그 이면에서는 권력의지가 끊임없이 충돌했기 때문이다. 1919년 6월 독일 제국과 연합국 사이에 맺어진 제1차 세계대전의 평화협정인 베르사유 조약(Treaty of Versailles)은 1919년 6월 28일 서명되어 1920년 1월 10일 공포되었다. 그러나 수많은 문제들이 얽히고설킨 베르사유 체제는 평화체제가 아니라 2차 세계대전이 발발하기까지 '20년간의 위기(The Twenty Years' Crisis, 1919~1939)'의 서막이었음을 우리는 잘 알고 있다.

유럽을 혼란시킨 모든 일이 베르사유 조약에서 기인한 것으로 본 네빌 체임벌린(Arthur Neville Chamberlain)이 1937년 영국 총리로 취임했을 때, 아돌프 히틀러(Adolf Hitler)가 자신이 희망하는 것은 1919년의 잘못을 시정하는 것이라고 하는 말을 믿고 그에 대한 '유화정책'을 추진했다. 히틀러의 정복전이 가시화되기 시작한 1938년, 체임벌린은 전쟁을 막기 위해 4강(독일·영국·프랑스·이탈리아) 회담을 제안하여 그해 9월 30일 뮌헨협정(Munchen agreement)을 맺었다. 뮌헨을 떠나기 전 체임벌린과 히틀러는 평화보장을 위한 협의를 통해 의견차를 해소하겠다는 희망을 밝힌 서류에 서명했다. 체임벌린은 의기양양하게 귀국해 전쟁의 위협이 사라졌으며 명예롭게 평화를 이룩했다고 환영 군중을 안심시켰다. 그러나 다음 해 3월 히틀러가 체코의 나머지 영토를 합병하고 9월에는 폴란드까지 침공하자, 영국은 하는 수 없이 독일에 선전포고를 하고 전쟁에 돌입하게 되는데, 이것이 제2차 세계대전으로 확전된다.

우리가 역사로부터 얻는 교훈은, 회담이나 조약 또는 협정은 정치적 전략의 산물인 까닭에 동상이몽인 경우가 허다하며 그 자체가 평화를 보장하는 것은 결코 아니라는 것이다. 그것이 지켜지는 것은 이해관계가 일치하는 동안만이다. 평화는 공동선에 대한 인식과 실천이 없이는 실현될 수가 없다. 우리 상고시대 수천 년 동안 동아시아를 평화롭게 다스렸던 것은 무기체제에 의해서가 아니라 천·지·인 삼신일체의 천도에 부합하는 천부사상, 즉 '한'사상[삼신사상]에 의해서였다. 당시에는 정치의 교육적 기능을 제일로 꼽았다. 20세기 실존주의의 대표자로 꼽히는 독일의 철학자 마르틴 하이데거(Martin Heidegger)가 세계 역사상 완전무결한 평화적인 정치로 2천 년이 넘도록 아시아 대륙을 통치한 단군 고조선의 실재를 자신이 인지하고 있다며, 모 철학 교수에게 '한'족의 국조 단군의 『천부경』을 이해할 수 있도록 설명을 요청했다는 일화는 우리로 하여금 많은 생각을 하게 한다.

한반도 문제는 지구 문제의 축소판이다. 한반도 매듭이 풀리면 지구의 매듭이 풀린다. 한반도 평화통일[40]을 위한 '큰 정치'는 보수니 진보니 하는 이념의 프레임에 갇히지 않는 까닭에 '자기조화'적이다. '큰 정치'는 국가·민족·인종·성·계급·종교 등의 성벽에 갇히지 않는 까닭에 무경계이며 전체성이다. '큰 정치'는 객관과 주관의 조화를 함축한 중용(中庸), 다시 말해 하늘의 '때(天時)'와 세상 '일(人事)'의 연계성을 함축한 '시중(時中)'의 도(道)로써만 가능한 것이다. 한반도에는 바로 그런 '큰 정치'가 필요하다. '한'과 동학이 이 시대에 긴요한 것은 이들 사상이 '큰 정치'를 가능하게 하는 사상적 토대를 제공하기 때문이다.

2) 지구생명공동체

『삼일철학역해종경합편(三一哲學譯解倧經合編)』「삼일신고서(三一神誥序)」[41]에는 발해국 반안군왕 대야발이 천통(天統) 17년 3월 3일에 쓴 『삼일신고』 서문이 실려 있다. 이 글은 세상을 혼란케 하는 수많은 문제들이 기실은 모두 참본성에서 멀어진 데서 기인하는 것임을 생생하게 보여준다. 본래 참본성[根本智]은 하나이지만 선과 악이라는 분별지(分別智)가 생겨나면서 '마음속 이글거리는 불길이 세상이라는 화로에 서로를 지지고, 서로 다투는 허망한 생각의 먼지가 본성의 문을 가림'으로 인해 밤 촛불에 날아드는 가엾은 부나비 신세를 면치 못하게 되었으므로 '큰 덕과 큰 지혜와 큰 힘(大德大慧大力)'으로 교화를 펴고 나라를 세우게 되었다고 나온다. 발해국 역시 천부사상의 맥을 잇고 있음을 보여준다. 우리 상고시대가 역사상 가장 조화롭고 평화로웠던 시대로 여겨지는 것은, 오늘날의 정치가 천·지·인 삼재의 연관성을 상실하고 주로 제도적 측면에 치중한 것과는 달리 상고시대의 정치는 인식과 제도의 변증법적 통합을 본질로 삼았기 때문이다. 근사한 옷을 입는다고 해서 몸의 질병이 치유되는 것이 아니듯, 근사한 제도를 만든다고 해서 세상의 질병이 치유되는 것이 아님을 간파했던 것이다.

'한'사상과 동학은 인류 보편의 사상으로 지구생명공동체의 실현을 추구한다는 점에서 오늘의 우리에게도 많은 시사점을 제공한다. 오늘날 학문세계에서 운위되고 있는 통섭이 지식 차원을 넘어 생명 차원의 통섭으로 나아가지 못하는 것은, 정신·물질 이원론에 입각한 기계론적 세계관으로는 물성과 영성의 역동적 통일성을 이해하는 데에 한계가 있기 때문이다. '한'과 동학의 사상적 가르침은 실천적 삶과의 관계성에 주목하여 만사의 정합성(整合性)을 온전히 이해할 수 있게 함으로써 물성과 영성, 지식과 지성의 간극을 메울 수 있게 한다. 인류가 추구하는 제 가치가 실현되고 새로운 계몽시대가 열리기 위해서는 '하나됨'에 대한 인식과 실천이 선행되어야 한다. 이원성을 넘어선 진정한 앎에서 삶 자체에 대한 전적인 수용이 일어나고 만유를 차별없이 사랑하는 실천이 나올 수 있기 때문이다. 사랑이 없는 지식으로는 결코 정의를 실현할 수 없으며 인류애나 평화를 실현할 수도 없다. 모든 인류가 추구하는 제 가치의 바탕이 되는 것은 사랑이기 때문이다.

우주 '큰 사랑'이 발휘되기 위해서는 내적 앎을 높여가야 한다. 앎(knowing)이 깊어지면 봄(seeing)도 깊어지고, '봄'이 깊어지면 삶(life)도 깊어진다. 삶의 심화는 온전한 앎에서 오는 것이다. 오늘날 지구촌이 '자기조화'를 이루지 못하고 파편화된 것은 영적 무지에 따른 '분별지'의 작용으로 인해 이 우주가 상호 긴밀히 연결된 '에너지-의식의 그물망'임을 인식하지 못한 데 기인한다. 말하자면 존재계의 관계적 본질에 대한 통찰이 일어나지 못함으로 해서 전일적 과정으로서의 생명현상을 파악하지 못했기 때문이다. '열린사회'의 적(敵)은 닫힌 의식이다. 종교 충돌·정치 충돌·문명 충돌이 말해주듯 인류의 뿌리 깊은 이분법은 소통성이 결여된 닫힌 의식에서 오는 것이다. 의식이 닫힌 상태에서 운위되는 정의니, 사랑이니, 평화니, 복지니 하는 것은 공허한 말잔치에 지나지 않는다. '신령'과 '기화', 영성과 물성이 하나임을 알면 순천의 삶을 살게 되므로 하늘과 사람과 만물의 '하나됨'을 자각적으로 실천하는 '인내천'이 발휘된다.

전체와 분리된 개체는 그 어떤 의미에서도 진리가 아니다. 생명의 전일적 흐름과 연결되지 못한 것은 결국 허구다. 만약 삼위일체 사상의 정수(精髓)가 삼신일체의 '한'사상과 일맥상통한 것임을 알았다면, 다시 말해 삼위일체의 진수(眞髓)가 생명의 전일성과 자기근원성에 있다는 사실을 이해했다면, 1,500년간 기독교에 대한 조금 다른 해석을 지키기 위해 다른 기독교인 수백만 명을 학살하지도 않았을 것이고, 16~17세기 유럽에서 가톨릭과 개신교 사이의 악명 높은 종교전쟁도 일어나지 않았을 것이다. 역사상 얼마나 숱한 자들이 종교를 표방하며 진리를 농락하고 인간의 영혼에 치명상을 입혔는지를 우리는 알고 있다. 그러한 농락은 지금도 계속되고 있다. 다양한 집단이 저마다의 하늘을 섬기며 종교적·정치적 충돌을 일삼는 것은, 탐(貪: 탐욕)·진(瞋: 성냄)·치(痴: 어리석음)라는 맹독성 물질로 인해 분리의 환영(幻影)에 사로잡혀 있기 때문이다.

지식과 삶의 화해를 전제하지 않은 통섭은 존재의 실상을 외면한 허구에 불과한 것이다. 실재를 인식할 수 있는 유일한 방법은 지성(intelligence)*을 향상시키는 길밖에 없다. 누에는 뽕잎을 먹고도 비단똥을 누지만, 인간은 산해진미를 먹는다고 해서 비단똥을 누는가? 인간의 머리가 온갖 지식의 파

---

* 사람은 각성이 될수록 두뇌에 있는 뉴런(신경세포)과 뉴런을 연결하는 시냅스(신경세포 連接)가 확장되어 사고능력이 증폭되고 지성이 높아진다. 지성(intelligence)의 어원은 라틴어 'intelliger'로서 그 뜻은 '사물을 연결하다'이다. 여기서 '연결하다'라는 '-liger'는 뉴런과 뉴런을 연결하는 '시냅스의 연결'을 뜻한다. 말하자면 지성이 높다는 것은 시냅스의 연결이 확장되는 것을 의미하며, 시냅스의 연결고리가 확장될수록 각성된 지성인이 되는 것이다.

편들로 꽉 채워져 있다 해도 연결성이 결여되면(통섭되지 못하면) 전자(電子, electron)의 운동을 방해하는 쓰레기에 불과한 것이다. 파편적 지식보다 연결이 중요한 것이다. 인간의 두뇌는 뉴런(neuron)으로 조직되어 있고 사고 활동은 시냅스(synapse)의 작용으로 이루어진다. 지식을 두뇌의 뉴런이라고 한다면, 지성은 시냅스의 연결이다. 시냅스의 연결로 지성이 높아지면 포괄적 이해능력이 향상되어 공동체적 삶의 중요성을 인식하게 된다. 인간 사회는 바로 이 시냅스의 집합체다. 한 사회가 어느 정도 계몽된 사회, 즉 양질(良質)의 사회인가 하는 것은 어느 정도로 확장된 시냅스를 보유하고 있느냐에 달려 있다. 말하자면 공동체 구성원 각자가 어느 정도로 스스로의 개체성을 공동체의 전체성과 연결시키고 있느냐에 달려 있는 것이다.

영국의 생명과학자 라이얼 왓슨(Lyall Watson)이 이론화한 '100마리째 원숭이 현상(The Hundredth Monkey Phenomenon)'은 인간 사회에도 적용될 수 있는 보편적인 현상이다. 1950년대 초 일본 교토대학의 영장류연구소에서는 미야자키현 고지마라는 무인도의 원숭이를 관찰했다. 이 지역 원숭이들은 고구마에 묻은 흙을 손으로 털어내서 먹었는데, 그중 한 마리에게 바닷물로 고구마를 씻어 먹도록 학습시킨 결과, 흙도 없고 소금기가 있어 맛도 좋아 다른 원숭이들도 차츰 따라 하기 시작했다. 그런데 고구마를 씻어 먹는 원숭이가 100마리 정도로 늘어나자, 그 섬에서 멀리 떨어진 오분현 지역의 원숭이들까지 고구마를 씻어 먹기 시작했다. '100번째 원숭이'를 기점으로 고구마를 씻어 먹는 행위가 '형태공명(morphic resonance)'을 일으킨 것이다. 왓슨은 이 현상을 '100마리째 원숭이 현상'이라고 명명했다. 어떤 행위를 하는 개체 수가 임계치에 달하면 그 행위는 그 집단에만 국한되지 않고 시공을 뛰어넘어 확산되는 현상이다. 인간 사회의 가치체계나 구조 역시 각성한 사람 수가 임계치에 달하면 변화한다. 밝은 세상을 만들기 위해서는 솔선수범하는 그 '한 사람'이 필요하다.

동학의 후천개벽은 무위자연의 천지개벽과 인위의 정신개벽·사회개벽이 변증법적 통합을 이루어 새 하늘과 새 땅을 창조하는 '다시개벽'이다. 인위의 정신개벽·사회개벽을 통해 각성한 사람 수가 늘어나면 인간 사회의 가치체계와 구조도 변화하게 될 것이다. '한'과 동학의 우주관은 절대유일의 '하나'가 만유의 본질로서 내재해 있는 동시에 만물화생의 근본원리로서 작용한다는 사실을 바탕으로 생명의 근원적 평등성과 유기적 통합성의 본질에 접근할 수 있게 한다. '한'사상과 동학은 사랑을 바탕으로 한 삶의 사상이다. 죽음의 커튼이 드리워진 절반의 삶이 아니라 생물과 무생물, 삶과 죽음의 경계마저도 넘어선 온전한 '하나됨'의 삶을 추구한다. 오늘날 '한'사상과 동학이 긴요한 것은 이들 사상이 지구생명공동체를 실현하는 사상적 토대를 제공하기 때문이다. 생존의 영적 차원의 중요성을 인식하게 하고 유기적 생명체 본연의 통합적 기능을 회복하게 함으로써 개인과 공동체가 '자기조화'를 이루는 새로운 계몽시대를 개창하는 것, 그것이 21세기 '한'사상과 동학의 정치실천적 과제다.

5. 결론

이상에서 우리는 '한'과 동학의 사상적 특성 및 실천적 전개와 이들 사상의 정치실천적 과제에 대해 살펴보았다. '한'사상은 '대일(大一)'의 사상이며 '무경계'의 사상이고 인류 보편의 사상이라는 점에서 '한'사상의 근대적 발현인 동학과 본질적으로 상통한다. '한'사상과 동학을 관통하는 '하나(一)'의 원리는 천·지·인 삼재의 통합성에 대한 자각에 기초해 있는 까닭에 무극대도의 이상세계를 창조하는 토대가 될 수 있다. 우선 '한'과 동학의 사상적 특성에 대해서는 상호 연관되는 다음의 다섯 가지로 나누어 살펴보았다. 공공성과 소통성을 본질로 하는 생명사상, 일즉삼·삼즉일의 논리구조에 기초한 천인합일의 사상, 통섭적 세계관을 바탕으로 한 삶의 사상, 현대 물리학의 전일적 실재관의 원형으로서의 개벽사상, 에코토피아적 지향성을 가진 무극대도의 사상이 그것이다. 분리 자체가 근원적으로 불가능한 생명의 영성을 깨달으면 물질일변도의 사고에서 벗어나게 되므로 공공성과 소통성, 자율성과 평등성의 발휘가 극대화된다. 본체계와 현상계를 관통하는 생명의 순환을 이해하면 순천의 삶을 살게 되므로 하늘과 사람과 만물의 전일성을 자각적으로 실천하는 '인내천'이 발휘된다. '한'과 동학은 생명의 영성과 생명의 순환을 통찰할 수 있는 핵심 원리를 제공한다.

'한'의 실천적 전개는 일즉삼·삼즉일의 원리를 생활화한 것으로 홍익인간·광명이세의 건국이념과 경천숭조의 '보본'사상, 천부사상과 신교, 우리 고유의 풍류에 잘 나타나 있다. 생명의 본체인 '하나'에서 우주만물이 나오고 다시 그 '하나'로 되돌아가는 생명의 순환을 도식화한 이 원리는 생명의 근원적 평등성과 유기적 통합성을 보여준다. 우리 조상들은 참본성을 따르는 것이 곧 천도(天道)임을 알고서 경천·경인·경물의 '삼경(三敬)'을 생활화해 왔다. '인중천지일', 즉 천·지·인 삼신일체의 천도를 체현하는 것, '성통공완', 즉 참본성이 열리고 공덕을 완수하는 것, 그리고 '혈구지도', 즉 남을 나와 같이 헤아리는 추기탁인(推己度人)의 도는 모두 '한'의 실천적 전개를 나타낸 키워드들로서 마음을 밝히고 세상을 밝히는 우주 '큰 사랑'이 생명의 전일성에 대한 자각적 실천에서 발휘된다는 것을 보여준다. 환단(桓檀)시대로부터 전승되어 온 '한'사상은 동·서양의 문화·문명을 발흥시킨 모든 종교와 진리의 모체가 되는 사상으로 부여, 고구려, 발해인들의 삶과 정신세계에도 깊이 용해되어 있었으며 근대 조선 말기에는 동학이라는 이름으로 부활했다.

조선왕조의 해체기에 하나의 대안으로 나타난 동학의 실천적 전개는 교조신원운동 이후 동학지도부가 '척왜양창의'와 '보국안민'을 기치로 내걸고 사회정치적 변혁 운동체로서의 새로운 출발을 하면서 본격화된다. 동학 조직은 농민들 외에도 나라를 걱정하는 다양한 계층에서 많이 참여했다. 보은 집회를 통해서 포조직의 강화와 동원능력의 향상으로 전국적 봉기를 가능케 하는 체제가 갖추어졌다. 특히 고부군수 조병갑의 학정(虐政)으로 인해 고부 농민들은 처참한 생활에 시달렸고, 결국 고부민요에 이어 1894년 동학혁명이 발발하게 된다. 1차 봉기 이후 집강소를 설치하여 치안과 폐정 개혁을 실천하기도 했으며, 2차 봉기는 반제국주의 근대 민족운동의 성격이 뚜렷했다. 비록 동학혁명이 성공을 거두지는 못했지만, 동학의 접포제는 1904년 갑진개화운동, 1919년 3·1운동과 일제 치하 항일독립운동의 사상적·조직적 기초가 되었으며, 보국의 주체로서의 근대적 민중의 대두를 촉발시키고 근대 민족국가 형성의 사상적 토대를 구축함으로써 새로운 문명 창조의 기틀을 마련하였다.

'한'과 동학의 정치실천적 과제는 한반도 평화통일과 지구생명공동체의 실현이다. 인류 역사를 통해서 볼 때 평화는 정치공학적으로 실현될 수가 없다. 회담이나 조약 또는 협정은 정치적 전략의 산물인 까닭에 그 자체가 평화를 보장하는 것은 결코 아니라는 것을 우리는 역사를 통해 익히 알고 있다. 평화는 공동선에 대한 인식과 실천을 전제로 한다. 우리 상고시대 수천년 동안 동아시아를 평화롭게 다스렸던 것은 무기체제에 의해서가 아니라 천·지·인 삼신일체의 천도에 부합하는 천부사상, 즉 '한'사상에 의한 것이었음을 상기할 필요가 있다. 한반도 문제는 지구 문제의 축소판이기에, 한반도 매듭이 풀리면 지구의 매듭이 풀린다. 한반도 평화통일을 위해서는 '큰 정치'

가 필요하다. '큰 정치'는 하늘의 '때'(天時)와 세상 '일'(人事)의 연계성을 함축한 '시중(時中)'의 도(道)로써만 가능한 것이다. '한'과 동학은 '큰 정치'를 가능하게 하는 사상적 토대를 제공한다. 이 시대에 '한'과 동학이 긴요한 이유다.

인류가 추구하는 지구생명공동체의 원형은 인식과 제도의 변증법적 통합을 정치의 본질로 삼았던 우리 상고시대에서 찾아볼 수 있다. '한'사상과 그것의 근대적 발현인 동학은 에코토피아적 지향성을 가진 무극대도의 사상으로 지구생명공동체의 실현을 추구한다는 점에서 오늘의 우리에게도 많은 시사점을 제공한다. '한'과 동학은 이 우주가 상호 긴밀히 연결된 '에너지-의식의 그물망'임을 인식하게 함으로써 분리의 환영(幻影)에서 벗어나 전일적 과정으로서의 생명현상을 파악할 수 있게 한다. 그렇게 되면 삶 자체에 대한 전적인 수용이 일어나고 '큰 사랑'의 실천이 나올 수 있다. 사랑이 없는 지식으로는 인류가 추구하는 정의나 평화, 인류애를 실현할 수 없다. 인류가 추구하는 제 가치의 바탕이 되는 것은 '큰 사랑'이기 때문이다. 21세기 '한'사상과 동학의 정치실천적 과제는 생존의 영적 차원의 중요성을 인식하게 하고 유기적 생명체 본연의 통합적 기능을 회복하게 함으로써 개인과 공동체가 '자기조화'를 이루는 새로운 계몽시대를 개창하는 것이다.

2 『화엄일승법계도(華嚴一乘法界圖)』와 『무체법경(無體法經)』에 나타난 통일사상

1. 서론
2. 의상의 『화엄일승법계도』에 나타난 존재론적 통일사상
3. 의암의 『무체법경』에 나타난 존재론적 통일사상
4. 『화엄일승법계도』와 『무체법경』에 나타난 통일사상 비교
5. 결론

『법계도』와 『무체법경』은 조화적 통일과 대통합을 지향하는 강한 실천성을 띤 사상적 특색을 보여주고 있다. 법계도에 나타난 중도의 개념은 일체의 상대적 차별상을 넘어선 대긍정 · 대통합의 의미를 함축하고 있다. 의상의 실천적 사상은 통일신라 불교계에 조화와 화합의 정신을 일깨워 일체감을 조성하고 일체 중생을 일승(一乘)의 경지로 안내함으로써 삼국통일의 기반을 공고히 했다. 무체법경은 성심수련을 통해 복본(復本)함으로써 조화로운 통일체로서의 무극대도의 세계를 지향하고 있다. 의암의 실천적 사상은 변혁의 필연성을 역설하며 민족의 생존권과 독립의 당위성을 설파함으로써 국론통일과 민족통합의 새로운 전기를 마련했다. 의상과 의암의 사상은 근대 과학혁명 이후 기계론적 세계관의 확산에 따른 인간 존재의 '세 중심축(天地人 三才)'의 통합성 상실로 인해 총체적인 인간 실존의 위기에 처한 오늘의 인류에게 서구적 근대의 태생적 한계를 극복할 수 있는 사상적 대안을 제시한다. 특히 한반도 평화통일과 지구촌 대통합의 시대적 과제를 안고 있는 오늘의 우리에게 이들 사상은 새로운 전일적 실재관으로의 패러다임 전환을 통해 후천개벽의 새 시대를 개창할 수 있는 단서를 제공한다는 점에서 그 시사하는 바가 크다.

- 본문 중에서

진여(眞如)란 만물의 전체적인 전일성, 즉 모든 것을 포용하는 거대한 전체다.
… suchness is the oneness of the totality of all things, the great all-including whole.

- Fritjof Capra, *The Tao of Physics*(1975)

1. 서론

본 연구는 의상(義湘 또는 義相, 625~702) 대사의 『화엄일승법계도(華嚴一乘法界圖)』(668)와 의암(義菴) 손병희(孫秉熙, 1861~1922)의 『무체법경(無體法經)』(1910)에 나타난 통일사상을 비교 고찰하기 위한 것이다. 이러한 비교론적 연구는 한반도 평화통일과 민족통합의 사상적 토대를 마련하고 나아가 평등하고 평화로운 세계를 창조하는 회통(會通)의 정치이념과 조우할 수 있게 할 것이다. 의상의 사상이 통일신라 불교계에 조화와 화합의 정신을 일깨워 기층민의 일체감을 조성하고 일체 중생을 불지(佛智)의 경지로 안내하는 강한 실천성을 띤 사상이었다면, 의암의 사상은 3·1독립운동 과정에서 전 종교인의 연대를 통해 민족통합과 동양평화의 숭고한 대의를 생생하게 보여준 실천적 사상이었다는 점에서, 이 두 사상은 남북분단과 지구촌 분열에 직면해 있는 오늘의 우리에게 커다란 시사점을 제공한다.

해동(海東)의 화엄초조(華嚴初祖)로 알려진 의상은 삼국통일기를 맞아 새로운 불교철학 정립이 주요 과제였던 신라 불교계에 획기적인 교학 발전과 대중화를 통해 통일신라 불교의 토대를 마련하고 중대 왕권의 강화와 안정적 유지에도 기여함으로써 국가 발전과 삼국통일의 기반을 공고히 했다. 화엄학의 대가인 의상의 화엄일승사상(華嚴一乘思想)은 '큰 수레'란 뜻인 일승

(一乘)이 말하여 주듯 삼승(三乘: 聲聞乘, 緣覺乘, 菩薩乘)*이 설하는 각각의 중생 제도의 가르침을 뛰어넘어 일체 중생을 불승(佛乘, 一乘)의 경지로 안내하는 강한 실천성을 띤 일승원교(一乘圓教)의 사상이다. 그의 일승사상은 화엄학의 법계연기(法界緣起)사상에 기초해 우주법계의 만물이 중중제망(重重帝網)의 그물망으로 끝없이 상호 연결되어 서로가 서로를 비추는 상즉상입(相卽相入)의 구조로 연기하고 있다고 본다.

의상의 화엄일승사상을 도인(圖印)의 형태로 나타낸 『화엄일승법계도』(이하 법계도로 약칭)는 화엄사상사 전체를 통해서도 매우 중시되고 있는 작품으로 법계연기사상의 요체를 밝히고 있다. 그는 법(法)으로부터 시작해서 불(佛)로 끝나는 화엄일승 법계연기의 핵심을 210자로 압축하여 일승법계의 연기 구조를 중도적 바탕에서 상징적인 반시(盤詩) 형식의 법계도인(法界圖印)의 형태로 치밀하고도 특색 있게 전개시켰다. 그가 이 법계도를 저술한 목적은 '이름과 상(相)에만 집착하는 뭇 중생들이 무명(無名)의 참된 원천으로 돌아가게 하기 위해서'였다고 한다. 『화엄일승법계도장(華嚴一乘法界圖章)』, 『화엄법계도』, 『일승법계도』, 『법계도』, 『해인도(海印圖)』 등으로도 불리는 이 법계도는 668년 중국 화엄종의 제2조이자 그의 스승인 지엄(智儼,

* 三乘이란 깨달음에 이르는 세 가지 실천법, 즉 聲聞乘, 緣覺乘, 菩薩乘을 말한다. 여기서 乘이란 붓다의 가르침이 중생을 실어 열반의 언덕에 이르게 한다는 비유적인 뜻에서 한 말로서 성문승과 연각승을 小乘, 보살승을 大乘이라고도 하지만, 三乘은 궁극적으로 一乘으로 나아가기 위한 방편이라고 『法華經』에는 나와 있다. 말하자면 '會三歸一'이다. 성문승은 四聖諦(苦·集·滅·道) 八正道(正見·正思·正語·正業·正命·正精進·正念·正定)를 닦아 아라한의 경지에 이르는 것이고, 연각승[獨覺乘]은 十二緣起를 觀하여 一切法의 인연을 아는 것이며, 보살승은 四無量心(慈·悲·喜·捨), 四攝法(布施·愛語·利行·同事), 六波羅密(布施·持戒·忍辱·精進·禪定·般若) 등을 닦아 위로는 보리를 구하고, 아래로는 중생을 구제하고 교화·제도하여 佛乘(一乘)의 경지에 이르는 것이다.

602~668)이 입적(入寂)하기 3개월 전에 완성되어 스승의 인가를 받았으며,* 670년 의상은 당 고종의 신라 침공을 알리기 위해 10년 동안의 당나라 유학 생활을 마치고 귀국한 것으로 『삼국유사(三國遺事)』 「의상전교(義湘傳敎)」에는 나와 있다.[1]

동학 제2대 교조이자 3·1독립운동 민족대표 33인 대표인 의암은 동학혁명의 지도자일 뿐만 아니라 1904년 갑진개화운동을 일으켜 진보회를 조직하는 등 근대화운동의 지도자로서의 면모를 보였으며, 또한 1919년 3·1독립운동을 주도함으로써 국격(國格)을 바로 세우고 민족의 생존권과 독립의 당위성을 설파함으로써 국론통일과 민족통합의 새로운 전기를 마련하는 데 크게 기여했다. 1910년 2월 양산 통도사 내원암(內院庵)에서 49일 동안의 수련 끝에 발표한 의암의 『무체법경』은 총 9장, 즉 「성심변(誠心辨)」, 「성심신삼단(誠心身三端)」, 「신통고(神通考)」, 「견성해(見性解)」, 「삼성과(三性科)」, 「삼심관(三心觀)」, 「극락설(極樂說)」, 「성범설(聖凡說)」, 「진심불염(眞心不染)」으로 구성돼 있으며, 핵심 논제는 성심수련을 통해 본래의 '참나[참본성]'를 회복하는 것이다.

의암은 서론에 해당하는 제1장 「성심변」 첫머리에서 "성(性)이 닫히면 모든 이치와 모든 일의 원소가 되고, 성이 열리면 모든 이치와 모든 일의 좋은 거울이 된다"[2]라고 하여 개합(開闔)의 논리를 이용하여 일(一)과 다(多), 이(理)와 사(事)를 회통시키고 있다. 한마디로 만상일천(萬像一天), 즉 만 가지 모습이 하나의 법이며, 만법귀일(萬法歸一), 즉 만 가지 법이 하나인 마음(一

---

* 『華嚴一乘法界圖』의 완성 시기를 670년으로 보는 설도 있으나 의상의 스승인 지엄이 입적한 해가 668년이므로 법계도가 완성된 해를 670년으로 볼 경우 스승의 인가를 받지 못한 것이 되므로 668년으로 보는 것이 타당하다.

心, 自性)의 법으로 돌아가는 것이다. 이는 곧 본체와 작용이라는 불가분의 관계로 분석될 수 있다. 제2장인 「성심신삼단」에서는 성(性)·심(心)·신(身)의 불가분성에 대한 인식을 보여주고 있으며, 이어 여섯 개 장에 걸쳐서 '참나'를 회복하는 과정을 설명하고, 마지막 제9장은 물들지 않은 참된 마음인 '진심불염'의 경계, 즉 대자유의 경계에 대한 논의로 끝맺고 있다.

이렇게 볼 때 의상과 의암의 사상은 시대적 및 사회적 배경의 상이함에도 불구하고 만유의 근원적인 평등과 조화의 문제를 다룬 것이라는 점에서 고금을 통하고 역사를 초월하며 국가와 민족, 인종과 종교의 벽을 뛰어넘는 보편성이 있다. 중도 융합과 대통합의 원리를 설파한 이들의 사상은 평화통일과 민족통합의 과제를 안고 있는 오늘의 우리에게 그 시사하는 바가 실로 크다. 우리 민족이 민족통합과 더불어 평등하고 평화로운 세계를 창조할 수 있기 위해선 이들 사상에 대한 최대한의 수용성을 가질 수 있도록 진력해야 할 것이다. 그러면 『화엄일승법계도』와 『무체법경』에 대해 차례로 살펴보기로 하자.

2. 의상의 『화엄일승법계도』에 나타난 존재론적 통일사상

1) 『화엄일승법계도』의 구조와 요체

의상이 도반인 원효(元曉)와 함께 구도적 일념으로 두 차례에 걸쳐 입당(入唐)을 시도했으나 650년(진덕여왕 4년) 육로를 통한 첫 번째 시도는 요동에서 고구려 순라(巡邏)에게 정탐자로 오인 받아 수십 일간 억류되는 바람에 실패하고, 661년(문무왕 1년) 해로를 통한 두 번째 시도에서 원효는 삼계유심(三界

唯心)의 이치를 도중에 깨달아 신라로 되돌아온 반면, 의상은 입당하여 중국 화엄종 제2조 지엄(智儼)의 문하에서 화엄학을 배워 670년(문무왕 10년) 귀국하여 해동(海東) 화엄종의 초조가 됐다. 의상은 지엄의 문하에서 화엄의 정수를 체득하고 이를 독창적으로 체계화하여 지엄이 입적하기 직전인 668년 7월 15일에 『화엄일승법계도』[3]를 완성하여 그의 인가를 받았다. 또한 그는 훗날 중국 화엄종 제3조로서 화엄교학을 실질적으로 체계화하게 되는 법장(法藏 또는 賢首, 643~712)과 동문수학하며 깊은 교분을 맺었는데, 법장은 의상의 학식과 덕망을 흠모하여 의상이 귀국한 후에도 그의 학덕을 칭송하는 서신과 함께 자신의 저서를 보내어 가르침을 청한 것으로 『삼국유사』「의상전교」에는 나와 있다.[4]

고려 초 균여(均如)의 『일승법계도원통기(一乘法界圖圓通記)』[5]에 의하면 의상은 화엄의 진리에 대해 자신이 쓴 책을 불사른 후 타지 않고 남은 210개의 글자를 가지고 게송(偈頌)을 짓고 법계도를 만들었다고 전해진다.[6] 이 책 끝에 "인연으로 생겨나는 모든 것에는 주인이 따로 있지 아니하므로 저자명을 기록하지 않는다"라고 하며 향상(香象) 대사(의상의 스승인 智儼)라고만 밝히고 있어서 이 법계도가 의상의 작품이 아니라는 설이 제기되기도 했으나, 최치원(崔致遠)의 『의상전(義湘傳)』을 인용하고 있는 『일승법계도원통기』의 소상한 기록이나 『삼국유사』「의상전교」조의 기록으로 미루어 의상이 찬술했다고 보는 것이 통설이다. 이름과 상(相)에만 집착하는 뭇 중생들이 참된 원천으로 돌아가게 하기 위해 찬술한 법계도는 난해하고도 방대한 『화엄경』의 근본정신과 대의를 평이하고도 간결하게 요약했다는 점에서 그 탁월성을 인정받고 있다. 이 법계도는 일승(一乘)의 진리 세계의 모습이 마치 보살의 만행이 꽃처럼 피어나 이 세상을 장엄하게 하는 것과도 같다는 의미에서 이름 붙여진 것이다. 의상은 이 법계도를 중시하여 제자들에게 인가의 표시로 수여했다고 한다.

의상의 법계도 원문은 법계도시(法界圖詩: 大義 및 圖印)와 이에 대한 의상의 해석인 석문(釋文)으로 구성돼 있다. 석문은 다시 총괄적인 '도인'의 의미를 해석한 총석인의(總釋印意)와 개별적인 '도인'의 형상을 해석한 별해인상(別解印相)으로 구성돼 있고, 별해인상은 다시 '도인'의 글 형상을 설명한 설인문상(說印文相), 문자의 형상을 해석한 명자상(明字相), 그리고 문장의 뜻을 풀이한 석문의(釋文意)로 구성돼 있다. 법계도 원문의 대부분은 별해인상으로 이뤄져 있다. '석문의'에 의하면 법계도는 7언(言) 30구(句)의 게송으로 구성돼 있는데, 처음 18구는 진리의 실재를 서술한 자리행(自利行)에 대해, 다음 4구는 진리의 공덕을 서술한 이타행(利他行)에 대해, 그리고 그 다음 8구는 진리를 증득하는 수행방편과 얻는 이익에 대해 설명한다.[7] 이 법계도는 『화엄경』의 진수(眞髓)와 진리를 증득(證得)하는 과정을 원융무이(圓融無二)한 법성(法性)을 펼쳐 보이는 것에서 시작하여 불승(佛乘)의 경지에 이르기까지의 깨달음의 과정을 54각(角)의 굴곡으로 나타내고 그 과정에서 초발심과 보살행의 중요성을 강조한다. 화엄종의 종지(宗旨)인 일승법계연기(一乘法界緣起)의 요체를 밝히고 있는 이 법계도의 전문은 다음과 같다.

> 법성(法性)은 원융하여 두 가지 상(相)이 없고, 모든 법은 부동(不動)하여 본래 고요하다. 이름도 상도 없이 일체가 끊어지니, 지혜를 증득해야 알 수 있지 그 외의 경지로는 알 수 없다. 진성(眞性)은 깊고 깊어 지극히 미묘하여, 자성에 얽매이지 않고 인연 따라 이룬다. 하나 속에 일체가 있고 일체 속에 하나가 있으니, 하나가 곧 일체이며 일체가 곧 하나다. 한 티끌 속에 시방(十方)세계 머금고, 모든 티끌 속에도 또한 그러하다. 무량겁(無量劫)이 곧 일념이며, 일념이 곧 무량겁이다. 구세(九世)와 십세(十世) * 가 상즉(相卽)하면서도 조금도 뒤섞이지 않고

따로 이룬다. 처음 발심할 때가 곧 정각(正覺)이요, 생사와 열반이 항상 함께 한다. 이(理)와 사(事)가 명연(冥然)하여 분별이 없으니, 모든 부처와 보현보살의 대인의 경지로다. 여래(如來)가 해인삼매 중에 여의(如意) 진리 나타내니 불가사의 법이로다. 중생을 이롭게 하는 감로법이 허공에 가득하니, 중생은 근기 따라 이익을 얻는다. 그러므로 수행자가 근본자리로 돌아가 망상을 쉬지 않고서는 아무것도 얻지 못한다. 무연대비(無緣大悲)의 여의주를 취할지니, 분수 따라 근본으로 돌아갈 인연을 얻는다. 다함이 없는 보배 다라니로써 온 법계 장엄하니 참된 보전(寶殿)이로다. 마침내 참된 중도의 자리에 앉으니, 예로부터 부동(不動)하여 불(佛)이라 한다.[8]

법계도는 법·계·도의 세 부분으로 나뉘어 설명된다. 법은 법성(法性)을 가리키고, 계는 연기(緣起) 현상을 가리킨다. 도인(圖印)으로 작성된 210자의 법성게(法性偈)는 법(法)으로부터 시작해서 불(佛)로 끝나기까지의 연기(緣起) 과정이 계(界)로 나타나고 있으므로 법계는 근본적인 불법이 연기하여 사상(事相)을 만드는 과정을 일컫는 것이다. 의상이 법계도를 도인(圖印)의 형태로 나타낸 것은 석가여래의 가르침이 포괄하는 삼종세간(三種世間), 즉 기세간(器世間)·중생세간(衆生世間)·지정각세간(智正覺世間)이 해인삼매(海印三昧)에 의해 드러나는 것을 표현하기 위한 것이라고 법계도 '총석인의'에는 나와 있다. 말하자면 법계도는 불법이 포괄하는 모든 세계의 진리를 상징한다. 여기서 기세간은 물질세계, 중생세간은 중생세계 즉 수행의 세계, 지정각세간은 불보살계(佛菩薩界) 즉 깨달음의 세계를 상징하며, 흰색 바탕(白紙: 기세간)]에 검은 색의 글씨(黑字: 중생세간)로 게송을 적고 붉은 색의 선(赤畵: 지정각세간)으로 게송의 진행방향을 나타내고 있다.[9]

법계도의 인문(印文)이 한 길(一道)로 나 있는 것은 여래(如來)의 일음(一

音)을 상징하는 것이라고 법계도 '설인문상'에는 나와 있다. 이 한 길이 중앙의 법(法)자에서 시작하여 다시 중앙의 불(佛)자에 이르기까지 54번의 굴곡을 이루는 것은 중생의 근기에 따라 가르침의 방편이 달라지는 것을 나타낸 것이며, 이 한 길에 시작과 끝이 없는 것은 원융자재(圓融自在)한 법계연기의 실상을 보여주는 것으로 그 뜻이 원교(圓敎)에 해당된다.[10] '도인'에 사면사각(四面四角)이 있는 것은 사섭법(四攝法: 布施·愛語·利行·同事)과 사무량심(四無量心: 慈·悲·喜·捨)을 나타낸 것으로 삼승(三乘)에 의해 일승(一乘)을 드러낸 것이니 이는 인상(印相)이 가지고 있는 뜻과 같다. 또한 글자 가운데 시작과 끝이 있는 것은 수행하는 방편을 나타낸 것으로 인과가 다르기 때문이라고 법계도 '명자상'에는 나와 있다. 글자 가운데 굴곡이 있는 것은 삼승의 근기에 차별이 있기 때문이며, 시작과 끝의 두 글자 '법'과 '불'이 중앙에 위치한 것은 인과의 두 층위를 나타낸 것으로 인과의 본성이 중도(中道)임을 나타내 보인 것이다.[11]

중도의 뜻은 이해하기 어렵긴 하지만 육상(六相)의 방편으로써 그 뜻을 풀이할 수 있다. 육상이란 총상(總相)·별상(別相)·동상(同相)·이상(異相)·성상(成相)·괴상(壞相)이다. 총상은 근본 인(印)이며 별상은 인에 의지해 그 인을 원만케 하는 굴곡들로서 이 둘은 각각 원교(圓敎)와 삼승(三乘)에 해당한다. 굴곡은 다 다르지만 하나의 같은 인을 이루므로 동상이라 하며, 굴곡이 하나씩 늘어나는 상이므로 이상이라 한다. 인(印)을 이루므로 성상이라 하며, 각각의 굴곡이 따로 무엇을 만들지 않으므로 괴상이라 한다. 이들 육상은 일치하거나 분리되지 않고, 동일하거나 상이하지 않으므로 항상 중도에 있게 된다.[12] 이처럼 중도의 뜻은 모든 존재가 갖추고 있는 육상이 원융무애(圓融無碍)한 관계로서 하나가 다른 다섯을 포괄하면서도 또한 여섯이 그 나름의 개별성을 잃지 않으므로 법계연기가 성립하는 육상원융(六相圓融)의 대통합의 의미로 새길 수 있다.

2) 『화엄일승법계도』에 나타난 일승원교(一乘圓敎)의 통일사상

『화엄일승법계도』는 의상의 화엄일승사상을 도인(圖印)의 형태로 나타낸 것이다. 의상의 화엄사상을 일승원교(一乘圓敎)라고 부르는 것은 일(一)과 원(圓)이 상즉상입의 관계로 연기(緣起)하는 법계연기의 실상을 보여주고 있기 때문이다. '하나가 곧 일체'이니 원음(圓音)이라고 하는 것이고, '일체가 곧 하나'이니 일음(一音)이라고 하는 것이다. '하나가 곧 일체'인 것은 법신불의 자기현현으로 만물만상이 생겨나는 까닭이며, '일체가 곧 하나'인 것은 모든 존재가 여래의 성품이 발현된 것인 까닭이다. '행행본처 지지발처(行行本處 至至發處)', 즉 갔다갔다 하지만 그곳이 바로 본래 그 자리요, 왔다왔다 하지만 그곳이 바로 떠난 그 자리이니, 오고 감이 따로 없다는 의상의 경구는, 『금강삼매경(金剛三昧經)』에서 무주보살(無住菩薩)이 '아종무본래 금지무본소(我從無本來 今至無本所)',[13] 즉 본래 온 곳이 없으며, 지금 어디에 이르른 곳도 없다고 한 구절과 그 의미가 상통한다.

법계도의 법계연기는 하나와 전체, 티끌(微塵)과 시방세계, 일념과 무량겁, 초발심과 정각(正覺), 그리고 생사와 열반이 상즉상입의 구조로 상호 연기하고 있음을 보여준다. 의상이 중(中)과 즉(卽)의 이론으로 파악한 법계연기론은 진(眞)과 속(俗), 이(理)와 사(事), 염(染)과 정(淨), 공(空)과 색(色), 일(一)과 다(多) 등의 상호 대립하는 범주들이 각각 체(體)와 용(用)이라는 불가분의 관계로서 상호 관통하며 역동적 통일성을 이루고 있다. 이는 본체와 작용, 내재와 초월, 전체와 개체가 중도 융합의 차원에서 미묘하게 조화되고 있음을 나타낸 것으로 일체 중생을 일승의 경지로 안내하는 강한 실천성을 띤 일승원교의 사상적 특색을 보여준다. 화엄교학의 중추를 이루는 법계연기설은 차별적인 현상계인 사법계(事法界), 평등무이(平等無二)한 본체계인 이법계(理法界), 본체와 현상[작용]이 원융한 이사무애법계(理事無碍法界), 현상계의 만유가 원융자재하고 상즉상입하여 원융무애한 세계를 끝없이 연기론적으로 펼쳐 보이는 사사무애법계(事事無碍法界)의 4법계에서 살펴볼 수 있다. 화엄학에서는 특히 사사무애법계를 중중무진(重重無盡)의 법계연기라고 일컫는데, 이러한 화엄무진연기(華嚴無盡緣起)의 모습을 구체적으로 설명한 것이 십현연기(十玄緣起)[14]와 육상원융(六相圓融)이다. 그러나 제법상이 아무리 복잡하게 뒤얽혀 있어도 전체적으로는 조화와 균형을 유지하게 된다고 보는 것이 법계연기의 논리이다.[15]

법계도의 연기설(緣起說)은 성기(性起)와 불가분의 관계에 있다는 점에서 화엄일승사상의 이론적 기초는 법계연기와 성기사상(性起思想)이다. '성기' 사상은 『화엄경』 「보왕여래성기품(寶王如來性起品)」에 근거한 것으로 모든 존재는 여래의 성품이 발현된 것이라고 본다. 삼신(三身)이 원융한 비로자나 법신불이 우주법계에 그 빛을 두루 비추이며 평등무차별성을 드러내는 동시에 만물만상이 비로자나불의 현현으로 생겨난 것이니, 이것을 여래성연기(如來性緣起) 혹은 줄여서 성기(性起)라고 한다. 법계도 210자의 법성게(法性偈)에 나타난 법성(法性)은 곧 법성성기(法性性起)이며 범부 중생이 그대로 부처인 것이다. 화엄사상은 연기와 성기에 의해 '하나(一)'에서 다함이 없는 제법상(諸法相)이 생겨나고 다시 그 '하나(一)'로 돌아감을 보여준다. 화엄일승사상은 연기(緣起)된 제법상의 차별상이 실체가 있는 것이 아니므로 본래의 '하나(一)'로 돌아가 융섭되어야 한다는 성기취입(性起趣入)적 성격이 강조되고 있다.[16]

법성은 원융하여 상(相)을 벗어나 있으므로 성기(性起)는 곧 불기(不起)이다. 생겨남과 생겨나지 않음이 다르지 않은 것은 늘어나거나 줄어듦이 없기 때문이다. 이는 마치 허공에 새가 날거나 날지 않거나 두 가지 모두 허공에는 차이가 없는 것과도 같다.[17] 성기(性起)는 단순히 화엄불교의 존재론 내지 세계관을 묘사한 것이라기보다는 수행과 긴밀히 연계돼 있다. 여래의 성기광명(性起光明)이 중생을 이익 되게 하는 것은 마치 눈 먼 장님이 태양 빛은 못 보지만 그 햇빛의 이익은 얻는 것과도 같이, 눈 먼 중생이 여래의 지혜의 빛은 못 보지만 지혜 햇빛의 이익은 얻어서 번뇌와 고통의 근본을 끊게 하는 것이다.[18] 일체 제법은 자성(自性)에 얽매이지 않고 인연 따라 이루는 무주실상(無住實相)이며, 법성은 분별이 없으므로 일체 제법은 본래 중도에 있는 것이다. 의상이 말하는 중도의(中道義) 개념은 개별성이 유지되면서도 융섭되는 중도 융합의 차원으로 여실한 대긍정·대통합의 의미를 함축하고 있다.

의상의 화엄사상은 삼국통일기에 원효의 화쟁사상(和諍思想)[19]과 더불어 삼한일통(三韓一統)의 통섭적 불교사상을 대표하는 양대 산맥이다. 이러한 일승원교의 통일사상은 신라불교가 귀족불교, 국가불교에서 일반 대중불교로 전환하는 데 결정적인 역할을 함으로써 삼국통일에 부응하는 정치적, 사회적 및 정신적 통합과 안정을 이룩하고, 당시 불교의 최대 논쟁이었던 중관사상(中觀思想)과 유식사상(唯識思想)을 회통하는 불교사상의 통섭을 이룬 것이었다는 점에서 높이 평가된다. 평등성과 조화성에 기초한 의상의 화엄교학은 당시의 신분적 제약을 뛰어넘어 사회적으로 실천하는 실천수행적 성격을 강하게 지니고 있었다. 당시가 불교시대였던 점을 감안하면 의상이 강조하는 중도 융합과 대통합의 원리는 단순히 불교 안에서의 종파주의의 전개에 대한 것뿐만이 아니라 종교 일반, 나아가 지식체계 전반에 대한 것으로 확장되어야 할 것이다.

의상은 670년에 신라로 귀국하여 동해변 낙산사(洛山寺)에 관음도량을 열고 관음신앙을 통하여 통일 신라인들을 일승의 길로 안내하고자 했다. 신라가 삼국통일을 완수한 문무왕 16년(676) 왕명에 의해 영주 부석사(浮石寺)를 창건하여 화엄의 근본도량을 이루었고, 화엄종을 강론하여 신라 화엄사상의 주류를 형성하였으며, 미타신앙을 통하여 일승사상의 대중화운동을 전개했다. 또한 통일신라의 화합과 안정이 요구되던 시기에 사상적 통일을 도모하고자 전국에 전교십찰(傳敎十刹)을 건립하여 화엄종을 통일신라 전역에 전파시킴으로써 화엄 교종을 확립하는 데 힘썼다. 나아가 신라 골품제 사회에서 평등과 조화의 화엄사상으로 화엄종단을 이끌었으며, 지통(知通)이나 진정(眞定)과 같은 낮은 신분의 제자들을 중심인물로 키워냈다. 그리하여 오진(悟眞)·지통·표훈(表訓)·진정·진장(眞藏) 등 '의상십철(義湘十哲)'로 불리는 의상 문하 10대 제자와 화엄 십찰(十刹)을 중심으로 화엄사상의 대중적 실천화가 이뤄짐으로써 국론통일과 민족통합에 크게 기여했다. 이후 의상의 화엄사상은 신림(神琳)과 법융(法融) 등에 의해 신라 교학을 주도하게 됐고, 고려 불교에서도 균여(均如) 등에 의해 교학의 중심이 됐으며, 선(禪) 위주의 조선 불교에서도 화엄경의 강학이 지속될 만큼 화엄사상은 우리나라 불교 교학의 중심이 되었다.[20]

3. 의암의 『무체법경』에 나타난 존재론적 통일사상

1) 『무체법경』의 구조와 요체

1910년 2월 의암은 양산 통도사 내원암에서 49일 동안의 수련 끝에 『무체법경』을 발표했는데, 양한묵(梁漢墨)이 대필했다. 1894년 갑오동학혁명과 1904년 갑진개화운동과 같은 사회개혁운동만으로는 교단을 이끌고 동학의 진리를 펼치는 데 한계를 느끼게 되어 성심수련에 역점을 두는 『무체법경』을 저술한 것이다. 『무체법경』의 구조는 총 9장, 즉 「성심변(誠心辨)」, 「성심신삼단(誠心身三端)」, 「신통고(神通考)」, 「견성해(見性解)」, 「삼성과(三性科)」, 「삼심관(三心觀)」, 「극락설(極樂說)」, 「성범설(聖凡說)」, 「진심불염(眞心不染)」으로 이뤄져 있으며, 성심수련의 의미(제3장, 제4장), 과제(제5장), 단계(제6장), 결과(제7장, 제8장)를 여섯 개 장을 통하여 순차적으로 논하고 있다. 핵심 논제는 성심수련을 통해 본래의 나, 즉 '참나[참본성, 一心]'를 회복하는 것이다. 여기서 '무체법'은 "공적(空寂)함도 없고 빛깔도 형상도 없고 움직임도 고요함도 없는 성품(性)"[21]을 표징한다. 의암은 시작도 없는 이 성품을 '무체성(無體性)'이라고 하고 생사가 있지 아니하여 진진여여(眞眞如如)한 것이라고 하고 있다.[22] 『무체법경』은 그러한 본래의 참본성을 회복하기 위해 저술한 것이다.

제1장 「성심변」 첫머리에서는 개합(開闔)의 논리를 이용하여 이(理)와 사(事), 성(性)과 심(心), 즉 본체와 작용을 회통시키고 있다. 즉, "성(性)이 닫히면 만리만사(萬理萬事)의 원소가 되고, 성이 열리면 만리만사의 좋은 거울이 되나니, 만리만사가 거울 속에 들어 능히 운용하는 것을 마음이라 이른다"[23]라고 한 것이다. 말하자면 대자연의 문을 열면 무수한 사상(事象)이 있으나 닫으면 하나이다. 연다고 해서 그 하나가 늘어나는 것이 아니고, 닫는다고 해서 그 무수한 사상이 줄어드는 것이 아니다. 이러한 개합의 논리 이면에는 일심의 근원으로 되돌아가 요익중생(饒益衆生)하는 사상적 실천원리가 담겨져 있다. 성심(性心)은 이기(理氣)의 관계와 마찬가지로 본체와 작용의 관계로서 둘이 아니므로 성심쌍수(性心雙修)해야 한다는 원칙이 제시되고 있다.

제2장 「성심신삼단」에서는 성(性)·심(心)·신(身)의 불가분성에 대한 인식

을 통해 인간존재 일반에 대한 이해를 보여주고 있다. 먼저 성심을 이기(理氣)에 조응시켜 그것이 하나임을 설명하고 있다. "성(性)은 이(理)이니 성품의 이치(性理)는 공공적적(空空寂寂)하고 무변무량(無邊無量)하며 무동무정(無動無靜)한 원소이고, 심(心)은 기(氣)이니 마음의 기운(心氣)은 원원충충(圓圓充充)하고 호호발발(浩浩潑潑)하며 동정(動靜)변화가 때에 맞지 아니함이 없다. 그러므로 이 두 가지에 하나가 없으면 성품도 아니고 마음도 아니다"[24] 라고 한 것이다. 다음으로 성·심·신에 대한 관계에서 몸이 있을 때에는 몸을 주체로 알아 성심수련을 해야 한다며 그 이유를 이렇게 설명하고 있다.

> 몸이 없으면 성품이 어디에 의지해서 있고 없는 것을 논하며, 마음이 없으면 견성(見性)하려는 생각이 어디서 생길 것인가. 무릇 마음은 몸에 속한 것이다. 마음은 성품으로써 몸으로 나타날 때 생기어 무형(無形)으로 성품과 몸 양자 간에 있어 만리만사를 소개하는 요추(要樞)가 된다…그러므로 자기 몸에서 성품을 보는 사람은 또한 능히 하늘의 능력을 스스로 쓰나니, 이는 성품을 보는 마음이 또한 유정천(有情天)에 의하여 스스로 생기는 것이다.[25]

제3장 「신통고」에서부터 제8장 「성범설」까지 여섯 개 장은 성심수련의 의미, 과제, 단계, 결과를 순차적으로 논하며 어떤 수행과정을 통하여 '참나[참본성]'가 회복되는지를 보여준다. 「신통고」에서는 사람은 다 하늘을 모시고 있으니 견성각심(見性覺心)의 경지에 이르면 모두가 하나라고 하고 있다.[26] 성품을 깨닫는 것은 자기 마음과 정성에 있으며. 자기 마음을 자기가 깨달으면 몸이 하늘이고 마음이 하늘이라는 것이다.[27] 따라서 "성품을 보고 마음을 깨달으면 내 마음이 극락이고, 내 마음이 천지이고, 내 마음이 풍운조화이다. 마음 밖은 무공공(無空空)하고, 무적적(無寂寂)하고, 불생불멸도 없고, 동

작도 없고 희로애락도 없으니… 자심자성(自心自誠)·자심자경(自心自敬)·자심자신(自心自信)·자심자법(自心自法)하여 털끝만치라도 어김이 없으면…스스로 천황씨가 된다"[28]라고 하며 주체적 수행의 필요성을 강조하고 있다.

제4장 「견성해」에서는 마음 밖에 하늘이 없고, 마음 밖에 이치가 없고, 마음 밖에 사물이 없고, 마음 밖에 조화가 없다"[29]라고 하며 내 마음에서 모든 것을 구할 것을 강조하고 있다. "내 성품이 내게 있으니 견성(見性)하고 수심(守心)하는 것도 내 임의로 할 수 있다"[30]라고 한 것도 같은 맥락에서 이해될 수 있다. 이러한 의암의 인식은 "나는 성품과 이치의 거울이고, 천지의 거울이고, 고금의 거울이고, 세계의 거울이며, 나는 성품과 이치의 하늘이고, 천지의 하늘이고, 고금의 하늘이고, 세계의 하늘이니, 내 마음은 곧 천지만물 고금세계를 스스로 주재하는 한 조화옹이다"[31]라고 한 데서도 극명하게 드러난다. 성천(性天: 성품하늘)·심천(心天: 마음하늘)·신천(身天: 몸하늘)[32]은 천·지·인 삼신일체와도 같이 하나의 하늘(天, 性)을 셋으로 나누어 설명한 것으로 분리될 수 없는 하나이며, 「성심신삼단」에서와 마찬가지로 성·심·신의 불가분성을 보여준다.

제5장 「삼성과」에서는 천천물물(天天物物)이 나를 체(體)로 하고 용(用)으로 하고 있다고 하고, 성품의 과목을 원각성(圓覺性)·비각성(比覺性)·혈각성(血覺性)의 셋으로 구분하고 있다. 원각성은 만법(萬法)으로 인과를 삼아 공공적적한 무형천(無形天) 즉 성천(性天)을 깨닫는 것이고, 비각성은 만상(萬相)으로 인과를 삼아 진진몽몽(塵塵濛濛)한 습관천(習慣天) 즉 신천(身天)을 깨닫는 것이며, 혈각성은 화복(禍福)으로 인과를 삼아[33] 원원충충(圓圓充充)한 유정천(有情天)[34] 즉 심천(心天)을 깨닫는 것이다. 여기서 성천·신천·심천은 하나의 성품(性, 天)을 셋으로 나누어 설명한 것으로 일즉삼(一卽三)·삼즉일(三卽一)이다. 이러한 세 성품의 과목을 하나로 관통하면 견성각심(見性覺心)

의 경지에 이른다고 하고 있다.

제6장 「삼심관」에서는 각심(覺心)의 세 단계, 즉 허광심(虛光心)·여여심(如如心)·자유심(自由心)에 대해 논하고 있다. 허광심은 '허중생광(虛中生光)', 즉 빈 가운데서 빛이 나는 마음의 단계이다. "회광반조(回光返照)하여 밝지 아니한 곳이 없고 알지 못할 곳이 없으니, 이것을 허광심력(虛光心力)이라 이른다"[35]라고 하고 있다. 여여심은 '삼라만상이 본래 나와 일체이며 오직 하나이고 둘이 아닌'[36] 마음의 단계로서 피아(彼我), 선악(善惡), 호오(好惡), 생사(生死)가 없다. 자유심은 '모든 일과 모든 쓰임을 무심(無心)으로 행하고 걸림이 없이 행하는 공도공행(公道公行)'[37]의 마음의 단계이다. 즉, "살려고도 하지 아니하고 죽으려고도 하지 아니하며, 없으려고도 하지 아니하고 있으려고도 하지 아니하며, 착하려고도 하지 아니하고 악하려고도 하지 아니하며, 기쁘려고도 하지 아니하고 노하려고도 하지 아니하며, 일동일정(一動一靜)과 일용행사(日用行事)를 내가 반드시 자유롭게 하나니, 좋으면 좋고, 착하면 착하고, 노하면 노하고, 살면 살고, 죽으면 죽고…."[38] 이처럼 각심의 세 단계는 궁극의 '자유심'에 이르러야 신통(神通)의 경지에 달하여 '사람이 곧 하늘(人乃天)'임을 알게 된다.

제7장 「극락설」에서는 성심의 운용과 바른 말의 중요성에 대해 설파하고 있다. 즉, "도를 쓰고(用) 세상을 쓰는 것은 성품과 마음에 있고, 세상과 나라를 태평하게 하는 것은 바른 말에 있다"[39]라고 한 것이다. 대도(大道)는 고요한 성품과 맑은 마음자리에서 생겨난다. 마음으로써 도(道)를 쓰는 사람은 반드시 고요한 성품을 얻어 써야 하고, 말로써 세상을 쓰는 사람은 반드시 맑은 마음을 얻어 써야 한다.[40] 세상의 평온은 반드시 고요한 성품이 근본이 되고, 바른 말은 반드시 맑은 마음이 근본이 된다. 또한 바른 말의 중요성을 강조하여, "말이 반드시 바르면 하늘 또한 바를 것이요…세상 또한 바를 것이

요…나라 또한 바를 것이요…사람마다 반드시 바를 것이다. 천지가 바르면 만물이 자라고, 세계가 바르면 전쟁이 반드시 그치고, 국가가 바르면 인민이 복을 누리고, 사람마다 반드시 바르면 천하가 극락이 된다"[41]라고 하고 있다.

제8장 「성범설」에서는 성품은 본래 한 근원이고, 마음은 본래 한 하늘이고, 법은 본래 한 체(體)이니 성인과 범인이 따로 있는 것이 아니라고 하고 있다.[42] 다만 성인은 이를 알아서 위하고 위하는 위위심(爲爲心)[43]으로 순천(順天)의 삶을 지향하지만, 범인은 이를 알지 못하여 마탈심(魔奪心)으로 악을 행하고 패도를 행하게 된다는 것이다. 말하자면 "성품은 본래 어질고 어리석음이 없지만 마음을 쓰는 데 있어서는 반드시 어질고 어리석음이 있다"[44]는 것이다. "성인의 위위심은 곧 자리심(自利心)이니 자리심이 생기면 이타심이 저절로 생기고, 이타심이 생기면 공화심(共和心)이 저절로 생기고, 공화심이 생기면 자유심이 저절로 생기고, 자유심이 생기면 극락심이 저절로 생긴다. 범인은 마탈심이 한번 생기면 한 몸이 반드시 망하고, 한 나라가 반드시 망하고, 한 세상이 반드시 망하고, 천지가 반드시 망한다"[45]라고 하며 마탈심을 경계하고 위위심을 잃지 말 것을 주문하고 있다.

마지막 장인 제9장 「진심불염」에서는 '진심 불이불염(眞心 不二不染)', 즉 참된 마음은 둘도 아니고 물들지도 않는다는 대자유의 경계에 대한 논의로 끝맺고 있다. 참된 마음은 "천체를 스스로 쓰며, 내 땅을 스스로 쓰며, 나를 자유로 쓴다"[46]는 것이다. 범인의 어리석음은 나의 본래 하늘을 돌아보지도, 찾지도 않고 단지 물정심(物情心)으로써 세상에 행하게 된 데 있다.[47] "성현은 그렇지 아니하여 항상 본래의 나를 잊지 않고 굳건히 지키며 굳세어 빼앗기지 않으므로…자천자각(自天自覺)하여 해탈심에 이르니, 나와 하늘이 둘이 아니고, 성품과 마음이 둘이 아니고, 성인과 범인이 둘이 아니고, 나와 세상이 둘이 아니고, 삶과 죽음이 둘이 아니다."[48] '무리지지리 불연지대연(無理之

至理 不然之大然)',[49] 즉 상대적 차별성을 떠난 여실(如實)한 대긍정의 경계, 그것이 바로 『무체법경』의 결론인 '진심불염'의 경계이다. 조화로운 통일체로서의 무극대도(無極大道)의 세계는 성심본체를 그 뿌리로 하는 까닭에 의암은 성심수련을 통해 본래의 '참나'를 회복하고자 했던 것이다.

2) 『무체법경』에 나타난 진심불염(眞心不染)의 통일사상

동학·천도교의 지도자이자 독립운동가이며 교육 문화 사업가로서의 의암의 사상은 특히 3·1독립운동 과정에서 전 종교인의 연대를 통해 민족통합과 동양평화의 숭고한 대의를 생생하게 보여준 실천적 사상이었다는 점에서 『무체법경』에 나타난 진심불염(眞心不染)의 통일사상을 논하기에 앞서 그의 실천운동에 대해 간략하게 조명할 필요가 있다. 동학의 민족운동은 동학의 창시자인 수운(水雲) 최제우(崔濟愚, 1824~1864)와 2대 교조 해월(海月) 최시형(崔時亨, 1827~1898)이 이끌던 1860~1890년대에는 사상적으로 교리를 정립하고 체계화하는 초기단계에 있었다. 따라서 동학의 포교대상이 주로 농민층이었고 운동의 성격 또한 민중적이고 과격한 양상을 보여 1894년 갑오동학혁명의 형태로 전개되었다.[50] 의암은 1882년(고종 19년) 동학에 입교하여 1894년 통령(統領)으로서 북접(北接)의 농민군을 이끌고 남접(南接)의 전봉준(全琫準)과 합세하여 동학혁명에 참여했으며, 1897년부터 3년간 지하에서 교세 확장에 힘썼다.

1901년 도일(渡日)하여 그곳에 체류하는 동안 근대 서구문명의 진수를 알게 됐고, 오세창(吳世昌)·권동진(權東鎭)·박영효(朴泳孝) 등 개화파 인물들을 알게 됐으며, 이들과 국권 회복에 대해 논의하기도 했다. 1897년 12월 의암이 도통을 전수하면서 1900년대 들어 동학교계는 교정일치를 표방하여 동학운동의 방향을 지식층을 대상으로 한 개화운동으로 선회하였다. 이러한 개화운동은 동학재건과 애국계몽의 민족운동의 일환으로 전개됐는데, 1902년 도전(道戰)·재전(財戰)·언전(言戰)의 「삼전론(三戰論)」과 정치적 권위주의를 부정하고 실용적 사상을 강조하는 「명리전(明理傳)」을 발표하면서부터 본격화됐다. 문명개화의 시기에 보국안민할 수 있는 방법으로 제시된 삼전론에 따르면 도전은 곧 국교(國敎)의 확립을 뜻하며, 재전은 천혜의 자원을 산업발전에 이용한다는 뜻이고, 언전은 외교를 뜻하는 것으로 그 요지는 국제정치·경제 및 외교 문제가 국운과 직결된다는 논조로 일관돼 있다.[51]

의암은 민족혼을 일깨우고 독립정신을 함양하는 데 있어 가장 중요한 것은 교육을 통한 인재양성임을 깨닫고 1903년 귀국하여 두 차례에 걸쳐 동학교단 64명의 청년들을 선발하여 일본으로 데리고 가서 유학시켰다. 1904년 갑진개화운동을 일으켜 권동진·오세창 등과 진보회를 조직하고 이용구(李容九)를 파견하여 국내 조직에 착수, 개화혁신운동을 전개함으로써 개화의 기치를 올렸다. 그러나 이용구가 친일단체인 유신회와 통합하여 일진회를 만들고 을사늑약에 찬동하는 성명을 발표하자, 의암은 즉시 귀국하여 일진회와 무관함을 밝히고 이용구 등을 출교(黜敎) 조처했다. 1906년 의암은 동학을 천도교(天道敎)로 개칭하고 제3대 교조로 취임하여 교세 확장을 도모하는 한편, 출판사 보성사(普成社)를 설립하고 보성학원(普成學院)·동덕여자의숙(同德女子義塾) 등의 학교를 인수하여 교육 문화 사업에도 힘썼다.

1908년 교조 자리를 박인호(朴寅浩)에게 인계하고 수도에 전념하다가 1910년 2월 양산 통도사 내원암에서 49일 동안의 수련 끝에 『무체법경』을 발표했다. 그 이후 천도교·기독교·불교의 동지를 규합하여 민족대표 33인의 대표이자 천도교 측의 대표로서 3·1운동을 주도하게 되는데, 당시 천도교는 3·1운동의 준비와 초기단계에서 각계의 독립운동 움직임을 결집하고

자금을 제공하는 등 중추적인 역할을 수행했다. 20세기 초 윌슨의 민족자결주의의 영향과 연합국의 승리로 국제정세가 우리나라에 유리해진 상황에서 권동진·오세창· 최린(崔麟) 등과 함께 독립운동의 대중화, 일원화, 비폭력이라는 행동원칙에 합의하고 거국적인 독립운동을 벌이게 된다. 1919년 3월 1일 태화관에서 독립선언서를 낭독하고 일본 경찰에 자진 검거되어 3년형을 선고받고 서대문 형무소에서 옥고를 치르다가 병보석으로 출감 치료 중 상춘원(常春園)에서 서거했다.

그러면 『무체법경』에 나타난 '진심불염'의 통일사상에 대해 살펴보기로 하자. 의암은 '진심불염'을 '진심 불이불염(眞心 不二不染)', 즉 참된 마음은 둘도 아니고 물들지도 않는 것으로 표현하고 있다. 더 정확하게 말하면 대공(大公)한 경계인 참된 마음은 염(染)·정(淨)의 경계조차도 넘어선 언어도단(言語道斷)의 경지로서 그 어떤 부정성도 내포하지 않으므로 이분법적 사유체계를 초월해 있다. 『대승기신론별기(大乘起信論別記)』에서 "불각(不覺)이 본각(本覺)에 영향을 미쳐 모든 염법(染法)을 낳게 하고, 본각이 불각에 영향을 미쳐 모든 정법(淨法)을 낳게 한다"[52]라고 한 것은 염·정 제법이 유·무의 관계와 마찬가지로 상호적인 관계에 있음을 보여준다.[53] 따라서 염·정의 성품에 집착함은 모두 망상이며, 그것을 떠나게 될 때 대승(大乘) 윤리가 발휘돼 모든 공덕을 이룩하게 되는 것이다. 의암이 "나와 하늘이 둘이 아니고, 성품과 마음이 둘이 아니고, 성인과 범인이 둘이 아니고, 나와 세상이 둘이 아니고, 삶과 죽음이 둘이 아니다"라고 한 것은 인내천(人乃天, 宇我一如)이고 성심불이(性心不二)이며 생사불이(生死不二)의 경계, 즉 수운이 말하는 불연기연(不然其然: 그렇지 아니함과 그러함)의 경계이다. 말하자면 이 마음이 곧 성(性)이고 천(天)이며 신(神)이다. 바로 일심(一心), 즉 진여심(眞如心)이 성(性)의 체(體)인 것이다.

이렇게 볼 때 『무체법경』의 결론인 '진심불염'은 완전한 소통성과 평등무이(平等無二)의 세계관을 함축하고 있다. 완전한 소통성은 본체계[의식계]와 현상계[물질계], 공(空)과 유(有)가 한 맛(一味)임을 아는 것이다. 그리하여 생(生)·주(住)·이(異)·멸(滅) 사상(四相)의 변화가 그대로 공상(空相)임을 깨달아 생사를 여의게 됨으로써 걸림이 없는 의식에 이르는 것이므로 대통합의 의미를 함축하고 있다. 본래의 성품은 텅 빈 우주나 거대한 대양과도 같이 막힘이 없이 상호 관통한다. 염토(染土)와 정토(淨土)는 모두 일심(一心)에 기인하는 것이다. 의암의 체계 속에서 이(理)와 사(事), 성(性)과 심(心), 정(淨)과 염(染), 일(一)과 다(多) 등의 상호 대립하는 범주들은 각각 체(體: 실재의 영원하고 지각할 수 없는 裏의 측면)와 용(用: 실재의 현상적이고 지각할 수 있는 表의 측면)이라는 불가분의 관계로 분석됨으로써 회통되고 있다. 이들 중 그 어느 것에 편착하면 쟁론을 일으키므로 그러한 편착에서 벗어날 수 있을 때 원융무이(圓融無二)한 통일의 원리를 체득할 수 있게 된다.

평등무이의 세계관은 제1장 「성심변」 첫머리에서 개합의 논리를 이용하여 이(理)와 사(事), 성(性)과 심(心), 즉 본체와 작용을 회통시키는 데서 잘 드러나고 있다. 이러한 개합의 논리는 『금강삼매경론』과 『대승기신론소(大乘起信論疏)』에 나타난 개합(開合)의 논리와 일맥상통한다. "개(開)하여도 하나가 늘어나지 않고 합(合)하여도 열이 줄어들지 않는 고로 부증불감(不增不減)을 종요(宗要)로 하는 것이다"[54]라고 한 것, "합(合)하여 말하면 일미관행(一味觀行)이 그 요(要)이고, 개(開)하여 말하면 십중법문(十重法門)이 그 종(宗)이다"[55]라고 한 것, 그리고 "개(開)하면 무량무변한 의미를 종(宗)으로 삼고 합(合)하면 이문일심(二門一心)의 법을 요(要)로 삼는다"[56]라고 한 것 등이 그것이다. 『열반종요(涅槃宗要)』에서는 '유비일고능당제문 유비이고제문일미(由非一故能當諸門 由非異故諸門一味)'[57]라고 하여 하나가 아니므로 능히 제문(諸

門)에 해당되며, 다른 것이 아니므로 제문이 일미(一味)라고 하였다. 이처럼 일즉다(一卽多)요 다즉일(多卽一)인 것은 성(性)의 본질이 평등이기 때문이다.

의암의 개합의 논리 이면에는 일심의 근원으로 되돌아가 요익중생하는 사상적 실천원리가 담겨져 있다. 『금강삼매경론』에서는 일심이 나타날 때에 8식(八識)이 모두 전전(轉轉)하므로 그때 네 가지 지혜가 원만해진다고 한다. 즉, "'…그 땅은 청정하기가 깨끗한 유리와 같다'고 한 것은 대원경지(大圓鏡智)의 뜻을 나타낸 것이다… '그 성(性)이 항상 평등하기가 저 대지와 같다'고 한 것은 평등성지(平等性智)의 뜻을 나타낸 것이다… '깨닫고 묘하게 관찰함이 지혜의 햇빛과 같다'고 한 것은 묘관찰지(妙觀察智)의 뜻을 밝힌 것이다… '이익을 이루어 근본을 얻음이 대법우(大法雨)와 같다'고 한 것은 성소작지(成所作智)의 뜻을 밝힌 것이다. 네 가지 지혜가 이미 원만하니, 이는 시각(始覺)이 만족된 것이다"[58]라고 한 것이 그것이다. 따라서 성심쌍수(性心雙修)를 통해 일심의 근원으로 되돌아가 본래의 '참나'를 회복하면 절대적인 여실지견(如實知見, an absolute point of view)의 경지에 들게 되므로 완덕(完德)의 실천이 수반될 수 있는 것이다.

의암이 인내천·성심불이·생사불이의 경계를 강조하며 '만법귀일(萬法歸一)'을 설파한 것은 대립자들의 역동적 통일성에 대한 그의 신념을 나타낸 것이다. 성심수련을 통해 무선무악(無善無惡)이고 불생불멸인 본래의 '참나'를 회복함으로써, 다시 말해 자천자각(自天自覺)함으로써 '진심불염'의 경지에 이르면 조화로운 통일체로서의 무극대도의 세계가 스스로 그 모습을 드러내게 되는 것이다. 동학·천도교의 지도자이자 독립운동가이며 교육 문화 사업가로서 의암은 완전한 소통성과 평등무이의 세계관에 기초하여 민족혼을 일깨우고 독립정신을 함양하는 데 크게 기여했다. 특히 3·1독립운동 과정에서 독립운동의 대중화, 일원화, 비폭력의 행동원칙을 제시하고 전 종교인의 연대를 통해 민족통합과 동양평화의 숭고한 대의를 생생하게 보여준 그의 실천적 사상은 남북통일의 과제를 안고 있는 오늘의 우리에게 그 시사하는 바가 크다.

4. 『화엄일승법계도』와 『무체법경』에 나타난 통일사상 비교

1) 『화엄일승법계도』와 『무체법경』의 사상적 특성

7언 30구의 게송으로 구성된 『화엄일승법계도』는 법성(法性)을 가리키는 법(法), 연기(緣起) 현상을 가리키는 계(界), 그리고 도인(圖印)의 세 부분으로 나뉘어 설명된다. '도인'으로 작성된 210자의 법성게는 원융무이(圓融無二)한 법성(法性)을 펼쳐 보이는 것에서 시작하여 불승(佛乘)의 경지에 이르기까지의 연기(緣起) 과정이 계(界: 물질세계·수행의 세계·깨달음의 세계)로 나타나고 있으므로 법계는 근본적인 불법이 연기하여 사상(事相)을 만드는 과정을 일컫는 것이다. 불법이 포괄하는 모든 세계의 진리를 상징하는 이 법계도는 『화엄경』의 진수와 진리를 증득하는 깨달음의 과정을 중생의 근기에 따라 가르침의 방편을 달리하여 54각의 굴곡으로 나타내고 그 과정에서 초발심과 보살행의 중요성을 강조한다.

원융자재한 법계연기의 실상을 보여주는 이 법계도는 시작과 끝의 두 글자 '법'과 '불(佛)'을 중앙에 위치시킴으로써 인과의 두 층위를 나타냄과 동시에 인과의 본성이 중도(中道)임을 나타내 보이고 있다. 법성은 원융하여 두 가지 상(相)이 없으므로(法性圓融無二相) 원융무이한 법성이라고 하는 것이고 이는 곧 진여심(眞如心, 一心)이며, 진여심은 원융회통(圓融會通)의 주체요 중도 융합의 주체인 까닭에 일체의 공덕의 근원이 되며 평화와 행복의 원천이 된다. '이름과 상(相)에만 집착하는 뭇 중생들이 무명(無名)의 참된 원천으로 돌아가게 하기 위해서' 저술한 이 법계도는 일승법계연기의 요체를 밝힘으로써 조화적 통일과 대통합에 대한 의상의 근본입장이 분명히 드러나고 있다.

한편 총 9장으로 구성돼 성심수련에 역점을 두는 의암의 『무체법경』은 본래의 나, 즉 참본성을 회복하기 위해 저술한 것이다. 제1장 「성심변」 첫머리에서는 개합의 논리를 이용하여 이(理)와 사(事), 성(理)과 심(心), 이(理)와 기(氣), 즉 본체와 작용을 회통시키고 있으며, 그 이면에는 성심쌍수를 통해 일심의 근원으로 되돌아가 요익중생하는 사상적 실천원리가 함축돼 있다. 제2장 「성심신삼단」에서는 성(性)·심(心)·신(身)의 불가분성에 대한 인식과 더불어 몸을 주체로 한 성심수련의 중요성에 대해 논하고 있다. 제3장 「신통고」에서부터 제8장 「성범설」까지 여섯 개 장은 견성각심의 경지에 이르는 수련의 의미, 과제, 단계, 결과를 순차적으로 논하며 참본성이 회복되는 수행과정을 보여준다. 제3장 「신통고」에서는 견성각심의 경지에 이르면 모두가 하나라고 하며 자심자성·자심자경·자심자신·자심자법하는 주체적 수행의 필요성을 역설한다.[59] 제4장 「견성해」에서는 하늘이든 이치든 사물이든 조화든 마음 밖에 있는 것이 아니기 때문에 내 마음에서 모든 것을 구할 것을 강조하며 성천(性天)·심천(心天)·신천(身天)의 불가분성을 보여준다.[60]

제5장 「삼성과」에서는 수련의 세 과목을 원각성, 비각성·혈각성으로 구분하고 있는 바, 이 셋을 관통할 때 완전한 견성이 이루어진다.[61] 제6장 「삼심관」에서는 각심(覺心)의 세 단계로서 허광심·여여심·자유심에 대해 논하고 있는데, 궁극의 '자유심'에 이르러야 신통의 경지에 달하여 '사람이 곧 하늘'임을 알게 된다. 제7장 「극락설」에서는 성심의 운용과 바른 말의 중요성을 강조하여 세상의 평온은 반드시 고요한 성품이 근본이 되고, 바른 말은 반드

시 맑은 마음이 근본이 된다고 하며, 사람마다 반드시 바르면 천하가 극락이 된다[62]라고 하고 있다. 제8장 「성범설」에서는 마탈심을 경계하고 위위심(爲爲心)으로써 순천의 삶을 지향하면 자리심→ 이타심→ 공화심→ 자유심→ 극락심이 저절로 생겨 성인의 경지에 이른다고 하고 있다.[63] 제9장 「진심불염」은 자천자각(自天自覺)하여 해탈심에 이른 대자유의 경계에 대한 논의로 끝맺고 있다. 요약하면, 의암은 성심수련을 통해 본래의 '참나'를 회복함으로써 조화로운 통일체로서의 무극대도의 세계를 이상향으로 제시했던 것이다.

이렇게 볼 때 『화엄일승법계도』와 『무체법경』에 나타난 사상적 특성은 다음과 같은 몇 가지 점에서 비교 분석해 볼 수 있다. 첫째, 법계도와 무체법경의 저술 동기 및 목적이 일맥상통한다는 점이다. 즉, 법계도는 뭇 중생들이 무명(無名)의 참된 원천으로 돌아가게 하기 위해서 저술한 것이고, 무체법경은 본래의 나, 즉 참본성을 회복하기 위해 저술한 것이다. 법계도에서는 "궁좌실제중도상 구래부동명위불(窮坐實際中道床 舊來不動名爲佛)"이라 하여 수행과정을 통해 이름과 상(相)을 초월하여 마침내 참된 중도의 자리에 앉는 것을 부처의 경지라고 하고 있다. 여기서 '부동(不動)'은 각지불이(各知不移)'의 '불이'와 그 의미가 상통한다. 무체법경에서는 진진여여한 '무체성(無體性)'[64]의 본래 성품을 회복하는 것을 '진심불염'의 경지라고 하고 있다. 여기서 '무체성'의 본래 성품을 회복하는 것은 곧 법계도에서 말하는 참된 원천으로 돌아가는 것과 같은 의미로서 대통합의 의미를 함축하고 있다.

둘째, 법계도와 무체법경은 개합의 논리로 본체계와 현상계를 회통시킴으로써 생명의 전일성에 대한 인식을 보여주고 있다는 점이다. 법계도에서 '하나가 곧 일체'인 것은 법신불의 자기현현으로 만물만상이 생겨나는 까닭이며, '일체가 곧 하나'인 것은 모든 존재가 여래의 성품이 발현된 것인 까닭이다. 법계도의 법계연기는 하나와 전체, 티끌과 시방세계, 일념과 무량겁,

초발심과 정각(正覺), 그리고 생사와 열반이 상즉상입의 구조로 상호 연기(緣起)·상호 관통하며 역동적 통일성을 이루고 있다. 무체법경에서는 개합의 논리를 이용하여 일(一)과 다(多), 이(理)와 사(事)를 회통시킴으로써 만 가지 모습이 하나의 법이며, 만 가지 법이 하나인 마음의 법으로 돌아감을 보여주고 있다. 이처럼 법계도와 무체법경은 본체와 작용, 내재와 초월, 전체와 개체가 불가분의 관계로서 중도 융합의 차원에서 미묘하게 조화·통일되고 있음을 나타내 보이고 있다.

셋째, 법계도와 무체법경은 평등무이(平等無二)의 세계관에 기초하여 참본성의 회복이라는 복본(復本)적 성격을 강조하고 있다는 점이다. 법계도 210자의 법성게에 나타난 법성은 곧 법성성기(法性性起)이며 범부 중생이 그대로 부처라고 하고 있다. 화엄사상은 연기(緣起)와 성기(性起)에 의해 '하나(一)'에서 다함이 없는 제법상(諸法相)이 생겨나고 다시 그 '하나(一)'로 돌아감을 보여준다. 화엄일승사상은 연기(緣起)된 제법상의 차별상이 실체가 있는 것이 아니므로 본래의 참본성을 회복하면 평등성지(平等性智)가 드러나 평등무이하게 된다는 것이다. 무체법경에서는 성품은 본래 한 근원이고, 마음은 본래 한 하늘이고, 법은 본래 한 체(體)이므로 성인과 범부가 따로 있는 것이 아니라고 하고 있다.[65] '모든 일과 모든 쓰임을 무심으로 행하고 걸림이 없이 행하는 공도공행(公道公行)'[66]의 마음의 단계에 이르면 참본성이 회복되어 만물의 근원적 평등성과 유기적 통합성을 인식할 수 있게 되는 것이다.

넷째, 법계도와 무체법경은 진리를 증득하는 깨달음의 과정을 단계적으로 논하며 주체적 수행의 필요성을 역설하고 있다는 점이다. 법계도는 진리를 증득하는 과정을 원융무이한 법성을 펼쳐 보이는 것에서 시작하여 불승(佛乘)의 경지에 이르기까지의 연기 과정을 물질세계·수행의 세계·깨달음의 세계로 나타내고 있다. 이러한 깨달음의 과정을 중생의 근기에 따라 가르침의 방편을 달리하여 54각의 굴곡으로 나타내고 그 과정에서 초발심과 보살행의 중요성을 강조한다. 무체법경에서는 성(性)·심(心)·신(身)의 불가분성에 대한 인식과 더불어 몸을 주체로 한 성심수련의 중요성에 대해 설파하며 원각성·비각성·혈각성의 세 과목을 관통할 때 완전한 견성이 이루어진다고 본다. 또한 각심(覺心)의 세 단계로서 허광심·여여심·자유심에 대해 논하고, 이러한 세 단계는 궁극의 '자유심'에 이르러야 신통의 경지에 달하여 '사람이 곧 하늘'임을 알게 된다고 한다.

다섯째, 법계도와 무체법경은 조화적 통일과 대통합을 지향하는 강한 실천성을 띤 사상적 특색을 보여주고 있다는 점이다. 법계도는 일승법계연기의 진수를 밝힘으로써 조화적 통일과 대통합에 대한 의상의 근본입장이 분명히 드러나고 있다. 법계도에 나타난 중도의 개념은 개별성이 유지되면서도 융섭되는 중도 융합의 차원으로 여실한 대긍정·대통합의 의미를 함축하고 있다. 강한 실천성을 띤 의상의 일승원교(一乘圓敎)의 사상은 통일신라 불교계에 조화와 화합의 정신을 일깨워 일체감을 조성하고 일체 중생을 일승(一乘)의 경지로 안내함으로써 삼국통일의 기반을 공고히 했다. 무체법경은 성심수련을 통해 본래의 '참나'를 회복함으로써 조화로운 통일체로서의 무극대도의 세계를 지향하고 있음을 명료하게 보여준다. 민족통합과 동양평화의 숭고한 대의를 생생하게 보여준 의암의 실천적 사상은 국격(國格)을 바로 세우고 국론통일과 민족통합의 새로운 전기를 마련하는 데 크게 기여했다.

이상에서 보듯 비록 의상과 의암의 사상이 등장한 시대적·사회적·사상적 배경이 상이하긴 하지만, 만유의 근원적인 평등과 조화의 문제를 다룬 것이라는 점에서 상통하고 있다. 의상은 통일신라의 화합과 안정이 강력하게 요구되던 시기에 사상적 통일을 도모함으로써 삼국통일의 기반을 공고히 했고, 의암은 국론통일과 민족통합이 강력하게 요구되던 시기에 근대화운동과 3·1독립운동이 태동하는 중추적 역할을 담당했다.

2) 일승원교(一乘圓敎)의 통일사상과 진심불염(眞心不染)의 통일사상

의상의 화엄사상을 일승원교라고 부르는 것은 "하나가 곧 일체이며 일체가 곧 하나(一卽一切多卽一)"라고 하여 원음(圓音)과 일음(一音)이 상즉상입의 관계로 연기(緣起)하는 법계연기의 실상을 보여주고 있기 때문이다. 법계도의 법계연기론은 일체 중생을 일승의 경지로 안내하는 강한 실천성을 띤 일승원교의 사상적 특색을 보여준다. 즉, 진(眞)과 속(俗), 이(理)와 사(事), 공(空)과 색(色), 일(一)과 다(多) 등의 상호 대립하는 범주들이 각각 체(體)와 용(用)이라는 불가분의 관계로서 중도 융합의 차원에서[67] 미묘하게 조화·통일되고 있음을 나타낸 것이다. 화엄교학의 중추를 이루는 법계연기설은 사법계· 이법계· 이사무애법계· 사사무애법계의 4법계에서 살펴볼 수 있는데, 특히 사사무애법계는 화엄학에서 중중무진의 법계연기로 일컬어지며 이러한 화엄무진연기의 모습을 구체적으로 설명한 것이 십현연기와 육상원융이다.

의상의 화엄일승사상의 이론적 기초는 법계연기와 성기(性起 또는 如來性緣起)사상이다. '성기'사상에 의하면 일체 만유가 여래의 성품이 발현된 것이므로 범부 중생이 그대로 부처이다. 화엄일승사상은 연기와 '성기'에 의해 '하나(一)'에서 다함이 없는 제법상이 생겨나지만 연기된 제법상의 차별상이 실체가 있는 것이 아니므로 본래의 '하나(一)'로 돌아가 융섭돼야 한다는 성기취입(性起趣入)적 성격이 강조되고 있다. 법성은 원융하여 두 가지 상(相)이 없고 늘어나는 것도 줄어드는 것도 없으므로 '성기'는 곧 불기(不起)이며 일체 제법은 본래 중도에 있는 것이다. 이는 곧 개별성이 유지되면서도 융섭되는 중도 융합의 차원으로 여실한 대긍정·대통합의 의미를 함축하고 있다.

이러한 일승원교의 통일사상은 원효의 화쟁사상과 더불어 삼한일통의 통섭적 불교사상을 대표하는 양대 산맥으로서 삼국통일기의 정치적, 사회적 및 정신적 통합과 안정에 크게 기여했다.

의암의 '진심불염'의 통일사상은 이분법적 사유체계를 초월한 참된 마음이 조화적 통일과 대통합의 원천이 되는 것으로 나타난다. 진심불염은 완전한 소통성과 평등무이의 세계관을 함축하고 있다. 생명의 순환을 이해하면 본체계와 현상계, 공(空)과 유(有)가 한 맛임을 알아 생사를 여의게 되어 걸림이 없는 의식에 이르게 되므로 완전한 소통성이 달성되는 것이다. 또한 이(理)와 사(事), 성(性)과 심(心), 즉 본체와 작용을 회통시키는 개합의 논리는 평등무이의 세계관을 잘 드러내고 있으며 그 이면에는 일심의 원천으로 돌아가 완덕(完德)을 실천하는 사상적 원리가 담겨져 있다. 성(性)의 본질은 평등인 까닭에 일즉다·다즉일이므로 편착에서 벗어날 수 있을 때 원융무이한 통일의 원리를 체득할 수 있게 된다.

의암은 성심수련을 통해 자천자각하여 '진심불염'의 경지에 이르면 "나와 하늘이 둘이 아니고, 성품과 마음이 둘이 아니고, 성인과 범인이 둘이 아니고, 나와 세상이 둘이 아니고, 삶과 죽음이 둘이 아니다"[68]라고 하며 조화로운 통일체로서의 무극대도의 세계가 현실 속에 구현될 수 있다고 보았다. "…사람마다 반드시 바르면 천하가 극락이 된다"[69]라는 말에서도 알 수 있듯이 무극대도의 세계는 성심본체를 그 뿌리로 하는 까닭에 성심수련을 통해 본래의 '참나'를 회복하고자 했던 것이다. 의암의 실천적 사상은 완전한 소통성과 평등무이의 세계관에 기초하여 개화혁신운동을 주도하고 민족혼을 일깨우며 거국적인 독립운동을 전개하는 데 크게 기여했다. 특히 3·1독립운동 과정에서 민족통합과 동양평화의 숭고한 대의를 생생하게 보여줌으로써 국론통일과 민족통합의 새로운 전기를 마련했다.

일승원교의 통일사상과 '진심불염'의 통일사상은 이 우주가 통일성인 동시에 다양성이며, 전체성인 동시에 개체성이며, 우주의 본원인 동시에 현상 그 자체로서 절대적 조화를 이루고 있다고 보고 이를 소우주(microcosm)와 대우주(macrocosm)의 유비적(類比的) 대응관계로서 설명하고 있다. 이러한 유비적 대응관계는 법계도에 "하나 속에 일체가 있고 일체 속에 하나가 있으니, 하나가 곧 일체이며 일체가 곧 하나"[70]라는 구절과, 무체법경에 "나와 하늘이 둘이 아니고, 성품과 마음이 둘이 아니고, 성인과 범인이 둘이 아니고, 나와 세상이 둘이 아니고, 삶과 죽음이 둘이 아니다"[71]라는 구절 속에 잘 나타나 있다. 그런 의미에서 우주만물은 전 우주를 표상하는 '우주의 거울(a mirror of the universe)'이다.

소우주와 대우주, 부분과 전체의 유비적 대응관계를 이해하지 못하고서는 있는 그대로의 세상을 바라볼 수가 없으므로 고통과 부자유 상태에 빠지게 된다. 법계도와 무체법경에서 이러한 유비적 대응관계는 본체와 작용, 내재와 초월, 전체와 개체가 중도 융합의 차원에서 미묘하게 조화적 통일을 이루는 것으로 나타난다. 이들 사상은 이러한 조화적 통일이 오직 일심의 원천으로 돌아가 본래의 '참나'를 회복함으로써만 가능하다는 것을 보여준다. 그런 까닭에 일승원교의 통일사상과 '진심불염'의 통일사상은 평등성과 조화성에 기초하여 사회적으로 실천하는 실천수행적 성격을 강하게 지니고 있다. 이들 사상의 통섭적 본질은 남북분단과 지구촌 분열에 직면해 있는 오늘의 우리에게 커다란 시사점을 제공한다. 나아가 소통·자치·자율에 기초한 지구생명공동체의 구현에도 기여할 수 있다는 점에서 그 의미가 크다 하겠다.

이상에서 보듯 의상과 의암의 사상은 인간 존재의 근원적인 평등과 조화의 문제를 다룬 것이라는 점에서 고금을 통하고 역사를 초월하며 국가와 민족, 인종과 종교의 벽을 뛰어넘는 보편성이 있다. 비록 그 주제와 용어가 종교적인 색채를 띠고 있긴 하지만, 이들 사상이 강조하는 조화와 균형, 중도 융합과 대통합의 원리는 지식체계 전반에 대한 것으로 확장되어야 할 것이다. 이들의 사상은 우리 민족이 사상적 이질성을 극복하여 한반도 평화통일과 민족통합을 이룩하고 나아가 평등하고 평화로운 세계를 창조하는 토대가 될 수 있게 할 것이다. 또한 우리 인류가 시대적·사상적·종교적 질곡에서 벗어나 유기적 생명체 본연의 통섭적 기능을 회복하게 함으로써 진정한 역사발전의 동력이 될 수 있게 할 것이다.

5. 결론

지금까지 우리는 『화엄일승법계도』와 『무체법경』에 나타난 의상과 의암의 통일사상에 대해서 살펴보았다. 법계도와 무체법경에 나타난 사상적 특성은 크게 다섯 가지 측면에서 고찰해 볼 수 있다. 첫째는 저술 동기 및 목적이 일맥상통한다는 점이고, 둘째는 개합의 논리로써 본체계와 현상계를 회통시킴으로써 생명의 전일성에 대한 인식을 보여주고 있다는 점이며, 셋째는 평등무이의 세계관에 기초하여 참본성의 회복이라는 복본(復本)적 성격을 강조하고 있다는 점이고, 넷째는 진리를 증득하는 깨달음의 과정을 단계적으로 논하며 주체적 수행의 필요성을 역설하고 있다는 점이며, 다섯째는 조화적 통일과 대통합을 지향하는 강한 실천성을 띤 사상적 특색을 보여주고 있다는 점 등에서 살펴볼 수 있다.

법계도에서는 저술 동기 및 목적을 '뭇 중생들이 무명의 참된 원천으로 돌아가게 하기 위해서'라고 하고 있고, 무체법경에서는 본래의 나, 즉 '무체성'의 본래 성품을 회복하기 위해서라고 하고 있다. 여기서 '무체성'의 본래 성품을 회복하는 것은 곧 법계도에서 말하는 일심의 원천으로 돌아가 본래의 '참나'를 회복하는 것과 같은 의미로서 조화적 통일과 대통합의 의미를 함축하고 있다. '참나'를 회복하지 않고서는 그 어떤 것도 실재성이 없기 때문에 평등성과 조화성에 기초한 통일사상을 설파한 것이다.

법계도의 법계연기는 하나와 전체, 티끌과 시방세계, 일념과 무량겁, 초발심과 정각, 그리고 생사와 열반이 상호 연기·상호 관통하며 역동적 통일성을 이루고 있고, 무체법경에서는 개합의 논리에 근거하여 일(一)과 다(多), 이(理)와 사(事)가 원융무애한 관계로서 회통되고 있다. 이처럼 법계도와 무체법경에서는 이 우주가 절대적 조화와 균형을 이루고 있다고 보고 이를 대우주와 소우주의 유비적 대응관계로서 설명하고 있다. 즉, 본체와 작용, 내재와 초월, 전체와 개체가 중도 융합의 차원에서 미묘하게 조화적 통일을 이루고 있다고 봄으로써 생명의 전일성에 대한 인식을 보여주고 있다.

법계도의 법성게에 나타난 법성은 곧 법성성기이며 범부 중생이 그대로 부처라고 하고 있고, 무체법경에서는 성품은 본래 한 근원이고, 마음은 본래 한 하늘이고, 법은 본래 한 체(體)이므로 성인과 범부가 따로 있는 것이 아니라고 하고 있다. 이처럼 법계도와 무체법경에서는 현상계의 차별상이 실체가 있는 것이 아니라고 보고 평등무이의 세계관에 기초하여 참본성의 회복이라는 복본(復本)적 성격을 강조하고 있다. 공도공행(公道公行)의 자유심의 단계에 이르면 본래의 참본성이 회복되어 생명의 근원적 평등성과 유기적 통합성을 인식할 수 있게 되는 것이다.

법계도의 법성게는 법(法)으로부터 시작해서 불(佛)로 끝나기까지의 연기(緣起) 과정을 54각의 굴곡으로 이뤄진 계(界: 물질세계·수행의 세계·깨달음의 세계)로 나타내고 그 과정에서 초발심과 보살행의 중요성을 강조한다. 무체법경에서는 성천(性天)·심천(心天)·신천(身天)[72]의 불가분성에 대한 인식과 더불어 성품의 세 과목인 원각성·비각성·혈각성을 관통하면 견성이 이루어진다고 보고 성심수련의 중요성을 강조한다. 또한 각심의 세 단계인 허광심·여여심·자유심에 대한 논의에서 궁극의 '자유심'에 이르면 인내천을 체득하게 된다고 한다.

법계도와 무체법경은 조화적 통일과 대통합을 지향하는 강한 실천성을 띤 사상적 특색을 보여주고 있다. 법계도에 나타난 중도의 개념은 중도 융합의 차원으로 일체의 상대적 차별상을 넘어선 대긍정·대통합의 의미를 함축하고 있다. 일승법계연기의 진수를 밝히고 있는 의상의 일승원교의 사상은 통일신라 불교계에 조화와 화합의 정신을 일깨워 일체감을 조성하고 일체 중생을 일승의 경지로 안내함으로써 삼국통일의 기반을 공고히 했다. 무체법경은 성심쌍수를 통해 복본(復本)함으로써 조화로운 통일체로서의 무극대도의 세계를 지향하고 있다. 동양평화, 나아가 세계평화와 공존공생의 숭고한 대의를 생생하게 보여준 의암의 실천적 사상은 변혁의 필연성을 역설하며 민족의 생존권과 독립의 당위성을 설파함으로써 국론통일과 민족통합의 새로운 전기를 마련했다.

이상에서 보듯 의상과 의암의 사상은 근대 과학혁명 이후 기계론적 세계관의 확산에 따른 인간 존재의 '세 중심축(天地人 三才)'의 통합성 상실로 인해 총체적인 인간 실존의 위기에 처한 오늘의 인류에게 서구적 근대의 태생적 한계를 극복할 수 있는 사상적 대안을 제시한다. 특히 한반도 평화통일과 지구촌 대통합의 시대적 과제를 안고 있는 오늘의 우리에게 이들 사상은 후천개벽의 새 시대를 개창할 수 있는 단서를 제공한다. 새로운 전일적 실재관으로의 패러다임 전환을 통해 우주의 본질인 생명의 전일성과 자기근원성, 근원적 평등성과 유기적 통합성을 인식할 수 있을 때 일체 분리는 사라지고 조화로운 통일체가 스스로 그 모습을 드러낼 것이다.

주석

1 동학과 현대 과학의 생명사상
-『동학학보』 제18호, 2009

1 cf. 『莊子』「齊物論」; 『莊子』「知北游」. 「齊物論」에서는 천지만물이 다 '하나'일 따름이므로 '萬物與我爲一'이라고 했고, 「知北游」에서는 "生과 死가 동반자이며 만물이 하나이고, 하나의 기운(一氣)이 천하를 관통하고 있기에 성인은 이 '하나', 즉 一氣를 귀하게 여긴다"라고 했다.

2 cf. 荷澤神會, 『頓悟無生般若頌』: "動寂俱妙 理事皆如 理淨處 事能通達 事理通無礙." 즉, "움직임과 고요함이 함께 妙하니, 理와 事는 모두 같은 것이다. 理는 그 淨한 곳을 통하여 事의 다양성 속에 도달하고, 事는 이렇게 해서 理와 상통하여 無礙의 妙를 나타낸다"는 뜻이다.

3 David Bohm, *Wholeness and the Implicate Order*(London and New York: Routledge & Kegan Paul, 1980), pp.183-186, 224-225.

4 cf. *Mundaka Upanishad* in *The Upanishads*, translated from the Sanskrit with an introduction by Juan Mascaro(London: Penguin Books Ltd., 1962), 2. 1, p.77: "As from a fire aflame thousands of sparks come forth, even so from the Creator an infinity of beings have life and to him return again."

5 『東經大全』, 「論學文」.

6 『龍潭遺詞』, 「興比歌」.

7 『東經大全』, 「不然其然」.

8 『海月神師法說』, 「天地理氣」: "人之在於陰水中 如於之在魚陽水中也 人不見陰水 魚不見陽水也."

9 『海月神師法說』, 「養天主」.

10 Fritjof Capra, *The Web of Life*(New York: Anchor Books, 1996), pp.33-35.

11 봄의 양자 이론이 인체에 적용하기에 안성맞춤인 이유는 다음 몇 가지로 설명된다. '봄의 양자 이론은 미시세계와 거시세계를 하나의 일관된 이론으로 설명할 수 있으며, 인체를 구성하는 양자계(양성자, 중성자, 전자 등), 분자, 세포, 조직 및 장기의 이중구조를 설명할 수 있다. 또한 봄의 양자 이론은 인간의 마음이나 감정도 실체로 인정하기 때문에 마음을 양자 이론으로 설명할 수 있으며, 몸과 마음의 연결(mind-body connection)에 대해서 과학적인 설명을 할 수 있고, 무엇보다 봄의 양자 이론을 임상에 적용했을 때 효용가치가 매우 높다'(강길전·홍달수 지음, 『양자의학: 새로운 의학의 탄생』(서울: 돋

을새김, 2013), 95-96쪽).

12 최민자, 『생명에 관한 81개조 테제: 생명정치의 구현을 위한 眞知로의 접근』(서울: 도서출판 모시는사람들, 2008), 47-48쪽.

13 cf. "John" in *Bible*, 14:6 : "I am the way and the truth and the life…."

14 David Bohm, *op. cit.*, pp.188-189.

15 『海月神師法說』, 「靈符呪文」: "吾道 義 以天食天-以天化天…宇宙萬物 總貫一氣一心也." cf. *The Bhagavad Gita*, 4. 24. : "Who in all his work sees God, he in truth goes unto God: God is his worship, God is his offering, offered by God in the fire of God."

16 『海月神師法說』, 「靈符呪文」: "內有神靈者 落地初赤子之心也 外有氣化者 胞胎時 理氣應質而成體也." 海月 崔時亨은 이르기를, "內有神靈이란 처음 세상에 태어날 때의 갓난아기의 마음이요 外有氣化란 포태할 때에 이치(理)와 기운(氣)이 바탕에 응하여 體를 이룬 것"(『海月神師法說』, 「靈符呪文」: "內有神靈者 落地初赤子之心也 外有氣化者 胞胎時 理氣應質而成體也")이라고 했다.

17 『海月神師法說』, 「天地理氣」: "天地 陰陽 日月於千萬物 化生之理 莫非一理氣造化也." 즉, "天地, 陰陽, 日月, 千萬物의 化生한 이치가 한 이치 기운(一理氣)의 造化 아님이 없는 것이다"라는 뜻이다. "처음에 기운을 편 것은 이치요, 형상을 이룬 뒤에 움직이는 것은 기운이니, 기운은 곧 이치이다"(『海月神師法說』, 「天地理氣」: "初宣氣 理也 成形後運動 氣也 氣則理也").

18 최민자, 『생태정치학: 근대의 초극을 위한 생태정치학적 대응』(서울: 도서출판 모시는사람들, 2007), 378-379쪽.

19 Ilya Prigogine and Isabelle Stengers, *Order out of Chaos: Man's New Dialogue with Nature*, foreword by Alvin Toffler(Toronto, New York: Bantam Books, 1984), p.292.

20 Ilya Prigogine, *From Being to Becoming*(San Francisco: Freeman, 1980).

21 『義菴聖師法說』, 「講論經義」: "…靈與氣 本非兩端 都是一氣也"

22 『義菴聖師法說』, 「無體法經」: "性 闔則 爲萬理萬事之原素 性 開則 爲萬理萬事之良鏡."

23 『海月神師法說』, 「待人接物」.

24 『海月神師法說』, 「靈符呪文」: "彼鳥聲 亦是 侍天主之聲也."

25 Gregg Braden, *The Divine Matrix*(New York: Hay House, Inc., 2007), p.3에서 재인용.

26 Ulrich Beck, Anthony Giddens and Scott Lash, *Reflexive Modernity: Politics, Tradition and Aesthetics in the Modern Social Order*(UK: Polity Press, 1994)

27 David Bohm, *op. cit.*, pp.182-189.

28 *Ibid.*, p.9: "…wholeness is what is real, and that fragmentation is the response of this whole to man's action, guided by illusory perception, which is shaped by fragmentary thought…what is needed is for man to give attention to his habit of

fragmentary thought, to be aware of it, and thus bring it to an end.".

29 cf. 톰 하트만 지음, 김옥수 옮김, 『우리 문명의 마지막 시간들』(서울: 아름드리미디어, 1999), 31쪽: "우리가 겪는 문제들은 과학기술이나 식량생산, 언론 폭력같이 우리가 저지른 일들 때문에 생긴 게 아니라는 점이다. 그것들은 우리 문화에서, 말하자면 세계관에서 생겼다……진실로 의미 있는 변화가 이루어지려면 세상을 바라보고 받아들이는 방식을 바꿔야 한다."

30 최민자, 『생명에 관한 81개조 테제: 생명정치의 구현을 위한 眞知로의 접근』, 526-528쪽.

31 위의 책, 533-534쪽.

32 『조선일보』, 2009년 9월 10일자 기사.

33 Fritjof Capra, *The Turning Point*(New York : Simon & Schuster, 1982), p.24.

34 David Bohm, *op. cit.*, pp.3-4.

35 Alighieri Dante, *De Monarchia*, edited by E. Moore, with an introduction on the Political Theory of Dante by W. H. V. Reade(Oxford: Oxford University Press, 1916).

36 최민자, 『생명에 관한 81개조 테제: 생명정치의 구현을 위한 眞知로의 접근』, 530-532쪽.

37 위의 책, 532-533쪽.

2 생태정치학적 사유와 현대 물리학의 실재관

-『동학학보』 제14호, 2007

1 '생명의 3화음적 구조'라는 용어는 필자의 저서, 『천부경·삼일신고·참전계경』(2006)에서 천부경 81자의 구조를 천·지·인 삼신일체[법신·화신·보신, 성부·성자·성령, 내유신령·외유기화·각지불이], 즉 생명의 본체-작용-본체·작용의 합일이라는 세 구조로 나누면서 주조한 것이다.

2 量子力學은 막스 플랑크(Max Plank)의 양자가설(quantum hypothesis, 1900), 아인슈타인(Albert Einstein)의 광전효과(photoelectric effect, 1905), 닐스 보어(Niels Bohr)의 원자 모델(atomic model, 1913), 하이젠베르크(Werner Heisenberg)의 행렬역학(matrix mechanics, 1925)과 슈뢰딩거(Erwin Schrödinger)의 파동역학(wave mechanics, 1926)에 이르러 그 모습을 드러낸 것으로 원자, 전자 등 미시세계의 신비를 밝힌 것이다. 오늘날의 반도체, 컴퓨터 등 IT기술은 양자역학에 힘입은 것이다.

3 亞原子 물리학(subatomic physics)의 量子場 개념에 따르면 물질은 개별적인 원자들로 구성된 실재가 아니라 場이 유일한 실재이며 물질은 장이 극도로 강하게 집중된 공간의 영역에 의해 성립되는 것이라고 한다. 그것의 입자성은 마치 무한한 창조성을 지닌 空과도 같이 대립자의 역동적 통일성에 기초하여 '보이는 우주'와 '보이지 않는 우주'를 상

호 관통하며 무수하게 펼쳐진 세계[多, 다양성]와 하나로 접힌 세계[一, 전일성]를 끝없이 연출한다는 것이다. 우주만물은 근본적인 전일성의 현시인 까닭에 불가분의 전체성이며 동시에 유기적 통일성과 근원적 평등성을 띠게 된다.

4 '도구적 이성'은 프랑크푸르트학파의 중심인물로 근대 문명에 대해 독자적인 비판을 제시한 아도르노(Theodor Wiesengrund Adorno) 사상의 핵심 개념이다. 도구적 이성은 목적의 타당성이나 가치를 중요시하는 대신 목표 달성의 효과성·효율성을 강조하는 서구 물질문명의 몰가치적(value free) 정향을 대변하는 개념이다. 도구적 이성으로 계몽된 인간은 일체를 도구의 대상으로 파악하고 계측, 수량화하여 심지어는 人性까지도 物化시킴으로써 모든 것을 도구적 기능으로 환원시킨다는 것이다. 마찬가지로 프랑크푸르트학파의 대표적 인물인 호르크하이머(Max Horkheimer) 역시 이러한 도구적 이성에 대해 비판하고 있다. 이들의 공저인 Max Horkheimer and Theodor W. Adorno, *Dialectic of Enlightenment*(San Francisco: Stanford University Press, 2002)에서는 인류가 계몽이 진행됨에 따라 진정한 인간적인 상태에 들어간 것이 아니라 오히려 새로운 종류의 야만상태에 빠져들었다고 보고 있다.

5 『천부경』과 『삼일신고』는 지금으로부터 약 9,000년 전 천제 桓仁이 다스리던 桓國으로부터 구전되다가 약 6,000년 전 환웅천황 때 鹿圖文字로 기록되었으며, 여러 문헌상의 기록에서 나타나듯 이때부터 『참전계경』 366사가 백성들에게 가르쳐지기 시작했다. 우리 배달민족의 삼대경전의 가르침은 단군조선에도 그대로 이어져 이후 篆書로 전해지게 된다. 오늘날 천부경은 훗날 孤雲 崔致遠이 篆字로 기록해 놓은 옛 비석을 보고 다시 한문으로 옮겨 書帖으로 만들어 세상에 전한 것이다. 최치원 이후 천부경은 조선 중종 때 一十堂主人 李陌이 太白逸史에 삽입하여 그 명맥을 잇다가 1911년 雲樵 桂延壽가 『桓檀古記』를 편찬하여 오늘에 이르고 있다. 『환단고기』는 신라 승려 안함로(安含老)의 『삼성기(三聖記)』와 원동중(元董仲)의 『삼성기(三聖記)』, 고려 말 행촌(杏村) 이암(李嵒)의 『단군세기(檀君世紀)』, 고려 말 휴애거사(休崖居士) 범장(范樟)의 『북부여기(北夫餘紀)』 그리고 이암의 현손인 이맥의 『태백일사』를 합본한 것으로 우리 환단(桓檀: 환국·배달국·단군조선)의 역사를 알게 해 주는 소중한 역사서이다. 『환단고기』 내의 여러 기록들은 천부경이 환국·배달국·단군조선·부여·고구려·대진국[발해]·고려로 이어지는 우리 역사 속에서 국가적으로 매우 중시되었던 경전임을 밝히고 있다.

6 천부경의 전래, 요체, 구조, 註解, 그리고 핵심사상에 대해서는 최민자, 『천부경·삼일신고·참전계경』 참조.

7 cf. Alfred North Whitehead, *Process and Reality*(New York: Macmillan, 1929); Ilya Prigogine, *From Being to Becoming*(San Francisco: Freeman, 1980).

8 『우파니샤드 *The Upanishads*』, 『바가바드 기타 *The Bhagavad Gita*』에서는 생명의 본체인 '하나'인 混元一氣를 유일자[유일신]로 나타내고 있다. *Svetasvatara Upanishad* in *The Upanishads*, translated from the Sanskrit with an introduction by Juan

Mascaro(London: Penguin Books Ltd., 1962), 4, p.92: "He rules over the sources of creation. From him comes the universe and unto him it returns. He is…the one God of our adoration"; *Kata Upanishad* in *The Upanishads*, 5, p.64: "He is Brahman…who in truth is called the Immortal. All the worlds rest on that Spirit and beyond him no one can go…There is one Ruler, the Spirit that is in all things, who transforms his own form into many"; *The Bhagavad Gita*, translated from the Sanskrit with an introduction by Juan Mascaro(London: Penguin Books Ltd., 1962), 9. 11. : "…They know not my Spirit supreme, the infinite God of this all"

9 cf. 『義菴聖師法說』,「無體法經」: "性 闔則 爲萬理萬事之原素 性 開則 爲萬理萬事之良鏡."

10 『天符經』은 본래 장이 나누어져 있지 않았지만, 필자는 천부경이 담고 있는 의미를 보다 명료하게 풀기 위하여 上經「天理」, 中經「地轉」, 下經「人物」의 세 주제로 나누어 살펴보았다. 상경「천리」는 '一始無始一析三極無盡本, 天一一地一二人一三, 一積十鉅無匱化三' 으로 구성되어 있으며, 시작도 끝도 없는 영원한 '하나(一)'의 본질과 무한한 창조성, 즉 천·지·인 混元一氣인 '하나(一)'에서 우주만물이 나오는 일즉삼(一卽三)의 이치를 드러낸 것이다. 중경「지전」은 '天二三地二三人二三, 大三合六生七八九, 運三四成環五七' 로 구성되어 있으며, 음양 양극간의 역동적인 상호작용으로 천지운행이 이루어지고 음양오행이 만물을 낳는 과정이 끝없이 순환 반복되는 '하나(一)'의 이치와 기운의 造化 작용을 나타낸 것이다. 하경「인물」은 '一妙衍萬往萬來用變不動本, 本心本太陽昂明人中天地一, 一終無終一' 로 구성되어 있으며, 우주만물의 근본이 '하나(一)'로 통하는 삼즉일(三卽一)의 이치와 소우주인 인간의 대우주와의 합일을 통해 하늘의 이치가 인간 속에 徵驗됨을 보여주는 것이다(崔珉子, 『천부경·삼일신고·참전계경』, 55-120쪽). 이렇듯 필자가 천부경을 하늘의 이치(天理)와 땅의 운행(地轉)과 인물(人物)이라는 주제로 삼분하여 조명하는 것은 천부경이 천·지·인 삼재(三才)의 융화에 기초하여 하늘(天)과 사람(人)과 만물(物)을 하나로 관통하고 있기 때문이다. 또한 이러한 분류는 천부경을 보다 자세하게 풀이한 『三一神誥』의 내용과도 부합되는 것이다.

11 『桓檀古記』,「太白逸史」三韓管境本紀 馬韓世家 上: "天地有機 見於吾心之機 地之有象 見於吾身之象 物之有宰 見於吾氣之宰也."

12 『桓檀古記』,「太白逸史」三神五帝本紀 : "自上界 却有三神 卽一上帝 主體則爲一神 非各有神也 作用則 三神也."

13 『桓檀古記』,「太白逸史」蘇塗經典本訓.

14 『三一神誥』는 一神降衷, 性通光明, 在世理化, 弘益人間의 원리를 밝힌 총 366자로 이루어진 우리 민족 고유의 경전이다. 또한 모든 종교와 진리의 모체가 되는 원리를 담고 있다는 점에서 『천부경』과 더불어 인류의 경전이라 할 만하다. 三一사상을 本領으로 삼아 마음을 밝히고 세상을 밝히는 性通功完의 비밀을 담고 있다는 점에서 敎化經이라고 부르기도 한다. 환국으로부터 내려오던 것을 환웅천황이 신시에 개천하면서 글로 펴내어

오늘에 전해지고 있는 것으로, 환단고기 내의 여러 기록들은 삼일신고가 환국·배달국·단군조선·부여·고구려·대진국[발해]·고려로 이어지는 우리 역사 속에서 천부경과 더불어 국가적으로 매우 중시되었던 경전임을 밝히고 있다. 삼일신고의 전래, 요체, 구조, 註解, 그리고 핵심사상에 대해서는 崔珉子, 『천부경·삼일신고·참전계경』 참조.

15 cf. "Matthew" in *Bible*, 7:21 : "Not everyone who says to me, 'Lord, Lord,' will enter the kingdom of heaven, but only he who does the will of my Father who is in heaven." 즉, "나더러 주여 주여 하는 자마다 다 천국에 들어갈 것이 아니요 다만 하늘에 계신 내 아버지의 뜻대로 행하는 자라야 들어가리라"는 뜻이다. 여기서 '아버지'란 우주만물의 근원인 참본성을 말함이니, 아버지의 뜻대로 행한다는 것은 곧 참본성을 따르는 順天의 삶을 사는 것을 의미한다. 「마태복음(Matthew)」(22:37)에서 그토록 간절하게 "네 마음을 다하고 목숨을 다하고 뜻을 다하여 주 너의 하나님을 사랑하라"("Matthew" in *Bible*, 22:37 : "Love the Lord your God with all your heart and with all your soul and with all your mind")고 한 것도 바로 이런 의미에서이다. 또한 우주만물이 混元一氣인 '하나'님의 화현인 까닭에 우주 '한생명'의 자각적 실천을 강조하는 뜻에서 "이웃을 네 몸과 같이 사랑하라"("Matthew" in *Bible*, 22:39 : "Love your neighbor as yourself") 고 한 것이다.

16 『參佺戒經』은 神市 배달국시대에 환웅천황이 5사(穀·命·刑·病·善惡)와 8훈(誠·信·愛·濟·禍·福·報·應)을 중심으로 삼백 예순 여섯 지혜로 백성들을 가르친 것을 神誌가 기록한 것인데, 오늘날 전해지는 것은 고구려의 國相 乙巴素가 다시 정리하여 만든 것이다. 참전계경은 환웅천황 때부터 백성을 교화하는 기본 경전으로서 고구려에 이어 '海東盛國' 渤海에 이르기까지 국운을 융성하게 하고 나라의 기상을 떨치게 한 원동력이 되었던 것이다. 참전계경은 천부경의 '人中天地一', 삼일신고의 '性通功完'을 이루는 구체적인 방법을 366事로써 제시하고 있다. 여덟 가지 이치에 따른 삼백 예순 여섯 지혜로 在世理化·弘益人間 하는 방법을 제시한 것이라 하여 八理訓, 366事 또는 治化經이라고 부르기도 한다. 참전계경의 전래, 요체, 구조, 註解, 그리고 핵심사상에 대해서는 崔珉子, 『천부경·삼일신고·참전계경』 참조.

17 檀君八條敎 第2條: "하늘의 홍범은 언제나 하나이고 사람의 마음 또한 다 같게 마련이니 내 마음으로 미루어 남의 마음을 헤아리도록 하라. 사람의 마음은 오직 교화를 통해서만 하늘의 홍범과 합치되는 것이니 그리 해야 만방에 베풀어질 수 있는 것이다"(『桓檀古記』, 「檀君世紀」: "天範恒一 人心惟同 推己秉心 以及人心 人心惟化 亦合天範 乃用御于萬邦").

18 『桓檀古記』, 「太白逸史」 蘇塗經典本訓.

19 『大學』, 「傳文」 治國平天下 18章: "所謂平天下 在治其國者 上 老老而民 興孝 上 長長而民 興弟 上 恤孤而民 不倍 是以 君子 有絜矩之道也." 治國平天下 18章은 군자가 지녀야 할 '絜矩之道'를 제시한 것이다. 즉 윗자리에 있는 이들이 노인을 노인으로 섬기고 어른

을 어른으로 받들며 외로운 이들을 긍휼이 여기는 孝·悌·慈의 道를 실천하면 백성들도 이에 분발심을 일으키게 된다는 뜻이다. 이 세 가지 道는 人道의 大端으로서 모든 사람의 마음에 공통적으로 주어져 있기 때문에 齊家·治國·平天下 함에 있어 근본적인 道는 이러한 大端에서 벗어나지 않으며, 사람 마음의 근본 또한 서로 다를 것이 없다는 데 근거하여 '絜矩之道'를 제시했다. 治國平天下 19章은 '絜矩之道'를 설명한 것이다. 윗사람이 내게 무례하게 대하는 것을 원치 않는다면 나의 이런 마음으로 아랫사람의 마음을 헤아려 역시 무례하게 그들을 부리지 말 것이며, 아랫사람이 내게 不忠하게 대하는 것을 원치 않는다면 나의 이런 마음으로 윗사람의 마음을 헤아려 역시 不忠하게 섬기지 말 것이다. 마찬가지로 자기를 중심으로 한 인간관계의 前·後·左·右에 이르기까지 모두 이와 같이 해 나간다면 천하는 균형과 조화가 이루어져 태평하게 될 것이라는 뜻이다(『大學』,「傳文」 治國平天下 19章: "所惡於上 毋以使下 所惡於下 毋以事上 所惡於前 毋以先後 所於後 毋以從前 所惡於右 毋以交於左 所惡於左 毋以交於右 此之謂絜矩之道也").

20 『東經大全』,「論學文」.

21 cf. 『六祖壇經』卷上, VI 說一體三身佛相門, 24 : "三身佛在自性中."

22 『義菴聖師法說』,「講論經義」: "…靈與氣 本非兩端 都是一氣也"

23 『龍潭遺詞』,「教訓歌」.

24 『龍潭遺詞』,「教訓歌」.

25 『海月神師法說』,「三敬」: "吾心不敬 卽天地不敬."

26 『海月神師法說』,「靈符呪文」: "心者 在我之本然天也 天地萬物 本來一心."

27 『海月神師法說』,「天地人·鬼神·陰陽」: "人是天 天是人 人外無天 天外無人."

28 『海月神師法說』,「靈符呪文」: "彼鳥聲 亦是 侍天主之聲也."

29 『海月神師法說』,「待人接物」.

30 『海月神師法說』,「靈符呪文」: "宇宙萬物 總貫一氣一心也."

31 『龍潭遺詞』,「興比歌」: "무궁한 그 이치를 불연기연 살펴내어 … 무궁히 알았으면 무궁한 이 울 속에 무궁한 내 아닌가." 『東經大全』,「不然其然」의 마지막 부분에서 水雲은 하늘을 造物者라고 하고 있다. 自本自根·自生自化하는 根源的 一者[唯一者]인 하늘로부터 우주만물이 나오니 그 창조성을 일컬어 造物者라고 한 것이다.

32 『海月神師法說』,「養天主」.

33 『海月神師法說』,「天地父母」.

34 『海月神師法說』,「天地理氣」: "人之在於陰水中 如於之在魚陽水中也 人不見陰水 魚不見陽水也."

35 『東經大全』,「不然其然」.

36 『東經大全』,「論學文」: "守其心正其氣 率其性受其教 化出於自然之中也."

37 Bill Devall & George Sessions, *Deep Ecology*(Salt Lake City, Utah: Peregrine Smith Books, 1985).

38 Fritjof Capra, *The Web of Life*(New York: Anchor Books, 1996), p.3.

39 cf. J. R. Desjardins, *Environmental Ethics: An Introduction to Environmental Philosophy* (California: Wadsworth Publishing Company, 1997), pp. 214-215.

40 Murray Bookchin, *Remaking Society: Pathways to a Green Future*(Boston, MA: South End Press, 1990); Murray Bookchin, *The Ecology of Freedom: The Emergence and Dissolution of Hierarchy*, rev. ed.(Montréal and New York: Black Rose Books, 1991); Murray Bookchin, *The Philosophy of Social Ecology: Essays on Dialectical Naturalism* (Montréal and New York: Black Rose Books, 1995).

41 사회생태론의 철학적 입장은 북친의 저서 *The Philosophy of Social Ecology: Essays on Dialectical Naturalism*(Montréal and New York: Black Rose Books, 1995)의 부제가 말하여 주듯 '변증법적 자연주의(dialectical naturalism)'이다.

42 티모시 도일·더그 맥케이컨 지음, 이유진 옮김, 『환경정치학』(서울: 한울 아카데미, 2002), 61쪽.

43 Françoise d'Eaubonne, *Le Feminism ou La Mort*(Paris: Pierre Horay, 1984).

44 Maria Mies & Vandana Shiva, *Ecofeminism*(New Delhi: Zed Books, 1993); Vandana Shiva, "Development, Ecology and Women," in Carolyn Merchant(ed.), *Ecology: Key Concepts in Critical Theory*(New Jersey: Humanities Press, 1994).

45 전일적 실재관에 기초한 양자역학의 내용을 해석하는 방법에는 현재 물리학계에서 표준해석으로 여겨지는 코펜하겐 해석의 확률론적인 해석 외에 결정론적인 해석이 있다. 코펜하겐 해석에 반대하는 결정론적인 해석은 흔히 '숨은 변수이론(hidden variable theory)'으로 알려진 것이다. 데이비드 봄에 따르면 숨은 변수가 발견되면 '보이지 않는 우주'와 '보이는 우주'의 상관관계가 밝혀지게 되어 결정론적인 해석이 가능하다는 것이다. 양자역학의 출현에 크게 기여한 아인슈타인 또한 물리적 사건에서 본질적인 역할을 하는 것은 우연이 아니라 우주에 내재해 있는 절대법칙이라며 불확정성 원리와 같은 양자역학적 해석을 수용할 수 없음을 분명히 했다. 초양자장 개념에 의해 입자와 파동의 이중성을 변증법적으로 통합한 봄의 결정론적 해석은 과학과 의식의 통합을 추구한 것이라는 점에서 다양한 분야에서 폭넓은 호응을 얻고 있으며 향후 과학사상의 발전을 추동하는 기제로서 작용할 수 있을 것이다.

46 현대 물리학에서 뉴턴역학의 영예를 누리고 있는 양자역학에 대한 코펜하겐 해석을 넘어서고자 하는 논의들—폰 노이만, 윌러 등의 프린스턴 해석(PIQM), 아인슈타인을 필두로 한 앙상블 해석(EIQM), 에버렛(Hugh Everett) 등의 다세계해석(Many World Interpretation, MWI), 결흩어짐(decoherence)을 중심으로 한 정합적 역사 관점(Consistent History Perspectives, CHP), 머민(N.D. Mermin)의 이타카(Ithaca) 해석(IIQM), 장회익 등의 서울해석(SIQM) 등—은 여전히 진행 중에 있으며 향후 과학사상의 발전을 추동하는 기제로서 작용할 수 있을 것이다. 뉴턴 물리학의 관점에서는 시간

을 방향이 없는 可逆的(reversible)인 것으로 보지만 비평형 열역학의 등장으로 시간의 방향성을 내포하는 非可逆的(irreversible) 과정이 규명된 것이나, 또는 고전역학이 양자역학적 현상의 특수한 사례인 것으로 디락(Paul Dirac)이 밝히고 있는 것으로 보아 보다 포괄적인 사상체계로의 통합은 계속해서 이어질 전망이다.

47 초양자장은 초양자 파동(superquantum wave)으로 불리기도 한다. 또한 초양자장은 정보-에너지 의학에서 동일시하는 세 가지, 즉 자기조직화의 창발(emergence)현상을 가능하게 하는 '정보-에너지장(information-energy field)', 만프레드 아이겐(Manfred Eigen)이 초사이클(hypercycle)로 명명하는 효소의 자기조직화하는 원리, 그리고 자기조직화하는 모든 시스템의 조직 원리인 루퍼트 쉘드레이크(Rupert Sheldrake)의 '형태형성장(morphogenic field)'과도 조응한다. 이 우주를 의식이 지어낸 이미지 구조물로 보는 홀로그램(hologram) 우주론이나, 일체가 마음이 지어낸 것이라고 보는 一體唯心造에 따르면 '하나', 초양자장, 정보-에너지장, 초사이클, 형태형성장은 모두 一心 즉 보편의식[전체의식, 근원의식]과 조응한다.

48 첨단 이론물리학 중의 하나인 이러한 상관관계를 규명함으로써 데이비드 봄은 노벨물리학상을 수상했다.

49 David Bohm, *Wholeness and the Implicate Order*(London: Routledge & Kegan Paul, 1980), p.134.

50 Capra, *The Web of Life*, p.85. 자기조직화란 용어는 일찍이 칸트(Immanuel Kant)가 살아있는 유기체의 본질을 밝히기 위해 사용한 이래, 1947년 정신과 의사 로스 애슈비(Ross Ashby)가 신경계(nervous system)를 설명하기 위해 그의 논문(Ross Ashby, "Principles of the Self-Organizing System," *Journal of General Psychology*, vol. 37, 1947, p.125)에서 사용했고, 1950년대 후반 물리학자이며 인공두뇌학자인 폰 푀르스터(Heinz von Foerster)가 20년에 걸친 연구와 지원을 통해 자기조직화하는 시스템의 모형을 계발하는 촉매역할을 하면서 널리 보급되었다. 1970, 80년대에 이르러 이러한 초기 모형의 핵심 개념들은 많은 상이한 시스템 속에서의 자기조직화 현상을 탐구한 일단의 연구자들에 의해 더욱 정교하게 다듬어졌으니, 벨기에의 일리야 프리고진(Ilya Prigogine), 독일의 헤르만 하켄(Hermann Haken)과 만프레드 아이겐(Manfred Eigen), 영국의 제임스 러브록(James Lovelock), 미국의 린 마굴리스(Lynn Margulis), 칠레의 움베르토 마투라나(Humberto Maturana)와 프란시스코 바렐라(Francisco Varela)가 그 대표적인 인물이다(*Ibid.*).

51 일리야 프리고진의 복잡계 이론은 비평형 상태에서 일어나는 非可逆的(irreversible)·非線型的(non-linear)인 복잡한 변화를 설명하기 위한 것이다. 복잡계에서 일어나는 변화는 분기(bifurcation)와 같은 현상 때문에 비가역적인 것이 특징인데 바로 이 비가역성(irreversibility)이 혼돈으로부터 질서를 가져오는 메커니즘이라는 것이다(Ilya Prigogine and Isabelle Stengers, *Order out of Chaos: Man's New Dialogue with*

Nature, foreword by Alvin Toffler(Toronto, New York: Bantam Books, 1984, p.292). 비가역적이란 변화가 어느 순간에 두 가지 이상의 경로를 따라 일어날 수 있고 또한 그런 변화가 거꾸로 진행되더라도 원래 상태로 되돌아갈 수 없는 경우도 생기게 되는 것을 말한다. 비가역적인 비선형계는 몇 개의 간단한 구성요소로 분석하는 것 자체가 본질적으로 불가능할뿐더러, 만약 분석을 하게 되더라도 상호작용하는 부분들 간의 연결성이 파기되어 전체 행동을 예측하기가 매우 어렵게 되므로 定性的(qualitative)인 방법에 의해 질과 패턴을 중시한다. 그렇다고 프리고진의 주장이 기존의 평형 열역학을 모두 부정하는 것은 아니다. 다만 평형 열역학에서 무시했던 비평형 상태에서 일어나는 현상을 설명한 것이며, 평형에 가까워지면 복잡계의 과학도 평형 열역학과 마찬가지로 안정성과 확실성을 되찾게 된다.

52 cf. Harold J. Morowitz, "Biology as a cosmological science," *Main Currents in Modern Thought*, vol. 28, 1972, p. 156.

53 Ilya Prigogine, *From Being to Becoming*(San Francisco: Freeman, 1980).

54 cf. Ulrich Beck, Anthony Giddens and Scott Lash, *Reflexive Modernity: Politics, Tradition and Aesthetics in the Modern Social Order*(Uk:Polity Press, 1994).

55 『桓檀古記』, 「檀君世紀」: "造化之神 降爲我性 敎化之神 降爲我命 治化之神 降爲我精."

56 『桓檀古記』, 「檀君世紀」: "其性之靈覺也 與天神同其源 其命之現生也 與山川同其氣 其精之永續也 與蒼生同其業也 乃執一而含三 會三而歸一者 是也."

57 cf. 『三一神誥』: "人物 同受三眞 曰性命精 人全之 物偏之 眞性 無善惡 上哲通 眞命 無淸濁 中哲知 眞精 無厚薄 下哲保 返眞一神." 삼일신고에서는 생명의 본체인 '하나'의 眞性을 셋으로 표현하여 性·命·精이라고 하고 있다. 眞性은 참본성을 말하는 것으로 선함도 악함도 없으니 으뜸 밝은이(上哲)로서 막힘이 없이 두루 통하고, 眞命은 참목숨을 말하는 것으로 맑음도 흐림도 없으니 중간 밝은이(中哲)로서 미혹함이 없이 잘 알며, 眞精은 참정기를 말하는 것으로 두터움도 엷음도 없으니 아래 밝은이(下哲)로서 잘 보전하나니, 선악과 淸濁과 厚薄이 구분되기 이전의 三眞[根本智]으로 돌아가면 一神[一心]과 하나가 될 수 있다는 것이다.

58 cf. 『三一神誥』: "蒼蒼非天 玄玄非天 天無形質 無端倪 無上下四方 虛虛空空 無不在 無不容." 즉, "푸르고 푸른 것이 하늘(天, 天主, '하늘'님)이 아니며, 검고 검은 것이 하늘이 아니다. 하늘은 형상도 바탕도 없고, 시작도 끝도 없으며, 위 아래 사방도 없어 텅 비어 있으나 있지 않은 곳이 없고 포용하지 않는 것이 없다."

59 『參佺戒經』 第45事 「恃天」(誠 5體 39用): "下誠 疑天 中誠 信天 大誠 恃天." 즉, "작은 정성은 하늘을 의심하고 보통 정성은 하늘을 믿으며 지극한 정성은 하늘을 믿고 의지한다."

60 cf. Ashvaghosha, *The Awakening of Faith*, trans. Teitaro Suzuki(Mineola, New York: Dover Publications, INC., 2003), p.55: "In the one soul we may distinguish

two aspects. The one is the Soul as suchness(眞如), the other is the soul as birth-and-death(生滅)···both are so closely interrelated that one cannot be separated from the other."

61 생태민주주의에 관해선 최민자, 『생태정치학: 근대의 초극을 위한 생태정치학적 대응』, 487-493쪽 참조.

62 cf. *Mandukya Upanishad* in *The Upanishads*, p.83: "OM. This eternal Word is all : what was, what is and what shall be, and what beyond is in eternity. All is OM."

63 David Bohm, *op. cit.*, p.205.

3 켄 윌버의 홀라키적 전일주의(holarchic holism)와 수운의 「시」(侍)에 나타난 통합적 비전

-『동학학보』 제23호, 2011

1 Ken Wilber, *Integral Psychology: Consciousness, Spirit, Psychology, Therapy* (Boston, Massachusetts: Shambhala Publications Inc., 2000), p.181.

2 *Ibid.*.

3 *Ibid.*, p.39.

4 『義菴聖師法說』, 「無體法經」: "性 闔則 爲萬理萬事之原素 性 開則 爲萬理萬事之良鏡"

5 『海月神師法說』, 「待人接物」

6 Ken Wilber, *The Spectrum of Consciousness*(Wheaton, Illinois: Quest Books, 1993), p.98.

7 *Ibid.*, pp.96-97.

8 Alan Watts, *Myth and Ritual in Christianity*(Boston: Beacon Press, 1970), p.52.

9 Requoted from Ken Wilber, *The Spectrum of Consciousness*, p.104.

10 *Ibid.*, ch. 5, pp.94-142, especially pp.94-95, 114.

11 *Ibid.*, p.98.

12 Ken Wilber, *Integral Psychology: Consciousness, Spirit, Psychology, Therapy*, p.5.

13 *Ibid.*, p.6.

14 Ken Wilber, *The Eye of Spirit*(Boston & London: Shambhala Publications Inc., 2001), p.76.

15 Ken Wilber, *Eye to Eye*(Boston, Massachusetts: Shambhala Publications Inc., 1999), pp.2-7.

16 Ken Wilber, *A Brief History of Everything*(Boston: Shambhala, 2007), pp.39-40.

17 Ken Wilber, *The Atman Project: A Transpersonal View of Human Development*

(Wheaton, Illinois: Quest Books, 1996), ch. 8, pp.73-81.

18 *Ibid.*, ch. 9, pp.83-91; Ken Wilber, *The Collected Works of Ken Wilber*, Vol I(Boston & London: Shambhala, 1999), ch. 10, pp.558-575.

19 Ken Wilber, *Eye to Eye*, p.6.

20 켄 윌버 지음, 정창영 옮김, 『켄 윌버의 통합 비전』(서울: 물병자리, 2009).

21 윌버는 통합지도를 일컫는 다른 말로 '모든 四象限, 모든 수준, 모든 라인, 모든 상태, 모든 타입'을 간략하게 줄여서 아퀄(AQAL)이라고 표시하고 있다(위의 책, 66쪽).

22 위의 책, 30-39쪽.

23 Ken Wilber, *Integral Psychology: Consciousness, Spirit, Psychology, Therapy*, pp.62, 67; Ken Wilber, *A Brief History of Everything*, pp.110-111.

24 Ken Wilber, *Integral Psychology: Consciousness, Spirit, Psychology, Therapy*, p.73; 켄 윌버 지음, 정창영 옮김, 앞의 책, 67-68쪽.

25 Ken Wilber, *A Brief History of Everything*, pp.188-189.

26 Ken Wilber, *Integral Psychology: Consciousness, Spirit, Psychology, Therapy*, p.158; Ken Wilber, *A Brief History of Everything*, p.516.

27 Ken Wilber, *Integral Psychology: Consciousness, Spirit, Psychology, Therapy*, p.67; Ken Wilber, *A Brief History of Everything,* p.516.

28 *Ibid.*, pp.512-520.

29 『東經大全』, 「論學文」

30 cf. 『海月神師法說』, 「養天主」: "한울이 내 마음 속에 있음이 마치 種子의 生命이 種子 속에 있음과 같으니…."

31 『義菴聖師法說』, 「講論經義」: "…靈與氣 本非兩端 都是一氣也."

32 『海月神師法說』, 「靈符呪文」: "心者 在我之本然天也 天地萬物 本來一心."

33 『海月神師法說』, 「養天主」

34 『東經大全』, 「修德文」: "仁義禮智 先聖之所教 修心正氣 惟我之更定"; 『海月神師法說』, 「守心正氣」: "若非守心正氣則 仁義禮智之道 難以實踐也."

35 『龍潭遺詞』, 「道修詞」: "誠敬二字 지켜내어 차차차차 닦아내면 무극대도 아닐런가 시호시호 그때 오면 도성입덕 아닐런가."

36 『參佺戒經』, 「不忘」: "誠者 成道之全體 作事之大源也."

37 『海月神師法說』, 「守心正氣」

38 『參佺戒經』, 「塵山」: "塵埃隨風 積于山陽 年久 乃成一山 以至微之土 成至大之丘者 是風之驅埃不息也 誠亦如是 至不息則誠山 可成乎."

39 『龍潭遺詞』, 「教訓歌」: "나는 도시 믿지 말고 한울님만 믿었어라. 네 몸에 모셨으니 捨近取遠하단말가."

40 元曉, 『大乘起信論疏』, 趙明基 編, 『元曉大師全集』(서울: 보련각, 1978), p.402: "良由是

心通攝諸法 諸法自體唯是一心."

41 『海月神師法說』, 「三敬」

42 cf. 元曉, 『大乘起信論別記』, 趙明基 編, 『元曉大師全集』(서울: 보련각, 1978), 474쪽: "由不覺熏本覺故 生諸染法 由本覺熏不覺故 生諸淨法", 즉 "不覺이 本覺에 영향을 미쳐 모든 染法을 낳게 하고, 本覺이 不覺에 영향을 미쳐 모든 淨法을 낳게 한다."

43 『東經大全』, 「不然其然」: "比之於究其遠則 不然不然 又不然之事 付之於造物者則 其然其然 又其然之理哉."

44 『海月神師法說』, 「天地理氣」: "人之在於陰水中 如於之在魚陽水中也 人不見陰水 魚不見陽水也."

45 『海月神師法說』, 「靈符呪文」: "宇宙萬物 總貫一氣一心也."

46 켄 윌버 지음, 정창영 옮김, 앞의 책, 34-36쪽.

47 『東經大全』, 「論學文」: "主者 稱其尊而與父母同事者也 造化者 無爲而化也 定者 合其德定其心也."

48 김상일, 「윌버의 과학사상」, 『과학사상』 20호(1997 봄), 153쪽.

49 『海月神師法說』, 「天地理氣」: "或 問曰 理氣二字 何者居先乎 答曰 「天地 陰陽 日月於千萬物 化生之理 莫非一理氣造化也 分而言之 氣者 天地 鬼神 造化 玄妙之總名 都是一氣也」"

50 켄 윌버 지음, 정창영 옮김, 앞의 책, 123-125쪽.

51 위의 책, 127-129쪽.

52 위의 책, 132쪽.

53 켄 윌버의 통합적 진리관에 대해서는 박정호, 「진·선·미: 켄 윌버의 통합적 진리관에 대한 소고」, 『범한철학』 제36집(2005년 봄), 127-150쪽; 조효남, 「상보적 통합적 생명 인식」, 『한국정신과학학회지』 제11권 제2호(2007. 12, 통권 제22호), 9-43쪽; 이정배, 「켄 윌버의 홀아키적 우주론과 과학과 종교의 통합론」, 『신학과 세계』 42권(2001), 242-265쪽 참조.

54 『海月神師法說』, 「靈符呪文」: "彼鳥聲 亦是 侍天主之聲也."

55 Ken Wilber, *The Eye of Spirit*, ch. 3, 73-76쪽.

56 켄 윌버 지음, 정창영 옮김, 앞의 책, 106-109쪽.

4 '특이점'의 도래와 새로운 문명의 가능성

-『동학학보』 제40호, 2016

1 Requoted from Ray Kurzweil, *The Singularity is Near: When Humans Transcend Biology*(London: Penguin Books, 2005), p.10: "…the ever-accelerating progress

of technology…gives the appearance of approaching some essential singularity in the history of the race beyond which human affairs, as we know them, could not continue."

2 http://news.chosun.com/site/data/html_dir/2016/03/11/2016031100283.html(2016. 7. 7)

3 박영숙·제롬 글렌 지음, 『유엔미래보고서 2050』(파주: 교보문고, 2016)은 미래적 비전을 함축하고 있는 키워드로 창조, 융합, 연결, 확장을 들고 있다.

4 Ray Kurzweil, *op. cit.*, p.7: "What, then, is the Singularity? It's a future period during which the pace of technological change will be so rapid, its impact so deep, that human life will be irreversibly transformed. Although neither utopian nor dystopian, this epoch will transform the concepts that we rely on to give meaning to our lives, from our business models to the cycle of human life, including death itself. Understanding the Singularity will alter our perspective on the significance of our past and the ramifications for our future."

5 *Ibid.*, pp.14-21.

6 *Ibid.*, pp.17-20.

7 Peter Russell, 「시간의 특이점, 무한대의 진화를 가져올 '0의 타임웨이브」, 그렉 브레이든 외 지음, 이창미·최지아 옮김, 『World Shock 2012』(서울: 쌤앤파커스, 2008), 35-39쪽.

8 Ray Kurzweil, *op. cit.*, pp.8, 11.

9 Ray Kurzweil, *The Age of Intelligent Machines*(Cambridge, Mass.: MIT Press, 1989); Ray Kurzweil, *The Age of Spiritual Machines: When Computers Exceed Human Intelligence*(New York: Viking, 1999); Hans Moravec, *Robot: Mere Machine to Transcendent Mind*(New York: Oxford University Press, 1999); Damien Broderick, *The Spike: Accelerating into the Unimaginable Future*(Sydney, Australia: Reed Books, 1997).

10 Ray Kurzweil, *The Singularity is Near: When Humans Transcend Biology*, pp.25-29. 나노봇은 분자 수준에서 설계된 로봇으로 크기는 미크론(100만분의 1미터) 단위이며, '호흡세포(respirocytes: 기계로 만든 적혈구)' 같은 것을 그 예로 들 수 있다. 커즈와일에 따르면 비생물학적 지능이 뇌에 기반을 구축하기 시작하면 뇌 속의 기계 지능은 기하급수적으로 성장하여 궁극적으로는 우리 지능의 비생물학적 부분이 우위를 점하게 될 것이다. 2016년 7월 20일(현지 시각) 미국 워싱턴대와 영국 옥스퍼드대 등이 참여한 국제공동 연구진은 "자기공명영상(MRI)과 기능성 자기공명영상(fMRI) 장치로 210명의 大腦皮質을 살펴 기능 지도를 만들고, 담당하는 기능별로 180개의 영역을 구분해 내는 데 성공했다"고 밝혔다. 사람의 행동과 감각을 총괄하는 大腦의 기능을 한눈에 볼 수 있는 '뇌 지도'가 처음으로 완성된 것이다. 연구팀은 이번 뇌 지도가 대뇌피질 기

능의 97%가량을 파악한 것으로 추정했으며, 알츠하이머·파킨슨병·뇌졸중 등 뇌와 관련된 질병은 대부분 대뇌피질에서 일어나기 때문에 대뇌피질 지도의 완성은 뇌과학 연구의 중대한 전환점이 될 것으로 평가했다(http://biz.chosun.com/site/data/html_dir/2016/07/21/2016072100204.html (2016. 7. 22)).

11 Ray Kurzweil, *The Singularity is Near: When Humans Transcend Biology*, pp.29-30.

12 http://biz.chosun.com/site/data/html_dir/2016/07/22/2016072201768.html (2016. 7. 23)

13 http://biz.chosun.com/site/data/html_dir/2016/07/22/2016072201747.html (2016. 7. 23)

14 Ray Kurzweil, *The Singularity is Near: When Humans Transcend Biology*, pp.40-43. 정보기술의 기하급수적 추세는 인텔의 창립자 고든 무어(Gordon Moore)가 예측한 '무어의 법칙(Moore's Law)'—반도체 집적회로의 성능이 18개월마다 두 배씩 증가한다는 법칙—이 다루는 영역보다 더 광범위하다. 체계가 여러 수준에서 동시에 진화한다는 것은 유전자에 포함된 정보가 더 큰 질서를 향해 진화할 뿐 아니라 전체 체계 자체도 같은 방향으로 진화하는 것을 말한다. 염색체 수와 염색체의 유전자 배열이 동시에 진화하는 것, 쌍으로 된 염색체에다 유전 정보를 반복해 둠으로써 한 쪽의 유전자가 손상되더라도 나머지 한 쪽은 유전 정보를 보호할 수 있게 한 것 등이 그 예로서 제시되고 있다. 기술의 진화는 생물학적 진화를 뛰어넘어 점점 더 빠른 속도로 널리 퍼지고 있다. 호모 사피엔스의 진화에는 수십만 년이 걸렸고, 原人이 창조한 초기 기술이 진화하고 널리 퍼지는 데는 수만 년이 걸렸으며, 500년 전 인쇄 기술이 널리 퍼지는 데는 한 세기 정도가 걸렸고, 휴대전화나 월드와이드웹은 불과 몇 년 만에 널리 퍼졌다(*Ibid.*, pp.42, 66).

15 제러미 리프킨 지음, 안진환 옮김, 『3차 산업혁명』(서울: 민음사, 2012), 56-57쪽.

16 http://news.chosun.com/site/data/html_dir/2016/05/17/2016051700301.html (2016. 7. 24)

17 사물인터넷의 자세한 내용에 대해서는 요시카와 료조 편저·한일IT경영협회 지음, KMAC 옮김, 『제4차 산업혁명』(서울: KMAC, 2016), 140-154쪽 참조.

18 클라우스 슈밥 지음, 송경진 옮김, 『제4차 산업혁명』(서울: 메가스터디(주), 2016), 12-13쪽.

19 위의 책, 36-48쪽. * 블록체인은 '거래 기록과 승인이 이루어지기 전에 컴퓨터 네트워크상에서 참여자 모두에게 검증을 받아야 하는 보안 프로토콜'이다.

20 위의 책, 51-52쪽에서 재인용; WEF, *Deep Shift - Technology Tipping Points and Societal Impact*, Survey Report, Global Agenda Council on the Future of Software and Society, September 2015.

21 하원규·최남희 지음, 『제4차 산업혁명』(서울: (주)콘텐츠하다, 2015), 15-17쪽.

22 Ray Kurzweil, *The Singularity is Near: When Humans Transcend Biology*, pp.205-

206, 214. * 'G'혁명의 대표적인 것으로는 특정 유전자의 mRNA를 막음으로써 질병 관련 유전자의 발현을 억제하고 단백질 생성을 막는 RNA 간섭(RNA Interference(RNAi)), 우리의 세포나 조직, 장기 전체를 새로 배양해서 수술 없이 혈류를 통해 적소에 배치하는 세포 치료(Cell Therapies), 유전자 수천 개의 발현 패턴을 한 번에 확인할 수 있는 유전자 칩(Gene Chips) 기술 등이 있다(*Ibid.*, pp.214-218). 'N'혁명에 대해서는 *Ibid.*, pp.226-255; 'R'혁명에 대해서는 *Ibid.*, pp.259-297.

23 뉴럴 네트워크에 대해서는 전승우, 「알파고 지능의 핵심 '뉴럴 네트워크'」, 『한경 Business』, 2016 05 23-29, 72-74쪽. 뇌는 뉴런(neuron)이라는 세포와 뉴런을 연결하는 시냅스(synaps)가 네트워크를 구성하고 있으며, 이 신경 네트워크 구조를 개념적으로 모방한 알고리즘이 뉴럴 네트워크다.

24 Ray Kurzweil, *The Singularity is Near: When Humans Transcend Biology,* pp.299-310, * 새로운 인체를 개념적으로 설계한 것 중에 아티스트이자 문화 촉진자인 나타샤 비타-모어(NatashaVita-More)가 고안한 프리모 포스트휴먼(Primo Posthuman)이라는 것이 있는데, 이 설계는 인체의 이동성, 유연성, 내구성을 최적화한 것으로 메타브레인(metabrain)과 스마트 피부 그리고 고감도 감각 기능을 갖추었다(*Ibid.*, p.302).

25 *Ibid.*, pp.313-317, 325.

26 *Ibid.*, pp.331-335, 336-337.

27 *Ibid.*, pp.338-342. 이 외에도 커즈와일은 GNR 기술이 엄청난 부를 창조할 잠재력을 지니고 있기 때문에 이삼십 년이 지나면 빈곤층은 대부분 사라질 것이며(The 2004 World Bank report 인용), 반면에 근본주의자들이나 러다이트(Luddite)들의 반대 활동은 급증할 것이라고 말한다(*Ibid.*, p.338).

28 *Ibid.*, pp.352-364.

29 클라우스 슈밥 지음, 송경진 옮김, 앞의 책, 64, 103-104, 116-117, 131, 139, 158쪽.

30 이원태 외 8인, 『포스트휴먼(Post-Human)시대 기술과 인간의 상호작용에 대한 인문사회 학제간 연구』, 정책연구(14-59), 정보통신정책연구원(KISDI), 2014, 166-167쪽.

31 위의 책, 168쪽.

32 김인숙·남유선 지음, 『4차 산업혁명, 새로운 미래의 물결』(수원: 호이테북스, 2016), 258-260쪽.

33 The Economist, "Artificial Intelligence 'March of the Machines'", *The Economist*, 25 June 2016, p.9. * 예를 들면 은행창구직원들 일부가 ATM 기기로 대체되면서 신규지점을 여는 비용을 저감케 하고 고객서비스와 판매부문에서 더 많은 새로운 일자리를 창출해냈다. 이와 유사하게 전자 상거래는 내수분야에서 전반적으로 고용을 증대시켰다.

34 클라우스 슈밥 지음, 송경진 옮김, 앞의 책, 158쪽에서 재인용; Stephen Hawking, Stuart Russell, Max Tegmark, Frank Wilczek, "Stephen Hawking: Transcendence looks at the implications of artificial intelligence - but are we taking AI seriously

enough?", *The Independent*, 2 May 2014.

35 킬러 로봇 개발은 현재 구상 단계에 있으나 컴퓨터 기술과 인공지능의 급속한 발전으로 향후 20년 내에 현실화될 것으로 전망되며, 양자컴퓨터가 실용화되면 그 시기는 더욱 앞당겨질 전망이다. http://www.newsis.com/ar_detail/view.html?ar_id=NISX20150728_0010189851&cID=10101&pID=10100 (2016. 7. 29)

36 http://slownews.kr/55083 (2016. 7. 29)

37 도덕이 프로그램화 될 수 있는가에 관해서는 http://futureoflife.org/category/ai (2016. 7. 30) http://futurism.com/the-evolution-of-ai-can-morality-be-programmed (2016. 7. 30)

38 Three Laws of Robotics: 1) A robot may not injure a human being or, through inaction, allow a human being to come to harm. 2) A robot must obey orders given it by human beings except where such orders would conflict with the First Law. 3) A robot must protect its own existence as long as such protection does not conflict with the First or Second Law.

39 Jeremy Bentham, *An Introduction to the Principles of Morals and Legislation*, edited by J. H. Burns and H. L. A. Hart(London and New York: Methuen University Paperback edition, 1982), ch.IV, p.39.

40 cf. http://slownews.kr/54694 (2016. 7.30)

41 http://slownews.kr/56435 (2016. 7. 31)

42 수운은 天道를 '無往不復之理', 즉 '가고 돌아오지 않음이 없는 이법'이라고 하고 있다. 우주만물은 모두 간 것은 다시 돌아오고 돌아온 것은 다시 돌아간다는 자연의 理法을 말하는 것이다.

43 『東經大全』, 「論學文」: "吾亦生於東受於東 道雖天道 學則東學 況地分東西 西何謂東 東何謂西."

44 Paul Gilding, *The Great Disruption*(London: Bloomsbury Publishing PLC, 2011) 참조.

45 불연기연은 '그렇지 아니함과 그러함'이란 뜻으로 不然이 사물의 근본 이치와 관련된 초논리·초이성·직관의 영역이라면, 其然은 사물의 현상적 측면과 관련된 감각적·지각적·경험적 판단의 영역이다.

46 『東經大全』, 「論學文」: "侍者 內有神靈 外有氣化 一世之人 各知不移者也."

47 『東經大全』, 「論學文」: "…身多戰寒 外有接靈之氣 內有降話之敎 視之不見 聽之不聞…曰吾心卽汝心也."

48 '하나'인 참본성이 곧 하늘(天)이요 神[神性]이니 우주만물을 떠나 따로이 하늘이나 신이 존재하는 것이 아니다. 우주의 실체는 의식이므로 神은 곧 神性이다.

49 『東經大全』, 「後八節」: "我爲我而非他."

50 『海月神師法說』,「養天主」: "하늘을 양할 줄 아는 자라야 하늘을 모실 줄 아느니라. 하늘이 내 마음 속에 있음이 마치 종자의 생명이 종자 속에 있음과 같으니, 종자를 땅에 심어 그 생명을 기르는 것과 같이 사람의 마음은 도에 의해 하늘을 양하게 되는 것이다."

51 『無體法經』,「眞心不染」: "我天 不二 性心 不二 聖凡 不二 我世不二 生死不二."

52 cf. 『黃極經世書』,「纂圖指要·下」: "天之時由人之事乎 人之事有天之時乎"; 『黃極經世書』,「纂圖指要·下」: "時者天也 事者人也 時動而事起…." '천시'와 '인사'의 상합은 불연의 본체계와 기연의 현상계를 회통하는 동학의 불연기연적 세계관의 기초가 되는 것이다.

53 인위의 개벽으로는 정신개벽과 사회개벽 외에 민족개벽이 있으나 여기서는 후천개벽이 광의의 '특이점'과 조응하는 총합적인 개념이라는 점에 주안점을 두고 있는 관계로 세분화된 논의는 생략하기로 한다.

54 개벽은 쉼 없이 열려 변화하는 우주의 본성을 일컫는 것이다. 우주 1년의 理數를 처음으로 밝혀낸 宋代의 巨儒 邵康節(이름은 擁, 1011-1077)에 의하면 우주 1년의 12만9천6백 년 가운데 인류 문명의 생존 기간은 乾運의 先天 5만 년과 坤運의 後天 5만 년을 합한 10만 년이며, 나머지 2만9천6백 년은 빙하기로 천지의 재충전을 위한 휴식기이다. 宇宙曆 전반 6개월(春夏)을 生長·分裂의 先天時代라고 한다면, 후반 6개월(秋冬)은 收斂·統一의 後天時代로 天地人 三才의 융화에 기초한 正陰正陽의 시대라고 할 수 있을 것이다(최민자, 「수운의 후천개벽과 에코토피아」, 『동학학보』 제7호, 동학학회, 2004, 123-124).

55 『龍潭遺詞』,「安心歌」: "십이제국 괴질운수 다시개벽 아닐런가 요순성세 다시 와서 국태민안 되지마는 기험하다 기험하다 아국운수 기험하다"; 『龍潭遺詞』,「夢中老少問答歌」: "…십이제국 괴질운수 다시개벽 아닐런가."

56 『東經大全』,「不然其然」: "付之於造物者 則其然其然 又其然之理."

57 『龍潭遺詞』,「夢中老少問答歌」: "천운이 둘렀으니 근심말고 돌아가서 윤회시운 구경하소 십이제국 괴질운수 다시개벽 아닐런가"; 『龍潭遺詞』,「勸學歌」: "차차차차 증험하니 윤회시운 분명하다."

58 『龍潭遺詞』,「夢中老少問答歌」: "下元甲 지나거든 上元甲 호시절에 만고 없는 無極大道 이 세상에 날 것이니…."

59 최민자, 앞의 논문, 124-125쪽.

60 『海月神師法說』,「夫和婦順」: "婦人 一家之主也."

61 최민자, 『통섭의 기술』(서울: 모시는사람들, 2010), 144-146쪽. 이러한 근본적인 패러다임 전환에 관해서는 Fritjof Capra, *The Tao of Physics*(Boston: Shambhala Publications, Inc., 1975); Fritjof Capra, *The Turning Point*(New York: Simon & Schuster, 1982); Ken Wilber, *The Spectrum of Consciousness*(Wheaton, Illinois: Quest Books, 1993); Ken Wilber, *Eye to Eye*(Boston: Shambhala, 1999); *Ken Wilber, The Collected Works of Ken Wilber*(Boston & London: Shambhala, 1999) 참조.

62 디비너틱스(divinitics)란 '靈性'을 뜻하는 '디비너티(divinity)'와 '정치'를 뜻하는 '폴리틱스(politics)'를 합성하여 필자가 주조한 것으로 靈性政治를 의미한다. 필자는 '靈性'이 지배하는 後天의 정치형태를 포괄하여 '디비너틱스'라고 명명하였다(최민자, 앞의 논문, 136쪽).

5 과학과 영성 그리고 진화

- 『동학학보』 제41호, 2016

1 Fritjof Capra, *The Tao of Physics*(Boston: Shambhala Publications, Inc., 1975).

2 최민자, 『동서양의 사상에 나타난 인식과 존재의 변증법』(서울: 모시는사람들, 2011), 153쪽.

3 Ilya Prigogine and Isabelle Stengers, *Order out of Chaos: Man's New Dialogue with Nature,* foreword by Alvin Toffler(Toronto, New York: Bantam Books, 1984), p.292; Fritjof Capra, *The Web of Life*(New York: Anchor Books, 1996), p.85.

4 원효 대사의 '一切唯心造' 사상은 우주의 실체가 '意識(consciousness)'임을 이렇게 나타내고 있다. 즉 "마음이 일어나면 갖가지 법이 일어나고 마음이 사라지면 갖가지 법이 사라지니, 삼계는 오직 마음뿐이요 만법은 오직 識뿐이다(元曉, 「大乘起信論疏」, 조명기 편, 『元曉大師全集』(서울: 보련각, 1978), 427쪽(이하 『大乘起信論疏』로 약칭): "心生則種種法生 心滅則種種法滅 三界唯心 萬法唯識")." 여기서 '萬法唯識', 즉 일체 현상이 오직 의식의 작용일 뿐이라고 한 것은 우주의 실체가 의식임을 말하여 준다. 물질계와 의식계는 表裏의 조응관계에 있으므로 분리될 수 없다.

5 오스트리아의 물리학자 에리히 얀츠(Erich Jantsch)의 저서 *The Self-Organizing Universe*(New York: Pergamon, 1980)에서는 일리야 프리고진(Ilya Prigogine)의 산일구조 이론을 기초로 공진화 개념을 도입하여 자기조직화에 의한 거시세계의 진화를 설명한다.

6 전지(omniscience), 전능(omnipotence)인 '우주지성'은 '靈'의 자기조직화하는 원리로서 우주의 진행 방향인 영적 진화를 추동한다.

7 쟝 기똥 지음, 김영일·김현주 옮김, 『신과 과학』(서울: 고려원, 1993), 33쪽.

8 위의 책, 28쪽.

9 위의 책, 31-32쪽.

10 위의 책, 13쪽.

11 프리초프 카프라·슈타인들-라스트·토마스 매터스 지음, 김재희 옮김, 『신과학과 영성의 시대』(서울: 범양사 출판부, 1997), 11-12, 147-208쪽.

12 위의 책, 12-15, 209-273쪽.

13 위의 책, 11-12, 147-208쪽.

14 위의 책, 12-15, 209-273쪽.

15 과학과 영성의 경계를 탐색한 대표적인 연구로는 Fred Alan Wolf, *Dr. Quantum's Little Book of Big Ideas: Where Science Meets Spirit*(Needham, Massachusetts: Moment Point Press, 2005); Fred Alan Wolf, *Mind Into Matter: A New Alchemy of Science and Spirit*(Needham, Massachusetts: Moment Point Press, 2000); Fred Alan Wolf, *The Spiritual Universe: One Physicist's Vision of Spirit, Soul, Matter and Self*(Portsmouth, NH: Moment Point Press, 1999); Norman Friedman, *Bridging Science and Spirit: Common Elements in David Bohm's Physics, the Perennial Philosophy and Seth*(New Jersey: The Woodbridge Group, 1993); Amit Goswami, *The Self-Aware Universe: How Consciousness Creates the Material World*(New York: Tarcher/Putnam, 1995); Fritjof Capra, *Belonging to the Universe: Exploration on the frontiers of Science and Spirituality*(New York: Harper & Row Publishers, Inc., 1991) 등이 있다.

16 『般若心經』: "色不異空 空不異色 色卽是空 空卽是色."

17 『中阿含經』: "此有故彼有 此生故彼生 此無故彼無 此滅故彼滅(이것이 있으므로 저것이 있고, 이것이 생하므로 저것이 생한다. 이것이 없으므로 저것이 없고, 이것이 멸하므로 저것이 멸한다)."

18 Requoted from Gregg Braden, *The Divine Matrix(*New York: Hay House, Inc., 2007), p.30.

19 양자물리학과 영성의 접합에 대해서는 Amit Goswami, *op. cit.*, pp.24-47, 161-175.

20 http://www.suprememastertv.com/kr/ss/?wr_id=110&page=2#v (2016. 9. 24)

21 cf. Fred Alan Wolf, *Dr. Quantum's Little Book of Big Ideas: Where Science Meets Spirit,* p.126: "Quantum physics enables us to realize that the world is filled with constant change. It shows us that our observations bring the world into existence and as such provide us opportunity to change both it and ourselves."

22 『金剛經』: "一切有爲法 如夢幻泡影 如露亦如電 應作如是觀."

23 Fritjof Capra, *The Tao of Physics*, p.278.

24 이론물리학의 핵심 화두가 되어온 통일장이론은 자연계에 존재하는 네 가지 기본 힘, 즉 질량을 가진 두 물체 사이에 작용하는 힘인 중력(gravity), 전하를 가진 물체 사이에 작용하는 힘인 전자기력(electromagnetic force), 방사선 원소에서 방사능 붕괴를 일으키는 힘인 약력(weak force), 양성자와 중성자를 결속시키는 힘인 강력(strong force) 등을 통합하여 하나의 원리로 설명하고자 하는 이론이다. 아인슈타인은 일반상대성이론을 통해 중력을 리만 기하학(Riemannian geometry)을 이용하여 휘어진 공간의 곡률로 설명하였으며, 아인슈타인을 포함한 과학자들은 거시적 우주 현상인 중력과 미시적

물리 현상인 전자기력을 포괄하는 통일장이론을 추구했지만 완성하지 못했다. 이를 해결하기 위해 도입한 것이 끈이론(초끈이론) 또는 '막(membrane, M)'이론이다. '만물의 이론(theory of everything, TOE)'이라고도 불리는 이 이론은 기본입자들을 끈의 진동이나 막으로 보고 중력이론과 양자역학의 통합을 통하여 거시적 세계와 양자역학의 세계를 결합하고자 했다. 1995년 에드워드 위튼(Edward Witten)이 기존의 다섯 개 초끈이론을 통합시킬 수 있는 단일한 이론체계인 M이론을 제시하면서 통일장이론은 새로운 전기를 맞게 되었다. 하겔린은 아인슈타인의 비전을 충족시키고 이 세상에 평화를 가져올 수 있다고 여겨지는 '초끈이론에 기초한 통일장이론'을 개발했다.

25 https://unshelli.blogspot.kr/2015_04_01_archive.html (2016. 10. 1)

26 http://www.suprememastertv.com/kr/vod/?wr_id=56&page=1&sca=ss#v(2016. 10. 1)

통일장과 의식에 대해서는 http://egloos.zum.com/sockin/v/785263(2016. 10. 1) 참조.

27 元曉,「大乘起信論別記」, 조명기 편,『元曉大師全集』, 483쪽(이하『大乘起信論別記』로 약칭): "猶如海水之動 說明爲波 波無自體故 無波之動 水有體故 有水之動 心與四相義亦如是."

28 cf. Norman Friedman, *Bridging Science and Spirit: Common Elements in David Bohm's Physics, the Perennial Philosophy and Seth*, pp.275-280.

29 에른스트 마이어 지음, 임지원 옮김,『진화란 무엇인가』(서울: 사이언스북스, 2013), 4쪽.

30 위의 책, 36쪽.

31 위의 책, 37-38, 42쪽.

32 위의 책, 239-243쪽.

33 찰스 다윈 지음, 송철용 옮김,『종의 기원』(서울: 동서문화사, 2013), 138-206쪽.

34 에른스트 마이어 지음, 임지원 옮김, 앞의 책, 233쪽.

35 Ray Kurzweil, *The Singularity is Near: When Humans Transcend Biology*(London: Penguin Books, 2005), p.38: "Order is information that fits a purpose. The measure of order is the measure of how well the information fits the purpose."

36 진화는 陽의 되먹임(positive feedback) 방법을 쓰기 때문에, 다시 말해 진화적 발전의 한 단계에서 생겨난 보다 유용한 기법이 다음 단계를 만드는 데 사용되어 점증하는 질서 위에서 진화가 일어나기 때문에 생명체든 기술이든 진화의 속도가 빨라진다. 정보를 기록하고 조작하는 기법도 점점 더 세련되고 진화가 만들어낸 혁신이 더 빠른 진화를 촉발하는 것이다(*Ibid.*, p.40).

37 *Ibid.*, pp.38-40. 복잡성은 증가되기도 하고 증가되지 않기도 한다(보통은 증가됨).

38 가장 최근에 우주배경복사를 탐색한 유럽우주기구(ESA)의 플랑크 우주선 망원경은 우주배경복사를 세부영역까지 매우 정밀하게 관측하였으며 빅뱅이론이 우주의 생성을

설명하는 가장 적합한 모형임을 재확인해 주었다. 이 관측을 통해 우주의 나이는 137억 3000만 년에서 138억 2000만 년으로 늘어났고, 우주를 구성하는 정상물질, 암흑물질(dark matter), 암흑에너지(dark energy)의 양도 더욱 정밀하게 측정됐다(벤 길리랜드 지음, 김성훈 옮김, 『인포그래픽으로 보는 우주 탄생의 비밀』(서울: RHK, 2015), 57-58쪽).

39 빅뱅과 우주의 진화에 대해서는 Stephen Hawking and Leonard Mlodinow, *A Briefer History of Time*(New York: Bantam Dell, 2005), pp.68-85; Stephen Hawking, *The Universe in a Nutshell*(New York: Bantam Books, 2001), pp.69-99. '빅뱅'이란 용어는 대폭발론에 회의적이었던 영국 천체물리학자 프레드 호일(Fred Hoyle)이 조롱하는 의미로 처음 사용했으며, 이후 대폭발론은 '빅뱅이론'으로 명명되었다.

40 『中阿含經』: "若見緣起便見法 若見法便見緣起."

41 *Isa Upanishad* in *The Upanishads*, translated from the Sanskrit with an introduction by Juan Mascaro(London: Penguin Books Ltd., 1962), p.49: "When a sage sees this great Unity and his Self has become all beings, what delusion and what sorrow can ever be near him?"

42 cf. 제이콥 브로노우스키 지음, 임경순 옮김, 『과학과 인간의 미래』(파주: 김영사, 2011), 305쪽: "죽음은 세포나 개체의 생명 주기를 지속시키는 물질대사의 정지이며, 그 생명은 정지 속에서 정확하게 생명 주기를 반복하기 시작한다…진화의 연속 과정으로서의 생명은 폐쇄 곡선이 아니다. 그와는 반대로 진화로서의 생명은 위상적으로 열려 있다. 그것에는 시간에 따르는 주기가 존재하지 않기 때문이다."

43 생명에 관한 자세한 내용은 최민자, 『생명에 관한 81개조 테제: 생명정치의 구현을 위한 眞知로의 접근』(서울: 모시는사람들, 2008), 27-76쪽 참조.

44 "John" in *Bible*, 14:6 : "I am the way and the truth and the life…." 여기서 생명은 동학에서 말하는 '한울(天)'과도 같은 것으로 만유의 근원 또는 만유의 제1원인으로서의 생명의 본체를 일컫는 것이다.

45 서기 1세기경 인도의 대논사 아슈바고샤(馬鳴)는 영성과 물성을 관통하는 이 '우주지성'을 이렇게 표현하고 있다. "존재하는 것도 아니며 존재하지 않는 것도 아니요, 존재와 비존재가 동시에 존재하는 것도 아니며 존재와 비존재가 동시에 존재하지 않는 것도 아니다(Ashvaghosha, *The Awakening of Faith*, trans. Teitaro Suzuki(Mineola, New York: Dover Publications, INC., 2003), p.59: "Suchness is neither that which is existence, nor that which is non-existence, nor that which is at once existence and non-existence, nor that which is not at once existence and non-existence."

46 Amit Goswami, *op. cit.*, pp.63-211.

47 *Ibid.*, pp.105-112.

48 양자물리학과 평행우주에 대해서는 Fred Alan Wolf, *Parallel Universes*(New York:

Simon & Schuster Paperbacks, 1988), pp.25-61.

49 G. W. F. Hegel, *The Phenomenology of Mind*, trans. by J. B. Baillie(London: George Allen & Nuwin, 1931), p.227.

50 *Ibid.*, pp.228-240, 462-506. See also G. W. F. Hegel, *Philosophy of Right*, ed. and trans. by T. M. Knox(Oxford: Oxford University Press, 1980), p.239; G. W. F. Hegel, *Philosophy of Mind,* translated from *the Encyclopedia of the Philosophical Sciences* by William Wallace(Oxford: The Clarendon Press, 1894), p.175.

51 이에 대한 좋은 해설서로서 Walter Kaufmann, *Hegel: Texts and Commentary*(New York: Anchor Books, Doubleday, 1965)가 있다.

52 『明心寶鑑』, 「天命篇」: "種瓜得瓜 種豆得豆 天網 恢恢 疎而不漏."

53 미국의 사회사상가이자 미래학자인 제러미 리프킨(Jeremy Rifkin)은 그의 저서 『공감의 문명 *The Empathic Civilization: The Race to Global Consciousness in a World in Crisis*』(2009)에서 다윈식 적자생존은 21세기에는 부적합하므로 폐기되어야 하며 그 대신에 '공감(empathy)'이 인간을 이해하는 새로운 패러다임으로 떠오르고 있다고 본다.

54 유발 하라리 지음, 조현욱 옮김, 『사피엔스』(파주: 김영사, 2015), 592-593쪽에서 재인용.

55 디팩 초프라·레너드 믈로디노프 지음, 류운 옮김, 『세계관의 전쟁』(파주: (주)문학동네, 2013), 21-22쪽.

56 위의 책, 35-36쪽.

57 Ashvaghosha, *op. cit.*, p.55.

58 "Requoted from Thomas S. Kuhn, *The Structure of Scientific Revolutions,* 3rd edition(Chicago and London: The University of Chicago Press, 1996), p.151.

59 최민자, 『동서양의 사상에 나타난 인식과 존재의 변증법』, 14-15쪽.

60 『東經大全』, 「論學文」: "侍者 內有神靈 外有氣化 一世之人 各知不移者也."

61 『海月神師法說』, 「靈符呪文」: "心者 在我之本然天也 天地萬物 本來一心."

62 『海月神師法說』, 「三敬」: "吾心不敬 卽天地不敬."

63 Padma-Sambhava, *The Tibetan Book of the Great Liberation*, Introductions, Annotations and Editing by W. Y. Evans-Wents, with Psychological Commentary by C. G. Jung, with a new Foreword by Donald S. Lopez, Jr.(London: Oxford University Press, 2000), p.9.

64 『大乘起信論疏』, 397쪽: "一心之外更無別法."

65 『大乘起信論疏』, 397쪽; 『大乘起信論別記』, 467쪽.

66 『海月神師法說』, 「靈符呪文」: "內有神靈者 落地初赤子之心也 外有氣化者 胞胎時 理氣應質而成體也."

67 『海月神師法說』, 「天地理氣」: "初宣氣 理也 成形後運動 氣也 氣則理也 何必分而二之."

68 『義菴聖師法說』, 「講論經義」: "…靈與氣 本非兩端 都是一氣也."

69 '생명의 3화음적 구조'라는 용어는 필자가 천부경 81자의 구조를 천·지·인 삼신일체, 즉 생명의 본체-작용-본체·작용의 합일이라는 세 구조로 설명하면서 처음 사용한 것이다.

70 이에 관한 자세한 내용은 최민자, 『동서양의 사상에 나타난 인식과 존재의 변증법』, 423-432, 438-440, 560-565쪽 참조.

71 『龍潭遺詞』, 「敎訓歌」.

72 『龍潭遺詞』, 「敎訓歌」; 『海月神師法說』, 「靈符呪文」: "心者 在我之本然天也 天地萬物 本來一心"; 『海月神師法說』, 「靈符呪文」: "彼鳥聲 亦是 侍天主之聲也."

73 이는 檀君八條敎 제2조의 가르침과도 일치한다. 즉 "하늘의 홍범은 언제나 하나이고 사람의 마음 또한 다 같게 마련이니 내 마음으로 미루어 남의 마음을 헤아리도록 하라…" (『桓檀古記』, 「檀君世紀」).

74 『海月神師法說』, 「靈符呪文」: "宇宙萬物 總貫一氣一心也."

75 『東經大全』, 「修德文」: "仁義禮智 先聖之所敎 修心正氣 惟我之更定"; 『海月神師法說』, 「守心正氣」: "若非守心正氣則 仁義禮智之道 難以實踐也"; 『海月神師法說』, 「守心正氣」: "守心正氣之法 孝悌溫恭 保護此心 如保赤子 寂寂無忿起之心 惺惺無昏昧之心 加也."

76 『海月神師法說』, 「誠·敬·信」: "純一之謂誠 無息之謂誠…."

77 『龍潭遺詞』, 「道修詞」: "誠敬二字 지켜내어 차차차차 닦아내면 무극대도 아닐런가 시호시호 그때 오면 道成立德 아닐런가."

78 海月 崔時亨의 '삼경'사상에 대해서는 최민자, 「우주진화적 측면에서 본 해월의 '삼경'사상」, 『동학학보』 제3호, 동학학회, 2002, 279-327쪽 참조.

79 『海月神師法說』, 「三敬」.

80 『東經大全』, 「論學文」에서는 '造化'를 '無爲而化'라고 하고, '定'을 '合其德定其心'이라고 하고 있다.

81 『東經大全』, 「後八節」: "我爲我而非他."

82 '中一'은 '人中天地一'의 약어로 天·地·人 삼신일체의 天道가 인간 존재 속에 구현되는 것을 말한다.

83 Requoted from Gregg Braden, *op.cit.*, p.3: "When we understand us, our consciousness, we also understand the universe and the separation disappears."

84 http://biz.chosun.com/site/data/html_dir/2016/10/27/2016102700313.html (2016. 11. 5) 5억4000만 년 전 캄브리아기에 지구 생물의 종류가 폭발적으로 늘어났듯이 앞으로는 모든 기기가 인터넷에 연결되면서 데이터를 폭발적으로 생산할 것이라는 뜻이다.

6 포스트모던 세계와 포스트휴먼 그리고 트랜스휴머니즘

-『동학학보』 제44호, 2017

1 Ray Kurzweil, *The Singularity is Near: When Humans Transcend Biology*(London: Penguin Books, 2005), p.310. 버전 3.0 인체가 탄생하면 분자나노기술(MNT) 조립법을 인체에 적용해 현실에서도 신체를 마음대로 순식간에 변화시킬 수 있게 된다. 생물학적 지능과 인공지능 사이의 긴밀한 관계에 대해서는 Ray Kurzweil, T*he Age of Spiritual Machines: When Computers Exceed Human Intelligence(*New York: Penguin Books, 1999) 참조.

2 Chris Hables Gray, *Cyborg Citizen*(New York and London: Routledge, 2002), p.24.

3 *Ibid.*, p.17.

4 유발 하라리 지음, 조현욱 옮김, 『사피엔스』(파주: 김영사, 2016), 7, 585쪽.

5 Ken Wilber, *The Marriage of Sense and Soul: Integrating Science and Religion*(New York: Broadway Books, 1998), p.189.

6 Ken Wilber, *A Brief History of Everything(Boston: Shambhala, 2007), pp.39-40; Ken Wilber, Integral Psychology*: *Consciousness, Spirit, Psychology, Therapy*(Boston, Massachusetts: Shambhala Publications Inc., 2000), p.5.

7 Ken Wilber, *The Marriage of Sense and Soul: Integrating Science and Religion*, p.187.

8 http://www.extropy.org (2017.7.15); http://humanityplus.org (2017.7.15); 로버트 페페렐 지음, 이선주 옮김, 『포스트휴먼의 조건: 뇌를 넘어선 의식』(파주: 아카넷, 2017), 270쪽.

9 신상규, 『호모 사피엔스의 미래: 포스트휴먼과 트랜스휴머니즘』(파주; 아카넷, 2017), 109쪽.

10 https://ko.wikipedia.org/wiki/%ED%8A%B8%EB%9E%9C%EC%8A%A4%ED%9C%B4%EB%A8%B8%EB%8B%88%EC%A6%98 (2017.7.15)

11 신상규, 앞의 책, 120-122쪽. 트랜스휴머니즘의 역사, 이론, 실천 등에 대해서는 https://en.wikipedia.org/wiki/Transhumanism (2017.7.15)

12 한국포스트휴먼연구소·한국포스트휴먼학회 편저, 『포스트휴먼시대의 휴먼』(파주: 아카넷, 2016), 278쪽. 포스트-휴머니즘, 즉 포스트휴머니즘(脫인본주의)은 기술의 발달이 휴머니즘의 극복을 선도함으로써 불필요한 억압이나 차별이 없어진다고 본다. '로봇에게도 인격이 있는가?, 로봇의 인권도 보장할 것인가?'와 같은 물음을 제기한다(위의 책, 278-279쪽). 한편 포스트휴먼-이즘과 포스트휴머니즘을 동일한 의미로 보는 견해가 있는가 하면, 트랜스휴머니즘(超인본주의)을 포스트휴머니즘의 적극적 표현으로 보고 트랜스휴머니즘이 '철학적 포스트휴머니즘'에 속하는 것이라고 보는 견해도 있는데, 필자

는 양자가 본질적인 차이는 없다고 본다.

13 로버트 페페렐 지음, 이선주 옮김, 앞의 책, 269쪽.

14 http://shindonga.donga.com/3/all/13/105582/5 (2017.7.15)

15 최민자, 『생태정치학: 근대의 초극을 위한 생태정치학적 대응』(서울: 모시는사람들, 2007), 463-464쪽.

16 위의 책, 468-469쪽.

17 Ken Wilber, *The Marriage of Sense and Soul: Integrating Science and Religion*, pp.117, 121, 123.

18 홀론은 "부분으로서 전체의 구성에 관여함과 동시에 각각이 하나의 전체적, 자율적 통합을 가지는 단위"이다(http://dic.daum.net/word/view.do?wordid=kkw000294517&supid=kku000375760 (2017.7.17))

19 Ken Wilber, *The Marriage of Sense and Soul: Integrating Science and Religion*, p.124.

20 *Ibid.*, p.131.

21 로버트 페페렐 지음, 이선주 옮김, 앞의 책, 269-270쪽.

22 위의 책, 270쪽; http://www.extropy.org (2017.7.17)

23 로버트 페페렐 지음, 이선주 옮김, 앞의 책, 271-272쪽.

24 사이버네틱스(인공두뇌학)는 미국의 수학자 노버트 위너(Norbert Wiener)의 저서 *Cybernetics: Control and Communication in the Animal and the Machine*(1948)에 소개된 이론으로, "생물의 自己制御의 원리를 기계 장치에 적용하여 통신, 제어, 정보 처리 등의 기술을 종합적으로 연구하는 학문 분야"(http://dic.daum.net/word/view.do?wordid=kkw000129547&supid=kku000160850 (2017.7.19))이다. 사이버네틱스의 지향점은 스스로 최적의 상태에 도달할 수 있도록 자동조절 되는 시스템이다.

25 Chris Hables Gray, *op.cit.*, p.2.

26 *Ibid.*, pp.2-3.

27 *Ibid.*, pp.11, 19-20.

28 *Ibid.*, pp.19-20.

29 *Ibid.*, pp.6, 31, pp.193-194.

30 로버트 페페렐 지음, 이선주 옮김, 앞의 책, 256쪽.

31 위의 책, 272쪽. 트랜스휴머니즘 부상에 따른 과학기술 정책이슈에 대해서는 박성원 외, 『트랜스휴머니즘 부상에 따른 과학기술 정책이슈의 탐색』(정책연구 2016-19), 과학기술정책연구원, 2016 참조.

32 http://www.asiae.co.kr/news/view.htm?idxno=2017061615054207450 (2017.7.20)

33 신상규, 앞의 책, 108-109쪽.

34 위의 책, 108쪽.

35 위의 책, 108-109쪽.

36 http://shindonga.donga.com/3/all/13/105582/5 (2017.7.21)

37 신상규, 앞의 책, 123쪽.

38 닉 보스트롬 지음, 조성진 옮김, 『슈퍼인텔리전스: 경로, 위험, 전략』(서울: 까치, 2017), 457쪽.

39 위의 책, 456쪽.

40 로지 브라이도티 지음, 이경란 옮김, 『포스트휴먼』(파주: 아카넷, 2016), 243쪽.

41 박영숙·제롬 글렌 지음, 『세계미래보고서 2055』(서울: 비즈니스북스, 2017), 16-19쪽. * 2016년은 뇌-컴퓨터 인터페이스 분야에 커다란 진전이 이루어진 해였다. 미국 듀크대학교 연구팀은 무선 두뇌 인터페이스를 개발해 원숭이가 생각만으로 로봇 휠체어의 움직임을 제어할 수 있도록 했고, 스위스 로잔의 연방공학연구소 연구팀은 신경 임플란트를 이용해 다리가 마비된 포유류가 다시 걸을 수 있도록 했으며, 네덜란드의 연구진들은 심한 루게릭병을 앓고 있는 환자가 분당 2자의 속도로 메시지를 보낼 수 있는 뇌 임플란트 실험에 성공했다(위의 책, 18쪽).

42 유발 하라리 지음, 조현욱 옮김, 앞의 책, 582쪽.

43 위의 책, 7쪽.

44 위의 책, 565-571쪽.

45 위의 책, 572-573, 575-576쪽.

46 위의 책, 576-578쪽.

47 유발 하라리 지음, 김명주 옮김, 『호모데우스』(파주: 김영사, 2017), 39, 482-483쪽.

48 위의 책, 503쪽.

49 위의 책, 504, 534, 538-542쪽.

50 위의 책, 482쪽.

51 관찰자가 바라본 전자의 움직임은 직선으로 슬릿을 통과해 벽면에 입자의 형태를 남긴 반면, 관찰자가 바라보지 않은 전자의 움직임은 물결처럼 슬릿을 통과해 벽면에 파동의 형태를 남겼다. 즉, 입자라고 생각하고 관찰하면 입자의 형태가 나타나고, 관찰하지 않으면 파동의 형태로 나타나는 것이다.

52 Ken Wilber, *The Marriage of Sense and Soul: Integrating Science and Religion*, p.188: "The desacrimentalization or devaluation of nature that was begun by the scientific revolution was completed by what is called 'the enlightenment'."

53 cf. 『海月神師法說』, 「靈符呪文」: "內有神靈者 落地初赤子之心也 外有氣化者 胞胎時 理氣應質而成體也."

54 『東經大全』, 「論學文」: "侍者 內有神靈 外有氣化 一世之人 各知不移者也."

55 Fred Alan Wolf, *Dr. Quantum's Little Book of Big Ideas: Where Science Meets Spirit*(Needham, Massachusetts: Moment Point Press, 2005), p.126.

56 cf. 『海月神師法說』, 「靈符呪文」: "彼鳥聲 亦是 侍天主之聲也"; *The Bhagavad Gita*, 4. 24. : "Who in all his work sees God, he in truth goes unto God: God is his worship, God is his offering, offered by God in the fire of God."

57 『義菴聖師法說』, 「無體法經」: : "聖賢 不然 恒不忘我本來 固而守之 强而不奪故…是謂解脫心…解脫 在自天自覺…我天 不二 性心 不二 聖凡 不二 我世不二 生死不二."

58 「無體法經」에 나타난 眞心不染의 통일사상에 대해서는 최민자, 「『화엄일승법계도』와 『무체법경』에 나타난 통일사상」, 『동학학보』 제26호, 동학학회, 2012, 424, 427-428쪽 참조. 동학의 보편 생명 윤리의 정립 가능성에 대해서는 조극훈, 「헤겔의 인륜성의 관점에서 본 동학 생명 사상」, 『동학학보』 제28호, 동학학회, 2013 참조.

59 『義菴聖師法說』, 「無體法經」: "性 闔則 爲萬理萬事之原素 性 開則爲萬理萬事之良鏡 萬理萬事 入鏡中 能運用曰 心." 즉 "性이 닫히면 萬理萬事의 원소가 되고, 성이 열리면 만리만사의 좋은 거울이 되나니, 만리만사가 거울 속에 들어 능히 운용하는 것을 마음이라 이른다"는 뜻이다. cf. 『金剛三昧經論』, 132쪽: "開不增一 合不減十 不增不減 爲其宗要也"; 『金剛三昧經論』, 130쪽: "合而言之 一味觀行爲要 開而說之 十重法門爲宗"; 『大乘起信論疏』, 391쪽: "開則無量無邊之義爲宗 合則二門一心之法爲要."

60 不然이 사물의 근본 이치와 관련된 초논리·초이성·직관의 영역이라면, 其然은 사물의 현상적 측면과 관련된 감각적·지각적·경험적 판단의 영역이다.

61 『東經大全』, 「論學文」: "…身多戰寒 外有接靈之氣 內有降話之敎 視之不見 聽之不聞…曰 吾心卽汝心也."

62 최민자, 「『에티카』와 『해월신사법설』의 정치철학적 함의와 Ecotopia적 비전」, 『동학학보』 제33호, 동학학회, 2014, 400쪽.

63 『海月神師法說』, 「天地父母」: "天地卽父母 父母卽天地 天地父母 一體也."

64 『海月神師法說』, 「養天主」: "오직 하늘을 養한 사람에게 하늘이 있고, 양치 않는 사람에게는 하늘이 없나니…"

65 『海月神師法說』, 「待人接物」: "人是天 事人如天."

66 『海月神師法說』, 「天地人·鬼神·陰陽」: "人是天 天是人 人外無天 天外無人."

67 『海月神師法說』, 「天地父母」: "天依人 人依食 萬事知 食一碗."

68 동학적 후천개벽의 이상사회에 대해서는 임형진, 「수운의 이상사회론-개벽과 청우당의 이상국가를 중심으로」, 『동학학보』 제21호, 동학학회, 2011 참조.

69 『海月神師法說』, 「待人接物」: "打兒 卽打天矣."

70 『海月神師法說』, 「夫和婦順」: "夫和婦順 吾道之第一宗旨也."

7 포스트 물질주의 과학과 동학의 사상적 근친성에 대한 연구
-『동학학보』 제53호, 2019

1 David Bohm, *Wholeness and the Implicate Order*(London: Routledge & Kegan Paul, 1980), pp.186-190.

2 Requoted from Fritjof Capra, *The Turning Point: Science, Society, and the Rising Culture*(New York: Bantam Books, 1982), p.68: "All Philosophy is like a tree. The roots are metaphysics, the trunk is physics, and the branches are all the other science."

3 *Ibid.*, p.76. 하이젠베르크는 닐스 보어와의 열띤 토론을 계속했으나 거의 절망으로 끝난 일을 회억했다. 토론 후 그는 혼자서 근처 공원을 산책하며 자신에게 다음 물음을 반복하곤 했다. "이들 원자 실험에서 보이는 것처럼 자연은 그렇게도 불합리할 수 있는 것인가?(Can nature possibly be so absurd as it seemed to us in these atomic experiments?)"

4 cf. "John" in *Bible*, 14:6 : "I am the way and the truth and the life…"; "John" in *Bible*, 4:24 : "God is spirit, and his worshipers must worship in spirit and in truth." 이처럼 『요한복음』에는 神이 곧 길(道)이고 진리이고 생명이고 靈이라고 나와 있다. 따라서 생명은 '스스로(自) 그러한(然)' 자, 즉 자연이고 神이며 道이고 진리이고 靈이다.

5 Fritjof Capra, *The Tao of Physics*(Boston: Shambhala Publications, Inc., 1975).

6 Niels Bohr, *Atomic Physics and Human Knowledge*(New York: John Wiley & Sons, 1958), p.20: "For a parallel to the lesson of atomic theory…We must turn to those kinds of epistemological problems with which already thinkers like the Buddha and Lao Tzu have been confronted, when trying to harmonize our position as spectators and actors in the great drama of existence."

7 아미트 고스와미, 『신은 죽지 않았다』(서울: 시그마인사이트컴, 2014), 7쪽.

8 위의 책, 7-9쪽.

9 위의 책, 9-10쪽.

10 『義菴聖師法說』, 「無體法經」 '性心辨' 첫머리에서는 開闔의 논리를 이용하여 理와 事, 性과 心, 즉 본체[不然]와 작용[其然]을 회통시키고 있다(『無體法經』, 「性心辨」: "性 闔則 爲萬理萬事之原素 性 開則 爲萬理萬事之良鏡 萬理萬事 入鏡中 能運用曰 心"). 최민자, 「『화엄일승법계도』와 『무체법경』에 나타난 통일사상」, 『동학학보』 제26호, 동학학회, 2012, 444-445쪽.

11 『東經大全』, 「不然其然」.

12 『東經大全』, 「論學文」.

13 『東經大全』, 「論學文」.

14 최민자, 「'한'과 동학의 사상적 특성과 정치실천적 과제」, 『동학학보』 제48호, 동학학회, 2018, 269쪽. cf. 김영철, 「플로티노스와 동학사상의 생명원리」, 『동학학보』 제26호, 동학학회, 2012, 248-250쪽.

15 『海月神師法說』, 「靈符呪文」: "吾道 義 以天食天-以天化天…宇宙萬物 總貫一氣一心也." cf. *The Bhagavad Gita*, translated from the Sanskrit with an introduction by Juan Mascaro(London: Penguin Books Ltd., 1962), 4. 24. : "Who in all his work sees God, he in truth goes unto God: God is his worship, God is his offering, offered by God in the fire of God."

16 『海月神師法說』, 「三敬」: "「吾心不敬이 卽天地不敬이라」."

17 최민자, 「'한'과 동학의 사상적 특성과 정치실천적 과제」, 274쪽.

18 『朱子語類』 卷94: "本只是一太極 而萬物各有稟受 又自各全具一太極爾 如月在天 只一而已 及散在江湖 則隨處而見 不可謂月已分也."

19 cf. 『義菴聖師法說』, 「無體法經」: "性 闔則 爲萬理萬事之原素 性 開則 爲萬理萬事之良鏡."

20 元曉의 '一切唯心造' 사상에 따르면 일체가 오직 마음이 지어낸 것이므로 생명의 본체는 일심[순수의식·보편의식·근원의식·전체의식·우주의식·참본성]이다(元曉, 「大乘起信論疏」, 조명기 편, 『원효대사전집』(서울: 보련각, 1978), 427쪽.

21 『大乘起信論』에서는 一心에 대한 해명을 목적으로 眞如門과 生滅門의 二門을 설정하고 있다. 一心二門에 대해서는 최민자, 『동학사상과 신문명』(서울: 모시는사람들, 2005), 18-22쪽.

22 『龍潭遺詞』, 「敎訓歌」.

23 『海月神師法說』, 「天地理氣」: "或 問曰 理氣二字 何者居先乎 答曰 「天地 陰陽 日月於千萬物 化生之理 莫非一理氣造化也」."

24 『海月神師法說』, 「天地理氣」: "又曰 「化生 天理 運動 天氣 以理化生 以氣動止則 先理後氣 亦是當然…究其根本 一氣而已."

25 『龍潭遺詞』, 「安心歌」: "십이제국 괴질운수 다시 개벽 아닐런가 요순성세 다시 와서 국태민안 되지마는 기험하다 기험하다 아국운수 기험하다."; 『龍潭遺詞』, 「夢中老少問答歌」: "천운이 둘렀으니 근심 말고 돌아가서 윤회시운 구경하소 십이제국 괴질운수 다시 개벽 아닐런가." 동학의 개벽사상에 대해서는 조극훈, 「동학의 개벽사상과 포스트휴먼(Posthuman)」, 『동학학보』 제51호, 동학학회, 2019, 409-413쪽.

26 아미트 고스와미, 앞의 책, 11, 378-380쪽.

27 위의 책, 45, 47-48, 50쪽.

28 Amit Goswami, *The Self-Aware Universe: How Consciousness Creates the Material World*(New York: Tarcher/Putnam, 1995), p.107.

29 Amit Goswami, *op. cit.*, pp.108-112.

30 *Ibid.*, p.112.

31 "John" in *Bible*, 14:6 : "I am the way and the truth and the life. No one comes to the Father except through me."

32 『東經大全』, 「論學文」의 降靈之文에는 '鬼神者吾也'라고 나와 있는데, 이는 귀신이란 것이 바로 나(吾), 즉 참자아인 하늘임을 나타낸 것이다. 『海月神師法說』, 「天地人·鬼神·陰陽」에는 "귀신이란 천지의 음양이요, 理氣의 변동이며, 차고 더움(寒熱)의 精氣이니, 나누면 한 이치가 만 가지로 다르게 나타나고(一理萬殊) 합하면 한 기운일 따름이다. 그 근본을 연구하면 귀신, 성심, 造化가 都是 한 기운이 시키는 바이다(鬼神者 天地之陰陽也 理氣之變動也 寒熱之精氣也 分則一理萬殊 合則一氣而已 究其本則 鬼神也 誠心也 造化也 都是一氣之所使也)"라고 나와 있다.

33 『東經大全』, 「論學文」.

34 *The Bhagavad Gita*, translated from the Sanskrit with an introduction by Juan Mascaro (London: Penguin Books Ltd., 1962), 9. 19(parenthesis mine).

8 뉴 패러다임의 정치철학적 함의와 실천적 적용

-『동학학보』 제57호, 2020

1 재러드 다이아몬드 지음, 강주헌 옮김, 『재러드 다이아몬드의 나와 세계』(파주: 김영사, 2016), 183-206쪽; 헤르만 셰어 지음, 배진아 옮김, 『에너지 주권』(서울: 고즈윈, 2009), 55-62쪽.

2 앤드루 맥아피 지음, 이한음 옮김, 『포스트 피크』(서울: 청림출판, 2020), 21-26쪽.

3 위의 책, 108-115, 133-162쪽. 2015년(지질조사국의 최신 자료) 미국의 철강 총사용량은 2000년 대비 15퍼센트 넘게 감소했고, 2017년 미국의 에너지 총사용량은 2008년 대비 2퍼센트 감소했으며, 다른 많은 자원에서도 이와 유사하게 사용량 추세 역전의 사례를 볼 수 있다. 그럼에도 경제는 계속 성장해 왔다는 것이다. 제러미 리프킨에 따르면 에너지 형태 또한 무거운 것에서 가벼운 것으로, 물질적인 것에서 비물질적인 것으로—즉 에너지 형태가 고체(석탄)에서 액체(석유)로, 그리고 기체(천연가스와 수소 등)로—진화하면서 에너지와 경제활동의 탈물질화도 병행돼 왔다(Jeremy Rifkin, *The Hydrogen Economy*(New York: Penguin Group Inc., 2002), pp.177-179.

4 Thomas S. Kuhn, *The Structure of Scientific Revolutions*, 3rd edition(Chicago and London: The University of Chicago Press, 1996), p.24. 정상과학이란 그 시대가 공유하는 특정 패러다임 내에서 퍼즐 풀이(puzzle-solving)가 이루어지는 과학이다.

5 *Ibid.*, pp.175-191.

6 *Ibid.*, p.92.

7 http://opensciences.org/about/manifesto-for-a-post-materialist-science (2020.10.10.); http://opensciences.org/files/pdfs/ISPMS-Summary-Report.pdf (2020.10.10.)

8 cf. Fritjof Capra, *The Tao of Physics*(Boston: Shambhala Publications, Inc., 1975), p.138.

9 최민자, 『무엇이 21세기를 지배하는가』(서울: 모시는사람들, 2019), 176-178쪽. 돌턴의 원자설은 현대 물리학의 관점에서 몇 가지 수정이 요구되고 있다. 즉 원자는 쪼개질 수 있으며 핵분열과 핵융합에 의해 다른 원자로 바뀔 수 있고, 같은 원소의 원자라도 질량이 다른 동위원소가 존재하며, 방사성 붕괴로 원자의 종류가 변할 수 있다는 점 등이다(http://ko.wikipedia.org/wiki/%EC%A1%B4_%EB%8F%8C%ED%84%B4 (2020.10.11.))

10 최민자, 앞의 책, 179-181쪽. 러더퍼드는 중성자(neutron)가 존재할 수 있다는 생각을 발표했으나, 중성자는 1932년 영국의 물리학자 제임스 채드윅(Sir James Chadwick)에 의해 발견됐다. 러더퍼드의 연구를 바탕으로 덴마크의 물리학자 닐스 보어(Niels Bohr)와 이탈리아계 미국의 물리학자 엔리코 페르미(Enrico Fermi)는 핵물리학을 발전시켰고, 이로써 인류는 핵에너지를 사용할 수 있게 됐다.

11 https://terms.naver.com/entry.nhn?docId=3567743&cid=58941&categoryId=58960 (2020.10.11.)

12 디팩 초프라 지음, 도솔 옮김, 『바라는 대로 이루어진다』(서울: 황금부엉이, 2013), 27-37쪽.

13 *Mundaka Upanishad in The Upanishads*, translated from the Sanskrit with an introduction by Juan Mascaro(London: Penguin Books Ltd., 1962), 1. 1. p.76.

14 디팩 초프라 지음, 도솔 옮김, 앞의 책, 35-37쪽; 최민자, 『호모커넥투스: 초연결 세계와 신인류의 연금술적 공생』(서울: 모시는사람들, 2020), 235-239쪽. 비국소적 영역에서 일어나는 일은 물질계에서 일어나는 일과는 달리 '비인과적 관련성(매개체가 없음)'을 가지며 그러한 관련성은 감소되지 않는다. 또한 시공간의 제약을 받지 않으므로 즉각적이다. 이 비국소적 영역에서 세상의 모든 일이 조직되고 동시에 발생하는데, 이것이 바로 '의미 있는 일치(meaningful coincidence)'의 근원이 된다. 스위스의 정신과 의사이자 분석심리학의 창시자 칼 구스타프 융(Carl Gustav Jung)은 인과적으로 서로 결부되어 있지 않은 정신적 및 물질적 사건이 '의미 있는 일치', 즉 비인과적 연결(acausal connection)을 보이는 것에 대하여 비인과적인 동시성의 원리(principle of synchronicity)로 설명할 수 있다고 보았다.

15 위의 책, 239-240쪽.

16 Ken Wilber, *The Eye of Spirit*(Boston & London: Shambhala Publications Inc., 2001), p.76.

17 Ken Wilber, *The Atman Project: A Transpersonal View of Human Development* (Wheaton, Illinois: Quest Books, 1996), ch. 8, pp.73-81.

18 *Ibid.*, ch. 9, pp.83-91; Ken Wilber, *The Collected Works of Ken Wilber*, Vol I(Boston & London: Shambhala, 1999), ch. 10, pp.558-575.

19 최민자, 「켄 윌버의 홀라키적 전일주의(holarchic holism)와 수운의 시(侍)에 나타난 통합적 비전」, 『동학학보』 제23호, 동학학회, 2011, 15-17쪽.

20 최민자, 『생태정치학: 근대의 초극을 위한 생태정치학적 대응』(서울: 모시는사람들, 2007), 105쪽.

21 조르조 아감벤 지음, 박진우 옮김, 『호모 사케르』(서울: 새물결, 2008), 37-38쪽.

22 인민이 주권의 유일한 담지자가 되는 과정은 민주적 정치발전의 과정과 맥을 같이 한다. 미국의 저명한 정치학자 루시안 파이(Lucian W. Pye)는 그의 저서 『정치발전의 제국면 *Aspects of Political Development*』(1966)에서 정치발전을 평등(equality), 능력(capacity), 분화(differentiation)라는 이른바 발전징후군(development syndrome)에 의해 정의하고 있다. 즉 보통선거제 및 보편적인 법(universal law)의 시행에 따른 평등성의 증대와 효율적 반응체계로서의 정치체계의 능력 증대, 그리고 구조적 분화 및 전문화에 따른 통합성의 증대가 민주적 정치발전을 평가하는 지표인 것으로 나타난다.

23 미셸 푸코 지음, 이규현 옮김, 『성의 역사 1: 앎의 의지』(서울: 나남, 2004), 151-160쪽. 근대사회 자체를 권력과 지식의 담합에 의해 운용되는 거대한 '감시와 처벌'의 체계로 보는 푸코의 관점에서 권력의 사회적 통제의 핵심은 생명의 통제에 있는 것으로 나타난다. 말하자면 권력은 '생명권력'이고 정치는 '생명정치'라는 것이다.

24 조르조 아감벤 지음, 박진우 옮김, 앞의 책, 336-338쪽.

25 Ken Wilber, *Eye to Eye*(Boston, Massachusetts: Shambhala Publications Inc., 1999), p.6. 여기서 경험주의, 합리주의, 초월주의는 앎의 세 양태, 즉 육의 눈(naked eye), 마음(정신)의 눈(eye of mind or mental eye), 영의 눈(eye of spirit)과 각각 상호 조응한다.

26 최재천·장대익 옮김, 『통섭』(서울: 사이언스 북스, 2005), 19쪽.

27 위의 책, 21쪽.

28 최민자, 『통섭의 기술』(서울: 모시는사람들, 2010), 27-28쪽.

29 Edward O. Wilson, *Consilience: The Unity of Knowledge*(New York: Vintage Books, 1998), p.9.

30 *Ibid.*, p.7: "When we have unified enough certain knowledge, we will understand who we are and why we are here."

31 David Bohm, *Wholeness and the Implicate Order*(London: Routledge & Kegan Paul, 1980), pp.190-197.

32 최민자, 『통섭의 기술』, 28-29쪽.

33 Richard Dawkins, *The God Delusion*(New York: Houghton Mifflin Company, 2006). 도킨스가 신이라는 용어를 창조주와 피조물이라는 주체-객체 이분법에 근거한 것으로 자의적으로 규정하고 인격신에만 신이라는 이름을 허용하고는 그 인격신마저 하나의 가설로 간주함으로써 신을 폐기처분한 것은 문제의 본질을 놓친 것일 뿐만 아니라, 신이란 존재 자체를 영원히 미궁에 빠지게 한 것이다. 도킨스의 神觀은 과학을 신으로부터 분리시킨 기계론적인 근대적 사유의 연장선상에 있는 것으로 신과 과학의 만남이 이루어지고 있는 오늘날의 신과학의 흐름에 역행하는 것이다.

34 Requoted from Thomas S. Kuhn, *op.cit.*, p.151: "a new scientific truth does not triumph by convincing its opponents and making them see the light, but rather because its opponents eventually die, and a new generation grows up that is familiar with it."

35 앤드루 맥아피 지음, 이한음 옮김, 앞의 책, 108-115쪽. 점점 금속을 덜 쓰면서 '경제'를 더 성장시키고, 에너지를 덜 쓰면서 경제적으로 더 많이 생산하는 것을 말한다.

36 위의 책, 147쪽.

37 위의 책, 9-10쪽.

38 『龍潭遺詞』, 「夢中老少問答歌」.

39 『東經大全』, 「不然其然」: "比之於究其遠則 不然不然 又不然之事 付之於造物者則 其然其然 又其然之理哉."

40 『東經大全』, 「論學文」: "身多戰寒 外有接靈之氣 內有降話之教 視之不見 聽之不聞 心尙怪訝 修心正氣而問曰何爲若然也 曰吾心卽汝心也…."

41 『東經大全』, 「論學文」: "侍者 內有神靈 外有氣化 一世之人 各知不移者也." cf. 『海月神師法說』, 「靈符呪文」: "內有神靈者 落地初赤子之心也 外有氣化者 胞胎時 理氣應質而成體也." 이정희, 「동학의 생명원리와 생명윤리」, 『동학학보』 제15호, 동학학회, 2008, 163-171쪽 참조.

42 『東經大全』, 「後八節」: "我爲我而非他."

43 최민자, 「수운의 후천개벽과 에코토피아」, 『동학학보』 제7호, 동학학회, 2004, 123-142쪽; 조극훈, 「동학의 유토피아적 개벽사상」, 『동학학보』 제56호, 동학학회, 2020, 409-418쪽.

44 『東經大全』, 「論學文」: "故天有九星 以應九州 地有八方 以應八卦 而有盈虛迭代之數 無動靜變易之理"; 『黃極經世書』, 「纂圖指要·下」: "時動而事起天運而人從 猶形行而影會聲發而響; 『黃極經世書』, 「纂圖指要·下」: "天之時由人之事乎 人之事有天之時乎"; 『黃極經世書』, 「纂圖指要·下」: "時者天也 事者人也 時動而事起…."

45 衰運과 盛運이 교체하는 易學的 循環史觀에 입각해 있는 水雲의 時運觀은 이제 시운이 다하여 先天이 닫히고 後天이 새롭게 열린다는 의미를 함축하고 있다. 水雲은 "십이제국 괴질운수 다시 開闢 아닐런가"(『龍潭遺詞』, 「夢中老少問答歌」)라고 하여 당시의 시대

상을 易學上의 衰運卦인 '下元甲'에 해당하는 '傷害之數'로 파악하고, 곧 새로운 盛運의 시대가 올 것임을 예견했다.

46 '中一'은 '人中天地一'이 축약된 것으로 天地人 三神一體의 天道가 인간 존재 속에 구현된 것을 말한다.

부록 1 '한'과 동학의 사상적 특성과 정치실천적 과제

-『동학학보』 제48호, 2018

1 Fritjof Capra, *The Tao of Physics*(Boston : Shambhala Publications, Inc., 1975), p.278.

2 『천부경』의 전래에 대해서는 최민자, 『천부경·삼일신고·참전계경』, 31-42쪽 참조.

3 최민자, 『천부경·삼일신고·참전계경』, 47쪽.

4 '不然'은 인간의 지식과 경험으로는 분명하게 인지할 수 없는 세상일을 말하고, '其然'은 상식적인 추론 범위 내의 사실을 말한다.

5 元曉, 「金剛三昧經論」, 조명기 편, 『元曉大師全集』(서울: 보련각, 1978), 181쪽(이하 『金剛三昧經論』으로 약칭): "言無住菩薩者 此人雖達本覺 本無起動 而不住寂靜 恒起普化 依德立號 名曰無住." 『金剛三昧經論』 「本覺利品」의 장에 나오는 無住菩薩은 "本覺(一心의 본체)에 달하여 본래 기동함이 없지만 그렇다고 寂靜에 머무르지 않고 항상 두루 교화하는 일을 하기 때문에 그 덕에 의해 '무주'란 이름이 붙여진 것이다." 無住의 德은 태양이 四海를 두루 비추고 비가 대지를 고루 적시는 것과도 같이 평등무차별한 속성을 띤다. 神[自然]은 없는 곳이 없이 실재하지만(無所不在) 無住의 德을 지니는 까닭에 普遍者라고 명명하기도 한다.

6 현대 물리학의 전일적 실재관은 이 우주가 부분들의 단순한 조합이 아니라 유기적 통일체이며 우주만물은 개별적 실체성을 갖지 않고 전일적인 흐름 속에서만 파악될 수 있다고 본다.

7 『金剛三昧經論』, 185쪽 : "無住菩薩言 一切境空 一切身空 一切識空 覺亦應空 佛言可一覺者 不毁不壞 決定性 非空非不空 無空不空." "무주보살이 말하였다. 「일체 경계가 空하고 일체 몸이 '공'하고 일체 識이 '공'하니, 깨달음(覺) 또한 응당 '공'이겠습니다」. 붓다께서 말씀하셨다. 「모든 깨달음은 決定性을 훼손하지도 않고 파괴하지도 않으니, 공도 아니고 공 아닌 것도 아니어서 공함도 없고 공하지 않음도 없다」."

8 이는 $E = mc^2$(질량 m, 에너지 E, 광속 c)이라는 질량-에너지 등가원리(principle of equivalence)를 밝힌 아인슈타인의 특수상대성이론(special theory of relativity)에서도 잘 나타나고 있다. 이 질량-에너지 등가(mass-energy equivalence) 관계식은 모든 질량이 그에 상응하는 에너지를 가지고 모든 에너지 또한 그에 상응하는 질량을 가지

며, 에너지가 질량으로 변환될 수 있고 질량 또한 에너지로 변환될 수 있다는 것이 핵심이다.

9 『龍潭遺詞』, 「安心歌」. 다시개벽과 문명의 전환에 대해서는 조극훈, 「동학·천도교의 개벽사상과 인내천 정신」, 『동학학보』 제42호, 동학학회, 2017, 65-71쪽.

10 신용하, 『고조선문명의 사회사』(파주: 지식산업사, 2018), 464쪽.

11 『桓檀古記』, 「三聖紀全」에서는 古記를 인용하여 아시아의 대제국 환국이 일곱 대를 전하여 지난 햇수가 모두 3,301년 혹은 63,182년이라고 하고 있다. 여기서 3,301년은 환인 7세의 역년만을 계산한 것이고, 63,182년은 前문화시대까지 합산한 전체 역년인 것으로 보인다. 또한 환국의 강역은 남북이 5만 리, 동서가 2만여 리로 나와 있다.

12 『桓檀古記』, 「太白逸史」 蘇塗經典本訓. '하나를 잡아 셋을 포함하고 셋이 모여 하나로 돌아감'이란 뜻이다. 이는 곧 일즉삼·삼즉일의 뜻으로 천·지·인 삼신일체를 의미하며 작용과 본체라는 불가분의 관계로 분석될 수 있다.

13 신용하, 앞의 책, 463쪽.

14 cf. 『中庸』 1章: "天命之謂性 率性之謂道."

15 천부사상은 '한'사상의 맥이 이어져 桓檀시대에 이르러 핀 꽃으로, 주로 『天符經(造化經)』·『三一神誥(教化經)』·『參佺戒經(治化經, 366事)』의 사상을 지칭한다.

16 당시 교육의 원천이 되었던 우리 고유의 風流 속에는 유·불·선이 중국에서 전래되기 수천 년 전부터 3교를 포괄하는 내용이 담겨져 있어 그 사상적 깊이와 폭을 짐작케 한다. 孤雲 崔致遠의 〈鸞郎碑序〉에는 신시시대와 고조선 이래 우리의 고유한 전통사상의 뿌리에 대한 암시가 잘 나타나 있다. 그 내용인즉, "나라에 玄妙한 道가 있으니, 이를 風流라고 한다. 그 教의 기원은 先史에 상세히 실려 있거니와, 실로 이는 3教(儒·佛·仙)를 포함하며 중생을 교화한다…"(『三國史記』 新羅本紀 第4 眞興王 37년 봄 記事).

17 『符都誌』 第1章; 『符都誌』 第10章; 『符都誌』 第33章.

18 박창범 지음, 『하늘에 새긴 우리역사』(파주: 김영사, 2017), 27-32쪽. 이 책 28쪽에는 천체 역학적 계산이 가능한 단군조선 시대의 천문 현상 기록 일람표가 나와 있다.

19 여기서 또 하나의 상가야 왕조사란 기원전 3898년에 개창한 신시(神市)의 환웅 18대와 기원전 2333년에 창건한 고조선의 단군 47대와 기원 전후에 세운 부여와 고구려·백제·신라로 이어지는 위대한 혈맥을 지칭한다. 가시마 노보루는 『환단고기』를 사서로서 뿐만 아니라 문화서로서도 독자적 지위를 갖는 것으로 높이 평가하고 있다. 일본의 『桓檀古記』 연구에 대해서는 최태영, 『인간단군을 찾아서』(서울: 학고재, 2000), 269-274쪽.

20 『澄心錄追記』 第8章; 『澄心錄追記』 第10章.

21 cf. 『三國遺事』 中宗壬申刊本, 紀異 第1 古朝鮮 王儉朝鮮條 : "옛날에 桓國의 庶子 桓雄이 있어 인간 세상에 뜻을 품으매 桓因(또는 桓仁)이 그 뜻을 알고 三危太白을 내려다보니 홍익인간의 이념을 가히 실현할 만한지라 이에 天符印 세 개를 주어 인간세상을 다스리게 하였다(昔有桓國庶子桓雄 數意天下 貪求人世 父知子意 下視三危太伯可以弘益

人間 乃授天符印三箇)."

22 『檀奇古史』,「前檀君朝鮮」 檀典과 第2世 扶婁條.

23 중요민속자료 [제218-10호] 致祭文

24 檀君八條에 대해서는 신용하, 앞의 책, 467-470쪽.

25 『桓檀古記』,「太白逸史」 蘇塗經典本訓. 고구려 安藏王 때 皂衣仙人의 애창곡이었던 '多勿興邦之歌'의 가사 내용에는 "사람 속에 천지가 하나됨이여, 마음은 신과 더불어 근본이 되도다(人中天地爲一兮 心與神卽本)"라고 나와 있다.

26 표영삼 지음, 『동학 2: 해월의 고난 역정』(서울: 통나무, 2014), 193-198쪽. 공주 교조신원운동 立義通文 전문에 대해서는 위의 책, 199-203쪽; 삼례 교조신원운동 敬通 전문에 대해서는 위의 책, 221-222쪽 참조.

27 위의 책, 280-299쪽. 광화문 伏閤上疏 전문에 대해서는 위의 책, 261-266쪽; 반외세 通諭文 전문에 대해서는 위의 책, 281-283쪽 참조.

28 위의 책, 301-302, 308-310, 346쪽. 包라는 호칭은 1883년 경주판 『동경대전』을 간행할 때는 보이지 않았으나 1884년에 "10월 28일 대신사 탄신기념제례에 각 포 두령 82명이 참석했다"는 기록이 처음 나타난다(위의 책, 301쪽).

29 위의 책, 334, 366-367, 370-372쪽. * 包조직의 강화와 전국적 봉기로서의 동학농민운동의 상관관계에 대해서는 표영삼, 「接包조직과 南北接」, 『동학연구』 4, 한국동학학회, 1999 참조.

30 표영삼, 『동학 2: 해월의 고난 역정』, 374-390쪽. 『동학사』에서 최경선은 "고부백성들과 합하여 민가에서 銃槍 수백 개를 거두어 무장했다"고 하였으며 "깃발도 만들어 앞세우고 갔다"고 하였다(위의 책, 388-389쪽).

31 위의 책, 406-410쪽.

32 황선희, 『한국 근대사의 재조명』(서울: 국학자료원, 2003), 250쪽.

33 삼전론에 대해서는 위의 책, 258-261쪽. 1900년 이후 3·1운동 시기까지 동학의 실천적 전개에 대해서는 최민자, 「『화엄일승법계도』와 『무체법경』에 나타난 통일사상」, 『동학학보』 제26호, 동학학회, 2012, 451-453쪽.

34 임형진, 「동학에서 천도교로의 개편과 3·1독립혁명」, 『동학학보』 제45호, 동학학회, 2017, 87-117쪽; 최홍규, 『한국근대정신사의 탐구』(서울: 경인문화사, 2005), 331-342쪽.

35 안보리 대북제재 결의 2397호의 핵심은 '유류제재 강화'와 '북한 해외노동자 송환' 조치다. 유류제재와 관련해서는, 원유 공급 상한선을 연간 400만 배럴로 명시하고, 정제유 공급량은 연간 200만 배럴(제재 결의 2375호를 통해 450만 배럴에서 200만 배럴로 감축)에서 50만 배럴로 감축하여 당초 공급량 450만 배럴 기준으로 환산시 90퍼센트 가량 차단하는 효과가 있다. 또한 UN회원국의 대북 원유 공급량 보고를 의무화하고, 북한의 추가 도발 시 사실상 유류 제한을 강화하는 조치를 명문화했다. 북한 해외노동자 송환과 관련해서는, 러시아와 중국 등 40여 개국에 5만~10만 명 파견된 것으로 추정되는 북

한 해외 노동자들을 24개월 이내(2019년 말 이내)에 송환하는 조치도 명문화했다.

36 'PVID(permanent verifiable irreversible dismantlement)'는 2018년 5월 2일(현지시간) 마이크 폼페이오(Mike Pompeo) 미국 국무장관이 열린 취임식에서 북한 비핵화 원칙과 관련해 기존의 'CVID(complete, verifiable, irreversible dismantlement)' 대신 사용한 용어다. PVID는 '영구적이고 검증가능하며 불가역적인 핵폐기'를 의미한다. PVID는 CVID와 본질적으로 다르지 않지만 '핵 보유능력 불능화 검증'이라는 '미국이 지향하는 북한 비핵화의 방향'을 더 분명히 한 것으로 보인다. 또한 CVIID(complete, verifiable, irreversible instant dismantlement)는 '완전하고 검증가능하며 불가역적이고 신속한(즉각적인) 핵폐기'를 의미한다. 2018년 4월 남북정상회담을 앞두고 미국은 CVID가 이뤄지더라도 빠른 시일 내에 이뤄져야 한다며 CVIID라는 표현을 썼다. 한편 미 국무부는 2018년 7월 폼페이오 국무장관의 3차 방북을 앞두고 '비핵화를 철저하게 검증하겠다'는 의지를 담은 'FFVD(final, fully verified denuclearization)', 즉 '최종적이고 완전하게 검증된 비핵화'라는 새로운 용어를 사용했다. 이처럼 계속해서 새로운 용어를 사용한다는 것은 비핵화 협상이 그만큼 난항을 겪고 있음을 시사한다.

37 오크리지 연구소는 2차 세계대전 당시 핵폭탄 제조를 주도한 곳으로, 카자흐스탄·리비아의 고농축우라늄과 핵개발 장비 등이 보관되어 있어 '핵무덤'으로 불리는 곳이다. 미국이 북한 핵무기 처리장소를 언급한 것은 2018년 5월 13일 인터뷰가 처음이다.

38 http://news.chosun.com/site/data/html_dir/2018/05/15/2018051500185.html (2018.5.15) 마이크 폼페이오 국무장관은 볼턴과 같은 날 폭스뉴스·CBS 방송에 연이어 출연한 자리에서 정부 예산 투입 가능성을 배제한 트럼프 행정부의 북한 비핵화 보상안에 대해 언급하며, '북한이 핵 프로그램을 완전히 폐기하면 안전보장을 제공하고 미국 민간투자를 허용해 에너지(전력)망 건설과 인프라 발전을 지원할 수 있다'고 밝혔다.

39 http://news.chosun.com/site/data/html_dir/2018/05/19/2018051900156.html (2018.5.19)

40 평화와 통일사상의 실천적 논의에 대해서는 최민자, 「동학의 인식과 존재의 변증법 - 평화와 통일사상의 실천적 논의」, 『동학학보』 제20호, 동학학회, 2010, 28-38쪽.

41 『三一哲學譯解倧經合編』, 「三一神誥序」: "群機有象 眞宰無形 藉其無而陶鈞亭毒 曰天神 假其有而生歿樂苦 曰人物 厥初神錫之性 元無眞妄 自是人受之品 乃有粹駁 譬如百川所涵 孤月同印 一雨所潤万卉-殊芳 嗟嗟有衆 漸紛邪愚 竟昧仁智 膏火相煎於世爐 腥塵交蔽於心竇 因之以方榮方枯 旋起旋滅 翻同帶晞之蠢蜉 未免赴燭之孱蛾 不啻孺子之井淪 寧忍慈父之岸視 玆蓋大德大慧大力 天祖之所以化身降世 所以開教建極也"(괄호 속 根本智, 分別智는 필자의 표기임). 분별지(分別智)에 빠져 참본성이 가려지면 있는 그대로의 세상을 볼 수가 없으므로 실효성 있는 해결책을 기대하기 어렵다. 근사한 옷을 입는다고 해서 몸의 질병이 치유되는 것이 아니듯, 근사한 제도를 만든다고 해서 세상의 질병이 치유되는 것은 아니기 때문이다.

부록 2 『화엄일승법계도(華嚴一乘法界圖)』와 『무체법경(無體法經)』에 나타난 통일사상

-『동학학보』 제26호, 2012

1 『三國遺事』 卷4, 「義湘傳敎」.

2 『義菴聖師法說』, 「無體法經」 性心辨: "性 闔則 爲萬理萬事之原素 性 開則 爲萬理萬事之良鏡."

3 현존하는 의상의 저술로는 『華嚴一乘法界圖記』가 대표적이며, 이 외에도 『白花道場發願文』, 『一乘發願文』, 『西方歌』, 『投師禮』 등이 있다.

4 『三國遺事』 卷4, 「義湘傳敎」 법장이 이론적으로 화엄의 一乘敎義를 세우는 것을 목표로 했던 것과는 달리, 의상은 실천수행을 근본으로 삼았다. 義湘의 전기는 『三國遺事』 「義湘傳敎」條와 『宋高僧傳)』卷4 「義湘傳」에 비교적 상세하게 나와 있다. 의상의 생애에 관한 가장 명확한 연대 자료로 평가되는 「浮石本碑」와 신라 말 崔致遠이 지은 「浮石尊者傳」은 고려 전기 義天이 『續藏經』을 편찬할 때까지만 해도 남아 있었으나 이후 사라져 그 소재와 구체적인 내용은 알 수 없게 됐다.

5 우리나라 역대 고승의 주석서로는 均如의 『一乘法界圖圓通記』 외에도 珍嵩의 『一乘法界圖記』, 法融의 『法界圖記』, 金時習의 『一乘法界圖註』, 의상의 문도들이 찬술한 『華嚴一乘法界圖記叢髓錄』 등이 있다.

6 均如, 『一乘法界圖圓通記』卷上.

7 이기영 역, 『한국의 불교사상』(서울: 삼성출판사, 1986), 278-293쪽.

8 『華嚴一乘法界圖』: "法性圓融無二相 諸法不動本來寂 無名無相絶一切 證智所知非餘境 眞性甚深極微妙 不守自性隨緣成 一中一切多中一 一卽一切多卽一 一微塵中含十方 一切塵中亦如是 無量遠劫卽一念 一念卽是無量劫 九世十世互相卽 仍不雜亂隔別成 初發心時便正覺 生死涅槃相共和 理事冥然無分別 十佛普賢大人境 能仁海印三昧中 繁出如意不思議 雨寶益生滿虛空 衆生隨器得利益 是故行者還本際 叵息妄想必不得 無緣善巧捉如意 歸家隨分得資量 以陀羅尼無盡寶 莊嚴法界實寶殿 窮坐實際中道床 舊來不動名爲佛."

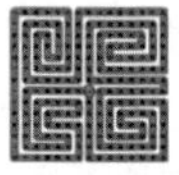

*의상의 스승인 智儼의 『華嚴經內章門等雜孔目章』 「大正藏」에 의하면 九世는 과거 현재 미래의 삼세가 중첩된 것이고, 十世는 삼세가 다시 相卽相入하여 이뤄진 것으로 이로써 一乘의 모든 면모를 갖춘다고 나와 있다(허남진 외 편역, 『한국철학자료집: 불교편 1 삼국과 통일신라의 불교사상』(서울: 서울대학교출판문화원, 2011), 124쪽 각주 140 참조). 微塵과 시방세계의 융섭을 함축한 '事'는 法界緣起의 공간적 전개이고, 일념과 무량겁의 융섭 그리고 과거 현재 미래의 삼세가 중첩된 九世와 총체적인 十世로 엮은 '世'는 法界緣

起의 시간적 전개이다(선지 역주, 『대화엄일승법계도주』(서울: 문현, 2010), 101쪽).

9 최민자, 『동서양의 사상에 나타난 인식과 존재의 변증법』(서울: 모시는사람들, 2011), 288쪽.

10 위의 책, 287쪽.

11 허남진 외 편역, 앞의 책, 127쪽; 이기영 역, 앞의 책, 274쪽.

12 위의 책, 275쪽.

13 『金剛三昧經』: "尒時 佛告無住菩薩言 汝從何來 今至何所 無住菩薩 言 尊者 我從無本來 今至無本所."

14 十玄緣起는 眞如法界가 인연 따라 움직여 차별의 현상을 이루고 이 현상이 緣起해서 圓融無碍한 것을 나타낸다는 것이다.

15 최민자, 앞의 책, 289쪽.

16 위의 책, 288-289쪽.

17 性起가 곧 不起임은 '以虛空中鳥 所行所不行 俱無別空爲喩說'이라는 『華嚴經』 속의 구절에서 비유적으로 설명되고 있다(허남진 외 편역, 앞의 책, 138쪽 참조).

18 위의 책, 138-139쪽.

19 원효의 화쟁사상에 대해서는 최민자, 「수운과 원효의 존재론적 통일사상」, 『동학학보』 제6호, 동학학회, 2003, 255-271쪽 참조.

20 최민자, 앞의 책, 290-291쪽.

21 『義菴聖師法說』, 「後經(二)」: "性 無空寂 無色相 無動靜……."

22 『義菴聖師法說』, 「後經(二)」: "無始之性 是無體性 不有生死 眞眞如如也."

23 『義菴聖師法說』, 「無體法經」 性心辨: "性 闔則 爲萬理萬事之原素 性 開則 爲萬理萬事之良鏡 萬理萬事 入鏡中 能運用曰 心."

24 『義菴聖師法說』, 「無體法經」 誠心身三端: "性 理也 性理 空空寂寂 無邊無量 無動無靜之元素而已 心 氣也 心氣 圓圓充充 浩浩潑潑 動靜變化 無時不中者 所以 於斯二者 無一 非性非心也."

25 『義菴聖師法說』, 「無體法經」 誠心身三端: "無身 性依何而論有無 無心 見性之念 起於何處 夫心 身之屬也 心是生於 以性見身之時 無形立於 性身兩間而 爲紹介萬理萬事之要樞…故 觀性於自身者 亦自能自用於天之能力 是 觀性之心 亦因於有情天而 自生也."

26 『義菴聖師法說』, 「無體法經」 神通考: "人皆有侍天 及其見性覺心 一也."

27 『義菴聖師法說』, 「無體法經」 神通考: "人之覺性 只在自心自性…自心自覺 身是天 心是天."

28 『義菴聖師法說』, 「無體法經」 神通考: "見性覺心 我心極樂 我心天地 我心風雲造化 心外無空空 無寂寂 無不生 無不滅 無極樂 無動作 無喜怒 無哀樂…自心自誠 自心自敬 自心自信 自心自法 一毫無違…自爲天皇氏也."

29 『義菴聖師法說』, 「無體法經」 見性解: "心外無天 心外無理 心外無物 心外無造化." cf. 『大

乘起信論疏』, 397쪽: "一心之外更無別法."

30 『義菴聖師法說』, 「無體法經」 見性解: "我性我在 見性守心 我之任意也."

31 『義菴聖師法說』, 「無體法經」 見性解: "我爲性理鏡 天地鏡 古今鏡 世界鏡 我爲性理天 天地天 古今天 世界天 我心 卽天地萬物古今世界 自裁之一造化翁."

32 『義菴聖師法說』, 「無體法經」 見性解: "覺所左岸 性天理天 覺所右岸 心天身天."

33 『義菴聖師法說』, 「無體法經」 三性科: "圓覺性 以爲萬法因果…比覺性 以爲萬相因果…血覺性 以爲禍福因果."

34 『義菴聖師法說』, 「無體法經」 神通考: "空空寂寂之 無形天 圓圓充充之 有情天 塵塵濛濛之 習慣天 俱在性心左右之玄眞兩方."

35 『義菴聖師法說』, 「無體法經」 三心觀: "回光返照 無所不明 無所不知 此曰 虛光心力."

36 『義菴聖師法說』, 「無體法經」 三心觀: "森羅萬象 本吾一體 唯一無二."

37 『義菴聖師法說』, 「無體法經」 三心觀: "每事每用 無心行無碍行 此之謂天體公道公行."

38 『義菴聖師法說』, 「無體法經」 三心觀: "不爲生不爲死 不爲無不爲有 不爲善不爲惡 不爲喜不爲怒 一動一靜 日用行事 吾必自由 好則好 善則善 怒則怒 生則生 死則死…."

39 『義菴聖師法說』, 「無體法經」 極樂說: "用道用世 在性在心 世平國平 有言有正."

40 『義菴聖師法說』, 「無體法經」 極樂說: "擧心而用道者 性不得黙裏 道必歸虛 擧言而用世者 道不得心裏 世必歸荒."

41 『義菴聖師法說』, 「無體法經」 極樂說: "言必有正 天亦正矣…世亦正矣…國亦正矣…人人必正 天地正焉 萬物 育焉 世界正焉 戰爭 必息 國家正焉 人民 享福 人人必正 天下極樂."

42 『義菴聖師法說』, 「無體法經」 聖凡說: "性本一源 心本一天 法本一體 何有聖凡."

43 여기서 爲爲心은 如如寂寂한 성품[본체계]과 塵塵濛濛한 티끌세상[현상계]의 중간에 위치하여 양 세계를 회통시켜 궁극적으로는 極樂心에 이르게 한다(『義菴聖師法說』, 「無體法經」 聖凡說: "人生厥初 實無一毫持來 只將寶鏡一片 反照虛空 左邊一岸 如如寂寂 右邊一岸 塵塵濛濛 居其兩間 始生爲爲心").

44 『義菴聖師法說』, 「無體法經」 聖凡說: "性本無賢愚 然 用心 必在賢愚."

45 『義菴聖師法說』, 「無體法經」 聖凡說: "聖人之爲爲心 卽自利心 自利心 生則 利他心 自生 利他心 生則 共和心 自生 共和心 生則 自由心 自生 自由心 生則 極樂心 自生 凡人 魔奪心 一生 一身 必亡 一國 必亡 一世必亡 天地必亡."

46 『義菴聖師法說』, 「無體法經」 眞心不染: "天體自用 自地自用 吾用自由."

47 『義菴聖師法說』, 「無體法經」 眞心不染: "我本來天 不顧不尋 但以物情心 行于世 此曰凡愚."

48 『義菴聖師法說』, 「無體法經」 眞心不染: "聖賢 不然 恒不忘我本來 固而守之 强而不奪故…是謂解脫心…解脫 在自天自覺…我天 不二 性心 不二 聖凡 不二 我世不二 生死不二."

49 元曉, 「金剛三昧經論」, 조명기 편, 『元曉大師全集』(서울: 보련각, 1978), 130쪽(이하 『金剛三昧經論』으로 약칭): 『金剛三昧經論』; 元曉, 「大乘起信論別記」, 조명기 편, 앞의 책,

464쪽(이하 『大乘起信論別記』로 약칭). cf. 『金剛三昧經論』, 130쪽: '離邊非中'. 離邊非中은 有도 아니요 無도 아니요 양 변을 멀리 떠나면서 그렇다고 中道에도 집착하지 않는다는 非有非無 遠離二邊 不着中道의 뜻임.

50 황선희, 『한국 근대사의 재조명』(서울: 국학자료원, 2003), 252쪽.

51 위의 책, 258-261쪽.

* 『義菴聖師法說』, 「三戰論」: "「天時不如地理 地理不如人和」 人和之策 非道不能 曰「以道和民則 無爲而可治也」" 즉, 천시는 지리만 못하고 지리는 인화만 못하니, 인화는 도로써만 이룰 수 있으므로 天道로 국민을 화합으로 이끌면 국정이 안정된다는 뜻이다.

52 『大乘起信論別記』, 474쪽: "由不覺熏本覺故 生諸染法 有本覺熏不覺故 生諸淨法."

53 『大乘起信論別記』, 477쪽: "非無而非有 非有而非無也."

54 『金剛三昧經論』, 132쪽: "開不增一 合不減十 不增不減 爲其宗要也."

55 『金剛三昧經論』, 130쪽: "合而言之 一味觀行爲要 開而說之 十重法門爲宗."

56 元曉, 「大乘起信論疏」, 조명기 편, 앞의 책, 391쪽: "開則無量無邊之義爲宗 合則二門一心之法爲要."

57 元曉, 「涅槃宗要」, 조명기 편, 앞의 책, 66쪽.

58 『金剛三昧經論』, 187쪽: "…言其地淸淨 如淨琉璃 是顯大圓鏡智之義…言性常平等 如彼大地是顯平等性智之義…故言覺妙觀察 如慧日光 是明妙觀察智義…故言利成得本如大法雨…是明成所作智之義…四智旣圓 是始覺滿也."

59 『義菴聖師法說』, 「無體法經」 眞心不染.

60 『義菴聖師法說』, 「無體法經」 見性解.

61 『義菴聖師法說』, 「無體法經」 三性科.

62 『義菴聖師法說』, 「無體法經」 極樂說.

63 『義菴聖師法說』, 「無體法經」 聖凡說.

64 『義菴聖師法說』, 「後經(二)」.

65 『義菴聖師法說』, 「無體法經」 聖凡說.

66 『義菴聖師法說』, 「無體法經」 三心觀.

67 여기서 中道의 뜻은 모든 존재가 갖추고 있는 六相, 즉 總相·別相·同相·異相·成相·壞相이 원융무애한 관계로서 相卽相入의 구조로 상호 연기·상호 관통하고 있으므로 법계연기가 성립하는 六相圓融의 대통합의 의미로 새길 수 있다.

68 『義菴聖師法說』, 「無體法經」 眞心不染.

69 『無體法經』, 「極樂說」.

70 『華嚴一乘法界圖』: "一中一切多中一 一卽一切多卽一."

71 『義菴聖師法說』, 「無體法經」 眞心不染: "我天 不二 性心 不二 聖凡 不二 我世不二 生死不二."

72 『義菴聖師法說』, 「無體法經」 見性解.

참고문헌

1. 경전 및 사서

『金剛經』
『金剛三昧經論』
『檀奇古史』
『大乘起信論』
『大乘起信論別記』
『大乘起信論疏』
『大學』
『頓悟無生般若頌』
『東經大全』
『明心寶鑑』
『般若心經』
『白花道場發願文』
『符都誌』
『三國史記』
『三國遺事』
『三一神誥』
『三一哲學譯解倧經合編』
『宋高僧傳』
『修行本起經』
『涅槃宗要』
『龍潭遺詞』
『六祖壇經』
『義菴聖師法說』
『一乘發願文』
『一乘法界圖圓通記』
『一乘法界圖註』
『莊子』
『朱子語類』
『中阿含經』
『中庸』
『澄心錄追記』
『參佺戒經』
『天道教經典』
『天符經』
『海月神師法說』
『華嚴經』
『華嚴一乘法界圖』
『華嚴一乘法界圖記叢髓錄』
『桓檀古記』,
『黃極經世書』
Bible
The Bhagavad Gita
The Upanishads

2. 국내 저서 및 논문

C. G. 융 지음, 한국융연구원 C. G. 융저작번역위원 옮김, 『원형과 무의식』(융 기본 저작집 2), 서울: 솔, 2002.

강길전·홍달수 지음, 『양자의학: 새로운 의학의 탄생』, 서울: 돋을새김, 2013.

김대식, 『인간 vs 기계』, 서울: 동아시아, 2016.

김상일, 「윌버의 과학사상」, 『과학사상』 20호(1997 봄).

______, 『동학과 신서학』, 서울: 지식산업사, 2000.

김영철, 「플로티노스와 동학사상의 생명원리」, 『동학학보』 제26호, 동학학회, 2012.

______, 「동학사상에 내재된 네오휴머니티」, 『동학학보』 제56호, 동학학회, 2020.

김인숙·남유선 지음, 『4차 산업혁명, 새로운 미래의 물결』, 수원: 호이테북스, 2016.

김정호, 「한국정치사상 연구와 동학사상」, 『동학학보』제10권 1호, 동학학회, 2006.
김지하, 『생명학』, 2 vols., 서울: 화남, 2003.
김한식, 「고대한국정치사상연구의 제문제」, 『한국정치외교사논총』 20집, 한국정치외교사학회, 1998.
______, 『한국인의 정치사상』, 서울: 백산서당, 2006.
______, 『한국정치의 변혁사상』, 서울: 백산서당, 2005.
닉 보스트롬 지음, 조성진 옮김, 『슈퍼인텔리전스: 경로, 위험, 전략』, 서울: 까치, 2017.
도미니크 바뱅 지음, 양영란 옮김, 『포스트휴먼과의 만남』, 서울: 궁리, 2007.
디팩 초프라 지음, 도솔 옮김, 『바라는 대로 이루어진다』, 서울: 황금부엉이, 2013.
디팩 초프라·레너드 믈로디노프 지음, 류운 옮김, 『세계관의 전쟁』, 파주: (주)문학동네, 2013.
로버트 페페렐 지음, 이선주 옮김, 『포스트휴먼의 조건: 뇌를 넘어선 의식』, 파주: 아카넷, 2017.
로지 브라이도티 지음, 이경란 옮김, 『포스트휴먼』, 파주: 아카넷, 2016.
마이클 테너슨 지음, 이한음 옮김, 『인간 이후』, 파주: 쌤앤파커스, 2017.
만지트 쿠마라 지음, 이덕환 옮김, 『양자혁명: 양자물리학 100년사』, 서울: 까치, 2014.
미셸 푸코 지음, 이규현 옮김, 『성의 역사 1: 앎의 의지』, 서울: 나남, 2004.
박성원 외, 『트랜스휴머니즘 부상에 따른 과학기술 정책이슈의 탐색』(정책연구 2016-19), 과학기술정책연구원, 2016.
박영숙·제롬 글렌 지음, 『세계미래보고서 2055』, 서울: 비즈니스북스, 2017.
______, 『유엔미래보고서 2050』, 파주: 교보문고, 2016.
박정호, 「진·선·미: 켄 윌버의 통합적 진리관에 대한 소고」, 『범한철학』 제36집(2005년 봄).
박창범 지음, 『하늘에 새긴 우리역사』, 파주: 김영사, 2017.
선지 역주, 『대화엄일승법계도주』, 문현, 2010.
손병욱, 「동학과 성리학의 수련법 비교」, 『동학학보』 제27호, 동학학회, 2013.
신상규, 『호모 사피엔스의 미래: 포스트휴먼과 트랜스휴머니즘』, 파주; 아카넷, 2017.
신용하, 『고조선문명의 사회사』, 파주: 지식산업사, 2018.
______, 『동학과 갑오농민전쟁연구』, 서울: 일조각, 2017.
아미트 고스와미, 『신은 죽지 않았다』, 서울: 시그마인사이트컴, 2014.
안외순, 「동학농민혁명과 전쟁 사이, 집강소(執綱所)의 관민(官民) 협치」, 『동학학보』 제51호, 동학학회, 2019.

안호영, 「수운과 체용적 사유의 모험」, 『동학학보』 제37호, 동학학회, 2015.
앤드루 맥아피 지음, 이한음 옮김, 『포스트 피크』, 서울: 청림출판, 2020.
에른스트 마이어 지음, 임지원 옮김, 『진화란 무엇인가』, 서울: 사이언스북스, 2013.
오문환, 「의암 손병희의 성심관: 『무체법경』을 중심으로」, 『동학학보』제10권 1호, 동학학회, 2006.
요시카와 료조 편저·한일IT경영협회 지음, KMAC 옮김, 『제4차 산업혁명』, 서울: KMAC, 2016.
원효, 「금강삼매경론」, 조명기 편, 『원효대사전집』, 서울: 보련각, 1978.
유발 하라리 지음, 김명주 옮김, 『호모데우스』, 파주: 김영사, 2017.
______, 조현욱 옮김, 『사피엔스』, 파주: 김영사, 2015.
______, 조현욱 옮김, 『사피엔스』, 파주: 김영사, 2016.
이기영 역, 『한국의 불교사상』, 서울: 삼성출판사, 1986.
이원태 외 8인, 『포스트휴먼(Post-Human)시대 기술과 인간의 상호작용에 대한 인문사회 학제간 연구』, 정책연구(14-59), 정보통신정책연구원(KISDI), 2014.
이정배, 「켄 윌버의 홀아키적 우주론과 과학과 종교의 통합론」, 『신학과 세계』 42권(2001).
이정희, 「동학의 생명원리와 생명윤리」, 『동학학보』 제15호, 동학학회, 2008.
______, 『동학의 생명철학에 관한 연구』, 충남대학교 박사학위논문, 2008.
이진우, 『녹색 사유와 에코토피아』, 서울 : 문예출판사, 1998.
이화인문과학원 엮음, 『분열된 신체와 텍스트』, 파주: 아카넷, 2017.
임상욱, 「막스 쉘러의 관점에서 바라본 시천주적 인간학」, 『동학학보』 제19호, 동학학회, 2010.
______, 「새로운 백년: 21세기 동학공동체의 방향과 과제」, 『동학학보』 제50호, 동학학회, 2019.
임형진, 『동학의 정치사상』, 서울: 모시는사람들, 2004.
______, 「동학에서 천도교로의 개편과 3·1독립혁명」, 『동학학보』 제45호, 동학학회, 2017.
재러드 다이아몬드 지음, 강주헌 옮김, 『재레드 다이아몬드의 나와 세계』, 파주: 김영사, 2016.
쟈 기똥 지음, 김영일·김현주 옮김, 『신과 과학』, 서울: 고려원, 1993.
전석환, 「소통의 윤리학」, 『동학학보』 제42호, 동학학회, 2017.
전승우, 「알파고 지능의 핵심 '뉴럴 네트워크'」, 『한경Business』(2016.5), 23-29쪽.
정인보 지음, 박성수 편역, 『조선사 연구』, 서울: 서원, 2000.
정진화, 「롤즈의 정치적 자유주의 관점에서 바라본 동학사상의 '자유' 개념」, 『동학학보』 제48호, 동학학회, 2018.

제러미 리프킨 지음, 안진환 옮김, 『3차 산업혁명』, 서울: 민음사, 2012.
조 디스펜자 지음, 추미란 옮김, 『당신도 초자연적이 될 수 있다』, 서울: 샨티, 2019.
조극훈, 「동학의 개벽사상과 포스트휴먼(Posthuman)」, 『동학학보』 제51호, 동학학회, 2019.
_____, 「동학의 유토피아적 개벽사상」, 『동학학보』 제56호, 동학학회, 2020.
_____, 「헤겔의 인륜성의 관점에서 본 동학 생명 사상」, 『동학학보』 제28호, 동학학회, 2013.
조르조 아감벤 지음, 박진우 옮김, 『호모 사케르』, 서울: 새물결, 2008.
조명기 편, 『원효대사전집』, 서울: 보련각, 1978.
조명래, 『녹색사회의 탐색』, 서울 : 한울, 2001.
조이스 위틀리 호크스 지음, 이민정 옮김, 『공명』, 서울: 불광출판사, 2012.
조효남, 「상보적 통합적 생명 인식」, 『한국정신과학학회지』제11권 제2호(2007.12, 통권 제22호).
중요민속자료 [제218-10호] 致祭文.
찰스 다윈 지음, 송철용 옮김, 『종의 기원』, 서울: 동서문화사, 2013.
최민자, 「뉴 패러다임의 정치철학적 함의와 실천적 적용」, 『동학학보』 제57호, 동학학회, 2020.
_____, 「포스트 물질주의 과학과 동학의 사상적 근친성에 대한 연구」, 『동학학보』 제53호, 동학학회, 2019.
_____, 『동서양의 사상에 나타난 인식과 존재의 변증법』, 서울: 모시는사람들, 2011.
_____, 『동학사상과 신문명』, 서울: 모시는사람들, 2005.
_____, 『무엇이 21세기를 지배하는가』, 서울: 모시는사람들, 2019.
_____, 『생명에 관한 81개조 테제: 생명정치의 구현을 위한 眞知로의 접근』, 서울: 모시는사람들, 2008.
_____, 『생태정치학: 근대의 초극을 위한 생태정치학적 대응』, 서울: 모시는사람들, 2007.
_____, 『천부경·삼일신고·참전계경』, 서울: 모시는사람들, 2006.
_____, 『통섭의 기술』, 서울: 모시는사람들, 2010.
_____, 『호모커넥투스: 초연결 세계와 신인류의 연금술적 공생』, 서울: 모시는사람들, 2020.
최병두 외, 『녹색전망: 21세기 환경사상과 생태정치』, 서울: 도요새, 2002.
최재천·장대익 옮김, 『통섭』, 서울: 사이언스 북스, 2005.
최태영, 『인간단군을 찾아서』, 서울: 학고재, 2000.
_____, 『한국 고대사를 생각한다』, 서울: 눈빛, 2002.

최홍규, 『한국근대정신사의 탐구』, 서울: 경인문화사, 2005.
칼 G. 융·볼프강 E. 파울리 지음, 이창일 옮김, 『자연의 해석과 정신』, 고양: 연암서가, 2015.
켄 윌버 지음, 정창영 옮김, 『켄 윌버의 통합 비전』, 서울: 물병자리, 2009.
클라우스 슈밥 지음, 송경진 옮김, 『제4차 산업혁명』, 서울: 메가스터디(주), 2016.
톰 하트만 지음, 김옥수 옮김, 『우리 문명의 마지막 시간들』, 서울: 아름드리미디어, 1999.
티모시 도일·더그 맥케이컨 지음, 이유진 옮김, 『환경정치학』, 서울: 한울 아카데미, 2002.
파드마삼바바 지음, 유기천 옮김, 『티벳 해탈의 서』, 서울: 정신세계사, 2000.
표영삼 지음, 『동학 2: 해월의 고난 역정』, 서울: 통나무, 2014.
______, 「接包조직과 南北接」, 『동학연구』 4, 한국동학학회, 1999.
프리초프 카프라 지음, 강주헌 옮김, 『히든 커넥션』, 서울: 휘슬러, 2002.
프리초프 카프라·슈타인들-라스트·토마스 매터스 지음, 김재희 옮김, 『신과학과 영성의 시대』, 서울: 범양사 출판부, 1997.
피터 러셀, 「시간의 특이점, 무한대의 진화를 가져올 '0의 타임웨이브」, 그렉 브레이든 외 지음, 이창미·최지아 옮김, 『World Shock 2012』, 서울: 쌤앤파커스, 2008.
하원규·최남희 지음, 『제4차 산업혁명』, 서울: (주)콘텐츠하다, 2015.
한국포스트휴먼연구소·한국포스트휴먼학회 편저, 『포스트휴먼시대의 휴먼』, 파주: 아카넷, 2016.
한면희, 『환경윤리』, 서울: 철학과 현실사, 1997.
허남진 외 편역, 『한국철학자료집: 불교편 1 삼국과 통일신라의 불교사상』, 서울대학교출판문화원, 2011.
황선희, 『한국 근대사의 재조명』, 서울: 국학자료원, 2003.
______, 『동학·천도교 역사의 재조명』, 서울: 모시는사람들, 2011.

3. 국외 저서 및 논문

Ashby, Ross, "Principles of the Self-Organizing System," *Journal of General Psychology*, vol. 37, 1947.
Asvaghosa, *The Awakening of Faith*, trans. Teitaro Suzuki, Mineola, New York: Dover Publications, INC., 2003.
Beck, Ulrich, Anthony Giddens and Scott Lash, *Reflexive Modernity: Politics,*

Tradition and Aesthetics in the Modern Social Order, UK:Polity Press, 1994.

Bentham, Jeremy, *An Introduction to the Principles of Morals and Legislation*, edited by J. H. Burns and H. L. A. Hart, London and New York: Methuen University Paperback edition, 1982.

Bohm, David, *Wholeness and the Implicate Order*, London and New York: Routledge & Kegan Paul, 1980.

Bohr, Niels, *Atomic Physics and Human Knowledge*, New York: John Wiley & Sons, 1958.

Bookchin, Murray, *Remaking Society: Pathways to a Green Future*, Boston, MA: South End Press, 1990.

_____, *The Ecology of Freedom: The Emergence and Dissolution of Hierarchy*, rev. ed., Montréal and New York: Black Rose Books, 1991.

_____, *The Philosophy of Social Ecology: Essays on Dialectical Naturalism*, Montréal and New York: Black Rose Books, 1995.

Braden, Gregg, *The Divine Matrix*, New York: Hay House, Inc., 2007.

Broderick, Damien, *The Spike: Accelerating into the Unimaginable Future*, Sydney, Australia: Reed Books, 1997.

Capra, Fritjof, *Belonging to the Universe: Exploration on the frontiers of Science and Spirituality*, New York: Harper & Row Publishers, Inc., 1991.

_____, *The Hidden Connections*, New York: Random House Inc. 2004.

_____, *The Tao of Physics*, Boston:Shambhala Publications, Inc., 1975.

_____, *The Turning Point*, New York: Simon & Schuster, 1982.

_____, *The Web of Life,* New York: Anchor Books, 1996.

_____, *Uncommon Wisdom*, New York: Simon & Schuster Inc., 1988.

Dante, Alighieri, *De Monarchia*, edited by E. Moore, with an introduction on the Political Theory of Dante by W. H. V. Reade, Oxford: Oxford University Press, 1916.

Dawkins, Richard, *The God Delusion*, New York: Houghton Mifflin Company, 2006.

Desjardins, J. R., *Environmental Ethics: An Introduction to Environmental Philosophy*, California: Wadsworth Publishing Company, 1997.

Devall, Bill & George Sessions, *Deep Ecology*, Salt Lake City, Utah: Peregrine Smith Books, 1985.

Friedman, Norman, *Bridging Science and Spirit: Common Elements in David*

Bohm's Physics, the Perennial Philosophy and Seth, New Jersey: The Woodbridge Group, 1993.

Gilding, Paul, *The Great Disruption*, London: Bloomsbury Publishing PLC, 2011.

Goswami, Amit, *The Self-Aware Universe: How Consciousness Creates the Material World*, New York: Tarcher/Putnam, 1995.

Gray, Chris Hables, *Cyborg Citizen*, New York and London: Routledge Inc., 2001.

Hawking, Stephen, *The Universe in a Nutshell, New York*: Bantam Books, 2001.

Hawking, Stephen and Leonard Mlodinow, *A Briefer History of Time*, New York: Bantam Dell, 2005.

Hawking, Stephen, Stuart Russell, Max Tegmark, Frank Wilczek, "Stephen Hawking: Transcendence looks at the implications of artificial intelligence – but are we taking AI seriously enough?", *The Independent*, 2 May 2014.

Hegel, G. W. F., *Philosophy of Mind*, translated from *the Encyclopedia of the Philosophical Sciences* by William Wallace, Oxford: The Clarendon Press, 1894.

______, *The Phenomenology of Mind*, trans. by J. B. Baillie, London: George Allen & Nuwin, 1931.

______, *Philosophy of Right*, ed. and trans. by T. M. Knox, Oxford: Oxford University Press, 1980.

Horkheimer, Max and Theodor W. Adorno, *Dialectic of Enlightenment*, San Francisco: Stanford University Press, 2002.

Isa Upanishad in *The Upanishads*, translated from the Sanskrit with an introduction by Juan Mascaro, London: Penguin Books Ltd., 1962.

Jantsch, Erich, *The Self-Organizing Universe*, New York: Pergamon, 1980.

Kant, Immanuel, "The Critique of Pure Reason," in *Kant's Critiques: The Critique of Pure Reason, The Critique of Practical Reason, The Critique of Judgement,* Radford, VA: Wilder Publications, 2008.

Kaufmann, Walter, *Hegel: Texts and Commentary*, New York: Anchor Books, Doubleday, 1965.

Kuhn, Thomas S., *The Structure of Scientific Revolutions*, 3rd edition, Chicago and London: The University of Chicago Press, 1996.

Kurzweil, Ray, *The Age of Intelligent Machines*, Cambridge, Mass.: MIT Press,

1989.

_____, *The Age of Spiritual Machines: When Computers Exceed Human Intelligence*, New York: Viking, 1999.

_____, *The Age of Spiritual Machines: When Computers Exceed Human Intelligence*, New York: Penguin Books, 1999.

_____, *The Singularity is Near: When Humans Transcend Biology*, London: Penguin Books, 2005.

Mies, Maria & Vandana Shiva, *Ecofeminism*, New Delhi: Zed Books, 1993.

Morowitz, Harold J., "Biology as a cosmological science," *Main Currents in Modern Thought*, vol. 28, 1972.

Moravec, Hans, *Mind Children: The Future of Robot and Human Intelligence*, Cambridge, Mass.: Harvard University Press, 1988.

_____, *Robot: Mere Machine to Transcendent Mind*, New York: Oxford University Press, 1999.

_____, "When Will Computer Hardware Match the Human Brain?", *Journal of Evolution and Technology* 1(1998).

Mundaka Upanishad in The Upanishads, translated from the Sanskrit with an introduction by Juan Mascaro, London: Penguin Books Ltd., 1962.

Prigogine, Ilya, *From Being to Becoming*, San Francisco: Freeman, 1980.

Prigogine, Ilya and Isabelle Stengers, *Order out of Chaos: Man's New Dialogue with Nature*, foreword by Alvin Toffler, Toronto, New York: Bantam Books, 1984.

Prigogine, Ilya, *From Being to Becoming*, San Francisco: Freeman, 1980.

Prigogine, Ilya and Isabelle Stengers, *Order out of Chaos: Man's New Dialogue with Nature*, foreword by Alvin Toffler, Toronto, New York: Bantam Books, 1984.

Rifkin, Jeremy, *The Hydrogen Economy*, New York: Penguin Group Inc., 2002.

Sambhava, Padma, *The Tibetan Book of the Dead : Liberation through Understanding in the Between*, translated by Robert A. F. Thurman and foreword by H. H. the Dalai Lama, New York: Bantam Books, 1994.

Shiva, Vandana, "Development, Ecology and Women," in Carolyn Merchant(ed.), *Ecology: Key Concepts in Critical Theory*, New Jersey: Humanities Press, 1994.

Talbot, Michael, *The Holographic Universe*, New York: Harper Perennial, 1992.

The Bhagavad Gita, translated from the Sanskrit with an introduction by Juan

Mascaro, London: Penguin Books Ltd., 1962.

The Upanishads, translated from the Sanskrit with an introduction by Juan Mascaro, London: Penguin Books Ltd., 1962.

The Economist, "Artificial Intelligence 'March of the Machines'", *The Economist*, 25 June 2016.

Tillich,, Paul, *Systematic Theology*, vol.III, Chicago: The University of Chicago Press, 1963.

Watts, Alan, *Myth and Ritual in Christianity*, Boston: Beacon Press, 1970.

WEF, *Deep Shift-Technology Tipping Points and Societal Impact*, Survey Report, Global Agenda Council on the Future of Software and Society, September 2015.

Whitehead, Alfred North, *Process and Reality*, New York: Macmillan, 1929.

Whitton, Joel L. and Joe Fisher, *Life between Life,* New York: Doubleday, 1986.

Wilber, Ken, *A Brief History of Everything*, Boston: Shambhala, 2007.

______, *A Theory of Everything*, Boston: Shambhala, 2000.

______, *Eye to Eye*, Boston, Massachusetts: Shambhala Publications Inc., 1999.

______, *Integral Psychology: Consciousness, Spirit, Psychology, Therapy*, Boston, Massachusetts: Shambhala Publications Inc., 2000.

______, *The Atman Project: A Transpersonal View of Human Development,* Wheaton, Illinois:Quest Books, 1996.

______, *The Collected Works of Ken Wilber*, Vol I, Boston & London: Shambhala, 1999.

______, *The Eye of Spirit*, Boston & London: Shambhala Publications Inc., 2001.

______, *The Marriage of Sense and Soul: Integrating Science and Religion*, New York: Broadway Books, 1998.

______, *The Spectrum of Consciousness*, Wheaton, Illinois: Quest Books, 1993.

______, *Up From Eden*, New York: Anchor Press, 1981.

Wilson, Edward O., *Consilience: The Unity of Knowledge*, New York: Vintage Books, 1998.

Wolf, Fred Alan, *Dr. Quantum's Little Book of Big Ideas: Where Science Meets Spirit*. Needham, Massachusetts: Moment Point Press, 2005.

______, *Dr. Quantum's Little Book of Big Ideas: Where Science Meets Spirit,* Needham, Massachusetts: Moment Point Press, 2005.

______, *Mind Into Matter: A New Alchemy of Science and Spirit*, Needham, Massachusetts: Moment Point Press, 2000.

______, *Parallel Universes: The Search for Other Worlds*, New York: Simon & Schuster Paperbacks, 1988.
______, *The Spiritual Universe: One Physicist's Vision of Spirit, Soul, Matter and Self*, Portsmouth, NH: Moment Point Press, 1999.

4. 인터넷 사이트

http://biz.chosun.com/site/data/html_dir/2016/07/21/2016072100204.html (2016. 7. 22)
http://biz.chosun.com/site/data/html_dir/2016/07/22/2016072201747.html (2016. 7. 23)
http://biz.chosun.com/site/data/html_dir/2016/07/22/2016072201768.html (2016. 7. 23)
http://biz.chosun.com/site/data/html_dir/2016/10/27/2016102700313.html (2016. 11. 5)
http://dic.daum.net/word/view.do?wordid=kkw000129547&supid=kku000160850 (2017. 7. 19)
http://dic.daum.net/word/view.do?wordid=kkw000294517&supid=kku000375760 (2017. 7. 17)
http://egloos.zum.com/sockin/v/785263 (2016. 10. 1)
http://futureoflife.org/category/ai (2016. 7. 30)
http://futurism.com/the-evolution-of-ai-can-morality-be-programmed (2016. 7. 30)
http://humanityplus.org (2017. 7. 15)
http://ko.wikipedia.org/wiki/%EC%A1%B4_%EB%8F%8C%ED%84%B4 (2020. 10. 11.)
http://news.chosun.com/site/data/html_dir/2016/03/11/2016031100283.html (2016. 7. 7)
http://news.chosun.com/site/data/html_dir/2016/05/17/2016051700301.html (2016. 7. 24)
http://news.chosun.com/site/data/html_dir/2018/05/15/2018051500185.html (2018. 5. 15)
http://news.chosun.com/site/data/html_dir/2018/05/19/2018051900156.html (2018. 5. 19)

http://opensciences.org/about/manifesto-for-a-post-materialist-science (2020. 10. 10.); http://opensciences.org/files/pdfs/ISPMS-Summary-Report.pdf (2020. 10. 10.)
http://shindonga.donga.com/3/all/13/105582/5 (2017. 7. 15)
http://slownews.kr/54694 (2016. 7. 30)
http://slownews.kr/55083 (2016. 7. 29)
http://slownews.kr/56435 (2016. 7. 31)
http://www.asiae.co.kr/news/view.htm?idxno=2017061615054207450 (2017. 7. 20)
http://www.extropy.org (2017. 7. 15)
http://www.newsis.com/ar_detail/view.html?ar_id=NISX20150728_0010189851&cID=10101&pID=10100 (2016. 7. 29)
http://www.suprememastertv.com/kr/ss/?wr_id=110&page=2#v (2016. 9. 24)
http://www.suprememastertv.com/kr/vod/?wr_id=56&page=1&sca=ss#v (2016. 10. 1)
https://en.wikipedia.org/wiki/Transhumanism (2017. 7. 15)
https://ko.wikipedia.org/wiki/%ED%8A%B8%EB%9E%9C%EC%8A%A4%ED%9C%B4%EB%A8%B8%EB%8B%88%EC%A6%98 (2017. 7. 15)
https://terms.naver.com/entry.nhn?docId=3567743&cid=58941&categoryId=58960 (2020. 10. 11.)
https://unshelli.blogspot.kr/2015_04_01_archive.html (2016. 10. 1)

찾아보기

[용어편]

【ㄱ】

【ㄴ】

【ㄷ】

【ㅅ】

【ㅇ】

【ㅈ】

【기타】

[인명편]

[도서편]

동학과 현대 과학의 생명사상

등록 1994.7.1 제1-1071
1쇄 발행 2021년 9월 15일

저 자 최민자
펴낸이 박길수
편집장 소경희
편 집 조영준
관 리 위현정
디자인 이주향
펴낸곳 도서출판 모시는사람들
03147 서울시 종로구 삼일대로 457 (경운동 수운회관) 1207호
전 화 02-735-7173, 02-737-7173 / 팩스 02-730-7173

인 쇄 천일문화사(031-955-8100)
배 본 문화유통북스(031-937-6100)
홈페이지 http://www.mosinsaram.com/

값은 뒤표지에 있습니다.
ISBN 979-11-6629-051-0 93100